这就是斯图尔特·布兰德
Whole Earth

1938	斯图尔特·布兰德出生，从小与大自然亲密接触，为日后成为环保主义者埋下种子
1954	就读菲利普斯埃克塞特学院，开始梦想成为一名保家卫国的军人
1956	就读斯坦福大学，认识了包括迪克·雷蒙德在内的众多好友，是扩大社交圈、开拓视野的关键时期
1957	与英国小说家阿道司·赫胥黎结缘，深受启发，决定走上科学之路
1963	前往印第安人保留地，世界观发生转变，树立让大家看到真正的印第安人生活的使命

湛庐 CHEERS

与最聪明的人共同进化

HERE COMES EVERYBODY

CHEERS
湛庐

谁是
斯图尔特·布兰德
Whole Earth

[美] 约翰·马尔科夫（John Markoff）著
方兴东　孔祥雯　译

浙江科学技术出版社·杭州

测一测

你了解斯图尔特·布兰德吗？

扫码加入书架
领取阅读激励

- 史蒂夫·乔布斯在斯坦福大学演讲时所说的“求知若饥，虚心若愚”是援引（　）的话。（单选题）

  A. 凯文·凯利

  B. 斯图尔特·布兰德

  C. 罗伯特·奥本海默

  D. 阿尔伯特·爱因斯坦

扫码获取全部
测试题及答案，
一起走进布兰德的传奇人生

- 全球第一张地球的彩色照片的公布源于未来学家斯图尔特·布兰德（　）。（单选题）

  A. 与史蒂夫·乔布斯的一次对话

  B. 和美国政府的一场合作

  C. 观星时的一个思考

  D. 日常进行的一个研究

- 斯图尔特·布兰德因公开（　）核能和转基因而成为环保主义中的“异端”，并进而与绿色环保运动决裂。

  A. 支持

  B. 反对

扫描左侧二维码查看本书更多测试题

人工智能时代的科技预言家
约翰·马尔科夫
John
Markoff

“硅谷中心”孕育出的资深科技记者

马尔科夫出生于美国加利福尼亚州奥克兰市，在被誉为“硅谷中心”的帕洛阿尔托长大。1971 年，他从惠特曼学院毕业，获得社会学文学学士学位，之后顺利考上俄勒冈大学，攻读社会学硕士，并于 1976 年毕业。毕业后回到加利福尼亚州，加入了太平洋通讯社（Pacific News Service），成为一名专栏作家，开始进行科技报道。他还服务于多家出版机构，包括泰国《民族报》（*The Nation*）、美国《琼斯母亲》（*Mother Jones*）和《星期六评论》（*Saturday Review*）等。

1981 年，马尔科夫加入了后来设计出美国知名科技网站的 InfoWorld 公司，当时公司刚成立不久，他无疑成了元老级员工。3 年后，他转而加入《字节》杂志（*Byte*）的大本营，开始从事编辑工作，又于次年离开，加入《旧金山观察家报》（*San Francisco Examiner*），成为商业版的报道记者，开始对硅谷进行一系列报道。

普利策奖得主，重塑硅谷早期历史的拼图

1988 年，马尔科夫去了纽约，成为《纽约时报》驻旧金山的西海岸特派员，报道以计算机产业和科技为主。当年 11 月，他对世界五大黑客之一、美国国家安全局科学家罗伯特·莫里斯（Robert Morris）之子罗伯特·塔潘 – 莫里斯（Robert Tappan-Morris）进行了报道：塔潘 – 莫里斯是莫里斯蠕虫病毒的创

造者，这一病毒被公认是首个通过互联网传播的蠕虫病毒，并彻底改变了互联网。1993 年 12 月，马尔科夫凭借敏锐的新闻洞察力，最早对互联网进行了报道，并将互联网誉为“信息时代的藏宝图”。同时，马尔科夫也是第一位对谷歌自动驾驶汽车进行报道的记者。2013 年，他因对苹果公司和其他互联网公司颇有洞见的深入报道，且阐释了全球经济对普通工人和消费者的消极影响而获得普利策奖。

多年来，马尔科夫一直在思考为什么硅谷会在 20 世纪 60 年代崛起于旧金山，为什么计算机技术这一奠定了个人计算和电脑网络的技术会在 1965—1975 年这 10 年间诞生于这里。2000 年秋天，他参观了斯坦福大学格林图书馆的特别收藏室，以阅读斯图尔特·布兰德（Stewart Brand）的个人日记，结果令他很失望。直到近 20 年，马尔科夫才发现了重塑硅谷早期历史和影响的拼图中丢失的那一块。他意识到，那些认为布兰德创办的《全球概览》（*Whole Earth Catalog*）是硅谷文化和意识形态来源的人们将因果颠倒了。事实是，《全球概览》源自同样的技术、经济、政治和文化因素，而正是这些因素在 20 世纪 60 年代后期塑造了硅谷。发挥重要作用的根本不是新自由主义理念，而是吸引了年轻的乔布斯的那种精神——一位年轻的搭车者站在加州高速公路上对冒险与机遇同样敞开了胸怀。

“与机器人共舞”革命的引爆者

在对人工智能的报道上，马尔科夫也更加完美地契合了保罗·萨福（Paul Saffo）的评价。在报道过程中，他看到了日益成熟的人工智能正在参与人们的世界，尤其是在工业领域，智能机械臂的问世，大大提高了企业的生产效率。他曾在一篇报道中分享了自己在荷兰一家电动剃须刀工厂的见闻：“在荷兰乡间的一家工厂里，128 个机械臂以瑜伽式的灵活度做着同样的工作。摄像头引导它们进行的操作频率远远超过最灵巧的工人……机械臂每天 3 班、每年 365 天不停地工作，不需要歇息。”

这种可能导致工人失业的情况引发了马尔科夫的关注，他不禁产生了“距离机器人解锁你的生存技能还有多远”的疑问。经过长时间的采访与调查，他发现，有些工作仍是自动化力所不及的，比

如建筑工作中非重复性的操作，驾驶过程中十字路口处难以预知的一系列复杂交通状况，安装飞机、轮船和汽车的玻璃纤维板时的触觉反馈……这些工作都不能为机器所取代，所以马尔科夫日渐形成了让机器增强人类智慧，而非取代人类的理念，因此掀起了一场“与机器人共舞”的科技革命。

截至本书出版，马尔科夫已出版 8 本著作，其中《人工智能简史》等已有中文简体字版。

纪念道格拉斯·恩格尔巴特（Douglas Engelbart）

斯图尔特·布兰德很早就发现了他的想法所蕴含的价值

洞察时代的智者：斯图尔特·布兰德

胡　泳
北京大学新闻与传播学院教授

从《全球概览》到互联网，斯图尔特·布兰德预见到了每一个风向。人人都想知道他的脑中装着什么。

大智慧

斯图尔特·布兰德的简历可以这样写：学生，士兵，邮购企业家，项目开发者，技术作者、编者，管理顾问。从这样的简历中你很难领会布兰德是怎样一个人。

例如，你想象不到布兰德曾经是“快乐的恶作剧者”（Merry Pranksters）中的一员，这个小团体由著有《飞越疯人院》（*One Flew Over the Cuckoo's Nest*）的小说家肯·克西（Ken Kesey）领导，在20世纪60年代“奇幻节日”（Trips Festival）这类活动中狂热地推崇成瘾类药物，著名记者汤姆·沃尔夫（Tom Wolfe）在他关于嬉皮士生活的经典之作《令人振奋的兴奋剂实验》（*The Electric Kool-Aid Acid Test*）中对之有过详细描述。

你也不会想到布兰德对工具怀有狂热的浪漫主义态度，他一手创办的工具目录《全球概览》获得过美国国家图书奖。《全球概览》面向具有奇思异想和反叛精神的读者，甚至帮助激发了早期计算机界面设计的灵感，并且随着时间的推移，发展出日后的网上冲浪工具。

令人更加惊讶的是，20世纪70年代初，在乔布斯和沃兹尼亚克在车库中鼓捣出苹果机之前好几年，布兰德就兴奋地宣告，个人计算机时代即将到来。布兰德非常早就预见到互联网热潮：1985年，他就创办了全球电子链接（Whole Earth'Lectronic Link，WELL）系统。这个位于旧金山的计算机网络系统是在线论坛和社交网络的先驱之一，它开始活跃的时候，“信息高速公路”还不过是一条象牙塔之间的羊肠小道。

1987年，布兰德帮助把一群反主流文化思想家聚拢在一起，通过电子邮件探讨未来，从那以后，这群人已为当时的美国政府、五角大楼和世界上数一数二的大公司做过咨询。布兰德的老友、莲花发展公司创始人米奇·考波尔（Mitch Kapor）慨叹：“斯图[①]对将要发生的大事有一种异乎寻常的洞察

①“斯图”是布兰德的家人、朋友对他的昵称。在西方文化中，普通关系里一般称呼姓氏，亲密关系里则称呼名字或者使用昵称。本书出现的称呼沿用这一习惯。——编者注

力。如果他认为某事很重要，我会跟他一道走，即便我并不真正清楚那是一件什么事。”

全球一些最大的赚钱机器正是这样做的。石油巨子壳牌集团聘请布兰德组织一系列学习大会，研究如何改变头脑、应对变革。当富士施乐公司对白领工作的未来进行思考时，他们也及时招来了布兰德。

为什么企业的战略研究人员如此看重布兰德？时任战略发展与沟通部主任罗伯特·莫切利（Robert Mauceli）称：“布兰德不是一个循规蹈矩的人。我们不想用常规方法思考未来。富士施乐自认是一家文件公司，但布兰德不断促使我们去想，当整个世界都连上了线、人们从网上获取信息时，文件公司的前途在哪里？”

人们常常会在与互联网有关的话题中提到布兰德，当你联想到布兰德是黑客大会的发起人和《连线》杂志（*Wired*）的作者时，这一点就显得毫不奇怪了。1984 年，也就是麦金托什机问世的那一年，布兰德主持召开了第一届黑客大会，致力于为黑客建立一种身份认同，即反权威者，让计算机做有趣而非恶意的事情。他还出版了《全球评论》（*Whole Earth Review*），把黑客们召集到它的旗帜下。《连线》的办刊风格正是沿袭了《全球评论》的特色，“出奇出新，宣扬大智慧”。

情景规划

除了《连线》，布兰德的影响主要产生于全球商业网络（Global Business Network，GBN）。这家由布兰德在 1987 年与数个合伙人共同创办的管理顾问公司主要为企业、非营利组织和政府提供情景规划建议，并撰写如何应对数字化未来的战略报告。曾经，布兰德每周在 GBN 工作一天，从他居住的一个小渔村赶到旧金山的公司总部。

GBN 很像一个俱乐部，宗旨之一是在企业管理人员和一群组织松散的思想家之间架起桥梁，就未来进行开放式对话。这群思想家有百名之多，涵盖各个学科领域，大多是布兰德及其合伙人多年的朋友，“当大多数人的思想左转弯的时候，他们却右转弯”。

大多数公司踊跃支付 3.5 万美元的年费以参加 GBN 的电子茶话会，会议的地点正是 WELL。客户还可以得到其他回报，例如 GBN 关于技术和社会趋势的专题报告，这些报告的话题从生物计算机到全球青少年文化应有尽有。

所谓情景规划，实为一项预测技术。这一技术是美国空军开发出来的，为的是准确预测敌军的活动，在冷战期间由兰德公司的赫尔曼·卡恩（Herman Kahn）提出要“思考不可思议的事情”（thinking the unthinkable）。20 世纪 60 年代末，该技术由壳牌集团进一步完善，帮助这家跨国公司预见到 1973 年的石油危机。GBN 总裁彼得·施瓦茨（Peter Schwartz）当时任壳牌集团计划部门负责人，他把情景规划技术发挥得淋漓尽致，将壳牌集团由“七姐妹”[①] 中的小妹妹转变为最强有力的大姐。

情景规划不是要对未来做出最准确的猜测，再依此投下赌注。相反，它驱使企业领导人为三到四个完全不同的未来前景做好准备。为了简明易记，这些方案被冠以特殊的名称。更重要的是，它们中间包括一些最离奇的预测，是常规性思维不可能扫描到的。

① 又称国际大石油公司，指的是在标准石油被美国法院判决分割之后形成的三家较大的石油公司与另外四家石油公司组成的垄断性企业联盟，曾对世界石油市场影响甚大。1950—1970 年，此联盟达到巅峰状态，但 1970 年之后逐渐走向解体。——编者注

情景规划的主要目标是避免对未来措手不及，其基本逻辑如下：如果难以想象的变化成为常数，那么，规避大失败比追求大成功将带来更大的收获。

根本上，它是要尝试令墨菲法则失效，根据该法则，凡有可能出错的东西终会出错。情景规划的精髓是，找到一种战略，能够在你想象到的所有方案中都至少运转正常。而布兰德正是战略计划人员寻找的那种“出偏锋”的思想家，能保证想象力之网充分张开。他在壳牌集团短暂工作期间认识的同事、计划经理基斯·范德海登（Kees van der Heijden）说：“布兰德不仅仅富有远见，他还能使之深入人心。他说过，自然界的发展不是一个向目标进化的过程，而是不断挣脱束缚的过程。这使那些坚信在市场上‘适者生存’的战略计划人员警醒。”

这种非传统的思想帮助了壳牌集团。1982 年，“欧佩克”① 对油价的控制在壳牌经理的眼里已成为天经地义的事情。他们与“卡特尔”② 已打了 9 年交道。这时，施瓦茨和公司的其他计划人员却提出了一个不可思议的情景，将其命名为“汉普蒂·邓普蒂”（Humpty Dumpty），它是旧时童谣中一个因从墙上摔下而跌得粉碎的蛋形矮胖子。

施瓦茨和计划人员自问，近期内是否可能出现“欧佩克”失控、油价暴跌的情况。经过对能源利用效率和非“欧佩克”成员国石油储备的材料的搜集和分析，他们惊讶地发现，答案是肯定的。关键一点在于，他们预见到一旦“欧佩克”丧失了定价权，“卡特尔”内部分崩离析的政治斗争会妨碍它

① 石油输出国组织（Organization of the Petroleum Exporting Countries，OPEC）的简称，是亚、非、拉石油生产国为协调成员国石油政策、反对西方石油垄断资本的剥削和控制而建立的国际组织。——编者注

② 又称垄断利益集团、垄断联盟等，是垄断组织形式之一。——编者注

重整旗鼓。壳牌集团的决策层采纳了“汉普蒂·邓普蒂”方案，在油价到达巅峰之际没有对新油田进行大规模投资，也没有增加石油库存。1986 年油价暴跌时，壳牌集团得以从容地拿出钱来，以几个月前油价的一半为购买价格，购入石油做储备之用。

壳牌集团的成功引得其他公司纷纷仿效。施瓦茨预见到这一点，于 1988 年离开壳牌集团，同布兰德共同创办了 GBN。如今，GBN 是情景规划的主要倡导者，客户包括 IBM、富士施乐公司、南方贝尔公司、AT&T、德士古公司、白宫经济顾问委员会以及美国参谋长联席会议等。

非线性人生

布兰德古铜色的脸上，似乎刻满了他走过的所有道路。他说自己被“贪婪的好奇心和对无聊的巨大恐怖”驱使，不断改变着重心。他从没富有过，因为等到金钱开始润滑大篷车的车轮时，他已匆匆离开了表演现场。他住在一艘停泊在加州索萨利托渔村水边的拖轮上，这艘名为“米伦号”的船已是 112 岁高龄，是他和妻子于 1981 年花 8 000 美元买下的。他没从《全球概览》中挣到多少钱，因为那是非营利性出版物，布兰德只领取 3.6 万美元的年薪。有了 GBN，他的年收入刚刚超过 10 万美元。**布兰德说：“廉价做事的好处是，它迫使你保持原创性。”**

布兰德的好奇心和无聊感很早就显现出来，推动他走上一条非线性的生活道路。1954 年，杰克·凯鲁亚克（Jack Kerouac）的《在路上》（*On the Road*）尚未发表，16 岁的布兰德就借走父母的汽车，和一帮中学伙伴一起从故乡伊利诺伊州出发，到加利福尼亚州淘金去了。他戴着贝雷帽四处游荡，令身为广告员的父亲恼怒不安，却使母亲感到好笑。母亲是一名家庭主妇，但对空间旅行极其着迷，布兰德的躁动也许部分来自她。不平静的青春期之后，布兰德上了斯坦福大学，拿下一个生物学学位，随后一头扎进纽约的流浪艺术家圈子。

当时一群名气不大的创作者组成了名为“我们的公司”的艺术家团体，创作出融声音和图像于一身的作品，包括电影、幻灯片、音乐等，口号是“我们一体”。这些人终日读书，并辩论马歇尔·麦克卢汉（Marshall McLuhan）的传播理论。有一阵子，“我们的公司”陪麦克卢汉一道上路，并针对他的演说提出相反的看法。布兰德正是“我们的公司”中的活跃分子。

显然，有些关于互联网的看法源自20世纪60年代艺术家所形成的想法，而这些想法由热忱的布兰德沿袭下来。时至今日，关于形式与内容、文本、群体甚至黑客伦理的讨论，都可以从那时的活动和论辩中寻到蛛丝马迹。例如，布兰德的一句著名语录“信息渴望自由”，长期被黑客群体视为集合令。

布兰德接着参了军，在五角大楼执勤。他回忆说：“我常常穿着军装回到艺术家朋友中间，脱下这身皮后再换上他们的衣服，令他们窃笑不已。”虽然他在军队干得还不错，两年后却离开东部，前往旧金山。

布兰德筹划了1966年1月的“奇幻节日”，这个节日是一个盛会。他突发奇想地设计了一个徽章，上面的文字是：“为什么我们还没有看到一张整个地球的照片？”从美国东岸到西岸，布兰德到处推销这个徽章。于是，上百万人很快就通过他编辑并发行的《全球概览》看到了一张这样的照片——从外层空间拍到的地球照片。这是对阿波罗登月壮举的褒扬，也是对全世界的提醒：我们只有一个地球。扉页上的话令读者终生难忘——既然吾辈皆神，那就不妨好好做神。

做好工作意味着得有合适的工具，这正是 1968 年创刊的《全球概览》的本意所在。它宣传的大部分商品都是具有乡村特色的基本生活用品，布兰德也因此成为 20 世纪 60 年代后期反技术、返土归田运动的精神领袖。他积极倡导公社生活和环境保护，在《全球概览》上致力于推广节约能源、花费少、无污染的小型机器和用具。这本不断更新的目录被誉为“比任何书都更能捕捉实况，反映时代的知识环境”。布兰德知道人类习惯于获得并使用工具，人们要用最好的工具，想了解使用的工具及其可能的后果。他促使大家质疑自己关于科技和社会的假定，以及这两者间的关系。1972 年，《全球概览》荣获美国国家图书奖。

一旦掀起了反主流文化的热潮，布兰德又开始厌倦了。他跑到富士施乐公司的帕洛阿尔托研究中心（Palo Alto Research Center，PARC）去“寻求刺激”，如今个人计算机的雏形正在那里孵化——鼠标、图标、菜单和窗口等，这些正合布兰德的胃口。

艾伦·凯（Alan Kay）是 PARC 的头号“魔术师”，回忆起《全球概览》时充满感情：“PARC 拥有的第一本刊物就是《全球概览》。它是一个象征，我们想象中的个人计算机工具就应该是这样的。例如，斯图发现，人们只找刊有他们喜欢的东西的那部分目录来读。但他想让读者通读全书，所以，他请一位朋友写了一部拟人化小说，目录的每一页上都刊登这部小说的一页。我们觉得这是一个非常棒的主意，受此启发，我们发明了 PARC 浏览器，也就是如今网络浏览器的前身。在调阅感兴趣内容的同时，‘网上冲浪者’可以意外发现很多彼此链接的文本。”

布兰德在 1972 年为《滚石》杂志（*Rolling Stone*）写了一篇文章，预告个人计算机时代的来临，将其改变人们意识的潜力与药物相提并论。1985 年，他在接受采访时说道：“这一代人一口吞下了计算机，就像他们一口吞下了药物一样。”也许，这个比喻的真实性超过了他本人想要表达的程度。

乔布斯在 2005 年斯坦福大学毕业典礼上发表的简短演讲，在他于 2011 年去世后广为流传。这一演讲浓缩了他对生命、爱情和死亡的思考，表达了他毕生的哲学和动力。而就在该演讲中，他提到了布兰德和《全球概览》：

> 我年轻时有一本很棒的刊物叫《全球概览》，它被我们那一代人奉为“圣经”。刊物的创办人叫斯图尔特·布兰德，他就是在离这里不远的门洛帕克镇，凭一己才华塑造了这本刊物。那是 20 世纪 60 年代末，个人计算机和桌面系统还没出现，排版印刷全靠打字机、剪刀和宝丽来相机。它就像纸质版的谷歌，却又比谷歌早问世了 35 年，充满了理想主义，介绍了大量实用的工具和非凡的构想……
>
> 斯图和他的同事们出了好几期《全球概览》，到最后办不下去时，他们出了最后一期。那是 20 世纪 70 年代中期，我也就是你们现在的年纪。最后一期的封底上是一张清晨乡间小路的照片，就是爱冒险的人等在路边搭便车的那种小路。照片下面写道：求知若饥，虚心若愚（stay hungry, stay foolish），那是他们停刊前的告别辞。求知若饥，虚心若愚，这也是我一直想做到的。

就这样，布兰德成了极少数人当中的一位，对标新立异、心怀不满的几代年轻人都具有巨大的号召力。

新的眼光看世界

1983 年，IBM 展示了他们的第一台个人计算机，布兰德决定往计算机上发展，创办了《全球软件概览》（*Whole Earth Software Catalog*）。他把企划书拿给几个出版商看。没过几天，道布尔迪出版社（Doubleday）打电话提出预付100万美元，讨价还价后提高到130万美元。对方要求12小时内答复，否则取消交易。布兰德认为出价“太高，可能会给我们惹来麻烦”，于是他要求和财务顾问谈一谈，到了午夜才打电话给代理人，说：“我搞不懂财务顾问的想法。我今晚熬夜用《易经》卜一卦，明早给你打电话。”《易经》？有人向他预付天价购买一本平装书，这在出版史上前所未见，他居然要靠《易经》来做出抉择？幸好，古老的中国智慧有足够的力量，把布兰德脑袋里堂吉诃德般的声音压了下去。他接受了报价。

然而这却是布兰德最大的失败。不仅130万美元的预付款打了水漂，而且他的非营利性公司也濒临破产，“不过这次失败倒是解除了我的重负，意味着我可以离开去从事新项目了”。

布兰德口中不时冒出大型企业的名称，流利得仿佛掷出飞盘。他的思想令许多企业发生了变化。比如，布兰德将理查德·诺曼（Richard Normann）的著作《交互策略设计》（*Designing Interactive Strategy*）介绍给富士施乐公司的经理们。诺曼认为，企业必须把自己视作在一个由客户和供应商组成的网络中进行工作的实体，而不是一条生产线上的增值点。富士施乐公司的莫斯利说：“我们被诺曼深深折服了，经常邀请他给我们的经理人员做报告。我们在工作中已采用了他的一些方法。”

布兰德把建立这种联系视为管理顾问的首要任务。他常常给别人寄书，每个月，GBN都准时把布兰德推荐的书送到客户手中，并附上布兰德亲自撰写的简短书评。他推荐过的书包括尼古拉斯·尼葛洛庞帝（Nicholas Negroponte）的《数字化生存》（*Being Digital*）、阿历克西·德·托克维尔（Alexis de Tocqueville）的《论美国的民主》（*Democracy in America*）以及尼尔·斯蒂芬森（Neal Stephenson）的科幻小说《钻石年代》（*The Diamond Age*）等。一位客户说："有时看到布兰德送来的这些书时，你会想，'这到底跟我有什么关系呢？'然而这些书四处传阅，并成为我们经常谈论的话题。"

这种"空谈"正是布兰德想要达到的目的："公司没有战略，只有一群人在那里进行战略对话。决策正是从这些对话中产生。"而好的决策一定出自囊括各种论题的对话。

布兰德对判断也有独到的看法："那些有良好判断力的人都很善于讲故事。像丘吉尔这样的历史人物具有良好的判断，因为他们脑中装有大量丰富多彩的历史经验和故事。希特勒的判断力极差，他总是把事情变成只有两种选择，而两种选择都愚蠢无比。"

由此，布兰德谈到了关于万年钟的构想，构想源于计算机并行处理技术的先驱、GBN的高手丹尼·希利斯（Danny Hillis）。布兰德说，周围事物的飞速变化使我们对历史的感知开始变得麻木，而这座钟将"赋予人们一个长远的视角"。

布兰德的思绪重新跳回他的过去："透过这座万年钟，人们仿佛从外层空间俯瞰全球。"布兰德是敢于力排众议的人。在这个世界上，在大机构里工作，不质问既定行事方式的人太多，形成了单一的文化，所以人们才对布兰德推崇备至。《纽约时报》的专栏作家德尼斯·卡鲁索（Denise Caruso）说："我真想在布兰德的脑子里逛上一年，打开门，打开后盖箱，各个柜子翻一翻。如果他能把对世界的评估装进瓶子里，我一定要抢第一去喝它一大杯。"

牢记布兰德的话，你才能做到真正地活着。**他告诉我们："你只要发现水流的方向，然后逆流而上就是了。只有这样，你才会感到自己活着。"**

硅谷的图腾——斯图尔特·布兰德

周鸿祎
360 集团创始人

作为一家科技公司的管理者，我一直对技术创新和未来趋势保持着极高的热情。因此，我很荣幸有机会为《谁是斯图尔特·布兰德》这本书写序，与读者分享我眼中的布兰德先生。在我看来，布兰德是硅谷的图腾级人物，他声名显赫，乔布斯、贝佐斯等科技巨擘都是其追随者。读布兰德的人生故事，使我仿佛置身于波澜壮阔的人类科技与文化的发展浪潮中。

在读这本书的过程中，我会时常惊讶于布兰

德先生曾与如此多的人类发展历程中的重要人物产生交集，比如他曾和奥本海默一起喝茶。布兰德总是领先于他所处的时代，比如 20 世纪 50 年代，他在斯坦福大学就读期间，将晶体管与电话听筒连接，创造了拨打免费电话的方式。谁能想到在 13 年后，乔布斯和沃兹尼亚克也学习了这种方式呢？

在本书中，我总能获得共鸣并报以感激之情，这种想法是一位后来者在看到先行者事迹的时候自然产生的。比如，布兰德与凯文·凯利等人一起筹备举办“黑客大会”，推动了开源软件运动的诞生并为计算机行业带来巨变，而这些都与我所从事的行业息息相关。更让我感同身受的是，布兰德在很早的时候就有一个明确的立场，那就是人类对物种和地球负有道义责任，这一立场贯穿了他余生的所有思想和行动。他总是在新领域探索新的思考方式，以应对 21 世纪的复杂问题。我创办 360 公司，核心就是为用户提供安全、高效的数字化、智能化产品和服务，利用科技的力量改变人们的生活，这在无形中与布兰德的思想不谋而合。

《谁是斯图尔特·布兰德》这本书可以说是包罗万象，内容涉及可持续发展、技术创新、社会与文化、地球系统、和平与安全等诸多维度。其中，最令我印象深刻的是“技术创新”的相关内容，他探讨了各种新兴技术的发展及其对地球未来的影响，包括人工智能、生物技术、空间探索、机器人技术等领域的突破和挑战。他相信，技术和工具必然能改善人类的生活品质。

布兰德始终是一位具有前瞻性的智者。当硅谷传奇人物，也就是后来被称为“个人计算机之父”“鼠标之父”的恩格尔巴特推出计算机系统时，许多人不以为然，甚至表示抵触，布兰德却欣然接受，他在写给别人的信中说，“我昨晚在一个非常复杂的交互式计算机系统上在线工作了 2 小时”。要知道，当时距离第一台个人计算机面世还有 7 年多的时间，但在他创办的《全球概览》中，到处暗示着计算机一定会从公司和军队向普通民众普及。这种对于科技发展的敏锐洞察和不遗余力的推崇，令我大为震撼并心生敬重。

正如布兰德所言，当时超级计算机的出现，在社会中绝对属于一件新鲜事。没记错的话，IBM 和 DEC 都做过预言，说世界上只需要两三台计算机就够了。实际上，超级计算机并没有带来真正的生产力革命，只有个人计算机走入千家万户、千行百业的时候，才真正推动了信息革命的到来。如今，我们正迎来一场由人工智能大模型带来的新工业革命，大模型作为人类有史以来发明的最伟大的工具，背后凝聚了人类的智慧，第一次做到了让计算机理解人类语言；Sora 的出现更是让计算机能够读懂世界，这代表着人工智能在多模态能力上的巨大突破，将加速通用人工智能时代的到来。届时，人工智能将对自动驾驶、具身智能、基础科学研究、能源问题等带来巨大的推动作用，同时，也将带来前所未有的安全挑战。

我想，在未来的科技发展中，不同年龄段的人，尤其是年轻人，在读布兰德先生的这本传记时，一定能从中获得思想的启迪或灵感的迸发，获得对所处的时代更加深刻的理解。

全球视野与长期主义——整体思维的启示

余　晨
易宝支付联合创始人
《看见未来》作者

你可能没有听说过斯图尔特·布兰德这个名字，但你一定听过史蒂夫·乔布斯曾引用的一句名言——求知若饥，虚心若愚。这句话源自布兰德创办的反主流文化期刊《全球概览》，期刊封面是第一张由同步卫星拍摄的完整地球的照片。乔布斯称《全球概览》为印刷品年代的谷歌，是互联网出现之前的互联网精神，它包罗万象，影响了整整一代人。

2018 年，我有幸受邀参加了《全球概览》创刊 50 周年纪念活动，见到了偶像布兰德。当年的热血青年虽已老态龙钟，但锐气不减。创刊 50 年前的 1968 年，世界仿佛处于末日崩溃的边缘：马丁·路德·金和罗伯特·肯尼迪总统相继遇刺、芝加哥种族暴乱事件、墨西哥奥运前夕的暴力抗议事件……那一年，《全球概览》封面展示了地球的第一张完整照片；同年圣诞节，阿波罗 8 号宇航员首次用肉眼看到了完整的地球，或许这是人类历史上最有意义的事件之一——从太空视角审视地球，人类的一切分歧和纠结都变得无足轻重。正如肯尼迪总统所言："人类最基本的纽带是我们同住一个地球，我们呼吸着同样的空气，我们都珍惜子孙的未来，我们也都终有一死。"那张《全球概览》封面照片，给动荡和混乱的世界带来了一丝希望和救赎。

在某种意义上，布兰德可以被看成数字时代的阿甘。电影《阿甘正传》（*Forrest Gump*）中的主角是一个平凡甚至有智力问题的男人。但他却通过一系列意外的壮举，成了橄榄球明星、战争英雄，先后被数位总统接见并推动了中美乒乓外交、揭露了"水门事件"，还成功投资了苹果公司……阿甘以单纯的心态和坚定的行动，无意间深刻地改变了历史的轨迹。同样，布兰德并不是任何领域的专家和最聪明的人，但凭借对世界的好奇心和对梦想的执着，推动了科技与人文的融合，影响了众多领域中无数人对未来的思考，触动了时代的脉搏，书写了一段段传奇故事。

布兰德的传奇人生基于一个简单却深远的理念：世界是一个整体。这种整体性不仅仅是地理上的"全球"（whole earth），更是一种思想上的整合。这种整合理念贯穿于他的一生，从对东方智慧《易经》的关注，到《全球概览》的出版，到影响最早的计算机图形用户界面，到 WELL 的创立，再到恒今基金会（Long Now Foundation）的设立，布兰德始终在实践着他对世界的整体性理解。这种愿景推动他架起科学技术与人文艺术之间的桥梁，创造了激发变革的思想和运动。

布兰德的生活充满了这种科技与人文之间的微妙连接，他与《飞越疯人院》的作者肯·克西有着深厚的联系，二人都深植于 20 世纪 60 年代的反文化运动中，探索自由与创造的边界，这激发了布兰德后来对融合技术和人文的思考。反文化运动直接催生了数字科技革命，英文中的两个缩写词 CC，即 Cyber Culture（赛博文化）和 Counter Culture（反文化）在精神上高度契合，都追求自由、创新和颠覆传统。同样，两个 WWW，即 World Wide Web（万维网）和 Wild Wide West（狂野大西部）也息息相关，许多互联网创新都发生在文化更加自由的美国西海岸，这里成了新技术与新思想的温床。布兰德的《全球概览》正是这种文化交融的产物，既是对反文化精神的传承，也是对数字时代到来的预言，展示了技术和自由思想如何共同推动世界的变革。

布兰德的整体思维不仅体现在空间维度上的全球视野，也体现在时间维度上的长期主义。为了推动长线思维，布兰德创立了恒今基金会，鼓励人们把过去一万年和未来一万年当作现在，从更为长远的视角审视今天的问题和挑战，并以此精神设计了一座宏伟的万年钟，亚马逊创始人贝佐斯成了万年钟的第一个赞助者。我曾有幸采访了万年钟的设计者丹尼·希利斯，并在旧金山湾区参观了万年钟如同艺术品一般的精美原型，我在震撼之余写下了这样一段文字：

> 长城屹立两千余年，金字塔不到五千年，而这座钟将以一万年为尺度，记载着时间的流逝，昭示历史的进化。时尚的流行不过数月，经济周期不过数年，人生不过数十载，朝代更迭不过数百年，文明兴衰不过数千年，冰河山川消长不过数万年，物种进化与灭绝不过数百万年或上亿年，日月星辰的运行不过数十亿年，而宇宙从诞生至今也不过 138 亿年。朝菌不知晦朔，蟪蛄不知春秋……在这个时间如此碎片化、一切转瞬即逝、只有现在进行时的年代，每个人似乎只关注此地此刻，有谁能有一万年的超越视野，在瞬间中看到永恒？

今天，我们面临的挑战比以往任何时候都复杂。从气候变化到技术革命，从社会不公到全球健康，每一个问题都不是孤立的，而是与其他问题紧密相连。布兰德的整合理念正是我们应对这些挑战的关键。他教导我们，只有通过跨学科合作，将不同领域的知识和资源整合，才能找到有效的解决方案。在这个逆全球化浪潮盛行、世界愈加分裂、认知碎片化的时代，布兰德给我们最大的启示是，需要以整体思维的方式，用全球视野和长期主义，重新连接科技与人文、东方与西方、历史与未来……

硅谷工具中的灵魂

周健工
未尽研究创办人

数字技术构成了我们这个时代的文明基础，个人计算机、互联网、移动通信和人工智能等，每一个世代都原生于新的技术。

人类历史上经历了多次技术革命，信息技术革命与以往最大的不同之处在于，科技创业者在其中发挥了核心作用。比如，美国“科技七雄”[①]全部从初创企业成长起来。个人可以用技术改变世界，科技创新成为一种大众可以参与的活动，伴随而来的还有创业的民主化，这让技术以快于

① 指苹果公司、微软公司、谷歌公司、亚马逊公司、英伟达公司、Meta 公司和特斯拉公司。——编者注

以往的速度向全世界扩散。

“这一切都要归功于嬉皮士”

信息技术革命在第二次世界大战末期孕育，并且随着大国冷战展开。20 世纪五六十年代，计算机、半导体和网络技术，都在五角大楼等美国政府部门和 IBM 这样的大企业里集中使用。

20 世纪 70 年代，信息技术开始真正走向大规模应用，进入消费市场，从技术革命演变成一场产业革命，目前比较公认的标志是 1971 年第一个微处理器问世。同年，美国电子和半导体记者唐·赫夫勒（Don Hoefler）写了一组专题文章《美国硅谷》(*Silicon Valley USA*)。从此，硅谷这个名字流行开来，在之后的半个世纪里一直扮演着技术革命策源地和实验室的角色。

1972 年，美国风险投资公司 KPCB 与红杉资本作为硅谷最早的风险投资公司在沙丘路建立，直到 1975 年家酿计算机俱乐部成立，乔布斯和沃兹尼亚克横空出世，在当年创办了苹果公司。之后硅谷发生的事情，大家都知道了。

但是，硅谷的历史并不仅仅是由科技、初创公司和风险投资书写的。从 20 世纪 70 年代到 90 年代，除了个人计算机和互联网掀起的两次技术浪潮，背后还有一股力量在推动，即社会和文化的力量。

如果从 1971 年回望，我们可以发现，当今数字文明中所有重要的思想都已经产生，而这些思想借着 20 世纪 60 年代美国反主流文化运动的势头，在美国迅速传播。那些离开大城市、返土归田的嬉皮士们，开始寻找可以赋能自身、改变世界的工具，而其中最重要的工具就是个人计算机。

改变了世界，同样也改变了中国的个人计算机与互联网，是反主流文化运动的直接产物。本书的主人公斯图尔特·布兰德直言不讳："这一切都要归功于嬉皮士。"

《全球概览》，印刷品时代的谷歌

布兰德最重要的一个标签，似乎是乔布斯在 2005 年斯坦福大学的演讲中给他贴上的。乔布斯在演讲中宣称，布兰德创办的《全球概览》是"我们那一代人的圣经"，是印刷品时代的谷歌。

实际上，年轻的乔布斯是布兰德的追随者，像成千上万名嬉皮士一样，他在乡间公社营地里如饥似渴地阅读《全球概览》。他在演讲中提到布兰德，也是想得到有布兰德亲笔签名的《全球概览》最后一期，那本杂志的封底写着：求知若饥，虚心若愚。

《全球概览》在 1968—1971 年连续出版，它的后续出版物《协同进化季刊》《全球软件概览》《全球结语》(*Whole Earth Epilog*) 等的出版发行、在线社区 WELL 的问世，以及全球商业网络的诞生，在长达 30 年的时间里，都扮演着个人计算机和互联网技术革命先知的角色。这些林林总总的事件激发的科技乌托邦理想，催生了美国的新经济，也为美国互联网泡沫注入了强大的情绪动力。

布兰德自称是美国"沉默一代"的一员，是读着能把 20 世纪 50 年代"垮掉的一代"与 60 年代反主流文化运动结合起来的杰克·凯鲁亚克和罗伯特·海因莱因（Robert A. Heinlein）的小说长大的。

“沉默一代”和“婴儿潮一代”长期处于大国冷战的核恐怖之下，目睹国家成为巨大的战争机器。他们在战后资本主义的“黄金期”里长大，却发现在一个由技术和工业理性所决定的世界里，他们不可避免地正在步入一个巨大的等级系统。他们生活在一个追求物质主义的世界里，生态危机开始警醒人类。当想表达自己时，他们却受到了现存体制的压抑。“沉默一代”不想再沉默，“婴儿潮一代”进入青春期，他们开始寻找自己的灵魂。

所以，属于“沉默一代”和“婴儿潮一代”的文化只能以反主流的形式出现，从边缘开始生长。“垮掉的一代”的代表人物都来自社会底层，成长于主流文化之外，居无定所和四处漂泊成为他们常见的生存状态。他们通过小说、诗歌、艺术和新的媒体技术闯入了主流文化的殿堂，最底层的人物通过反叛变成了新的文化精英，尽管他们仍然遭到了主流文化的攻击。

年轻时期的布兰德混迹于纽约和旧金山，这里汇集着“垮掉的一代”、反主流文化者、嬉皮士、艺术家，以及各行各业的波希米亚式群体，像是一处在一个巨大的主流文化和建制体系中的“法外之地”。在纽约的艺术家组织 USCO 中，布兰德为他们拍摄和制作多媒体艺术作品。这群艺术家沉浸于诺伯特·维纳（Norbert Wiener）、马歇尔·麦克卢汉和巴克敏斯特·富勒（Buckminster Fuller）的著作中，相信媒体技术不仅是人体的延伸，而且能把这个世界连接成一个“地球村”。

反主流文化者想要把自己从主流文化和建制体系中解放出来，于是他们告别城市，走向乡村和原野，成千上万的年轻人过上了公社里的集体生活。而在精神上，他们寻求建立和扩展新的意识。为了向嬉皮士们提供服务，布兰德创办了《全球概览》，帮助公社中的嬉皮士们“获取工具”，其中就有维纳的著作和惠普的计算机。

在嬉皮士们看来，药物和计算机都是工具，用来增强人类的意识能力，而扩大体验空间的技术都是意识的转换器。1971 年，微处理器出现之后，布兰德提出，计算机是一种新的“药物”，是一种全新的、能扩展意识和开放社会的微型技术。也正是这一年，布兰德首次提出了“个人计算机”一词。

在维纳《控制论》（*Cybernetics*）的影响下，科技界把人类的认知理解为信息处理，整个过程类似于计算机的运作方式。这种计算隐喻和科学哲学，特别是人与机器共同创造的新领域，日益通过科幻作品和科普活动渗透进主流文化中。嬉皮士们发现，在现实世界之外，还有一个赛博空间，这也是科技精英和嬉皮士们共同向往的世界 。

反主流文化出现了新左派和新公社主义的分野。新左派走向了政治，走向了街头抗议、民权运动或者环保运动，融入了进步主义，而新公社主义走向了科技。布兰德创办的媒体、组织的活动以及运营的社区，汇集了新公社主义者和美国主流科技机构里的技术专家。一场反主流文化在社会运动中所产生的能量，在硅谷转向了个人计算机和互联网的技术革命，布兰德无疑发挥了关键的作用。

他不但预见了未来，还创造了未来

本书作者马尔科夫认为，“硅谷”这个名字和《全球概览》诞生于同一历史时刻绝非偶然。如果说硅谷后来“一直吸引着塑造世界历史的各种力量汇集于此”，那么布兰德正是这种汇集力量的真正开拓者和创造者。

布兰德是一位真正的超级个体。他没有任何人生的设计，追随自己多变的兴趣和不羁的好奇心，却总是站在了时代的前沿。“当时最优秀、最聪明的那一批人，正在离开各类传统机构，主动出击，去创造全新的天地。”一位年轻人遇到如此时代，凭着直觉投身其中，其实是最好的人生。

他放任思维漫游，也积极行动，那个时代的所有重大事件都有他的影子：现在被称为“所有演示之母”（the Mother of All Demos）的恩格尔巴特主题演讲，斯坦福人工智能实验室研发出改变世界的计算机算法，帕洛阿尔托研究中心研发的第一台现代个人计算机，举办黑客大会推动开源软件的发展，麻省理工学院的媒体实验室在数字世界的探索成果，以及基于互联网技术的在线社区 WELL 等。布兰德提出的“信息渴望自由”，对开源软件运动的发展和互联网的免费服务产生了巨大的影响，**他不但预见了未来，还创造了未来。与布兰德同时代的人们发出惊叹：“他总是在我们这个时代最关键的时刻出现。”**

布兰德是科技媒体的先驱，《全球概览》启蒙了硅谷：为大众文化提供了计算机和网络空间的隐喻；把数字技术思想、实验室中的人机交互技术转换为大众文化表达；首次把微型计算机称为个人计算机，让人与计算机之间建立了情感连接；将互联网世界称为虚拟世界，将“赛博空间”称为电子前沿，等等。

布兰德对这个世界直觉性的思考，许多时候表现为他提出的问题。例如，他曾发问：“为什么我们还没有看到一张整个地球的照片？”布兰德以一己之力发起了一场游说。最终，美国航空航天局公布了照片，该照片也成为第一期《全球概览》的封面。人类第一次看清了“地球母亲”的全部容颜，这张照片也改变了世界。它不仅激发了席卷全球的环保运动，产生了世界地球日、世界公民等表达，推动了人类文明走向星际的探索，也让人们思考自己在这个孤独渺小的星球上的意义。

“赛博文化的达·芬奇”

相对于硅谷的硬科技，布兰德代表了硅谷崛起背后的软实力。一部关于布兰德的纪录片中称他是“赛博文化的达·芬奇”。从艺术到技术，从代码到密码，从硅基到碳基，布兰德不是寻求答案，而是创造答案。“我们应该提出什么问题，才能让问题本身不断地去提出有用的新问题。”布兰德视学习为一种能够掌握任何知识的能力，“学习本身就是目的”。这帮助他对前沿领域敏锐地产生直觉，并能跨学科地组织社区和论坛，集成了赛博文化。

1996 年，正当互联网取得全面胜利，反主流文化的技术乌托邦正在实现时，布兰德又做了一件“反主流”的事情，他和并行机缔造者丹尼·希利斯共同创办了恒今基金会。一反技术所追求的“更快且更廉价”的思维，他们想在整个人类文明长度的时间线上，去求索和创造那些“更慢且更好”的事物。布兰德要用基因技术复活地球上消失的物种，用万年钟去提醒人类文明的脆弱性和它的寿命。

《全球概览》所倡导的“获取工具”，今天已经实现。人类在获取工具的同时，工具也在“获取”人类。数字世界已经重新集中化了，布兰德开始受到批评，似乎他当初所倡导的解放个体的技术乌托邦，最终演变成了反噬个人的反乌托邦。赛博空间出现了新的垄断者和集权者。而新一代的去中心化提倡者又开始从布兰德那里寻求指点：加密货币社区要从反主流文化中获得合理性，区域链要成为新的工具。

布兰德人生之路的轨迹正是当代数字文明兴起的“轴心时代”的缩影。硅谷盛产富豪，也不乏巨头，布兰德则是硅谷工具中的灵魂。

斯图尔特·布兰德：中国依然稀缺的“物种”

方兴东
浙江大学传媒与国际文化学院常务副院长
互联网口述历史项目发起人

拿到《谁是斯图尔特·布兰德》的预读本时，我还是有点激动，因为这本书的作者约翰·马尔科夫和主人公斯图尔特·布兰德都是我特别关注的人。这种关注是因为：一方面，他们是我们理解数字时代不可或缺，也不可替代的人物；另一方面，他们两人都是我的互联网口述历史项目访谈名单上的关键人物。一本书、一位作者和一名主人公，三者交织在一起就很有意思。于是，我和他们的故事就从这里开始了。

独家幕后的独家，最具前沿性的信使

“我所经历的最寒冷的冬天，是旧金山的夏天。”对马克·吐温的这句经典名言，我一直缺乏深刻的感受，直到 2017 年 8 月。当我告别炎热的北京，飞抵硅谷，入住旧金山国际机场附近的假日酒店时，马克·吐温这句话一下子跃然而出。当时，互联网口述历史项目访谈著名科技作家约翰·马尔科夫，我们约好的访谈地点就在酒店房间。为了使访谈更正式点，我特意穿上西服迎接马尔科夫的到来，但一走出酒店，冷飕飕的风就吹了过来，真是十足冬天的感觉。西服根本挡不住冷风，我需要加件羊毛衫才能抵挡寒意。

当然，看到马尔科夫穿着衬衫出现，我感觉还是暖和了一点。**硅谷重要的未来学家保罗·萨福（Paul Saffo）说：“马尔科夫最重要的地方在于他不只是报道独家消息，而是总报道独家幕后的独家。”**作为《纽约时报》前高级科技记者、驻旧金山的西海岸特派员，约翰·马尔科夫被誉为“硅谷独家大王”。他是最早对个人计算机和互联网进行报道的记者之一。1977 年就开始报道硅谷，迄今 37 年，几乎贯穿硅谷引起全球关注的整个历程。马尔科夫对互联网发展有着惊人的洞察力与敏锐度，他最早报道了首个通过互联网传播的莫里斯蠕虫病毒。他不仅仅是“纸上谈兵”的记者，还与被誉为美国第一网络安全专家的下村勉一起联手，追捕“世界头号黑客”凯文·米特尼克（Kevin Mitnick），相关报道轰动一时。在大获成功后，他与凯蒂·哈芙纳（Katie Hafner）合著了《计算机叛客》（*Cyberpunk*），该书引起好莱坞的极大兴趣，被拍成了电影。

这次访谈进行了 4 小时，这位最重要的硅谷记录者对我们而言，本身也成了硅谷历史的重要组成部分。这 4 小时实际上是我们的第二次访谈，也就是在这次访谈中，他告诉我他正在撰写斯图尔特·布兰德的个人传记，也在进行着一系列像我这样的访谈。这让我很感兴趣，因为之前我就多次给布兰德发邮件，邀请他接受互联网口述历史项目的访谈，结果一次次被委婉拒绝。无论是个人计算机、黑客、互联网、网络文化或者硅谷本身的历史，布兰德都是难以绕过的关键人物。尽管我已经累积访谈了与硅谷相关的 100 多人，但是布兰德始终位列我最想访谈却一直没有搞定的名单顶部。

马尔科夫答应帮我引荐邀请，但是他说布兰德现在住在船上，基本谢绝一切媒体访谈，所以他也不一定搞得定。不过，之前马尔科夫就帮我引荐了好几个关键性人物，所以我还是寄予厚望的，只是最终他也未能说服布兰德。于是，我就一直期待他完成布兰德的传记，始终跟他询问进程，一直到 2022 年 3 月《谁是斯图尔特・布兰德》的英文原书出版，我第一时间拿到了图书。随后，湛庐联系我，让我推荐本书的译者，我思考良久，自告奋勇。翻译从来不是我的兴趣，更不是我的强项，尽管大学期间，我作为文学青年也曾经自己尝试着翻译完了《远离尘嚣》(*Far from the Madding Crowd*）和《无名的裘德》(*Jude the obscure*）两本托马斯・哈代（Thomas Hardy）的小说，但仅仅作为自己学习英语的练习。这一次不同，因为这本书与马尔科夫和布兰德联系紧密，我对这两位怀有特别兴趣，又跟他们有着千丝万缕的关系，于是一股强烈的冲动油然而生，驱使我投身于这场体力与脑力的双重挑战。经历了漫长的翻译和校对历程，本书中文版终于在 2024 年出版，此时距离那天和马尔科夫讨论本书，已过去了 7 年。作为和马尔科夫一样都以“码字”为志业，从事同一“工种”的我，深知写书和出版在互联网时代依然依赖于没有任何进步的“手工作坊”。

我第一次与马尔科夫深谈是 2016 年 4 月 12 日的下午。当时，他将见面地点约在《纽约时报》旧金山办公室。虽然他服务《纽约时报》28 年后已经正式退休，但是《纽约时报》依然保留着他的工位。他依然保持写作强度，尤其是保持着关注前沿科技的敏锐度。当时他开始热衷于人工智能和机器人领域，他期望自己在即将开启的智能时代还能和过去一样，成为最具有前瞻性的“信使”之一。2015年11月，他的新书《人工智能简史》（*Machines of Loving Grace*）[①] 在中国出版，这是他诸多图书中在中国的第一本畅销书，被国内媒体冠为“人工智能时代的科技预言家”。当然，马尔科夫向来冷静，观点也比较谨慎，他说60年来，人工智能隔一段时间就要火热一阵。最近5年，技术上的确开始有了显著进展。但是，这个领域依然崭新，远远无法看出谁将是脱颖而出的胜利者。他也坦言，自己不敢预测Meta公司的人工智能和虚拟现实技术究竟能否大为成功。

2022年11月6日至7日，首届互联网史国际学术年会在乌镇召开。这不仅仅是中国首次组织类似的会议，而且在全球范围内也具有开创性。马尔科夫是我心目中的关键嘉宾之一。当然，因为当时全球笼罩在疫情之下，所以马尔科夫通过视频做了主题发言。为什么硅谷会在20世纪60年代崛起于旧金山半岛？为什么计算机技术会在1965—1975年这10年间诞生于这里？马尔科夫在演讲中系统梳理了硅谷早期的历史和影响，深度剖析了斯图尔特·布兰德思想的来源及其对后世产生的影响，这也算是他为本书做的第一个较为全面的引介。

繁荣与喧嚣的背后，有种缺失难以忽略

进入21世纪20年代，中国已经对互联网和高科技越来越“熟视无睹”，尤其对硅谷和美国失去了曾经的崇拜，这两者已不再神秘或者高不可攀。比起刚刚出现高科技的20世纪90年代，今天的中国，既有几乎与硅谷同步的

① 本书从多个维度描绘了人工智能从爆发到遭遇寒冬，再到野蛮生长的发展历程，直击了救援机器人、无人驾驶汽车、语音助手Siri等前沿领域，进而深入探讨了人工智能（AI）与智能增强（IA）的终极关系。本书中文简体字版已由湛庐引进、浙江人民出版社出版。——编者注

各种新技术和新应用，也不断涌现足以与硅谷神话媲美的各种创业故事和暴富神话，还有了字节跳动、阿里巴巴和腾讯等可以与硅谷一线企业平起平坐的超级平台，甚至中国有了类似短视频、微信和网络支付等走在硅谷前面、具有全球引领性的更多应用。也就是说，构建硅谷神话的各种要素，今天的中国已经基本具备。

当然，在诸多关键要素中，有一种要素依然是缺失的，那就是斯图尔特·布兰德这样的“物种”。中国人对于新技术和新应用的开发与应用，尤其是利用数字技术构建新颖的营销模式，让用户上瘾，这种令人财源滚滚的天赋已经有了“青出于蓝而胜于蓝”的态势。但是，**繁荣和喧嚣的背后，有一种缺失是始终难以忽略和弥补的，那就是与数字技术如影相随的数字文化和数字文明。**无论是开放、共享、自由的互联网精神和黑客文化，还是面向数字社会的时代精神和价值观，在中国始终没有真正落地和扎根。而这种新文化浪潮的掀起和流行，如果缺乏标志性的旗手是不可想象的。从这个意义上讲，中国缺失布兰德这样的“物种”，无形中越来越成为我们发展和崛起的最大制约。

从这个角度看，布兰德对于硅谷乃至美国高科技的价值是难以估量的。新技术始终是前赴后继不断涌现的，企业家也始终是长江后浪推前浪，即便如比尔·盖茨、格罗夫等个人计算机时代难以企及的英雄，今天也被亚马逊的贝佐斯、特斯拉的马斯克等从财富和影响力上不断超越。这就是科技进步的基本规律。而相比之下，布兰德这样的人似乎是非常独特的，难以被简单超越。

布兰德最大的成就就是在信息时代开端的 20 世纪 60 年代，实现了人文和科技在精神和文化层面的“互联互通”，从而引发了一场影响深远的时代精神的真正“核爆”。彼得·德鲁克（Peter F.Drucker）曾将布兰德追随的麦克卢汉和富勒喻为“科技的游吟诗人，也是狂热的科技传道者”，事实上，布兰德比起他们俩更是有过之而无不及。

在计算机和互联网走向大众之前，布兰德于1968年创办的《全球概览》是最早将科技视为改变人类生活方式、提升人类创造能力的革命性工具的媒体，是当时唯一横跨科技与宗教、神秘主义、公社社会理论的刊物。而将科技与人文结合正是乔布斯成功的秘密，也是苹果公司秉承的核心理念。

布兰德最为中国读者熟悉的，大概就是苹果创始人乔布斯于2005年在斯坦福大学做毕业典礼演讲时引用的布兰德名言——求知若饥，虚心若愚。这句话出自1974年《全球概览》最终篇，是封底的告别辞。乔布斯分享道：

> 我年轻时有一本很棒的刊物叫《全球概览》，它被我们那一代人奉为“圣经”。刊物的创办人叫斯图尔特·布兰德，他就是在离这里不远的门洛帕克镇，凭一己才华塑造了这本刊物。那是20世纪60年代末，个人计算机和桌面系统还没出现，排版印刷全靠打字机、剪刀和宝丽来相机。它就像纸质版的谷歌，却又比谷歌早问世了35年，充满了理想主义，介绍了大量实用的工具和非凡的构想……

在每一期《全球概览》的封面上，都有一个不起眼的副标题“获取工具”。布兰德自己说：“在人们呼吁草根政治的时候，《全球概览》回避政治，推动‘草根’直接权力的发展——工具和技能。”《全球概览》中出现的关于各种书籍、工具和产品的评论，基本上都是读者写的，堪称互联网史前的“博客”空间。**通过这种自下而上的文化传播方式，布兰德成为计算机革命的“旗手”，也成为互联网革命的“催化剂”。**

当然，作为网络文化和反主流文化的旗帜性人物，布兰德的兴趣过于广泛，他游历、穿梭于不同领域，基本上属于打一枪换一炮。“孤独的探索者”始终是他的命运。如今，熟悉和了解布兰德的人只构成了一个小圈子。互联网已经主导全球，但是他不可能成为任何形式的“网红”。虽然他在 1985 年创办的 WELL 是最早，也是最有影响的在线社区之一，但到了今天，他甚至没有推特、脸书等社交媒体的账号，即便有账号应该也不可能有多热闹。2012 年 12 月 14 日，这天是布兰德的 74 岁生日，他在冷清清的社交网站谷歌 + 上分享了一段视频，结果只获得了 4 次转发。事实上，20 世纪 90 年代掀起互联网全球浪潮之后，布兰德的时代就已经过去了。这也是思想先驱们固有的命运。

当然，布兰德在硅谷的影响力却是无所不在的，尤其是在乔布斯、贝佐斯等科技巨擘的心目中。这就是文化的力量，也是时代精神的力量。马尔科夫的这本传记，展现了他一流科技记者的本色，挖掘与复原了大量历史关键事件的细节，也注入了个人对于数字革命历程的见解和洞察。

我个人对布兰德保持一种特别的尊敬，当然，也不像弗雷德・特纳（Fred Turner）的《数字乌托邦》（*From Counterculture to Cyberculture*）那样神化，认为正是布兰德们将反主流文化的基因适时地植入了那些改变世界的数字技术和产品之中，从而将他们定义为数字革命真正的主角。近 30 年的互联网研究历程，尤其是 17 年来，互联网口述历史项目访谈了 500 多人之后，我对这场革命的全貌有了全新的认识，也有了全新的看法，尤其契合了我有 10 年工科学习经历的人文社科学者的特性。诸多当事人讲述的原始素材和历史深处的真实，越发让我清晰地意识到，个人计算机革命和互联网革命的发生可能并没有那么浪漫和神奇。因为这一切首先是技术革命，是一大批默默无闻的科学家和工程师埋头努力的结果。

而在“奥卡姆剃刀”[1]式纯粹的工程思维下，这批卓越的科学家和工程师本身可能就是真正的哲学家，就是秉承科学精神又富有人文精神的文化载体。他们往往自带数字革命的文化基因，为技术赋予时代精神的灵魂。当然，等到这场革命深入社会，融入生活，开始变得丰富多彩，在文化层面上彰显出全新的可能性时，这些科学家和工程师们也基本进入被人遗忘的角落，商业和文化等当今社会的强势力量开始占据舞台的中央。曾经缔造历史的各种“之父”和先驱们，命运并没有比布兰德更加光彩照人。

显然，没有布兰德，硅谷依然会如期崛起，个人计算机和互联网也会如期诞生，黑客和网络文化也会如期而至。但是，毫无疑问的是，如果没有布兰德，这一场革命的面貌可能都会很不一样。就像中国互联网 30 年，至今依然在未来学和成功学思想的牵引之下，商业和功利主义依然是主导性力量，更多多维度、深刻性、原创性的数字文化，依然是我们最为稀缺的东西。可以说，中国互联网和高科技越成功，布兰德这样新思想和新文化先驱的缺失使得我们内心越显得空空荡荡，进而越发迫切地呼唤“中国的斯图尔特·布兰德”早日出现！尤其是在中国互联网走向世界的进程中，仅有产品和商业是不够的。

总之，希望更多的人阅读本书，更多的人找到自己心目中的布兰德。我也期望自己有机会能早日去拜访他，在那艘位于加利福尼亚州索萨利托、他和妻子栖身的改装过的拖船上，听他娓娓道来。

① 由 14 世纪英格兰的逻辑学家威廉·奥卡姆（William Ockham）提出，其原理为“如无必要，勿增实体”，是“简单有效原理”。——编者注

每个人都是肩负责任的地球飞船船员

斯图尔特·布兰德是美国现代史上的标志性人物。在漫长而丰富的职业生涯中，他曾担任摄影师、记者、经理、环保主义者、未来学家以及实体和虚拟社区的建设者。最重要的是，他是一位有远见的人，很早就认识到培养和实践所谓全球意识的重要性。

在我们努力应对一系列紧迫的全球挑战时，从气候变化到政治两极分化，再到指数型技术的深刻颠覆性影响，布兰德的先锋思想和毕生工作比以往任何时候都更加重要。我写的这本《谁是斯图尔特·布兰德》旨在捕捉他独特、非传统且影响巨大的人生旅程以及对全球产生的持久意义。

源于好奇：众多标签下，哪一个是真正的布兰德

我在加利福尼亚州的帕洛阿尔托长大，毗邻门洛帕克。布兰德在门洛帕克扮演了关键角色，展现了该地区的技术乌托邦文化和情感，该地区后来成为硅谷。20 世纪 50 年代，当我还是个孩子的时候，我有机会在威廉·休利特（William Hewlett）的家里玩耍，他是惠普的传奇联合创始人。惠普是该地区的先驱技术公司，当时也已经是一家国际知名的电子公司。

后来，在 20 世纪 60 年代，十几岁的我就给拉里·佩奇（Larry Page）和乔布斯未来的家送报纸，这两位富有远见的企业家后来彻底改变了全球新闻的电子传输和消费方式。我也是创造了充满活力的反主流文化的一代人中的一员，这种文化在旧金山湾区扎根，布兰德很快成为其中的核心人物。这种反主流文化与硅谷兴起并改变全球的技术文化同时出现。

我决定写这本传记，很大程度上是出于强烈的好奇心，想更好地了解硅谷的根源，因为它如此戏剧性地重塑了我所称之为家乡的地方；同时，我也想探索布兰德作为即将到来的重大变革的早期信使所扮演的角色。20 世纪 60 年代中期，当大多数人只看到旧金山半岛上一片片果园时，布兰德感觉到硅谷正在酝酿着一些重要的事情。和他那一代的许多人一样，他曾短暂地参与返土归田运动，但很快又改变了主意，因为技术领域的一些新东西引起了他的注意。

他从旧金山搬到了门洛帕克，并于 1968 年出版了第一版《全球概览》。该刊物迅速成为返土归田运动的宝典，也成为渴望实现更大程度的自给自

足，并与自然世界和谐相处的整整一代人的“圣经”。布兰德是巴克敏斯特·富勒的忠实追随者，富勒是一位发明了测地线穹顶的美国工程师，他相信：**如果你想改变社会，你只需为人们提供工具并教会他们如何使用。**《全球概览》的副标题是“获取工具”，它提供了一种深刻的亲技术的世界观。而布兰德也很早就意识到，个人计算机作为当时一种特殊的技术工具，也即将作为一种普通消费者负担得起的日常用品出现。这种洞察力源于布兰德接触斯坦福研究所的道格·恩格尔巴特等计算机先驱，当时恩格尔巴特正在开发关于该技术如何以前所未有的方式增强和扩展人类能力和潜力的新想法。

布兰德的世界观和他分享的信息激发了硅谷年轻一代技术专家和企业家的想象力，比如乔布斯。2005 年，乔布斯在斯坦福大学的毕业典礼演讲中表明，《全球概览》是他最重要的灵感来源之一。

终于理解：变色龙的外衣，不变的全球意识

布兰德的标志性天赋就是能够提前把握新兴趋势的意义和影响，从个人计算机革命的早期萌芽到在线社区的兴起，再到长期思考环境可持续性的必要性，这些都是印证。但他并不是变色龙，不是能够随意改变外表、行为或态度的人。

在他那些广泛多样的追求和激情中，有一个共同点，那就是他对星球的广泛感知。这种观点出现于 1966 年，当时布兰德躺在旧金山房屋的屋顶上，发现自己以全新的眼光凝视着这座城市的天际线时，他突然从宇宙的有利位置看待地球，并开始思考为什么在第一颗卫星绕地球运行近 10 年后，还没有一张整个地球的照片向公众展示。**他意识到，看到我们美丽而脆弱的绿洲悬挂在黑暗的太空中，将永远改变人类的意识，让人们重新看待自己与共同**

家园的关系。

这一深刻见解贯穿了布兰德后来的所有努力，从第一期《全球概览》标志性的地球封面，到他与他人共同创办的在线社区 WELL 中都可见一斑，后者是最早，也是最具影响力的在线社区之一。个人计算机和互联网的腾飞很大程度上得益于布兰德不遗余力地宣传，他也在这个过程中不断尝试，利用它们的连接潜力来建立一种具有凝聚力的全球团结意识和共同责任感。这种培养真正全球文化视角的伟大人文主义冲动在恒今基金会中得到了最充分的体现，布兰德与他人共同创办了该基金会，旨在培养对文明时间尺度的长期思考和责任感。

布兰德的地球愿景虽然充满希望和乐观，但也不能被看作空想或不成熟的乌托邦。2009 年，他出版了《地球的法则》（*Whole Earth Discipline*），许多环保运动人士看了之后都高呼遭到背叛。他大力推动环保运动，全面拥抱科学和绿色能源解决方案，如核能和转基因作物，以应对紧迫的可持续发展挑战。最近，他与他人共同启动了复活与恢复项目，将尖端生物技术用于野生动物保护，甚至复活灭绝物种。这些经常引起争议的努力反映了布兰德的一种世界观，**即人类必须积极地、深思熟虑地管理已经发生了不可逆改变的地球环境。**

一些批评家和评论家将布兰德描绘成硅谷普遍存在的技术自由主义的思想教父，这个评价没有所谓的好与坏。确实，他孜孜不倦推广的许多想法，比如从根本上赋予个人使用工具和共享信息的权利，都深深地融入了硅谷的文化 DNA 中。然而，布兰德本人更加敏锐多变。**在他的一生中，他从一名年轻的自由主义者变成了一名认识到智慧和克制对运用技术赋予的“神力”至关重要的人。**

斯图尔特·布兰德本质上是务实的乐观主义者，他深信人类有潜力长期创造一个繁荣、可持续发展的世界——只要我们能够扩大我们的同情心和合作范围，真正从全球角度思考问题。**“既然吾辈皆神，那就不妨习惯做神。”**他在 1968 年第一版《全球概览》的第一页上令人难忘地宣称。半个世纪后，随着神一般的技术力量触手可及，他告诫我们要以极大的责任感和远见来运用这些力量，这一点比以往任何时候都更加迫切。

这本书不仅仅是一位杰出思想家的传记，它还热情洋溢地证明了布兰德是全球意识的预言家，这种意识可以成为人类在未来动荡的世纪中导航的重要北极星。通过追溯他的一生，研究他持久的影响力和留下的无数精神遗产，我希望激励读者接受他所说的：**我们都是地球飞船上的船员，肩负着所有的责任和义务，而不仅仅是旅途中的乘客。**

约翰·马尔科夫

美国加利福尼亚州帕洛阿尔托

目　录

引 言

斯图尔特·布兰德，难以简单定义的多面人生

WHOLE
EARTH

旧金山，一个冬日的下午，在北滩[①]一栋公寓的屋顶上，蜷缩着一个孤独的身影。他注视着这个城市的天际线，在寒风凛冽中仿佛感到自己在浑身发抖。他裹紧毛毯，沉浸于无所事事的午后时光中。

在寒意和药物的共同作用下，这个男人眼中的世界好像是透过鱼眼镜头看到的一般。他注意到金融街区的那些高楼并不是完全平行排列的，而是有些细微的偏差。在这个男人的意识中，他的身体仿佛飘升到整个旧金山的上空，整个星球瞬间变得那样璀璨而壮丽。

从太空中观察地球，不但会改变人们看待自己星球的方式，也会影响人们自我审视的角度。想到这里，这个男人开始着迷于思考如何拍摄地球的完整面貌，并以此清楚地讲明一个道理：我们所有人共享一个家园。

几小时之后，他从屋顶走下楼梯，脑海中始终萦绕着这个问题："为什么我们还没有看到一张整个地球的照片？"[1]

① 北滩是旧金山东北部的一个街区，位置毗邻唐人街和渔人码头。——译者注

《全球概览》创立者

时至今日，斯图尔特·布兰德仍然声名远扬，不仅仅因为他是《全球概览》的缔造者。《全球概览》这本存在于 20 世纪 60 至 70 年代的刊物，涉及的内容涵盖了工具、书籍、知识等各类有趣的时代产物，俨然成为当时备受年轻人推崇的“圣经”。但是这个标签仅仅是布兰德传奇人生的一个侧面而已。自《全球概览》推出以来，无论是从宏观层面还是微观层面来看，布兰德都深刻影响和塑造着人们关注这个世界的方式。可以说，他是一位狂想式的、才华横溢的游吟诗人，永远保持着强烈的好奇心和乐观精神，脑海中始终充满了创造力十足的观点和想法。

在 20 世纪 60 年代兴起的美国反主流文化思潮中，布兰德的个人影响力举足轻重。这一社会思潮对当今美国的社会、政治、文化等各个方面依然具有持续性影响。布兰德也直接参与了 70 年代的现代环保运动，涉猎新闻、摄影、行动主义、多媒体、社交媒体及商业咨询等众多领域。

布兰德还是一个能够掀起社会潮流文化的先锋人物。他曾作为肯·克西的乐队“快活的恶作剧者”中的一员，与他人共同掀起了旧金山“爱之夏”（the Summer of Love）的音乐浪潮。布兰德也是最早意识到网络空间和个人计算机价值的人士之一。早在 20 世纪 80 年代，他就开始参与互联网实践，协助创建了一个早期的在线虚拟社区。

布兰德一直关注着硅谷的技术社区的兴起和发展趋势。1968 年秋，在他创办的《全球概览》中提出的各种革命性观念，预示和呼应了随着硅谷后续发展而出现的技术乌托邦文化。他从生物学的角度反思现代建筑，公开与反对核能和转基因食品的环保运动决裂。无论是在年轻时还是近期，布兰德都提出过“扮演上帝”（play God）的理念。最初从其比喻义上来解释，他认为人类能够掌握类似神祇的力量。随之而来的是实际的探索——布兰德在过去 10 多年间创建了一个组织，旨在运用现代生物科技手段来拯救和恢复濒临灭绝的物种。布兰德的一系列社会活动以加州为中心辐散开，其人生轨迹也在这里迸发出一种极其特别的敏感力，他的思维和观念也随之从加州逐渐传播开来，到达世界的各个角落。

“发现一些东西并且创立一些东西”

1966 年 2 月某个让人颓废的下午，对年轻人来说，似乎是一个寻常的日子。然而，布兰德并不属于“垮掉的一代”，也无心去当一个“嬉皮士”。恰恰相反，较之于同龄人，布兰德可以称得上是野心勃勃，这让他难以顺利融入周围环境。他经常可以找到打破常规的思考问题的方法，逆流而上。

此时在自家屋顶上来回踱步的布兰德，尚是一个长着鹰钩鼻、身材颀长、金发稀疏的 28 岁青年，脸上时常挂着灿烂的笑容。在朋友们看来，布兰德是一个不善社交、做事极其认真和理性的人。早在 6 年前，当他还是一名大学四年级学生时，他接触到聚集在旧金山北滩的先锋群体，立刻就爱上了这个由艺术家和“垮掉的一代”诗人构筑起来的不羁的世界。布兰德自由自在地享受着旧金山狂热的文艺氛围，他的主要经济来源是家族遗产和从事的摄影记者工作。

多年后，当经济学家布莱恩·阿瑟（W. Brian Arthur）①和布兰德在圣塔菲研究所（Santa Fe Institute）碰面时，阿瑟问布兰德在二十几岁时他都做了

① 著名经济学家，研究经济正反馈机制的先驱。其代表作《复杂经济学》和《技术的本质》中文简体字版已由湛庐引进、浙江科学技术出版社出版。——编者注

些什么。布兰德回答说：“**我努力试着去发现一些东西并且也确实创立了一些东西。**”迄今为止，布兰德在过去60多年间做出的很多种尝试多以失败告终，但其中也有些最后获得了令人惊叹的成功。他似乎总能很早便对即将来临的社会趋势做出不可思议的预判，甚至有时候他本人就能直接掀起一种风尚。无论是对早先的反主流文化，还是对近期的“千禧一代”来说，布兰德都为年轻人树立了一个杰出的榜样。

史蒂夫·乔布斯在斯坦福大学2005年毕业典礼的演讲中，特别提到了他从布兰德的《全球结语》[①] 中获得的深刻启发。《全球结语》敏锐地捕捉到了缘起于20世纪60年代北美大陆西岸的社会风向和时代气息。《全球结语》1974年版的封底是一张位于加州的开阔公路的照片，照片展示了一位旅行者在清晨试图搭上顺风车时将会看到的景象，等待着他的是旅途中的各种可能性。照片上半部分是一张从太空中看到的日出景象，中间写着一句话——**求知若饥，虚心若愚。**布兰德想通过这张照片来传达一种向一切偶然性和可能性保持开放心态的理念，正如乔布斯本人所言：“我一直希望自己能做到这一点。”

难以简单定义

讲述布兰德的人生是一件极其不易的事，因为很难去简单概括和界定他。或许，之所以不能把布兰德的一切观点都放在固定的条条框框中去理解，是因为他具备一种跳脱于世俗之外观察世俗的神奇能力。**在环保运动中大放异彩之后的几年间，布兰德又对反核运动进行抨击，他把自己定义为“生态实用主义者”。**布兰德这么做的原因在于他本人并不反对环保主义，

①《全球结语》为《全球概览》于1974年10月停刊时出版的停刊号。——译者注

而是反对环保主义者们，他将后者视作一群反科学的理论空谈家。

而今，布兰德将自己视为自然资源保护主义者，主张和自然互利共存，而非单纯地与自然割裂的环保主义者。依照他的观点，人类是自然界的一部分，人与自然共同进化，相应地也要肩负起保护自然的责任。布兰德的观点和立场也随着时间的推移而不断变化。尽管他曾被贴上早期技术乐观主义者的标签，但在过去的 20 年里，气候变化等环境问题也在不断影响着他的思想和言行。

在运营《全球概览》期间，布兰德热情地吸纳很多非专业人士参与到编辑过程中。布兰德在等级制度固化的问题上持反对态度，他认为在网络世界的视角下，社会关注的中心应该随时根据最“有关与有利”的原则进行相应的调整。布兰德的这一观念既与新左派产生一定的共鸣，也与之分裂。布兰德早期在自由主义的影响下，反对传统政治，专注于他所认为的“直接的权力”，即对个人工具和技能的关注。

布兰德把自己称作 20 世纪 50 年代美国“沉默一代”的一员，在实践中则更像是“行动知识分子”（action intellectuals），这一概念由白修德（Theodore H. White）于 1967 年在《生活》杂志（*Life*）刊登的文章中提出，用来描述“肯尼迪式”的在政界任职的知识分子。然而，与白修德笔下那些活跃在肯尼迪政府圈子内部的专家学者们不同的是，布兰德远离美国政府机构，他是一个在美国另一端海岸边生活的局外人。

随着时代的变迁，新事物层出不穷，布兰德一直在通过频繁反思和重塑自己来适应这个日新月异的世界。用“变色龙”这个词来形容他，似乎是相当贴切的。事实如是，这些年来布兰德的主张在很多方面发生了演变，如从反核到亲核，从环境保护主义到自然资源保护主义，从极端自由主义转向更接近于传统派的自由主义。但与此同时说他是“变色龙”又显得不那么恰当了，因为在这 60 年来的各类社会活动、创新思索和不断探寻中，对这个世界的热烈关切自始至终贯穿布兰德的人生，这一点从未动摇和改变。

布兰德一直充分肯定科学本身的地位。无论是出于对自下而上的民主的支持，还是个人的强烈兴趣，他始终认为科学才是唯一的“真相”。布兰德具备一种惊人的敏锐力，他总能够在一些社会现象和技术发展拐点初见端倪之时，及时捕捉到风向。当其他人后知后觉地跟上来时，布兰德又跑去关注其他新奇的事物了。他始终对正统观念保持着强烈的排斥感，这使得他有时受到右派的批评，而有时又成为左派抨击的对象。

包括汤姆·沃尔夫的《令人振奋的兴奋剂实验》在内，大约有二十几本书曾提及布兰德的观点，同时也涉及他对各类政治和文化议题的思想贡献，例如美国本土政治、环境保护主义、创新、建筑、计算机网络、社交媒体或自媒体等方面。他的观点也成为不同领域的学者用于提出个人观点的有力佐证。

近年来，有人开始把布兰德称为第一个互联网空想主义者。依照几本当代著作的观点，布兰德对于互联网滋生的自由主义理念息息相关。2016 年，美国总统大选之后，美国人对互联网的看法发生了 180 度大反转，甚至对硅谷的态度也是如此。脸书、谷歌和推特从前是全美国的宠儿，而现在人们指责它们是破坏美国社会稳定的帮凶。富兰克林·福尔（Franklin Foer）的《没有思想的世界》（*World Without Mind*）和乔纳森·塔普林（Jonathan Taplin）的《冲击波》（*Move Fast and Break Things*）都把布兰德视作新兴网络文化的先驱，认为这种文化最初宣扬和捍卫数据和信息自由，但后来却带来了“后奥威尔式”的柔性控制和权力集中。需要指出的是，福尔和塔普林在布兰德对这一问题的贡献上存在分歧，塔普林认为布兰德最初的乌托邦主义正在被后来兴起的互联网资本颠覆。

第一张整个地球的照片

无论如何，以上所有这些评论都没能公正地描述布兰德的真实人生。布兰德永远不安于现状，尽管他早已为自己的选择付出了代价，但他依旧执着于此。布兰德选择离开自己的家人且永不回归，他的哥哥迈克・布兰德（Mike Brand）为此感到十分痛苦。他认为，“斯图一直想到达最前沿的地方，同时也被困在了那里”。

这一切仿佛让年轻的布兰德感到自己有些孤立无援，然而正是因为他的执着，他才让整个社会受益无穷。布兰德一生都以一直不断创立新机构为重要事业。艺术家和设计师罗伯特・霍维茨（Robert Horvitz）曾担任《协同进化季刊》（*CoEvolution Quarterly*）[①]的艺术编辑，该季刊也是布兰德《全球概览》杂志的继任者。霍维茨认为，布兰德的思想和工作具备一种可被称为“全球文化”的重要价值。**布兰德带给这个世界的深刻思考可以凝缩成那张整个地球的象征性影像。20 世纪 60 年代末，这张地球的完整图像意味着一种新的乐观情绪，对未来的恐惧也将走向终结，它取代了蘑菇云，成为那个时代的标志。**

直到今天，在所有描绘与定义现代生活的政治和商业符号中，这张地球全景照也绝对是独一无二的，它真正缩短了人与人之间的距离，促进了人们对地球家园的整体性思考。布兰德和《全球概览》封面上的地球图像，

①《全球概览》停刊后，布兰德于 1974 年又创办了《协同进化季刊》。——译者注

最终使人们意识到统一的星球文化的重要性。从那以后，这张照片一直都在为布兰德自己以及被它影响到的所有人指明前行的方向。

第 1 章

以蜗牛般坚忍的意志，探索“无限人生可能”

WHOLE
EARTH

布兰德语录

WHOLE EARTH

“散文家的诗意就是，在它匆匆飘过的时候，力图让它在脑海中留下一点回响。”他说，“大脑会收集故事、经历，而且它非常善于管理格言、口号和短小的押韵诗。”

——摘自 1994 年 10 月 30 日《洛杉矶时报》(*Los Angeles Times*)
凯瑟琳·富尔顿(Katherine Fulton)引用的布兰德语录

为什么我们还没有看到一张整个地球的照片？

——1966 年 3 月于旧金山

既然吾辈皆神，那就不妨习惯做神。
既然吾辈皆神，那就不妨好好做神。

——分别摘自 1968 年 10 月第一期《全球概览》第一次和第二次印刷版本

他们是谁（我们是谁）？他们大都是 30 岁左右的人，大都有家室；是不法之徒，还是狂热分子；基本上是实干家，对这个世界有一种实用而肮脏的理解；是闻名世界的思想家，是专业上的离经叛道者，是被寄予了厚望的怪人。

——出自 1969 年 3 月新墨西哥州拉卢斯合金会议

我确实相信，信息正在取代法律。

——摘自 1969 年 6 月 2 日日记

很显然，真相不在过去，也不大可能在未来，也许是在明年夏天，在举办从巨石阵到金字塔的巴士大赛的时候。真相好就好在，它自己会存续。

——摘自布兰德对自己在 1969 年夏至日巴士大赛的错误记述的评论

在布兰德童年时代常住的小屋里，客厅墙上挂着一张大照片，照片中是传奇人物戴维·肖普那贡（David Shoppenagon）酋长。肖普那贡是齐佩瓦族（Chippewa）[①] 印第安人，他在密歇根州的萨吉诺地区是一位深受当地富人认可的狩猎和钓鱼向导。1875 年，他将布兰德的高外祖父，也就是纽约国会前议员洛伦佐·伯罗斯（Lorenzo Burrows）全家带到了位于伊利诺伊州罗克福德希金斯湖的附近，此处后来成为 4 个关系密切的萨吉诺当地家族——巴纳德、布兰德、伯罗斯和莫利家族的夏季聚会场所。

对于印第安人来说，这个世界早已崩塌了，肖普那贡成了同族人中的一个另类。他的大部分同胞在战败后被赶到原始保留地，在那里饱受疾病或饥饿的困扰，而肖普那贡则设法适应了侵略本土文化的白人文明。

肖普那贡生活的时代是詹姆斯·费尼莫尔·库柏（James Fenimore Cooper）的历史小说《最后的莫西干人》（*The Last of the Mohicans*）设定的时期之后的一个多世纪，但他的故事在很多方面都契合小说中的情节。作为

① 齐佩瓦族又称欧及布威族（Ojibwe 或 Ojibway）、奥吉布瓦族（Ojibwa），是北美的原住民族之一。——译者注

一个濒临消失的种族中的成员，肖普那贡是一名不被同胞接纳的人，他为外来的白人们打开了一扇窗，向外界展示了这个在不断消逝的原住民文明。曾经有一位记者受铁路公司之邀访问游览木材之乡萨吉诺，他生动地描绘了肖普那贡的形象——头上扎着毛皮制成的头巾，还戴着一顶鹰羽冠；腰带上挂着鹿蹄、鹰爪和贝壳；搭在肩头的皮带上包的是响尾蛇皮。[1]

对于那些和肖普那贡相熟的白人家庭来说，他称得上是一个“善良的印第安人”。[2] 肖普那贡也成了夏季狩猎营地的固定成员，并且在这里出售一些手工制品，其中包括其亲戚们制作的船桨、毯子和篮子等。肖普那贡会给来访者们起一些印第安绰号。当拜访布兰德曾祖父家时，他直接就躺在客厅壁炉前的地板上过夜。[3]

拥有蜗牛般坚忍的意志

夏天，萨吉诺地区的人们会搭乘运送木材的火车，离开炎热、蚊虫肆虐的城市，跑到湖边度假。这里的第一个露营地“湖畔”成立于 1875 年，在那之后的几年间一直是季节性度假露营地。起初人们住在帐篷里，后来帐篷逐渐被棚屋取代，最后这里发展成避暑别墅群。不久后，其他类型的小社区也在临湖周围逐渐完善起来。其中有一栋房子叫格罗夫别墅，萨吉诺面粉厂的共有权人布兰德家族在这里避暑。布兰德的外祖父拉尔夫·蔡斯·莫利（Ralph Chase Morley）是总部位于萨吉诺的“莫利兄弟”批发公司的继承人。经由他的出色管理，莫利兄弟到 1892 年时已成为美国第二大装备批发公司，同时也是全国规模最大的马匹和马车零售商之一。这家公司还作为美国陆军的主要供应商之一，在第一次世界大战期间迅速扩张。不久后，莫利家族又进军银行业，在密歇根木材市场繁荣时期，在萨吉诺欣欣向荣的商业发展中占据了重要地位。这个边境前哨逐渐成为一个蓬勃发展的城市，这一切都让这里的人们有条件去远离尘嚣的乡间度假。因此，每年萨吉诺本地家族都会携厨师和保姆们，一起前往湖边消夏。

莫利家族在马匹和马车行业的成功可能使他们忽略了对不断进步的交通技术的关注。据说，莫利拒绝了邻居亨利・福特（Henry Ford）让他投资新汽车公司的机会。之后，另一位被派往西海岸扩展家族木材生意的莫利家族成员也拒绝了类似的机会——投资一家名为波音的新兴飞机公司。[4]

受密歇根伐木业发展的吸引，伯罗斯在 1862 年来到萨吉诺，并在莫利兄弟到此地的前一年就成立了一家私人银行，他因此成为萨吉诺城市的奠基人之一。伯罗斯曾担任建造萨吉诺第一条有轨电车线路的公司的财务主管，也曾是萨吉诺志愿消防局局长，并以此身份监督该市自来水系统的建设工程。伯罗斯的儿子乔治・洛德・伯罗斯（George Lord Burrows）作为一名早期风险投资人，入股萨吉诺矿业和林地产业，为伊士曼柯达公司的建立提供资金支持。

莫利家族经历了伐木繁荣时期和随后的萧条时期，在全州范围内发展装备供应业务，并开办了一家百货商店。然而，莫利家族一直秉承着伐木产业的运营思维，将家族产业往西推进。莫利和巴纳德家族的成员们去了华盛顿和俄勒冈州，创建了后来的西部伐木公司。几十年后，他们将这家公司卖给了乔治亚太平洋公司，一些家族成员认为这简直等同于做慈善。

西岸的布兰德家族很可能和肯・克西的小说《永不让步》（*Sometimes a Great Notion*）中描述的俄勒冈伐木家族斯坦珀家族一样，拥有蜗牛般的坚忍意志。布兰德的大哥迈克在家族伐木业的西北地区树林里度过了 3 个夏天，他一度希望布兰德有朝一日能够接管家族伐木业。10 年后，布兰德便开始追随迈克的脚步。

到19世纪末期，密歇根州下半岛的森林已被砍得差不多了，印第安人也几乎从这个地方消失。[①] 从20世纪30年代末到50年代，布兰德几乎每年都在希金斯湖岸边避暑。对于他本人而言，森林和印第安人这两者早已在脑海中扎下深根。直到多年后，挂在夏日小屋墙上的肖普那贡的照片还在影响着布兰德。肖普那贡重新诠释了美国人对印第安人的看法，以及美国人如何看待他们在美国土地上所处的地位。这成为布兰德给60年代美国新兴反主流文化带来的信号，又与尚在萌芽中的现代环保运动产生了强烈的共鸣。

与海明威相似的童年

所有这些家族传承下来的商业积淀和家底，给年轻的布兰德带来无限的人生可能。家族的因素也使得布兰德在1962年退伍之后，并不急于寻找工作，而是让他有机会能够在整个20世纪60年代去自由探索一些粗略的想法。

当时整个萨吉诺湖畔社区的氛围质朴又简单，甚至直到第二次世界大战时，营地里也只有一台属于布兰德的外祖父拉尔夫所有的收音机和一部电话。对一个男孩来说，这里称得上是一个完美的避暑胜地，这种经历让布兰德很早就开始深入地接触大自然，进行各类户外活动。布兰德7岁时就记住了《户外生活》杂志（*Outdoor Life*）提出的环保誓言[②]：“**作为一个美国人，我发誓要忠诚地保护国家的自然资源——空气、土壤、矿物、森林、水和野生动物。**”甚至在几十年后，在与他本人帮助创立的现代环保运动的理念产生分歧之后，布兰德仍能完整地背诵出这段誓言。

① 关于将美国土著人称为美洲印第安人还是美洲原住民的问题，一直存在争议。为了与布兰德本人的用法保持一致，我使用了前者来表述。——译者注

② 《户外生活》杂志于1946年提出，并于1993年修订。该誓言旨在提醒《户外生活》杂志的读者和其他人保持警惕，要保护自然资源。——译者注

童年时期的布兰德每年夏天都会在密歇根州的森林里搭建一个野生动物避难所。每次复活节的时候，他都会得到两只名叫弗莱和赖利的小鸭子。他会一直照顾它们，直到阵亡将士纪念日①那天，全家人驱车约 650 千米在罗克河岸边拐角处的池塘把鸭子放生。一到达湖边，布兰德就会尝试驯服花栗鼠、松鼠和野猫，他经常用绑在鱼竿线上的花生作为诱饵，小心翼翼地训练一只花栗鼠。有一回他成功了，那只花栗鼠可以在布兰德的衬衫口袋里待上一整天。

布兰德和其他兄弟姐妹在森林里尽情地玩耍，跳进在一个世纪前就被《底特律自由报》（*Detroit Free Press*）评价为“密歇根最美的 3 000 颗宝石”[5]之一的希金斯湖里游泳。布兰德的父辈们早年间来希金斯湖消夏时，湖水相当纯净，人们可以直接饮用。斯图尔特家族的每个孩子都来这里度假，在这几个月的时间里，他们摆脱城市生活的束缚，完全“自由放养”。

这种生活就像海明威的短篇小说集《在我们的时代里》（*In Our Time*）中提到的尼克·亚当斯的少年时代生活那样。事实上，布兰德的童年在很多方面都与海明威的十分相似。几十年前，海明威在芝加哥郊区长大，曾在密歇根州北部瓦隆湖的温德米尔小屋避暑，这里距离希金斯湖西北部只有不到两小时的车程。海明威 21 岁前的每个夏天都在温德米尔钓鱼和打猎。

布兰德一家住在距离希金斯湖一天车程的伊利诺伊州。这是一个重型机械制造中心，布兰德的父亲是当地一家小型广告公司的合伙人。在每年阵亡将士纪念日的那个周末，全家人包括布兰德的母亲朱莉娅·莫利·布兰德（Julia Morley Brand）、姐姐玛丽·克莱尔（Mary Clare）及兄弟迈克和彼得，都会收拾行装，前往希金斯湖进行一年一度的夏季旅行。有时他们会环绕着

① 美国联邦政府规定的国家节日，即每年的 5 月 30 日或 5 月最后一个周一。——译者注

密歇根湖周围，但在大多数情况下选择乘坐渡轮从密尔沃基到马斯基根。一家人会在湖边待到9月，而布兰德的父亲会定期回到城里经营他的广告公司。

布兰德在湖边认识的朋友们给他取了个绰号，叫作“古怪的炖肉”（Screwy Stewy），但并不是贬义，而是表达了大家因布兰德源源不断的诡计和另类的想法而对他的敬畏。布兰德会说服他们从自家小屋后面的木棚上跳下来，手里只拿着一把雨伞作为降落伞；一起到散布在乡间的旧伐木营地里探险；或者进行约24千米的徒步行军，到附近的城镇搜集明信片。

还远不止这些。童年时，布兰德的朋友们就能够从他身上看到很多与众不同之处。可以肯定的是，布兰德是一个天生的领袖，其他人能够感受到的不仅仅是他所具备的领导力，还有层出不穷的创意。在他的这些灵感的驱使下，大家得以去追逐每个新奇的想法。

布兰德时不时地就会冒出一个很棒的主意。

向往但未实现的梦

伊利诺伊州罗克福德是典型的美国中西部城镇。

1949年9月12日，《生活》杂志刊登了一篇由传奇人物玛格丽特·伯克-怀特（Margaret Bourke-White）执笔的图片报道，报道的主题是“罗克福德”，因为该杂志的编辑们认为罗克福德是美国最典型的城镇。

对于布兰德来说，罗克福德是一个他骑着自行车就能框定的世界。关于罗克福德市中心的面貌，《生活》杂志这样称赞道：“停车计时器整齐地排列在购物区的街道上；一队出租车在车站等候每日 7 班客运列车进站；每逢周六，农民们从城市周边的乡村涌入市内购物，他们的孩子则在购物商城的街对面看电影或滑旱冰。”[6]

这篇文章将美国社会分为从“下层”到“上层”的不同阶层。《生活》杂志的编辑选了一位工人和他的妻子来代表金字塔的底层。这一家人的住所位于镇郊的一个房车营地里。杂志提到，这个工人家庭的邻居中有“外来从事非技术类工种的黑人”。而在这种上下等级的最上端，则是古耐特铸造公司创始人的女继承人，她一直居住在豪华居住区的“大宅”中。

布兰德家族的阶层介于这两者之间。布兰德生于 1938 年 12 月 14 日，是家里最小的孩子，大姐玛丽·克莱尔大他 10 岁，全家人都称她为克莱尔；大哥迈克比他大 7 岁；二哥彼得大他 5 岁。尽管彼得在年龄上与布兰德更接近，但布兰德最崇拜大哥迈克，也和迈克更亲近一些。彼得长大后先是当了一名电气工程师，后来又转行去做内科医生。大姐克莱尔嫁给了一名军官。布兰德有时候会有点怀疑自己的出生可能是个意外。

布兰德的父亲阿瑟·鲍勃·布兰德（Arthur Bob Brand）曾在麻省理工学院就读机械工程专业，大学毕业后搬到了罗克福德，并在当时处于工业核心的机床行业工作。但随后他就被广告业吸引，后来成为当地一家广告公司的合伙人。阿瑟在信件的结尾都以呼号“73”来署名，这是他作为一名忠实的业余无线电爱好者的代号。

布兰德的母亲、姨母和外祖母都毕业于瓦萨学院①。这所学校以其批判的学术风格而闻名，宣扬“回归一手资料”（go to primary sources）。这种态度

① 瓦萨学院是位于美国纽约州波基普西市的一所男女同校的私立文理学院。——译者注

通过布兰德的母亲一直影响着他。母亲朱莉娅十分热爱阅读，孩子们在成长的过程中，经常能看到母亲同时阅读三四本书。这个习惯被年轻的布兰德完美地继承下来，他一生中冒出的许多对世界的想法来自广泛的阅读。如果孩子们对某件事情产生了兴趣，母亲会给他们拿来与之相关的书，让他们尽情地翻阅，以拓展兴趣。朱莉娅和阿瑟觉得布兰德是孩子们当中最聪明的那一个，他们几乎不会给布兰德提供太多学习上的帮助。有一次，布兰德做了一件很蠢的事，父亲气呼呼地说："你应该是个聪明的孩子呀！"因为父亲觉得他不应该犯这种错。

布兰德家三楼有个房间的书堆积成山，他的父亲担心三楼可能会塌下来，而布兰德会躲在那里阅读。布兰德家族在名义上是镇上第二公理会的成员，但在主日学校上了几周课之后，布兰德向母亲抱怨说这搅乱了他每周日的阅读计划，于是母亲允许他不再去上课了。

布兰德从小就认为自己是 20 世纪 50 年代美国中西部城市上流社会的一员。母亲朱莉娅是少年联盟的主席，她的家族也是罗克福德乡村俱乐部和大学俱乐部的成员之一。布兰德接受了私立学校教育，他的父母都曾就读于美国顶级大学，家族成员中有百货公司老板、银行家和木材业巨头。

然而，阿瑟并没有选择加入家族企业，他带着一家人从密歇根州搬走，从头开始创立自己的事业。这种处世态度通过位于哈莱姆大道的布兰德家族的住宅风格就能凸显出来。这条宽阔的大道被长满青草、绿树成荫的隔断分成两边。房子本身是一座坚固又质朴的 3 层建筑，带有一个陡峭的屋顶、一条前廊和一条从路左侧延伸到车库的车道。

哈莱姆大道贯穿了 6 个街区，面向罗克福德河，与国家大道平行。街道上种满了绿植，显得很安静。这一片区域豪宅遍布。相比之下，布兰德家里有些拥挤，一个小后院就被一棵苹果树遮蔽住了。

位于哈莱姆大道和格尔德街拐角处的房子是基斯中学校长彭尼帕克先生的家，布兰德在这所学校读到八年级。隔壁是另一栋宏伟堂皇的宅邸，布兰德童年最亲密的朋友约翰·埃德森（John Edson）住在那里。

哈莱姆大道穿过一个中产阶级聚居区。在河上游的几千米处，布兰德家族购入了一块被他们称为“山丘”的地产，这里靠近罗克福德乡村俱乐部，并且与国家大道的宅子一样，在河边属于豪华居住区。“山丘”是布兰德家族内部规划中不可或缺的一部分，他们想要在河边建造梦想中的家，这将是象征着他们能够位列罗克福德上流阶层的标志。

然而，现实是布兰德家族的预算有限，没办法实现这个想法。平常在家里时，大家从不谈论关于金钱和性的话题。对于布兰德的父母来说，孩子们在私立学校接受教育才是应该优先考虑的事，当然费用也是十分昂贵的。在大多数情况下，大家是在有点局促的厨房中央的桌子上吃晚餐，桌子往往被挤到正对着炉灶的地方。4 个孩子坐在桌边后，周围就实在没有过道的空间了。而那座“山丘”一直是布兰德家族向往但未实现的梦。

命中注定的加利福尼亚州之行

20 世纪 50 年代初，布兰德的大哥迈克在西罗克福德高中取得了全 A 的优异成绩，同时他还是一名足球队员。这时候父亲觉得迈克在同龄人中相当出挑，理应去寻求更广阔的天地，于是把他送上了开往菲利普斯埃克塞特学院的火车。这是一所位于新罕布什尔州的精英预科学校，培养了很多代新英格兰人，进入该学院意味着有机会去常春藤名校深造。迈克是学院里的明星运动员，他的眼界不止于此，他开始着眼于那些尚且未知的领域。在读了《星期六晚邮报》(*Saturday Evening Post*）上的一篇文章后，迈克向斯坦福大学提交了入学申请。这篇文章中提到，即使在上个赛季输掉了每一场比赛，但斯坦福大学仍选择再聘请上个赛季的足球教练。这一点让迈克印象颇深："这就是我想去的大学。因为斯坦福大学能够认识到这只是一场比赛而已，球员并不必把所有时间都花在训练上。"

事实证明，迈克决定去斯坦福大学对布兰德来说意义非凡。最重要的一点是，让布兰德和父母有机会去西部参观斯坦福大学的校园。在从芝加哥到奥克兰的两天火车旅途中，布兰德和父母第一次真正经历了冒险之旅，他们大部分时间都待在"加州和风号"列车的圆顶观景车厢里，当火车穿过内华达山脉时，布兰德被连绵不绝的森林山川的迷人景色深深震撼了。当旅程进行到最后一天时，火车驶出深山，穿过费瑟河峡谷，这让布兰德心中生出一种回到乡间去探索自然的强烈愿望。

就在第二天，当布兰德一家抵达海边，看到太平洋时，布兰德的命运似乎便已注定。起初是高山，而后是大海，所有这一切都让他无限神往。这时候布兰德才 12 岁，但他已经意识到自己不会在伊利诺伊州待太久了。

在迈克被送到菲利普斯埃克塞特学院之后的近 10 年里，布兰德一直以哥哥为榜样，追随着他的脚步。1954 年秋天，布兰德进入菲利普斯埃克塞特学院学习，他发现在一棵高大的云杉树上可以看到整个校园的壮丽景色。当时迷上新闻摄影的布兰德就把这棵云杉的位置作为常规据点来观察菲利普斯埃克塞特学院的校园，有时还会带着相机拍照。由阿尔弗雷德·希区柯克（Alfred Hitchcock）执导、吉米·斯图尔特（Jimmy Stewart）主演的惊悚片《后窗》(*Rear Window*）于同年问世。

在 16 岁的布兰德进入菲利普斯埃克塞特学院读书后的几周里，他完全没有因第一次远离家乡和亲人而感到不适应。他尽情地投入数学、历史、法语、英语和化学的学习之中。第一年，布兰德的同屋室友是一位才华横溢的少年，名叫戈登·帕克·贝克（Gordon Park Baker）。贝克的父母分别是纽约的律师和生物化学家，贝克后来进入哈佛大学学习数学，然后又去牛津大学学习哲学。两个年轻人关系很好，布兰德经常邀请贝克到他的云杉“隐居处”做客。

在菲利普斯埃克塞特学院就读期间，布兰德获得了学校奖学金，这笔钱其实足以支付绝大部分的大学学费了，但父亲相当骄傲，不愿接受任何资助，所以这是一个荣誉奖项。布兰德清楚他的家庭条件足以提供坚实的物质保障。1954 年秋天，布兰德乘火车抵达菲利普斯埃克塞特学院一周后，他给母亲寄去一封简短的信：“我其实不想写信向你们要钱，但现在看来必须这样做了，因为学校对书和运动器材等收取的费用还是相当高的。您给我寄些钱吧，数额您看着够用就行。”

钱还是够花的。家庭对布兰德的物质支持一直贯穿他的整个大学时期，直到他退伍之后因为着迷于“垮掉的一代”而定居旧金山才停止。布兰德一直在努力重塑自己，这种状态持续到 20 世纪 70 年代，他觉得钱够用就可以了。无论是外祖父拉尔夫提供的数千美元的家族基金，还是偶尔收到的家里寄来的 100 或 500 美元的支票，这些对布兰德而言都意味着可以随心所欲地保持懒惰，也能尽情地追寻自己的人生兴趣。可以说，这些钱改变了世界。

受邀与奥本海默一起喝茶

布兰德的父亲之所以决定让迈克和布兰德去菲利普斯埃克塞特学院就读，主要是因为这所学校采用的是著名的苏格拉底式教学体系，即“哈克尼斯式教学法”（Harkness method）。这种教育方式是让学生们一起围坐在一张椭圆形桌子旁，老师不会生硬地传授知识，而是鼓励每个学生都参与进来。一开始的时候，布兰德湮没在才华横溢的同学们中，他刚来学校时就留级重读了高中三年级，这使他更加自卑了。而他面临的更复杂的挑战是，哥哥迈克在菲利普斯埃克塞特学院就学时期不仅是一名获奖优等生，而且是足球队和篮球队的队长。

因此，于布兰德而言，菲利普斯埃克塞特学院教会了他如何独立学习和钻研。他本人从来都称不上是个“学霸”，他的特长在于博学多闻，知识面很广，对许多学科抱有浓厚的兴趣。

此外，布兰德很快发现了一种更有用的适应机制，这成为他成年后的人生准则。他发现在同龄人中脱颖而出的最好方式不是随大流，而是打破旧习，走出自己的特立独行之路。说来这也简单，只要去一个不曾有人去过的地方，就可以拥有属于自己的领域。但这种策略也有它的缺陷，比如在菲利普斯埃克塞特学院就读和其他类似的事情里，布兰德经常将人际关系视为一种功能需求，而非情感需求。他会不停地从一件事转移到下一件重要的事，不管对于事还是对于人，他既不流连和回望，也不停留和回忆。

当年轻又充满好奇心的布兰德到达菲利普斯埃克塞特学院时，他发现自己非常适应这所学校的哈克尼斯式教学法，这种教学法使学生能够与导师建立紧密的联系。菲利普斯埃克塞特学院提供的教育是非常个性化的，学生甚至可以与校长直接接触和交流，尤其是当时的校长威廉·格登·索顿斯托尔（William Gurdon Saltonstall），他非常关心年轻的学生们。

布兰德在菲利普斯埃克塞特学院获得的教育不仅使他具备了一套独立学习的技能，而且使他在和美国精英阶层近距离接触的过程中能够真实地了解他们的特点。罗伯特 • 奥本海默（Robert Oppenheimer）曾被怀疑有政治立场问题，在接受安全审查一年后来到菲利普斯埃克塞特学院待了一周，并在校园里开办了一次关于科学和社会的讲座，后来布兰德称之为他“听过的最精彩、最真诚的演讲之一”。

讲座结束后不久，布兰德的老师邀请他与奥本海默一起喝茶。布兰德当时有点儿害怕，问不出什么问题，但他依然被这位物理学家迷住了。奥本海默本人看起来普普通通，好像没什么特别之处，直到布兰德观察了他的眼睛。“他有一双我见过的最睿智、最友善、最真诚的眼睛”，布兰德在日记中写道。最重要的是，他被奥本海默那种真诚、谦逊深深打动。

在菲利普特埃克塞特学院，布兰德对自然保护问题的关注和热情持续高涨，但其中也经历了一些波折。他的室友读到《纽约时报》刊登的对马萨诸塞州西部一位流域保护社会活动家的简介，并计划去拜访他，以此当作历史课论文中的部分研究，布兰德决定和室友一同前去。于是他们乘火车去拜见了上霍萨克谷水质协会主任。室友的论文侧重于流域保护，而布兰德写的论文则将这位激进主义者描述为领导者的典范。

其间，布兰德阅读了《甜蜜星期四》（*Sweet Thursday*）和《罐头厂街》（*Cannery Row*），这是约翰 • 斯坦贝克（John Steinbeck）以海洋生物学家埃德 • 里基茨（Ed Ricketts）的经历为基础写的虚构小说。

在罗克福德的时候，布兰德与一位高中科学老师的关系很好，老师会带他去观鸟。这一经历激发了布兰德早期对生物学的兴趣，且日渐浓厚。布兰德被斯坦贝克笔下描绘的反传统科学家和哲学家的形象吸引，暗自决定要成为像里基茨一样的人。布兰德一边读着来自新英格兰乡下的斯坦贝克的作品，一边对加州心生向往。

精心策划的冒险之旅

在菲利普斯埃克塞特学院学习第一年结束时的那个夏天，布兰德在他卧室的门上钉了一张手写的便条，上面写着“消逝的裂变”。回到家之后第二天，布兰德开着家里的庞蒂亚克旅行车，和他在罗克福德的朋友埃德森和汉克·泰勒（Hank Taylor）一起前往加州。埃德森的亲戚在费瑟河岸边的矿区地带有一间小木屋，布兰德曾在去加州的火车上看见过这条河。他们对这次夏季公路旅行充满期待，而且由于旅途中会经过美国西部的大部分地区，埃德森提议可以花点时间去寻找化学元素铀的踪迹。

其实布兰德在那年春天就精心策划了这一趟冒险之旅，他花了很长时间研究美国地质调查局发布的地图，最终敲定了一条理想的路线。他们会绕道去锡尔堡一趟，那里是俄克拉何马州劳顿附近的一个大型军事基地，大哥迈克就在那里的陆军炮兵部队服役。

从劳顿往北前往雷诺和费瑟河流域之前，他们会先转而向南，中途停下来去看看卡尔斯巴德洞窟和大峡谷。除了带上钓鱼和野营装备，布兰德在“无线广播”百货商店购买了一个盖革计数器（Geiger counter）[①]，还说服了父亲借给他们两部可以在野外使用的电话。在布兰德的要求下，他们每人还得到了一顶猩红色的毡帽。“如果我们三个人都戴一样的帽子，”他在日记中写道，“我们就算有了一样的制服，这样就可以在峡谷中更容易地发现彼此了。”

就在临出发的时候，小队内部发生了一次争吵。当埃德森和泰勒发现布

① 盖革计数器又称盖革－米勒计数器（Geiger-Müller counter），是一种用于探测电离辐射的粒子探测器，通常用于探测 α 粒子和 β 粒子，也有些型号可以探测 γ 射线及 X 射线。——译者注

兰德准备在旅途中携带一支 5.5 毫米口径步枪时，他们立刻就慌了。这两个男孩都是老实本分的渔民，都不会打猎，而且反对持枪。但布兰德最终否决了他们的意见，依旧选择带枪出发。

他们在中午前穿过密西西比河，当晚在密苏里州斯普林菲尔德郊外的一个农场过夜。农场主给几个年轻人提供了食物和水，还让他们在一块空地上露营。第二天晚上，他们到达锡尔堡，在这里和迈克会合，一起待了几天。

当三个人到达位于大峡谷边缘的“光明天使小屋”时，他们得知有一条小径能够通往谷底，于是决定去看看。布兰德曾经听过希金斯湖印第安人的传说，于是在旅行开始前就订购了一双鹿皮靴。他骄傲地穿着这双皮靴，和两个伙伴一起走上那条通往谷底的小路。旅途的兴奋让他们忽略了不断飙升的气温，没人想到要带水。

男孩们来到距离科罗拉多河将近 16 千米的地方，这里海拔高度下降了约 1 300 米。大约一小时后，他们发现天气开始变得非常热，而路途才刚刚走到一半。他们调转方向朝山上走去，但此时太阳已经在头顶高悬，热浪炎炎。三个人好不容易在小路上找到一块大石头，蜷缩在石头的阴影下面。埃德森和泰勒慢慢地开始有些神志模糊，出现中暑的症状。万幸的是，有两名护林员领着驴群从他们附近经过。看着他们疲劳的样子，一位护林员责怪地说：“你们这些愚蠢的孩子。给，这是我的水壶，尽情喝。给我留点儿底就行。”

终于回到旅馆了，男孩们止不住地往肚子里灌水，还买了两大盒草莓冰激凌来庆祝这次有惊无险的经历。休整好后，半夜时分他们开车继续向前。穿过亚利桑那州沙漠的公路笔直得令人难以置信。“甚至可以直接看到约 30 千米外的城镇主要街道，”埃德森这样写道，“加州，我们来了！”

只把时间浪费在学习上

1955年6月，三个人到达费瑟河的采矿区。他们通过河上的一条缆线，把部分行李运到一个由从山上铁路滚下来的守车[1]改造的小屋里去，剩余装备则需要先将其从汽车上卸下来，再涉水走很多路。

几天后，他们确定了一条路线，布兰德也设计了一个更精细的过河缆车系统。他们把小屋打扫干净，轮换着去钓鱼、淘金和探险。男孩们遇到了一位住在河对岸的只剩两颗牙的老矿工。老矿工非常开心，因为正如他所说，虽然住在对岸，但他们还是相遇了。

三个人一开始就用盖革计数器对周围环境进行了扫描，结果他们并没有什么有价值的发现，因此还是决定去河里淘金和钓鱼。埃德森和泰勒各自只淘到了两个小金块，钓鱼的成果也不理想。扎营3周后，他们开始收拾和打包行李，准备穿过唐纳山口踏上归途。

布兰德在暑假结束后回到菲利普斯埃克塞特学院，现在他是一名高年级学生了。布兰德在新室友到来之前，率先进入了宿舍的房间。他赶紧占据了有照明的床位、靠窗的桌子，还有好一点儿的办公桌和更大的壁橱。

布兰德觉得新室友本·梅森（Ben Mason）是个很不错的人，但他是“运动型”，不像之前的室友贝克那样才智过人。布兰德很快发现梅森在其他方面也有很多与他人不一样的地方。一天晚上，回到宿舍后，两人关于为什么要读大学这一话题展开了一场长时间的争论。布兰德说，他讨厌那些为了文凭而读大学的人，因为这些人挤掉了那些真正寻求教育的人们的机会和空

① 载货火车的最后一节车厢。——译者注

间。而梅森认为，上大学的唯一目的就是交朋友，这样能为后续的职业生涯发展积攒人脉，而且在大学期间能享受美好的青年时光。梅森还说，他很同情像布兰德这样的人，因为他们根本没有意识到朋友、美好时光和金钱的价值，只把时间浪费在学习上。

后来，梅森被学校开除了。布兰德自己不太承认，但是这件事着实让他有点暗自得意。虽然布兰德的大部分课程成绩仅仅是 B 或 C，但他已经很好地融入了校园里的学术圈。这个圈子是否真的将布兰德视为他们的一员尚不清楚，但如果梅森曾把他看作自己人的话，那也算是挺厉害的事。

向斯坦福大学发去入学申请

布兰德 14 岁那年的夏天，希金斯湖岸边爆发了一场森林大火。杰克逊州立监狱派出了一队人员去控制火势。布兰德自告奋勇地要去帮忙扑灭大火，并加入了救火队。这算不上是一场大火，中西部的火灾不像西部的大火那样猛烈。然而事后布兰德感到了一种从未有过的自豪感。

当布兰德规划菲利普斯埃克塞特学院毕业之后的生活时，他想到林业和消防是很适合在西部地区从事的职业，于是很快就关注到了爱达荷大学，这所大学在相关的专业设立了可供申请的博士学位。布兰德在罗克福德的朋友泰勒碰巧也有类似的想法，两人萌生了一起去爱达荷州学习林业的念头。

然而，当泰勒的母亲不小心读到了布兰德写的关于这一计划的信时，他们的这个想法被直接扼杀在了摇篮里。泰勒的母亲把这件事情告诉了布兰德的母亲，随后布兰德的父亲和哥哥立即来信，劝他不能把眼光放得太低。

此外，布兰德的父母还向菲利普斯埃克塞特学院的传奇英语老师达西·柯温（Darcy Curwen）寻求帮助。柯温曾教过迈克，和布兰德一家人都是朋友。他本人曾在哈佛大学读书，并得到了在历史系任职一年的机会，但后来不得不到菲利普斯埃克塞特学院任教。布兰德被调到了柯温的英语班，最终还是这位老师说服了他应该把目标设立得更远大一些。

“如果你真的想获得消防方面的硕士学位，你在其他专业先获得本科学位后再这么做也不迟。”柯温老师这样劝他。

布兰德之前没有这么考虑过问题。于是他选择听从老师的建议，开始寻找更好的学校，但范围还是框定在西部地区。布兰德将里德学院、惠特曼学院和斯坦福大学纳入自己的考虑范围中。

迈克给布兰德写了一封信，建议他可以关注一下里德学院。布兰德于是立即向里德学院寄去咨询函，指出这所大学的许多学生似乎“有点古怪”。一位招生顾问很快回复了，他向布兰德保证，里德学院的学生绝不会比欧柏林学院、斯沃斯莫尔学院、哈弗福德学院或“你们东部的私立学院和大学”的学生更“奇怪”。里德学院的回复似乎让布兰德放心了，他想试着申请一下。然而，在当晚再次与柯温老师沟通后，他最终改变了主意。第二天早上，布兰德向斯坦福大学发去入学申请。

第 2 章

成长中的编辑，在金色的海岸边

WHOLE
EARTH

布兰德语录

WHOLE EARTH

当你不知道下一步该怎么走时，就回头重新开始。避免让自己变得专业化。培养在任何情况下都通用的基本技能。

——摘自 1971 年 12 月《全球概览》的《放松》（*Stay Loose*）一文

当我们认识到自己就像神一样的时候，我们就应该明白，我们必须承担起神的责任，而且我们也能够做得到。很多美好的事物都很简单。

——摘自 1970 年世界地球日在帕森斯设计学院的演讲

如果我们试图教婴儿说话，他们是学不会的。我怀疑对于生态学也是如此。我们必须主动学习它，它也正在被学习。如果你试图把它教给人们，结果只会让人们厌恶它。

——摘自 1970 年 4 月 14 日致众议院教育与劳工委员会的信

除非我们成为一种宗教信仰，否则我们不会成功。

——20 世纪 70 年代初对朋友迈克尔·菲利普斯（Michael Phillips）经常使用的一句评论

当你设计一个工具时，最好的做法是制作出一个原型，然后把它交给当地的演化机制，说："来，试试这个。"

——摘自 1971 年 6 月 23 日日记

长头发的嬉皮士有着自以为是的派头，但缺乏切合实际的实质内涵。成瘾类药物是不够的，它燃起人的希望，又在一种虚妄的孤独感中让这希望破灭。

——摘自 1971 年 7 月 16 日日记

1956 年 9 月的一个深夜，布兰德来到了旧金山湾区。他本来早已习惯了在西海岸开阔的道路上行驶，却突然发现这里没有适合停车的地方。最后，布兰德把车停在校园停车场里，爬到车后座上睡觉，就这样度过了大学生活的第一个晚上。

在菲利普斯埃克塞特学院读完两年预科后的那个夏天，布兰德回到罗克福德的家中打包行装。继上次公路旅行之后，他再次把车里装满了东西，计划一路向西。但和去年不同的是，布兰德这一次开的是自己的车，这是他去年收到的圣诞节礼物。

布兰德初到斯坦福大学时，有些不太适应，也不太会跳舞，和周围环境格格不入。他对待事情有点儿较真，也太过健谈。

年轻的布兰德对大学生活充满兴趣，他暗下决心，一定要在大学里留下自己独特的印记。为此，他选择了一条不同寻常的道路。**在 20 世纪 50 年代，人人都随波逐流的氛围里，布兰德始终坚持为自己的未来计划方向。**

在阅读了斯坦贝克撰写的关于海洋生物学家里基茨的文章后，布兰德对自然界的关注和热爱逐渐加深。原本他去新罕布什尔州是打算学习生物学的，但后来柯温又唤起了他对写作的兴趣，所以布兰德在进入斯坦福大学之初，便开始考虑成为一名记者。

布兰德在开启斯坦福大学的生活时，受到了哥哥迈克的朋友迪克·雷蒙德（Dick Raymond）与安·迈尔斯特勒普（Ann Meilstrup）夫妇的照顾和影响。迈克在军队服役结束后，进入位于俄勒冈州波特兰的泰克电子公司工作，认识了当时的企业家雷蒙德。雷蒙德的妻子迈尔斯特勒普则是迈克的妻子盖尔儿时相识的老友。当布兰德抵达斯坦福大学时，雷蒙德一家住在旧金山和圣何塞之间的中半岛郊区。雷蒙德本人当时在斯坦福大学智库，即斯坦福研究所（1977 年更名为斯坦福国际咨询研究所）工作。斯坦福研究所曾主要为军事决策提供智库服务，后来也试图拓展民用咨询业务，于是聘请了像雷蒙德这样的人才来开发新版块。

雷蒙德曾在位于俄亥俄州的迈阿密大学读书，后来又获得了哈佛大学工商管理学硕士学位。他是一名经济顾问，主要研究领域是土地利用、娱乐经济与社区发展。此外，雷蒙德也具备非常广阔的社会视野和积极的创业精神。他是一名慢跑爱好者，通常每周累计跑量超过 160 千米。为了延长跑鞋的使用寿命，他发明了一种鞋胶，并在 1973 年创办了一家相应的销售公司。在斯坦福研究所工作期间，雷蒙德的客户和业务范围广布政治和商业领域，其中包括门洛帕克市政府和 1962 年西雅图世界博览会项目。他向博览会主办方提出，包括著名的西雅图太空针塔在内的所有博览会建筑物应该被永久保留。

雷蒙德夫妇后来搬到了波托拉谷一个叫拉德拉的地方，当时这里是斯坦福大学西边山丘上一个具有鲜明波希米亚色彩的乡村社区。而几十年后，随着硅谷的蓬勃发展，波托拉谷变成了硅谷技术人才和风险投资人聚集的度假胜地。

在迈克的安排下，雷蒙德夫妇在布兰德到达斯坦福大学的第二天早上与他碰面。他们开车带他去旧金山的布鲁克斯兄弟服装店买了几身衣服，随后还安排了城市观光。迈尔斯特勒普在布兰德身上感觉到一种顽皮的气质，这一点和她自己有点像。迈尔斯特勒普比布兰德大不了几岁，布兰德又经常来雷蒙德夫妇家里吃饭，于是她像姐姐一样照顾布兰德。

20 世纪 50 年代，斯坦福大学还未成为像后来那般著名的国际精英大学，与世隔绝的校园与周围的城镇几乎没有交集。这与海湾对面的加州大学伯克利分校形成鲜明的对比，后者喧闹和热烈的氛围甚至有些出格了。根据斯坦福大学创始人制定的规范，该学校要求校园附近区域必须纯粹、干净，以至于那时候附近都没有卖酒的地方。

斯坦福大学后来成为创立硅谷的推进力量，其实在当时就有了很多征兆。布兰德在读大学一年级的时候，第一次感知到这个地方未来成为传奇的关键所在。在宿舍楼里，学生们正在研究一种不一样的技术，起先是做出一种小工具，后来被一群业余爱好者完善，最后变成一种称为“蓝盒子”的简易电子装置，能让人拨打付费电话却不需要花钱。布兰德在学校里将晶体管与电话听筒连接，并将它接地连到电话亭的铰链上发出拨号音，然后操作者就可以拨打免费电话了。布兰德曾在业余无线电操作员父亲的指导下学习了基础电子学，他从当地一家叫作扎克的电子供应商店买到了一堆晶体管，免费分发给大家。布兰德领先于他所处的那个时代，因为在 13 年后，史蒂夫·乔布斯和史蒂夫·沃兹尼亚克（Steve Wozniak）遇到了早期黑客“咯吱队长”约翰·德雷珀（John Draper），他教他们如何制作“蓝盒子”，随后在沃兹尼亚克于伯克利的宿舍里出售。

从一开始，布兰德在定期给家里写的信中就充满了乐观和夸张的表述：“今年的课程看起来是有史以来最好的”“哲学系最厉害的人”“古典专业里最活泼的家伙”“体验卓越”“真是个大好人”……他第一季度的课程包括法语、英语、西方文明、生物学和参加预备役军官训练团（Reserve Officer's Training Corps）[①]。当西方文明课的第一次作文考试内容分配下来时，布兰德发现他的同学们都觉得这种考试方式很吓人。“听到这些抱怨的时候，我突然对菲利普斯埃克塞特学院充满感激之情，”他在日记中写道，“两年来，我一直定期参加涵盖很多领域且限制在 50 分钟以内的客观论文写作考试。因此，我第一次参加斯坦福大学的考试时如鱼得水，而且我觉得自己考得相当不错。另外，我想知道，我还有什么别的方面比这里的其他人领先？”

但是仅仅过了 3 天，布兰德就意识到他之前盲目乐观了。他的第一篇作文只得到了“C”的成绩，这让他感到羞愧。“好一个菲利普斯埃克塞特学院的大人物！还自以为知道该如何学习、如何参加论文考试呢！”他在日记里自嘲。

进入大学以来，布兰德立志在学业上有所建树的目标总是碰到很多干扰。他觉得问题还是在于自己在大部分时间里都太沉闷了，他需要找到一种让思绪加速运转的方法。于是，布兰德开始计划有生以来第一次正式约会。需要补充说明的是，菲利普斯埃克塞特学院直到 1970 年后才男女同校，也就是说，20 世纪 50 年代大学里的规矩让约会变得相当尴尬。在斯坦福大学读书的女生的数量远远超过男生，所以学校对学生实施了所谓的父母代入式的管理方法，要求在斯坦福大学读书的女生们遵循宿舍的宵禁制度，晚上不允许外宿。于是布兰德的约会方式只能是开车去旧金山吃晚餐和看电影，或者到校园后面的红杉林里。有一次，他甚至弄来一台便携式唱机放在汽车后座上。

在布兰德年轻的时候，美国社会的普遍观念是，一个女孩读大学就是为

① 预备役军官训练团是美国 1 700 多所学院和大学提供的一项大学课程，是当时大多数大学校园里的军官培训项目，旨在培养年轻人成为美国军队的军官。——译者注

了在学校结识自己的另一半，然后毕业就结婚。对于 20 世纪 50 年代的很多大学男生来说，女生之间的区别主要体现在才智以外的品质。布兰德的一位化学教授曾经解释说明了定性和定量方法之间的区别："从定性来说，你可能会形容某个女孩身材匀称；从定量来看，那就应该是 36：24：36①。"布兰德也深受这种传统观念的影响。

第一学期结束时，在父母的鼓励下，布兰德加入了学校兄弟会②。迈克曾是"菲·德尔塔·希尔塔"兄弟会的成员，布兰德因为哥哥的缘故也想加入其中。但是在申请入会时，他觉得加入兄弟会的过程怪异而虚伪，而且可能比想象的还要更复杂。

"我觉得现在的问题是，我还没有真正了解自己，所以还没法在任何事情上给出很确定的承诺，"布兰德在给父母的信中这样写道，"我正在改变，学会了很多事并且很享受整个过程，但未来的方向还是不太明晰。"最终，兄弟会的事不了了之。反正兄弟会对他是否加入并不在意，斯坦福大学的每个俱乐部也是如此。

布兰德倒是在一些局外人身上找到了不少相似之处，特别是在斯坦福大学读书的外国学生圈子里。从大一开始，他越来越多地参与国际关系学院的活动，接触到的同学拥有各种文化背景，眼界更为开阔，远不像斯坦福大学里典型的上层中产阶级新生那么具有乡土气。

在同学的记忆中，布兰德是一个高大、严肃且认真的年轻人，甚至可以说是"方方正正"的，头发总是剪得很短。他给人留下了正直又热情的印象，

① 指女性身材的三围数据，即胸围 36 英寸，腰围 24 英寸，臀围 36 英寸。1 英寸约为 2.54 厘米。——译者注

② 指大学生联谊会。——译者注

这一点也打动了瓦坦·格雷戈里安（Vartan Gregorian）。格雷戈里安是一个出生于伊朗的亚美尼亚人，他与布兰德都是22岁，并且同一年入校就读，两人都热衷于参加国际关系学院的活动。虽然他们并不算是好朋友，但格雷戈里安对布兰德在校园里的那种军人状态印象深刻。布兰德穿着预备役军官训练团制服的场景对他来说十分难忘。格雷戈里安仅用了两年时间就从斯坦福大学毕业，后来又获得了博士学位，最终成为纽约公共图书馆、布朗大学和卡内基公司的领导人。

国际关系学院为布兰德打开了一扇了解斯坦福大学架构的窗口，也让他更深入地接触到教职员工的工作。有一段时间，他对组织学生评价教师这件事产生了兴趣，但这个想法很快就被学生教务长否决了。教务长告诉布兰德："好吧，你有这种主动性是很好的事……但我不知道你是否清楚，教员们自己就是判断谁是最好的教员的最佳人选。"于是布兰德放弃了这个念头，他在多年后都对此感到后悔。

读书总是能为布兰德提供关于新方向和新领域的灵感。春季学期时，布兰德听过一场关于人口、食物和环境保护的西方文明讲座，大受震撼。讲座教授虽然认为整体形势黯淡，但依旧推测人类可能还有希望，在南美洲可能有足够的环境空间来应对不断增长的人口问题。下课后，布兰德非要把教授留住继续交流，教授让他去读一读《我们被掠夺的星球》（*Our Plundered Planet*）。这本书由费尔菲尔德·奥斯本（Fairfield Osborn）写于1948年，是引发马尔萨斯主义复兴并影响了斯坦福大学生物学家保罗·埃利希（Paul Ehrlich）的几本书之一。埃利希在布兰德大四时给他提供了很多帮助。

布兰德对技术发展和人类状况的态度变得更加乐观了，并在这节课中产生了莫大的热情。这一天结束时，布兰德在日记中写道："所有的事情都深深激发了我的野心，比如南美洲、环境保护和生物学等。走出课堂时，我满眼都闪烁着星星。”

很快又发生了两件事。一件事发生在当天的晚些时候，另一件事发生在第二天。这两件事一起创造了一种新的可能性，让布兰德觉得自己已经准备好踏上成为科学家的道路。当晚校园电影放映的是《我们的太阳先生》（*Our Mr. Sun*）。这部电影由弗兰克·卡普拉（Frank Capra）执导，于前一年制作完成，是著名的“贝尔系统科学系列”[①]的第一部。这些电影将有趣的动画与科学家的权威演示相结合，在那之后的几十年都还能吸引美国孩子在家收看。

“这很有教育意义，也令人兴奋，而且充满启发性，”布兰德后来回忆说，“也许我命中注定要成为一名科学家，我脑子里就是摆脱不掉那些星星！”

第二天，布兰德去听了《美丽新世界》（*Brave New World*）的作者阿道司·赫胥黎（Aldous Huxley）的讲座。赫胥黎认为生物学将在未来成为主导世界的学科。受此启发，布兰德决定要在科学这条路上走下去。赫胥黎也是《知觉之门》（*The Doors of Perception*）一书的作者，这本书讲述了他将药物作为精神提升工具的经历。

到了 1957 年春天时，布兰德终于蜕变为一个真正的加州人。他躺在宿舍外的草地上，天旋地转的感觉持续了半分钟，虽然此时的加州正处于一个没有余震发生的平静期。说句题外话，在这一年发生的地震虽然只有 5.3 级，但还是造成了 1 人死亡、40 人受伤的结果。

① 包括为美国电话电报公司制作的 9 部电视特别节目，最初于 1956—1964 年以彩色的形式播出。内容包括对科学家的采访以及对科学和技术概念的准确解释，可以帮助公众更好地理解科学知识。——译者注

布兰德仰卧在晴朗的天空下，和朋友们聊着天。这是一个令人不安的时刻，他对一直以来都坚实、平稳的地面失去了那种天然的信任。平静的天空和突然开始震颤的大地给他的内心带来了深深的触动，这让布兰德对这个所谓的“黄金联邦州”有了新的认识。

这可能是一个上帝造访的夜晚

从关于在诺斯伍德伐木的家族传说，到希金斯湖附近的森林救火，再到展现西方冒险精神的好莱坞电影，布兰德长期以来一直希望能够跳出斯坦福大学提供的舒适、安稳的氛围，去展现自己真正的个性。尽管布兰德的家族早已将西部的伐木产业整体出售给乔治亚太平洋公司，但莫利家族里的埃德·莫利（Ed Morley）仍在继续经营着一家位于俄勒冈州斯威特霍姆附近的名为“Tree-O”的小型高球类伐木公司，布兰德顺利地在那里找到了一份工作。“高球”意味着快速反应和移动，而这恰好符合布兰德正在寻找的那种挑战。

1957 年 7 月，布兰德和另一名斯坦福大学的体操运动员新生一同来到斯威特霍姆。这是一个位于尤金东北部桑蒂亚姆河沿岸的小镇，镇上的小型伐木业非常繁荣。他们俩外加一个年轻的伐木工人，三人租了一个汽车旅馆的房间，每人每月平均分摊 35 美元的租金。一人睡床，一人睡简易床，还有一人睡地板上的床垫，几周后体操运动员搬走了，房间里才显得稍微宽敞了一点儿。

每天早上 4 点 55 分第一个闹钟响起时，他们就开启了这一天的工作；晚上 9 点之后，他们就会上床休息。薪水是每小时 2.25 美元。布兰德是捆木工，他需要将一根特殊的缆绳末端连接到架空索上，再绑到原木上，把木头拉到中心区。布兰德穿梭于陡峭山坡上的灌木丛中，把缆绳绑在倒下的树上，然后迅速将其移走。

伐木作业往往都是在十分陡峭的地形上进行的，由于有造成侵蚀和山体滑坡的危险，这种伐木活动可能是违法的。但幸运的是，布兰德直到夏天离开时都没有受伤。他觉得一定得有人来写一部关于伐木题材的《白鲸》（*Moby-Dick*）①。小说中刻画的形象是非凡的、暴力的，同时也是绚丽多彩的。当然，伐木肯定比捕鲸还要有趣。

但是谁来写呢？又该怎么写呢？“天哪，我不知道自己能不能写小说，”布兰德写道，“我唯一能写的就是非虚构类作品。我应该写点什么呢？”这个问题困扰了他多年，直到退伍后读了克西的《永不让步》，布兰德觉得克西把他想做的事给完成了。克西从未有过伐木经历，但对这个行业了如指掌，这仰仗于他在当地酒吧里通过对社会的广泛研究而获得的经验。

同年 8 月底，布兰德在伐木工作的最后一天拍摄了许多记录伐木操作过程的照片，然后动身前往希金斯湖和家人会合，一起度假。假期临近结束的一个晚上，布兰德正在小屋里看书，他听到哥哥彼得的声音。

“斯图，快点出来！快看极光！红色、绿色和紫色的极光！赶紧喊妈妈来看！”

布兰德裹着毯子走到外面，来到湖边，躺在游船码头上。夜晚的空气冷飕飕的，一轮盈凸月悬在头顶，凉风拂过湖面，月光投射下来，湖面泛起涟漪。极光包围着月亮，光圈蔓延到整个天空，使其充满了活力。突然，一束

①19 世纪美国小说家赫尔曼·梅尔维尔（Herman Melville）于 1851 年发表的一篇海洋题材的长篇小说，其主要内容是描述亚哈船长追捕一条白鲸的经历。亚哈船长最终和白鲸同归于尽。——译者注

光射向了北方的一个顶点，然后逐渐黯淡下来。

那天晚上，布兰德在码头待了很久。他后来回忆认为，这可能是一个上帝造访的夜晚，他想，也许上帝降临是为了杀掉国王们。这真是一个充满惊奇和无限遐想的奇妙之夜。

被赫胥黎和斯皮格尔伯格深深吸引

1956 年 10 月，布兰德正在大学里的预备役军官训练团课程中学习军事历史，并在大国冷战的国际背景下接受相应的军事训练。3 月，他曾在日记中写下一篇占了满满 3 页的文章，悲观地预测美国可能遭受袭击。他在这之前从未考虑过美国会输掉战争，甚至成为其他国家“一个遥远但非常重要的工业省份”。

如果真的发生战争，布兰德觉得自己一定会参加战斗，但并不是为了美国总统，甚至也不是为了民主，而是为了他所信奉的“个人主义和个人自由。如果我必须是一个愚蠢的人，我也希望能够自由地按照我自己的方式成为愚蠢的人，而不是按照别人的方式。我会为了避免让自己和其他人一样，成为一个没有选择的编号而参加战争”。

在斯坦福大学，布兰德读了《源泉》（*The Fountainhead*）和《阿特拉斯耸耸肩》（*Atlas Shrugged*）后，十分认同安·兰德（Ayn Rand）关于自由市场资本主义的观点，以及她把商人看作英雄的观点。

尽管如此，他在阅读埃里克·霍弗（Eric Hoffer）的《狂热分子》（*The True Believer*）后不久，还是在日记中表述了自己的担忧。霍弗是德国移民，曾是旧金山码头工人，后来成为著名的社会哲学家。布兰德从他的书中读到了他对群众运动危险性的担忧及其对个人自由的威胁。

布兰德有位名叫托马斯·科德里三世（Thomas Cordry Ⅲ）的同学，他是留着平头的网球运动员。1958 年 2 月，他开车带着一名住在帕洛阿尔托他家街对面的高中女生进山，用一支 5.5 毫米口径的步枪朝她的头部开了一枪。随后，他将尸体运到警察局并自首。他告诉警方，自己已被“杀人的冲动”困扰了好长一段时间，曾计划强奸她并掩埋尸体。

1958 年的这起谋杀案震惊了整个斯坦福大学，也迫使布兰德更加仔细地去审视他周围的人。布兰德将报道了这次事件的剪报寄给了父亲，并在信中写了一些反思自己这一代人缺点的内容。他得出的结论是，一种人性的邪恶正潜伏在许多同龄人的外表之下，唯有友谊和亲情能阻止疯狂发作。**他突然想到，美国人的生活方式存在一个基本缺陷，那就是国家发展如此之快，以至于人与人之间越来越难以建立一种有意义的积极关系，就连他自己也感受到了这种压力。**在斯坦福大学第一学期快结束时，布兰德在一篇题为《斯图尔特·布兰德，一个思想迟钝的人》（*Stewart Brand, Slow Thinker*）的文章中表达了自己的沮丧。文章中说，世界上的人分为思考得快和思考得慢的人，实现转变的方法是勤奋和专注：“到今年年底时，你可能会听到关于一位非凡新生的故事。他把学习当成一种技巧，以巧妙的应变力来对待考试，用出色的演讲激励了所有听众。他习惯于以计算机级别的运算速度和准确性做出判断。这就是斯图尔特·布兰德将要成为的思维敏捷的人。”几十年后，他仍然会思考“慢速 / 快速”的二分法及其对社会的影响。这一观点将促成恒今基金会的成立，它的初衷就是建立一个致力于促进长期持续性思考的机构。

迈克曾建议弟弟不要专注于选择个别课程，而是要听最好的教授的课。

他推荐的教授中有一位是具备超凡魅力的宗教学教授弗雷德里克·斯皮格尔伯格（Frederic Spiegelberg）。

布兰德在十几岁的时候，一定程度上也算是一个不可知论者，但在斯坦福大学听了赫胥黎等几位教授的课，加上希腊小说家、社会主义者和精神主义者尼科斯·卡赞扎基斯（Nikos Kazantzakis）的影响，他逐渐变成了一位基督教神秘主义者。然而，当斯皮格尔伯格在学期伊始走进巨大的演讲厅并用洪亮的声音宣布"我们研究东方，并不是为了逃避现实，而是因为我们可能会在其中发现自己"时，布兰德被深深地打动了。

斯皮格尔伯格是一名德国犹太移民，1941 年来到斯坦福大学，后来成为东西方思想交流的重要桥梁。在德国，他曾师从探索存在主义、现象学和基督教的现代哲学家马丁·海德格尔（Martin Heidegger）与保罗·蒂利希（Paul Tillich），并将他们思想的种子带到了美国。1949 年，斯皮格尔伯格获得了富布莱特奖学金后前往印度，参观了隐修地并会见了著名的宗教人物，其中包括拉玛那·马哈希（Ramana Maharshi）和斯里·奥罗宾多（Sri Aurobindo）。1950 年，斯皮格尔伯格与艾伦·沃茨（Alan Watts）一起在旧金山协助建立了美国亚洲研究院，把其他东方神秘主义思想引入旧金山"垮掉的一代"诗人团体。研究院在 20 世纪 50 年代吸引了一群杰出的艺术家。不仅加里·斯奈德（Gary Snyder）和艾伦·金斯伯格（Allen Ginsberg）是常客，迈克尔·麦克卢尔（Michael McClure）和戴维·梅尔策（David Meltzer）等其他重要的"垮掉的一代"艺术家也加入了它的阵营。[1]

斯皮格尔伯格曾在一次演讲中漫不经心地评论道："实际上我并不看新闻。我认为最重要的新闻发生在当代诗人身上，所以我读了'垮掉的一代'诗人的作品，并对金斯伯格、麦克卢尔和斯奈德的观点非常感兴趣。"值得注意的是，上述所有人都住在旧金山附近的北滩，从斯坦福大学往北一小时的车程。“垮掉的一代”甚至让布兰德看到了一个在中西部从未见过的世界，古怪的旧金山波希米亚社区在精神上影响了布兰德。但是至此他还没有完全想清楚，这尚需要几年的时间和一些因缘际会。

结识作家亨利·米勒和约翰·斯坦贝克，以及“垮掉的一代”诗人

斯坦福大学被称为农场是有原因的。斯坦福女士[①]设计的是一个与世隔绝的预科学校，将学生与外界隔离开。布兰德有一种强烈的感觉，斯坦福大学内向的校园文化正在包裹着他，有时他甚至觉得斯坦福大学比起知识圣殿更像是监狱。

斯坦福大学西门外附近的区域，现在是硅谷风险投资家聚集的地方，世界上最贵的房地产也在此处。在此之前的几十年里，沙山路是从斯坦福大学到太平洋和加州海岸的最快路线。它是通往浓雾笼罩的圣克鲁斯山脉的门户，也是穿过拉洪达和沿着发光的海岸线一直延伸到大瑟尔 1 号高速公路的一条出路。加州给布兰德展现了他在伊利诺伊州中西部甚至在希金斯湖未曾见过的一切，沙山路成了他的“出狱”之路。

布兰德在大瑟尔温泉举行的斯坦福大学国际关系学院外交政策研讨会上，首次知道了大瑟尔这个地方。这些温泉位于蒙特雷南边的 1 号高速公路以南一个多小时车程处，属于墨菲家族所有。该家族于 1910 年购买了这块土地，最初打算等高速公路建成后，在这里打造一个欧式风格的健康水疗中

① 斯坦福大学于 1891 年由时任加利福尼亚州参议员及州长的铁路大亨阿马萨·利兰·斯坦福（Amasa Leland Stanford）与妻子简·斯坦福（Jane Stanford）创办。——译者注

心。然而，水疗中心直到 20 世纪 60 年代初才得以建成，当时墨菲家族一个叛逆的儿子说服家族将温泉改造成了新型度假胜地。

布兰德在一封家书中热情地描述了他在这里度过的第一个周末：这里有“红木峡谷的丛林”，“春天晚上那般温柔安静”，还有“壮观又陡峭的大瑟尔海岸——沙滩、悬崖、瀑布和地下的玉石”。

布兰德在大瑟尔的经历让他了解了两个截然不同的北加州社区，认识了大瑟尔作家亨利·米勒（Henry Miller）和斯坦贝克等人，以及以安塞尔·亚当斯（Ansel Adams）和伊莫金·坎宁安（Imogen Cunningham）为代表的旧金山摄影师先锋团体“f/64”。几年后，布兰德深深地沉浸在这两个世界中，通过和“垮掉的一代”诗人的友谊融入北滩的“垮掉的一代”文化，如认识了诗人格尔德·斯特恩（Gerd Stern）和出生于欧洲的拼贴艺术家让·瓦尔达（Jean Varda），也正是后者将米勒带到了大瑟尔。

布兰德是国际关系学院周末活动的学生组织者，他也想当一个业余旅行摄影师。某个周六晚上，斯坦福大学的学生们见到了墨菲家族两个儿子中的一位。他们的父亲老墨菲是斯坦贝克最好的朋友，甚至有传言说身为斯坦福大学毕业生的迈克尔·墨菲（Michael Murphy）和丹尼斯·墨菲（Dannis Murphy）是斯坦贝克的自传体小说《伊甸之东》（*East of Eden*）中两兄弟的原型，不过丹尼斯自己可能会否认这一点。

那天晚上，斯坦福大学的学生尽情地享用了无限畅饮的加洛葡萄酒。布兰德想拍一张丹尼斯的照片，他因自己的第一部畅销小说《中士》（*The Sergeant*）而闻名全国。“他和酒精一起编织了一个我不敢打破的咒语，”布兰德后来写道，“不过没关系，虽然没拍到照片，但我在这个晚上学到了很多东西。”

布兰德的这一学年由一件令人毛骨悚然的事画上句号。除了考虑从事记者的工作，他还继续幻想成为一名小说家。那年春天，他以前一年夏天在俄勒冈州森林里遇到的人物为原型写了一篇关于伐木的短篇小说。这个故事围绕着一场虚构的灰熊致命事故展开，就发生在一个小伐木场里的伐木工人身上，伐木工人就像布兰德曾经在的那个伐木场的老板。

小说完成后，布兰德立即打开弗朗基·布劳恩（Frankie Brawn）寄来的一封信。布劳恩就是布兰德前一年夏天所在伐木厂的老板，也是他在故事中杀死的那个人。布劳恩向布兰德要一张他在去年夏天为一名伐木工人拍的照片。就在写信的三周前，在布兰德构思故事情节的时候，这位工人发生了一场严重的事故，两天后就死了。因为此事，布兰德有种不知由何而生的自责感，并且无法摆脱这种愧疚和歉意。

“如果暴风雨必然来临的话，我们就走进去”

1958 年夏天，布兰德作为国际交流项目计划的参与者，登上了“阿罗萨库尔姆”号，这是一艘一年前在废品厂改装的军用运输船，前往欧洲瑞士洛桑。此项目将学生送到国外与当地家庭共同生活，充分融入外国文化。在航程的大部分时间里，布兰德都因晕船感到十分难受。他写信回家，询问回家的时候能不能坐飞机，还说飞机票和船票价格差不多。

布兰德所在的交换生团队一行抵达法国勒阿弗尔港口，他们先到巴黎观光，第二天乘火车前往洛桑。

他把大半个夏天的时间都花在了修读语言课和了解这座城市的文化上。瑞士乡村经常会进行自行车旅行和登山探险活动，当地人也从和美国学生的交流中学会了新运动：布兰德带来了他的飞盘，教瑞士人怎么玩。

布兰德与参加该项目的其他人来往很密切，但就像他在斯坦福大学的约会一样，这种关系是简单又理性的，没有什么特别之处。1958 年 8 月，布兰德与另一名交换生返回巴黎，去了皮加勒的红灯区，想体验一下不一样的生活。“没什么好夸耀的，一点浪漫的感觉都没有。”他后来在日记中写道。后来，布兰德认为这算是一次经验教训，尽管他自己也不清楚到底从中学到了什么。

回到学校后，布兰德继续在国际关系学院担任志愿者，这让他结识了一名参加留学生活动的新人——高挑的金发女郎琼·斯夸尔斯（Joan Squires）。斯夸尔斯的年纪比布兰德小一些，但更成熟世故。她的父亲是一名驻印度的美国企业高管。在刚进入斯坦福大学时，斯夸尔斯因为突然被推入一个基本上没有知识分子的上层中产阶级环境而感到手足无措，所以在斯坦福大学的第一年就拼命想转学到拉德克利夫学院。由于找不到一个超越啤酒和足球狂热的知识分子团体，斯夸尔斯加入了斯坦福大学的外国学生圈，在此过程中和布兰德相遇了。

没人能想到他们俩竟会成为情侣。布兰德性格比较拘谨，身上仍然有童子军气质。与此同时，他又对一切都十分好奇，显然想摆脱身上来自中西部的刻板印象，不希望别人把他看成是一个乡绅。在布兰德眼中，斯夸尔斯是一个经验丰富的环球旅行者，会直视着他的眼睛，同时人又“好得可怕”。斯夸尔斯比他低两个年级，她的西方文明课教授彼得·金（Peter King）和教授妻子福克斯带她领略了北滩的文化氛围。斯夸尔斯已经去过城市之光书店、共存百吉饼店、“饥饿的我”俱乐部，结识了“垮掉的一代”诗人和像瓦尔达这样的艺术家。当布兰德第一次和她一起探索北滩时，斯夸尔斯担心她的朋友们可能会认为他是一个过于呆板的人，一个时髦世界中的童子军领袖。但他正在迅速进化，完全可以融入其中，且如鱼得水。

然而在布兰德更深入地享受北滩气氛之前，他必须完成学业，还要服完兵役。尽管哥哥迈克和姐夫都在陆军服役，但布兰德觉得海军陆战队听起来更加强悍威武。海军陆战队要求服役 3 年，所以布兰德决定在大学毕业后参军。

预备役军官训练团的夏令营在西雅图开营。布兰德计划与同样打算参军的朋友杰夫·费迪曼（Jeff Fadiman）一起参加。杰夫是公共知识分子和早期电视名人克利夫顿·费迪曼（Clifton Fadiman）[①]的侄子，比布兰德大两岁，两人是亲密的朋友和酒友。杰夫是一位传奇人物，曾在国外待过几年。与布兰德不同的是，他觉得自己是左派，并想成为一名作家。

在去西雅图和杰夫会合之前，布兰德先回家看望父母，遇到了当时在哈佛大学读医学预科的约翰·埃德森。一天晚上，他们在埃德森家车库附近找了个地方坐下，花了很长时间来讨论问题。两人都认为在人口爆炸和洲际弹道导弹等先进武器的发展的推动下，人类历史将要走到尽头。他们猜测法西斯主义是否会卷土重来，一致认为肯定会不可避免地发生某种灾难。

布兰德根据自己一直在研究的进化生物学的观点，说他认为有三种可能的结果：

- 第一，人类将发现自己处于“进化的死胡同”，在这种情况下，以集体智慧行动为基础的人类文明最终也会自我毁灭。
- 第二，世界将会彻底发生崩溃，一个沦为“后智人”的物种将

① 美国作家、编辑、评论家、广播和电视节目主持人。——译者注

利用智力来削减马尔萨斯主义。
- 第三，人类将在技术或书籍的基础上快速进化，以抵抗即将到来的危机。

埃德森认为第三条结果出现的可能性很小，因此这个物种将迎来无法避免的灭绝结局。起初，布兰德勉强同意这个观点，认为毁灭既不可避免又迫在眉睫，“就像天气一样，我们对它无能为力”。

不过很快他就动摇了。如果说绝对没有出路，这也是说不通的。还是拿天气来类比的话，布兰德说：“如果暴风雨必然来临的话，我们就走进去。”

“但是人们在被淋湿或感到紧要关头要来临之前是不会行动的，所以那只会是一片混乱。”埃德森说道。

这场对话让布兰德越发想弄清楚个人的责任到底在人类文明中扮演怎样的角色。另一种选择可能是直接挖个洞，然后跑到树林里躲起来，但显然这个方式并不能解决布兰德的困惑。这种逃避的想法不正是造成一切毁坏的原因吗？布兰德相信个人独立和个人决策应该是最先考虑的问题，但他当时只能用胡搅蛮缠的方法去反驳朋友：“去你的，我有我自己的办法。”

但这个问题还是悬而未决：人到底能做些什么？这两个年轻人达成共识的是，有一批人像信使一样拥有关于人类境遇的重要而独特的知识，并且有责任警示整个世界。第二天，布兰德写道：“假设说，只是假设，我把这一切都写在一本书中。如果写得好，那这本书将被全世界知晓。人们会恨我，这样我就算是毁了自己了。那它到底能不能拯救世界？还是说只能延长我们的痛苦而已？”他继续写道：“判断和决定，这都是上帝要做的事。我和埃德森算什么，还能决定整个星球的命运？”

这是布兰德第一次在他的人生中表达对行动主义的呼吁，他所接受的生物学教育与个人浪漫主义彼此冲突。布兰德一直在阅读卡赞扎基斯的小说，包括《基督的最后诱惑》（*The Last Temptation of Christ*）和《希腊人左巴》（*Zorba the Greek*），其中充满了关于信仰和救赎的神秘浪漫观念。他现在想知道世界是否已经为新宗教的到来做好准备，在这种宗教观念中，人类能够发挥终极的存在主义功能，直接帮助上帝拯救诸多物种。10 年后，布兰德创立《全球概览》的前提就是“我们就像神一样，具备神的力量”。

第二天晚上，布兰德去看了格利高里·派克（Gregory Peck）的电影《猪排山》（*Pork Chop Hill*），电影讲述了为一个微不足道的军事目标而进行的激烈战斗的故事。剧中人物为夺取这座山付出了巨大的代价，但美军为了在谈判桌上增加筹码仍决定持续增兵进攻。

回到家后，他草拟了一些关于写书的想法，并将这本书命名为《最后一代》（*The Last Generation*）。

“我想根据之前所说的感受和想法采取行动，”布兰德在日记中这样写道，“对我来说唯一可能的另一种方式就是挖一个洞（逃避现实），或许确实也可以这么做。”

他继续补充说：“我不相信这本书会有任何实质性的帮助。”然后他又划掉了最后这句话。

成为斯托拉罗夫和哈曼的研究对象

20 世纪 50 年代初期，有两位教授享有斯坦福大学“最受欢迎的教师”

称号，其中一位是斯皮格尔伯格，另一位是哈里·拉思本（Harry Rathbun），后者教授的商业法课程非常强调个人道德和价值观。和斯皮格尔伯格一样，拉思本也是一个很有魅力的人物，他的课堂上常常座无虚席。布兰德的哥哥迈克和迈克尔·墨菲后来共同创立了位于大瑟尔的静修中心和研究机构，即伊萨伦研究所（Esalen Institute），他们都曾听过这两位教授的课，并且受到了极大的启发。在大四的冬季学期，轮到布兰德去听拉思本教授的课了。为了充分做好修读课程的准备，布兰德参加了在圣克鲁斯山举行的为期两周的静修会，内容是关于拉思本特别关注的基督教神秘主义。

1935年，拉思本和妻子埃米莉亚在加拿大参加了亨利·B. 沙曼（Henry B. Sharman）发起的旷野静修会，从此他的生活发生了翻天覆地的变化。沙曼是一位已经退休的富有的加拿大神学家，主要研究与耶稣教义相关的历史档案。回到帕洛阿尔托后，拉思本夫妇开始在家里为斯坦福大学的学生举办沙曼式的学习小组。慢慢地，这个学习小组规模逐渐扩大，课程内容包括集中静修。静修的位置在距离斯坦福大学校园西南约32千米的山区里，靠近当时气氛沉闷的海滩小镇圣克鲁斯。

拉思本夫妇曾是帕洛阿尔托教友会的成员，现在打算创立一种新的宗教，不仅要借鉴耶稣和沙曼的教义，还要借鉴贵格会①的价值观[2]，这些宗教中的活动被称为红杉研讨会（Sequoia Seminars）。在20世纪70年代，又衍生出了一系列团体，包括创意倡议基金（Creative Initiative Foundation）、“超越战争”（Beyond War）和“女性以儿童之名创建地球”（Women Building the Earth for the Children’s Sake）等组织。在硅谷逐渐崛起的过程中，这些组织吸引了广泛的追随者，其中主要是上层中产阶级。在通常情况下，加入组织的人会卖掉房子和其他个人财产，并将他们的一生都献给这些新时代团体。

① 基督教新教的一个分支。——译者注

受红杉研讨会影响最深的是迈伦·斯托拉罗夫（Myron Stolaroff），他是中半岛的早期科技公司之一 Ampex 的一名高管。1954 年，斯托拉罗夫饶有兴致地参加了研讨会，并在那里经历了他人生中第一次神秘主义体验。

也正是在红杉研讨会上，斯托拉罗夫和斯坦福大学校友、电气工程师威利斯·哈曼（Willis Harman）第一次见到了杰拉尔德·赫德（Gerald Heard）。赫德是一位英裔爱尔兰作家和学者，在剑桥和牛津开启学术生涯，在 20 世纪 30 年代成为坚定的和平主义者，并与赫胥黎同时移民到美国洛杉矶。

到了加州之后，赫德成为印度教信徒，并继续撰写各种书籍，内容涵盖了从宗教散文到以不明飞行物为主题的科幻小说等各个领域。他同时也是一个神秘主义者。作为拉思本的密友，受其影响，赫德又将东方思想灌输给赫胥黎。赫德在红杉研讨会的一次静修会上领导了一个讨论小组。当时还是 Ampex 公司仪器营销主管的斯托拉罗夫到洛杉矶出差时，经常去赫德位于帕利塞兹的家中做客。

正是在 1956 年的一次碰面中，赫德热情地向斯托拉罗夫介绍了一种新药，这让年轻的工程师感到十分震惊。斯托拉罗夫不明白为什么这样一位著名的神秘主义者需要药物来协助获得更强烈的精神启示。赫德对这种药物很感兴趣，他告诉斯托拉罗夫，一个不同凡响的大人物偶尔会从加拿大来美国，给他和赫胥黎服用这种药物。

这个人就是阿尔·哈伯德（Al Hubbard）。哈伯德身材矮小结实，持有两本护照，并且曾经和执法机构与情报机构保持着隐秘关系。毫无疑问，哈伯德是 20 世纪 50—60 年代美国最具好奇心的社会活跃人士之一。他完全相信药物能够辅助获得启蒙的力量，他本人实际上就是这种药物在西海岸的

“苹果佬约翰尼”（Johnny Appleseed）①，热切地将这种药物传播到斯坦福大学周围技术专家聚集的小社区内，进而搅起了一系列社会、政治和技术力量旋涡。这些势力在未来10年内逐渐发展成规模。

到1961年，斯托拉罗夫和哈曼在门洛帕克成立了一个研究小组，专门研究创造力和药物之间的关系。年轻的布兰德就在他们首批研究对象之列。

布兰德早期对自由主义的短暂兴头，以及他对东方思想和神秘主义的兴趣，与他对人类生态学日益增长的关切发生了冲突。**但他有一种立场是明确的，那就是人类对物种和地球负有道德责任，这一主线贯穿了布兰德余生的所有思想和行动。**此刻，他和20多位红杉研讨会参与者坐在红杉林中的会议厅地板上，从这里可以看到圣克鲁斯山脉。布兰德提出，人类已经进化到当下的程度是由于人类的自我意识，每个人都可以为物种做出贡献并施加影响。他说，这不仅仅是个人行为的问题，生存问题已经是所有物种面临的共同问题。

“我们不断面临着选择，”布兰德告诉小组中的其他人，“然而，我们从未完全了解过各类不同方案的内容。我们依据部分知识做出选择，所以这些选择经常是有问题的。我认为，这情有可原，当然也有教育意义。唯一的恶是不做任何选择，而这是我们要担起的责任。”他最后引用了《小王子》中的内容，书中的狐狸说：“你要对你驯服的一切永远负责。”

研讨会结束后，就在大四生活开始的那天，布兰德写信给父母说他已经改变了：

① 美国苗圃匠人先驱、西进运动时代的传奇人物。在一些传说与记载中，他将苹果种子和树苗传播到美国各州。——译者注

我知道这种经历虽然看起来不太可能，但它确实是真切的，因为我的行动和思想都发生了改变。在研讨会上，有人会从自我中抽离出来，思考如何面对和自我的关系，有些人把旧的自我改造成新的自我，但我没有那样做。我对自己的内心进行了充分的发掘，在某些地方有所改变，并发现了很多种可能性，还有令人兴奋的想法和实践的方式，也许它们都算同一件事。我很确信的是（参加研讨会的）这笔钱花得很值。

在那之后一个月，布兰德仍在思考人类、自由和环境之间的关系。人性的独特之处在于选择怎样的自由，也就是选择走哪条路。“进化论是最后的经验主义，”他在日记中写道，“一个物种如果不断地工作，就会生存下去；如果不工作，就会灭亡。”

一直被拒绝，一直投简历

1959 年，也就是大三时，布兰德就从斯坦福大学校园里搬出来，住到了门洛帕克的一间小房子里。当时，他自豪地写信给母亲，说他将成为自己世界的主人。“基本上，我都是自己一个人学习和休息，”他用带有辩解意味的口吻说，“你想象不到，在经历了校园里人潮攒动和热闹的日子后，回到家里来，回家！你才能发现享受这种安静是多么幸福。”至少在布兰德的脑海深处，没有挑明的是，独自生活将为后面迈入社会提供更大的空间。布兰德对自己与世隔绝的状态越来越反感，与斯夸尔斯的激烈争吵更是让这种感受被放大了。布兰德觉得斯夸尔斯已经把注意力转移到了别人身上，于是他给她寄去一封信，内容充满了愤怒的情绪。他很快意识到，虽然当时情绪爆发可能会让人感到短暂的轻松，但终究还是不应该这样。布兰德试图告诉自己，这封信并不重要，因为他们的关系早已恶化到无法修复的地步。“这段感情曾经很美好，但无论如何它都要走向终结了。”这注定了布兰德无法控制这段恋情的走向。“爱，”他总结说，“我敢肯定，最重要的是时机问题。”然而，当布兰德意识到自己做了一件极其愚蠢、代价又很大的事情时，他坐在门洛帕克的小屋前哭了起来。后来发生的事也证明了一点，布兰德才是更看重这段感情的人，而不是斯夸尔斯。斯夸尔斯想寻找的是一个真正的朋友，而不是一个爱人。

布兰德最终不得不承认的是，独自生活的日子是“悲伤又孤独”的，距离实现人生的成功还是遥遥无期。在斯坦福大学的最后一年，他担任了学生顾问的工作，负责照管 21 名住在校外的新生们。布兰德和工程研究生朋友埃里克·菲尔德（Eric Field）一起搬进了兄弟会街附近小巷里的一栋房子里。这一年，杰夫·费迪曼跑到欧洲和非洲去了，他也是菲尔德的密友。布兰德原本作为学生顾问并没有多少任务要完成，而拥有小型飞机驾驶执照和一双锐利蓝眼睛的帅哥菲尔德，帮助布兰德开启了丰富的社交生活。他们俩经常组织双约会，就是他们俩和约会对象一起聚会。他们会在租的小屋里准备晚餐招待客人。尽管如此，布兰德的几段浪漫感情还是因为这样或那样的原因而最终告吹了。

布兰德在这一年里的社交生活并不顺心遂意，但学业前景正好相反。由于受到了费迪曼的启发，他还是想要成为一名记者，于是全身心地投入报刊写作的课程中去。布兰德参加了一个在蒙特雷举行的摄影新闻研讨会，这是选修课程的一部分。当布兰德戴着会议徽章，听着专业人士们谈论技能，他觉得自己正在跨过这道门槛，迈入一个更成熟的世界。

著名设计师查尔斯·埃姆斯（Charles Eames）是此次活动的特邀发言嘉宾，他怀里抱着一大摞在来的路上从报摊购买的精选杂志走上台。埃姆斯在演讲中对杂志上刊登的照片进行了一次令人眼花缭乱的比较，这让布兰德感到惊叹不已。埃姆斯告诉听众，最好的摄影作品应让人仿佛能闻到照片中环境的味道。受到启发后，布兰德在会议结束时已经明晰了自己的想法，他也想用图片而不是文字来记录世界的模样。尽管如此，他还是选择从文字写作开始发展自己的事业，并成功地向《纽约时报》投去一篇关于鲜为人知的行为科学高级研究中心的文章。该中心后来发展成一个位于斯坦福大学西边山间的独立研究机构。

在社会科学研究发展迅猛和疯狂投资并行的时代，这个行为科学研究中心由福特基金会于 1954 年设立，旨在打破社会科学内部各学科之间的隔阂，创建更加综合的行为科学。布兰德花了几个月的时间定期访问和电话采访那些和研究中心相关的科学家，例如加州大学伯克利分校的人类学家舍伍德・沃什伯恩（Sherwood Washburn），以及曾与玛格丽特・米德（Margaret Mead）结婚的英国社会科学家格雷戈里・贝特森（Gregory Bateson）。10 多年后，布兰德与这两个人的短暂交集印证了这段经历的确对他的思想产生了非常重要的影响。

到学年结束时，布兰德写了一篇 3 100 字的文章，题为《学者天堂的果实》（*Fruits of a Scholar's Paradise*）。这篇文章中列举了在该中心进行的多学科协作研究的 6 个案例，其中第一个例子是沃什伯恩于 1956 年创建生物学研讨会时提出的一种新理论。沃什伯恩认为人与工具之间的互动关系推动了人类进化的进程。"根据研讨会的观点，第一个使用工具的生物与我们现在的样子完全不同，它通过与工具之类的东西进行不断的互动，逐渐演变成我们现在的样子。"

关于对这个理论的挖掘并没有继续进行下去，但布兰德在与同样是人口生物学家的保罗・埃利希教授相处时，不断地接触到类似的概念。在接下来的 10 年里，埃利希的观点对布兰德产生了巨大的影响，有一部分是因为他于 1968 年出版的《人口爆炸》(*The Population Bomb*) 一书。埃利希在书中表达了对人类未来的悲观看法，布兰德一开始就把这本书奉为“福音书”。

布兰德全心全意地投入研究写作和撰写中心简介的工作中，但《纽约时报》的编辑们还是拒绝给他提供相应的职位。他继续向其他报纸、杂志投简历，也没有收到什么好消息。《地平线》杂志（*Horizon*）给他发来了拒绝通知，《哈珀斯杂志》(*Harper's Magazine*) 和《大西洋月刊》(*Atlantic Monthly*) 也如此。

布兰德没有获得立竿见影的成功，但他在沃什伯恩研究中的发现引导着他继续探索，4 年后埃利希首次将其中的概念描述为“共同进化”。十几年后，布兰德和贝特森走得更近了，他们之间一次题为《必要悖论的两面》(*Both Sides of the Necessary Paradox*) 的对话文稿首先刊登在《哈珀斯杂志》上。这篇文章后来在布兰德的第一本书《控制论的两个前沿地带》(*II Cybernetic Frontiers*) 中重印，同样收录于其中的还有他发表在《滚石》上的关于计算机黑客文化的文章。多年后，布兰德重新回看他在这段时期内遇到的其他几个人物的观点，其中包括控制论学家沃伦·麦卡洛克（Warren McCulloch）、麻省理工学院工程师克劳德·香农（Claude Shannon）及罗伯特·法诺（Robert Fano），他们开创了有关信息测量和传输的理论。然而，当时布兰德还只是一个拿不到薪水的自由职业者。

换个思路，自愿参与编辑工作

当布兰德读到《罐头厂街》中描写里基茨的内容时，他就想要成为一名生物学家。在斯坦福大学里，海洋生物学家唐纳德·阿博特（Donald Abbott）成为布兰德心中的“里基茨”。

“这个学期的课程看起来是有史以来最好的课，”布兰德写给家里的信是这样描述他和阿博特相遇的，“终于，我得到了我在生物学中苦苦找寻的东西——生态学。**‘生物体与其环境之间的相互关系’是‘鲜活的整体，而不是一成不变的’。**”

在生态学中，有一个以俄罗斯生物学和生态学先驱乔治·高斯（Georgy Gause）的名字命名的竞争排斥原则，该原则认为，两个争夺相同资源的物种不能作为恒定种群而共存。然而，阿博特告诉他的学生，校园后面山坡上同一片区域就同时存在两种狼蛛，这显然违反了高斯原则。

于是，布兰德找到了一个进行原创研究的机会。

布兰德要进行的野外工作就是到山上去观察狼蛛的活动。他怀揣着恐惧，躺在狼蛛巢穴旁边的一张行军床上收集数据。在阿博特的建议下，布兰德采集了这两个物种的样本并将它们寄给专门研究蝎子和蜘蛛的进化生物学家布鲁斯·弗斯特曼（Bruce Firstman）。弗斯特曼在回信中指认了这两个物种，并警告布兰德在接触其中一种狼蛛时要特别小心。25 年前斯坦福大学发表的一篇早期研究论文表明，狼蛛毒液杀死老鼠的速度比一种叫作“黑寡妇”的黑色毒蜘蛛还要快。

布兰德大四时的论文导师埃利希对他这项研究印象非常深刻，并建议布兰德将这篇论文发表出来，这是一条继续生物学研究生工作的有效路径。然而，就在布兰德犹豫之时，又一个意外降临了。

除了在大四那年做新生顾问，布兰德还是校长顾问委员会（President’s Advisory Committee）的学生成员。在一次会议召开之前，他正在与新来的社会学家威廉·麦科德（William McCord）聊天，询问麦科德这个学期是否正在教什么有趣的内容。麦科德教授回答说他开了一个关于人格研究的研究生研讨会。布兰德觉得这个主题很有趣，两天后他说服了教授允许他加入。布兰德来上课时发现几乎所有需要研究的人格类型都已经分配给了其他学生了，只剩下最后一个“反社会人格”还没有人认领，也就是“一个公开受辱的或受到社会惩罚的人格”。

这简直太完美了！一扇门已经向他打开，这让布兰德有机会并且有充分的理由去探索斯皮格尔伯格曾警示过的北滩“垮掉的一代”聚集的社区。尽管布兰德曾经写的信实在算不得体面，但此时他和斯夸尔斯仍保持着朋友关系。斯夸尔斯帮助布兰德与皮埃尔·德拉特（Pierre Delattre）联系，德拉特负责管理位于格兰特大街的“面包与酒”传道会，最近被《纽约时报》报道的一篇关于社区不断变化的文章在全国获得了知名度。

4 天后，布兰德敲响了“面包与酒”传道会的大门。没有任何迹象表明他是否找对了地方。但随后一个和他差不多年纪的年轻人来应门，告诉他德拉特正在俄克拉何马州旅行。

“这几天‘面包与酒’发生什么事了？”布兰德询问道。

开门的年轻人说，这里马上将被改造成两本杂志的出版总部，即《至福》（*Beatitude*）和《猎犬》（*Underhound*），布兰德的眼睛一下子就亮了。上周他刚参加了斯皮格尔伯格关于“新存在主义”诗歌的校园讲座，当时他就对《至福》充满兴趣，觉得它必将成为未来艺术形式的范例。

不久后，布兰德自愿参与《至福》第 13 期的编辑工作。他一边整理杂志，一边和一位为本期拍摄封面照片的摄影师聊天。布兰德发现这位女摄影师和自己一样认同卡赞扎基斯的观点。几小时后，他和最开始在门口迎接他的那个年轻人阿尔一起离开了杂志总部。他们沿着格兰特大街走到共存百吉饼店附近去兜售刚出版的杂志，这家店与的里雅斯特咖啡屋和画廊咖啡店一起构成了北滩社区的精神核心。

当他们站在百吉饼店里时，《至福》的编辑走进来，问有没有人听说过"今日秀"这个节目，因为他被邀请参加这个节目的采访。与此同时，咖啡店内坐着一名来自《阿戈西》杂志（*Argosy*）的着装很正式的记者和一名摄影师，他们正在筹备一篇关于"垮掉的一代"的文章。布兰德作为旁观者，看着一对本地年轻夫妇向记者解释"垮掉的一代"的神话是如何形成的，周末游客出现时发生了什么，警察又是如何掌控局面的，以及他们当地人认为整件事是个笑话，等等。女士抱怨说自己最近出现在《旧金山纪事报》（*San Francisco Chronicle*）文章的一张照片中，她被描述成一名在突袭中被捕的犯罪分子，但事实上她是北滩一名婚姻家庭幸福、生活富足的普通居民。

布兰德还是很喜欢这样的环境的，因为除了周末大量游客涌入的时候，他经常接触的朋友们并不算完全属于"垮掉的一代"。他们并不用时髦人士的口吻交谈，而且他们都很年轻，活跃在各自不同的艺术领域里，都是"非常警醒、受过良好教育的人，长着明晰、聪明、热情的眼睛"。当晚布兰德在给父母的信中是这样描述的。至于他们留不留胡子，布兰德那天早上看到有人没有刮胡子，其他大部分人的脸颊很光滑，这更符合罗克福德的习惯和风气。

在唐人街吃过晚饭后，布兰德和阿尔以及《阿戈西》杂志的记者们一起在附近闲逛，布兰德很快在交谈中了解到新闻、新闻摄影和自由职业的真实情况。到晚上 9 点时，众人四散而去，这时候阿尔邀请布兰德第二天再到北滩来。

当布兰德走到自己的车跟前时，他感到思绪好像漂浮起来。当路过一栋旧金山维多利亚时代的房子时，他听到从车库里传来一阵爵士乐的声音，于是停下来听了一会儿。然后，他找到了自己的新住处。

参加"垮掉的一代"核心人物让·瓦尔达的聚会

到了学期结束的时候，布兰德向研究生研讨会提交了一篇期末论文。在论文中他以波希米亚村成员为案例提出了一种类型学理论。他提出，"波希米亚不是一个地方，而是一种心态"。其中，理性的人可以进一步分为寻求者和叛逆者；还有一些非理性的人，分为加入者、反抗者和流浪者。显然布兰德正努力准备成为一名理性的波希米亚人。

大学的最后一个春学期，布兰德依旧在北滩附近转来转去，挖掘有意思的地方。这期间他和一位名叫玛蒂的女士有过一段认真的感情经历。玛蒂希望布兰德能够承诺一个他们二人共有的未来，但他不是很情愿。玛蒂是斯坦福大学的毕业生，性格恬静美好，同时也饱受着各种问题的困扰，一直在与抑郁症做斗争。玛蒂在认识布兰德之前，就已经尝试自杀过几次了。玛蒂从恋爱中寻求的是虔诚和诺言，而布兰德只想享受此刻，这种交织在一起的矛盾和分歧让布兰德不知所措。

1960 年 6 月，布兰德的父母来斯坦福大学参加他的毕业典礼。布兰德身着预备役军官训练团制服，当天晚上还与父母和玛蒂一起庆祝毕业。第二天早上，他们一起回来与布兰德的父母共进早餐，并送他们离开。

毕业后，布兰德在佐治亚州本宁堡为即将开始的军队基础训练做准备。其间他找了一份暑期工作，担任外国学生交流项目的接待员，该项目由外国学生友好关系委员会支持。这份工作的薪水是每月 250 美元，他需要去机场迎接即将到来的学生并帮他们安排好住处。更令人兴奋的是，当时布兰德代为照管房子的房主身在墨西哥，于是布兰德就直接住在他的房子里。于是整个夏天布兰德都过着奢华的生活，房子共有 3 间卧室，家具齐全，配有高级音响，他的任务就是喂 4 只猫，以及给植物浇水。

金夫妇一直很关心布兰德。他们并没有和格兰特大街上那些不断取悦、吸引和冒犯国家媒体的"垮掉的一代"混在一起，而是带着布兰德结识了"垮掉的一代"核心人物瓦尔达和"图书探索"二手书店的老板弗雷德里克·罗斯科（Frederick Roscoe），布兰德也知道了为劳伦斯·费林盖蒂（Lawrence Ferlinghetti）所有的更为著名的城市之光书店。

布兰德搬到北滩的第二天，金就邀请他一起参加瓦尔达在索萨利托海湾举办的一次帆船下水派对。对布兰德来说，瓦尔达代表了一个他在斯坦福大学几乎没怎么见过的文化底蕴丰厚的欧洲世界。瓦尔达不仅是亨利·米勒的朋友，也是作家阿娜伊斯·宁（Anaïs Nin）的朋友。瓦尔达和艺术家戈登·翁斯洛·福特（Gordon Onslow Ford）一起住在一艘老化的渡轮"瓦列霍"号上。福特曾是 20 世纪 30 年代聚集在安德烈·布勒东（André Breton）周围的巴黎超现实主义团体的成员。一年后，福特搬走了，沃茨接着搬到船上和瓦尔达同住。1967 年，这艘船成为蒂莫西·利里（Timothy Leary）、金斯伯格、加里·斯奈德和沃茨共同参与的"船屋峰会"（Houseboat Summit）的举办地。

瓦尔达十分擅长社交，他经常为湾区波希米亚人和宾客们举办热闹的派对。那天庆祝活动的主角是一艘第二次世界大战时期留下来的救生艇，他将这艘救生艇改装成一艘帆船，并采用了中式帆船的装饰风格，画上了令人眼花缭乱的涂鸦。20 多人将船拖到距离滩涂约 9 米远的地方，等待潮水上涌使它浮起来。参加这次派对的人有艺术家、演员、现代家具制造商、舞蹈家和作家等。布兰德在给父母的一封信中说，派对上的许多男士都蓄着胡子，所有女士都十分美艳，引人注目。他在派对上玩得特别开心，“比我在斯坦福大学参加过的最有趣的派对还要好”。

布兰德最先遇到了一对年轻夫妇——杰克·莱夫勒（Jack Loeffler）和琼·莱夫勒（Jean Loeffler）。当时杰克抬头看了看帆船吊索，发现一个长着卷曲金发的瘦小伙在桅杆顶部拍照，那就是布兰德。杰克是一名爵士音乐家，应召入伍后成为第 433 师军乐团的成员。他们乐团有一次接到指令，要在距离原子弹试验场仅 11 千米的地方演奏《星条旗永不落》（*The Stars and Stripes Forever*）。从军队退伍后，杰克搬到北滩附近，在这里他做过很多种工作，其中包括曾两次在大瑟尔温泉担任管理者，其中一次是在传奇记者亨特·S. 汤普森（Hunter S. Thompson）担任记者工作之前，另一次是在此之后。

那年夏天，布兰德算是第一次真正体验到独自生活的滋味。这是一次并不平顺的学习经历。一天晚上，布兰德邀请年轻画家斯蒂芬·德基（Stephen Durkee）和他通过金夫妇认识的妻子芭芭拉共进晚餐。德基是当时纽约艺术界一颗冉冉升起的新星，他在大画布上创作波普艺术风格的作品。1956 年，德基搬进富尔顿街上由一家制造船帆的小工厂改建的工作室，最后在新墨西哥州和别人共同创立了一个公社并皈依了伊斯兰教。这时候他的艺术知名度达到顶峰，被评价为新一代画家中的代表人物，同一批艺术家里还有罗伊·利希滕斯坦（Roy Lichtenstein）、詹姆斯·罗森奎斯特（James Rosenquist）、安迪·沃霍尔（Andy Warhol）、吉姆·戴恩（Jim Dine）和罗伯特·印第安纳（Robert Indiana）。赛·托姆布雷（Cy Twombly）和罗伯特·劳森伯格（Robert Rauschenberg）都曾先后使用过德基的工作室。[3]

布兰德兴高采烈地为德基夫妇端上了鞑靼牛肉。直到他们吃完晚饭后，富有的斯坦福大学毕业生芭芭拉才知道布兰德做饭的材料是在当地杂货店购买的汉堡肉。她着实吓坏了，但都已经吃完了，说什么都为时已晚。

布兰德和玛蒂的关系完全破裂了，这令玛蒂陷入了无边的黑暗之中，她渐渐地淡出了布兰德的生活。几个月后，布兰德离开北滩之后才得知，玛蒂被人发现死在旧金山基督教女青年会里，死因是服用过量的氰化钾。玛蒂留下了一张字条，表达了她希望将遗体捐献给医学研究的意愿，并补充说，她的死讯“不需要通知任何人”。[4]

布兰德收到了他们的一位共同朋友寄来的明信片，信中把玛蒂去世的消息告诉了布兰德。痛苦与悲伤袭来，他狠狠地将拳头砸向墙壁。

1960 年 9 月，布兰德独自一人进行了最后一次野营，然后动身前往本宁堡军官基础训练营报到。他的目的地是隐秘湖，那里是马林县塔马尔佩斯山北侧的一个沼泽小洼地。傍晚时分，当布兰德驾车穿过金门大桥时，这种美好的感觉开始驱散他在斯坦福大学期间的种种糟糕回忆。关于大学生活，布兰德最清晰的印象是帕洛阿尔托的暖阳和弥漫在校园各处的青草味。开着开着，布兰德发现了一片红杉林，于是他把车停在路边，坐在乱蓬蓬的落叶上，沐浴在夕阳里，翻开《国王必死》（*The King Must Die*）开始读起来。雷诺的这本小说讲述了忒修斯的早期生活，他是雅典的创立者，是君主，也是杀死牛头人弥诺陶洛斯的勇士。而现在，是时候离开布兰德自己的“雅典”，去面对人生真正的考验了。

第3章

搁浅的军旅生涯，“我不会为了吃苦而吃苦”

WHOLE
EARTH

布兰德语录
WHOLE EARTH

这里说，任职于电视台的人在录播访谈节目的过程中，是在演播室的显示器上观看节目，而不是在现场观看。这说明真实只有在被共享时才是真实，共享程度越高，它就越真实。

——摘自 1971 年 12 月 14 日日记

我们无法把它拼凑起来，它本就浑然一体。

——摘自 1971 年《全球概览终版》（*The Last Whole Earth Catalog*）封底语录

无论你是否做好了准备，计算机都将走进人们的生活。这是个好消息，也许是自成瘾类药物发明以来最棒的消息。

——摘自 1972 年 12 月 7 日《滚石》杂志刊文《太空大战》（*Spacewar*）的开篇

在破釜沉舟之后，我们在王座前宣布："我们要开始下一个伟大的创意了。"王座说："这就已经是了。"

——摘自 1974 年 4 月《协同进化季刊》序言

论布兰德重启《全球概览》及其增刊的时候

布兰德有一位哥哥曾在军队服役期间担任炮兵军官，一位姐姐嫁给了西点军校毕业生，后来他的这位姐夫当上了陆军上将。布兰德自己也在斯坦福大学的预备役军官训练团中茁壮成长，他喜欢研究军事历史和参与短途行军训练。早在越战打响的 10 年前，他就以身着军人制服而感到无比骄傲，而当时美国校园里的反战情绪持续高涨，军人很容易被这种校园氛围排挤。

随着毕业的逐渐临近，布兰德面临着未来方向的不同选择：是继续攻读生物学研究生，还是尝试成为一名自由摄影记者？如果决定学生物学，他也可以选择短暂入伍，然后转入后备役。但最后布兰德还是选择成为一名年轻的专职军官，服役两年。在本宁堡，他想争取获得一枚陆军游骑兵徽章，这个愿望让他直接遭遇了人生的最大失败。这种挫败感在他的余生里久久萦绕，挥之不去。

布兰德在大学期间曾被甘地的道德纯洁所打动，短暂地倡导过和平主义的理念。但他很快就发现，尽管自己仍然反对不分青红皂白地大规模杀戮，但必要的时候还是会选择出击。布兰德在给菲尔德写的信中说：“我觉得学习这些技能是很有必要的，以防将来某一天搭我便车的人袭击我。”布兰德的观点部分源于他早期所持的自由主义立场，但后来在军队里培养出来的自豪感让他的观点变得复杂多变。出于一直以来对军队内部机构的官僚做派深恶痛绝的立场，布兰德决定不延长自己的服役期限，也不去参加越战。这个选择让他在退伍后的几十年里都感到后悔和纠结，因为这让他无法实现成为陆军游骑兵的梦想。

在第二次世界大战期间，游骑兵是按照英国突击队模式组建的一支美国部队，又称突击兵或特工队，属于精锐作战部队。在战斗中，他们往往率先冲锋，承担最艰巨的军事任务。

后来，布兰德觉得，如果陆军空降学校，在游骑兵训练开始之前就来招人，无论哪项训练他都会顺利通过。如果选择成为一名游骑兵成员，他的整个人生都会大不相同。1965 年，游骑兵首次在越南集结，主要作为远程侦察巡逻队。如果布兰德成功晋级并继续待在军队里，他很可能会被外派到东南亚地区，但事实并非如此，佐治亚州这年冬天的酷寒改变了这一切。

在布兰德准备接受游骑兵训练前的一个月，寒潮来临了。军士们整天都在户外度过，大部分时间在微暗的日光下训练，或者坐在吹不到风，但是也看不到阳光的露天看台上。即使穿着内衣、保暖衣裤、带夹棉的衬衫和野战夹克，也无法阻挡刺骨的严寒。之后日复一日几乎都是这样令人难以忍受的训练。一个月过去了，布兰德越来越担心，与即将到来的游骑兵正式训练相比，他此时经历的这些痛苦还只是九牛一毛。他不仅感到特别冷，而且还会全身都湿透，因为他不得不反复跳入冰冷的河流，爬上结了冰霜的山坡。

突如其来的低温考验动摇了布兰德的决心。随着时间的推移，他越发想要弄明白究竟为何要经受此般折磨。显然，有些人参加军事训练的目的是学习作战和杀戮。但是，他真的想当一个杀人者吗？除此之外，就只剩下军人的荣誉感了，“但这种感觉已经所剩无几，”他在 12 月初写道，“而且我在瑟瑟发抖。”

军官培训进行了一个月，布兰德有一个短暂的休假，能够稍稍调整一下。他长舒一口气，终于能回家好好过圣诞节了，这种想法表明了他对军旅生活的热情正在逐渐消退。其实军事训练本身也没什么，布兰德还是很享受这段经历的。但是如果没有战争发生，那么训练似乎也没有什么意义。布兰德幻想着自己可能成为下一个诺曼·梅勒（Norman Mailer）[①]，像他那样写出伟大的小说。不过他终究还是没能参加真正的战争，这个念头也转瞬即逝了。

布兰德在日记中说：

> 没有经历过战争的话，就写不出书，于是我不得不放弃这个想法。没法写书，也没什么好记录的。我只是其中一个角色，在不断寻找作者、情境、情节和其他人物……我几乎是不存在的。

在布兰德回到罗克福德的家中待了几天之后，他开始对父母产生了一种从未有过的疏离感。他觉得父亲是个好人，但也绝对是个怪人。父亲对很多事情都充满恐惧和排斥，讨厌人太多并且恐高，不喜欢被人嘲笑或贬低。布兰德从来都很反感父母没完没了地举行节日鸡尾酒派对。在这个圣诞节，他感到与家庭生活完全疏远了。这时他发现了一个新办法来容忍或应对这些平淡无聊的闲扯话题，而这些恰恰还都是罗克福德假日里必不可少的重要部分。他写道：“我找到了自己的方法，而且我觉得应该没人发现这招。”

当布兰德从罗克福德返回佐治亚州，继续接受游骑兵训练时，寒冷和新的恐惧马上要降临到他身上。这已经不是单纯忍受低温环境和凛冽寒风的问

① 美国著名小说家、作家，擅长以军旅题材进行创作。——译者注

题了，还有刺骨的冰水，以及无穷无尽的跑步训练。接下来为期两个月的训练才进行了两周，布兰德整个人就完全崩溃了，倒下的不仅仅是身体，还有他的精神。

一开始的时候，布兰德的想法获得了特批。不知他是怎么做到的，竟然说服了负责训练计划的军官允许他在进行跑步训练时带上相机，甚至允许他带到游泳池。在泳池训练中，队员被要求蒙着眼睛，身着装备和弹药袋从高高的跳水板上跳入两三摄氏度的冰水中。

布兰德的体格在经历了基础训练之后更加健壮了。他穿着制服和军靴，全身心地投入训练，尽可能忽略掉腿部疼痛和胃部不适，最后挺过了列队跑步前进项目的考核。每跑一个 8 千米，布兰德都能感觉到自己的视野变窄了一点。身体上的痛苦逐渐累积，马上就要达到他能承受的极限了。他开始将注意力放在跑完之后能够拿到的东西上，也就是食物和信件。尽管布兰德总能坚持到最后，但他每次跑步都会触发心底的声音。那个声音反复问他：究竟为什么要经受这种折磨？

训练的第一周，布兰德不得不面对无情的冰水训练。队员不仅仅被要求潜入水中，还必须身负所有装备游好几个来回。他咬紧牙关，同时把头尽可能地在水面上抬高一些，尽量在慢得令人痛苦的侧泳时保持头脑清醒。一爬上岸，布兰德就无法控制地浑身抽搐，可几分钟后还要再跳回水里。他实在想不到一个能让自己继续坚持下去的理由。

在这一周，布兰德凭借自身顽强的毅力和对羞耻的恐惧度过了每一次危机。之后队内突然宣布，在这个月晚些时候的训练项目中，将增加游泳穿越结冰河流和穿着结冰的衣服睡觉。有人立刻说，在消息发布的这天早上，有一个小分队的队长突然退出了，大概是因为他提前知道了将要增加的项目。

一听到这个消息，布兰德沉默了。在之后的刺刀训练中，他突然意识到所有这一切都是无缘无故强加来的痛苦。他告诉自己：“好吧，我可以放弃了。呃……我想我会退出的。”布兰德觉得正在经历的一切与他想来军队里学到的东西毫不相干，只是平添烦恼而已，或者说得更严重些，简直毫无意义。

在地图课上，布兰德在不同的选择下面分别做了个列表，此时他心里似乎已经清楚自己将会做出什么决定。他列了两栏，第一栏标记为“学习”，第二栏标记为“痛苦”。一边列出了他所学到的种种生存技能，另一边则列出了他不得不要忍受的事情——跑步、寒冷、潮湿、睡眠不足等，然后他在每一栏中添加了一系列论据。在“痛苦”那一栏里，他写下这样一句话：“想当作家和摄影师的人，要成为什么样的游骑兵？”

吃过午饭，布兰德碰见了他的指挥官，于是他走上前，告诉指挥官自己准备退出了。“我不会为了吃苦而吃苦。”他说。

就这样，布兰德退出了。此刻他最担心的是要如何把这件事告诉母亲。

“想当作家和摄影师的人，要成为什么样的游骑兵？”

“降落伞”可以是一个有趣的比喻，能用来形容生活中很多的事情。这些事情能够让人软着陆，用上帝的视角看待世界；可以让人在最需要它们的时候对它们无比失望，也可以帮助人摆脱困境。在布兰德的故事中，降落伞拯救了他。

布兰德刚退出游骑兵训练，就加入了跳伞训练。与对严寒的恐惧曾让他崩溃相反，布兰德对攀岩的热爱现在成为他最大的长处。跳伞课程从一系列连续塔跳开始，最后学习者在 C-123 军用运输机上成功地完成 5 次真正的跳伞就算成功结课。此时，布兰德意识到这正是一个能帮他完成摄影和新闻工作目标的新契机，于是他再次说服负责人，允许他带上相机。

跳伞训练让布兰德很快恢复了信心。终于到登上 C-123 的时候了，他挤过众人走到他的座位上，起飞之后，5 个人先后从飞机尾部跳下，随后布兰德也跟上队伍跳了下去。自始至终，他脸上都挂着惬意的微笑，他是他们小组中最后一个跳下的人。布兰德感觉到飞机在自己身体的一侧飞驰而过，气流让他短暂地闭上了眼睛，然后他抬头瞥了一下上方打开的降落伞。风很大，身体下方的气流让他切身体会到自己下降的速度有多快。快到着陆点，布兰德绷紧全身，“砰”的一声撞在地上。为了使动作尽量好看一些，他双脚并拢，然后做了个前滚翻。

5 次跳伞分别在几周内进行，只有最后一次跳伞布兰德才算完美地完成了着陆动作。那天没什么风，在轻轻地触地之后他平稳地向后倒下，眼看着亮绿色的降落伞直接铺在他的身上。布兰德站在降落伞下面，张开双臂，开心地大笑起来。

“请告诉我，到底该因何而奋斗？”

布兰德于 1965 年 11 月在本宁堡完成军官培训之前，在新泽西州迪克斯堡第二训练团接受过一项基础训练教官的任务。真正指导基本训练的工作是由中士们完成的，而中尉们只是站在一旁，想让自己看起来非常端正得体。

布兰德想在两年兵役的余下时间里，凭借使用相机和打字机的技能获得一个更有趣的职位。他想去欧洲成为一名军事摄影师，或者谋得一个负责公共事务的职位，好继续写作和拍照片。

他一边与职业管理官员争论着分派的目的地，一边撰写着一篇描述跳伞经历的文章，标题叫《第一次跳伞》(*First Jump*)，但后来这篇文章并没有被成功发表。更令人失望的是，军队审查官读到布兰德的这篇散文时十分不悦。五角大楼信息办公室的编辑甚至挑出了布兰德最喜欢的一句话，冷冰冰地评价道：“不行，应该删除。”

布兰德又联系了《阿戈西》和《真实》(*True*)的编辑，向他们提议撰写一篇关于本宁堡探路者导航培训项目的文章。“恐怕此时的我们都在忙着报道战争。”《阿戈西》的专题编辑这样回复他，《真实》也没有采纳他的想法。

一连串的失望接踵而至。他曾有的一个机会是在本宁堡负责制作周播电视节目，这样布兰德还能借机回到南方，但在那里他感觉自己好像生活在美国的种族隔离状态中。布兰德又报考了陆军情报学校，指挥官一看他学的是生物专业，直接就拒绝了他的申请。在五角大楼，布兰德花了两天时间在大厅里走来走去递交各种申请，想要成为一名到德国任职的公共信息官，但当时像他这样服役了两年的军官只能被外派到亚洲国家。于是布兰德又提出他可以服 3 年现役，然后再被派往德国，但也没有得到批准。总督岛第一军指挥部和迪克斯堡公共信息办公室有意愿征召他去工作，但没办法把他外派出去。

布兰德很快发现自己在军队工作时充满了对愚钝同事的愤怒，很快他就觉得待在这里真的太无趣了。1966 年 3 月，他在一封给朋友的信中说：“我目前仿佛正身处一个类似于培训公司的监狱之中，既不能领导也不能指挥，还无法对我自己能把控的事情负责，我的工作就只是没完没了地签名。命运如此，我也真的没什么办法了。”

布兰德本来设想着能够在军队里为国家服务，但现在他觉得一切都与这个高尚的愿景相去甚远。一天早上，他碰见两名愚蠢又幼稚的中士奚落新兵们，他们用一枚燃烧着的催泪瓦斯弹朝戴着防毒面具又行动迟缓的士兵脸上熏。一名新兵在想躲开瓦斯时被铁丝网缠住，还划伤了自己。布兰德后来又看到中士们午餐时吃肉和蛋糕，而新兵们则为少量的C口粮[①]而争执不休。

当天晚上，布兰德的顶头上司敲响了他的门，命令他立即将车驶离基地，起因是布兰德在办事时没有按要求进行正确登记。另外，上司还告诉布兰德，前一天他就已经下达过同样的命令，而布兰德并没有立即执行。实际上，当时布兰德是第一次听到上司的这个命令，但他没有机会为自己辩护。夜里他躺在床上想："让这一切都见鬼去吧！"

到达迪克斯堡后不久，布兰德在大众摄影比赛中赢得了50美元的美国储蓄债券。为了摆脱对军队工作的恐惧和抗拒，他每天晚上都躲在基地的照片冲印室里。很快，布兰德在这里开始了第一段正式的恋爱。帕梅拉·巴姆（Pamela Balme）是照片冲印室的常客，她是美国陆军女子兵团的成员，在基地医院当护士。他们的第一次约会是参观纽约市现代艺术博物馆举办的爱德华·史泰钦（Edward Steichen）摄影展。接下来的那个周末，他们开车去了巴姆父母在波基普西的家，又跑到一个绿树成荫的山谷，在那里找了个地方铺上毯子，再在上面放上一加仑烈酒。"血液在流动，春天也在流动。"他给费迪曼写了一封信，信中充满自命不凡的口吻。

为了缓解在军队中的挫败感，布兰德和德基夫妇的联系又开始密切起来，德基夫妇是他前一年夏天参加金夫妇举办的北滩派对时认识的。到达新泽西后，布兰德帮他们在加纳维尔以6 000美元的价格买了一座废弃教堂，

① 一种罐装预制的湿式口粮，最早由美国陆军采用。——译者注

并把它改建成绘画工作室。加纳维尔是一个位于纽约市以北一小时车程的小村庄。两年后，这座教堂成了一群艺术家聚集的大本营。他们专注于对电子技术的探索，想要创作一种新型的多媒体艺术，而布兰德在之后的几年里一直和这个小团体保持着紧密关系。

而现在，布兰德能充分享受他在军队职责之外的自由时间，跑到格林尼治村和德基一家共度周末假期。

军中生活偶尔也有亮点。例如，在位于纽约州北部、加拿大边境地带的德拉姆堡进行的一个为期 3 周的任务中，需要有人带领部队进行作战模拟，这是布兰德能够真正担任指挥官的少数机会之一。有一次，他背着训练用的手榴弹，在部队后面从一侧跑到另一侧，边跑边扔假炸弹。这是布兰德参军以来玩得最开心的一次。

回到迪克斯堡后，布兰德又和他的领导发生了冲突。他在本应该担任指挥官的时候，跑到射击场的一间小屋里睡觉，因此受到上司的申斥。他还因将相机放在收拾整齐的房间办公桌抽屉里而受到上司指责未能收好个人装备。布兰德一直请求去执行更刺激的任务，无奈这些请求让他被军队彻底标记成一个麻烦制造者和一个试图逃避责任的人。

布兰德给他的姐夫，也就是陆军指挥官唐纳德·桑普森（Donald Sampson）写了一封表达自己痛苦感受的信，信中说他甚至正在考虑申请去亚洲国家，并请姐夫帮忙让军队能够批准这个请求。布兰德还在信中说自己对日本很感兴趣，问姐夫是否能在去华盛顿的时候和他见个面，帮其完成外派的愿望。布兰德最后还在信上签名“一个反叛和独立的麻烦制造者”。尽管这样，布兰德还是没能被调到国外，姐夫也帮不了他。在接下来的半年里，布兰德的愿望没有得到任何回应。

布兰德一直计划着能利用一个月的假期飞到欧洲，买一辆大众汽车，然后和去年夏天他在旧金山认识的德国朋友赫尔米·克莱（Helmi Klee）一起旅行。在出发前的最后关头，基地领导把他的假期限制到10天，随后又认定他是参与日常工作的必要人员，不放他去欧洲出差，行程只能被迫取消。克莱非常慷慨地为布兰德购买了大众汽车，并把它运到美国。她将这辆车命名为"红皮肤"，这个名字至少叫了一段时间，直到布兰德在旧金山重新把车粉刷了一遍。

那年夏天过后，情况变得更糟了。布兰德和巴姆几乎没办法跑出来约会，于是他们特别珍惜在格林尼治村住在德基家阁楼里的周末时光。一次，他们在阁楼里刚吃完一顿玉米晚餐，电话就响了，来电者询问芭芭拉在不在。布兰德回答说，"这里并没有这个人"。电话那头又继续说："斯蒂芬有几幅我的素描和油画，他打算给我一些建议，但他并没有告诉我他要走了。"

布兰德几乎没有迟疑地回答说，如果他想过来拿走他的东西是没问题的。布兰德打开楼下的门，几分钟后，来电者出现在阁楼的平台上，旁边还有另外两名男子，他们都穿着便装。其中一位自称是陆军刑事侦查司令部的一名少校，问布兰德是否可以让他们四处查看一下。

这些人搜查了公寓，还翻了一些布兰德自己的东西。很明显，他们在来这里之前已经提前调查过了。最后，三个人里比较友善的那个人用父亲般的口吻给了布兰德一些建议，让他面对美国陆军女子兵团的人时谨慎一些，也要远离格林尼治村附近区域。布兰德请他们喝咖啡，但他们突然好像急着要走似的。布兰德突然有一种毛骨悚然的感觉，不知道他们有没有悄悄安装一个窃听器来继续监听。

布兰德的上司说服了迪克斯堡的高级军官不要以友善的名义对布兰德进

行管教，并且巴姆也被预备军官学校录取了。当她在秋天去接受军官训练时，两个人依旧互相给对方写信，但他们从那时候起再也没有见过面。是军队把他们两个人强行分开了，这让布兰德非常恼火，越发加深了对军中日益增长的官僚机制的不满情绪。

布兰德很羡慕巴姆能执行具有挑战性的任务，他决定争取戴上军队绿色贝雷帽的机会[①]。这意味着学习新技能、回归的自豪感以及与外国突击队进行充满风险的合作，最后能戴上象征荣誉的贝雷帽。这些也许还能成为布兰德所追求的新闻事业中重要的素材来源。但他被告知必须先完成 18 个月的部队训练后才能申请，于是这个想法也很快就被放弃了。

夏天快过去时，布兰德重读了自己在大学二年级时写的关于政治选择的文章。尽管他这时突然又以新的视角来看待当时的观点，但他依然觉得当时的观点算是站得住脚的。在美国，布兰德正经历着管制、繁文缛节、恐惧和制度化的愚蠢思维。

“我想同时诅咒这两种路径，”布兰德在日记中写道，“我只想解脱和隐退，躲藏起来，还要告诉其他人也这样做，这是唯一的出路。也许如果每个人都这样的话，就没有士兵了，这样就根本不会发生战争。”

片刻之后，他又动摇了，美国还是有好的地方的。布兰德要寻找的是一个值得为之奋斗的缘由。**“请告诉我，到底该因何而奋斗？”**

1966 年秋天，布兰德一直在自己的日常工作中梦游着，他开始觉得自己像一个乖乖配合的囚犯。到了 10 月，他越来越沮丧，在日记中用清晰的

① 特种部队成员能戴上绿色贝雷帽。——译者注

印刷体写道："我讨厌军队。"每个周末布兰德都会去不同的地方，要么去波士顿找哥哥彼得，然后去麻省理工学院教一节课；要么一个人去费城看话剧，或者与费迪曼一起去弗吉尼亚度假。

从斯坦福大学毕业到正式入伍之间的这段空隙，费迪曼一直待在欧洲从事自由新闻业。这一年里，费迪曼连续在不同城市结交女友的名单都能列成一张长长的表格了，他在写给布兰德的信中曾描述过其中几个女友。有一次，费迪曼在欧洲同时交往了两个女朋友。作为一名马上要服役的情报官，费迪曼担心他的上司发现他的风流韵事，就回到了美国。费迪曼觉得非常孤单，因而他很高兴能和布兰德一起。

这年秋天，一连几个月，布兰德都未能说服军队上司相信他有资格担任军事摄影师，不过他最终找到了一个可能帮得上忙的人。这个人是年轻的专业摄影师亨利·格罗斯曼（Henry Grossman）。他因拍摄肯尼迪总统和"披头士"乐队的照片而名声大噪，当时他也在迪克斯堡服兵役，两个人就这样在军事基地的暗房里相识了。在格罗斯曼前往华盛顿之前，他答应了会尽量帮忙。几周后，格罗斯曼就寄给布兰德一张白宫新闻室的便签，上面说他已经与约翰逊副总统的军事助理和其他几名军事公共信息官员提过布兰德的事。在那个阴沉的冬天，这个消息无疑带来了一线希望。

错过了与肯尼迪总统握手的绝佳机会

布兰德于 1967 年 1 月回到迪克斯堡，此前他在瑞士度过了一个拖延了很久才成行的假期。接了一个电话之后，他对这个世界的看法发生了彻底的变化。这通意料之外的电话通知布兰德前往五角大楼，参加为期一个月的新闻办公室摄影师选拔项目。

在五角大楼工作的机会是迪克斯堡完全提供不了的。布兰德作为信息主管办公室视听技术人员之一，其上司是休伯特·范坎（Hubert Van Kan）上校。范坎嗜好抽雪茄，喜欢制作南北战争大炮模型，也是一位经验丰富的新闻编辑。布兰德的任务内容很杂，主要是拍一些普通宣传照。刚开始的时候，布兰德被派往白宫拍摄总统与来访的美国陆军女子兵团成员进行的简短会面。当肯尼迪总统到达时，他径直走向布兰德，布兰德却猛然后退，错过了与他握手的绝佳机会。旁边的白宫摄影师拍下了肯尼迪总统在与一群军医愉快交谈时，年轻的布兰德少尉向他投去热烈目光的照片。

布兰德在距离白宫以北不远的地方找到了一套公寓住下来，费迪曼住在 4 个街区之外。在五角大楼工作期间，布兰德开始大量地拍照，有时也会写点东西。

在华盛顿的感觉和旧金山很不一样。布兰德在这里没有发现什么好玩的地方和有趣的人，远没有在旧金山时过得开心，也体会不到任何类似波希米亚式自由的感觉。但传说中亚瑟王的宫殿所在地卡米洛特还算是一个百花齐放的世界，除肯尼迪家族之外也有很多独特思想和文化风尚。为了能充分地融入这个环境，布兰德尽量重新调整自己，也想变得更时髦一点。由于工作关系，他有机会经常参观画廊、博物馆、剧院和各式精致大宅，同时也可以在自己的公寓里举办派对。他还开始慢慢收集各类摄影器材，建造了一个存放摄影器材和相关指导书籍的仓库。

在起初充满希望和热情的状态被消磨殆尽之后，布兰德大部分时间都坐在办公桌前等待着。摄影师的生活相比基地培训官的工作已经算好很多了，但他发现不管在哪个行业，官僚机制都很相似，让工作本身显得那么无足轻重，这让他心里很是不快。这时候布兰德突然接到了一项任务，要他立刻乘直升机去完成美国军法署和弗吉尼亚大学法学院一场会议的拍摄工作，还要去北卡罗来纳州为五角大楼出版的一本名为《特种部队》(*Special Forces*)的书拍照，接下来又要前往德国参加一部宣传片的制作。这么多令人兴奋的任务接踵而至实属难得。

布兰德曾两次设法将他最初的任务扩展到华盛顿特区。到了1967年4月，他被召回迪克斯堡。布兰德带回了很多热情洋溢的表扬信，这些表扬信充分肯定了他在新闻办公室的工作，也让他越来越觉得自己并不适合待在军队里。这时的布兰德从少尉晋升为中尉，尽管他偶尔仍会考虑延长服役期，但绝大部分时候，他还是想回到旧金山。

在从华盛顿回到新泽西之前，布兰德与范坎上校关于在军队中的前途问题进行了几次长谈。这时，五角大楼里的人们明确地感觉到越南战争正在逐渐升温。1967年1月，美国首次使用军用直升机运送南越军队与北越作战。如果这时加入特种部队，需要返回本宁堡再次接受游骑兵训练。布兰德多么希望这次能在暖和点儿的天气里训练。另一种选择是延长服役并作为随军摄影师参加越战。问题在于，这两种选择都需要再服3年兵役，这是布兰德很不情愿的。去东南亚当军事摄影师的想法多少还是有些情怀在，但他实在是对自己在迪克斯堡当教官的经历感到很愤恨。布兰德不得不赶快做出决定，他最后的判断是，军队作为一个机构归根结底是腐败的，所以他还是拒绝了继续服役。

尽管如此，布兰德心里还是特别纠结。当他在北卡罗来纳州拍摄绿色贝雷帽时，布兰德对于自己当初选择入伍的决定是十分庆幸的，他觉得加入美国特种部队简直是一件很有意义的事。然而，当军队再次抛出橄榄枝时，他却选择放弃继续服役。1967年4月，他回到迪克斯堡，漫不经心地应付着完成军队训练方案的苦差事。布兰德以为，也就再干半年时间就结束了，正如他写给一位朋友的信里说的那样：**“尽管可能只是暂时的，一切还是会再次步入正轨。”**

“意志，慢慢地消失于困苦之海”

布兰德不得不回到办公室指挥官和基础训练官的工作中去，他依旧试图在军旅生活和后面准备重新回归的平民世界之间划清界限。本来布兰德应该住在基地的单身军官宿舍，在这个好似修道院一样的地方，每个人可以分到一张简易床和书桌。布兰德把基地的生活描述为住在一个“土褐色的夜壶”里，但他终于忍不下去了，搬到距离宾夕法尼亚州纽霍普附近的一个乡村谷仓，租住在这里。从这儿开车到迪克斯堡的特拉华河差不多要一小时。布兰德的房东克鲁克斯一家是一个活泼又友善的贵格会家庭，他们很乐意接纳一名士兵住进来。克鲁克斯先生是一名设计师和插画师，他的妻子经常带着一盆水仙花或者新鲜出炉的面包顺道来拜访布兰德。

布兰德在乡村的住处坐落在茂密的树篱中，离高速路很远，从这里俯瞰是一片大草地，牛在草地上慢悠悠地吃草。谷仓始建于 18 世纪，已有 200 多年历史，它的石墙有将近 50 厘米厚。克鲁克斯先生将谷仓改造成工作室和小公寓。布兰德来了之后，迅速摸清了谷仓周围的动物种类，有野鸡、兔子、松鼠、家禽，以及从红雀到褐鸫的各种鸟类。

能从军事基地跑出来休假的时间每一刻都是很宝贵的，布兰德有时候会和德基夫妇在一起，他们当时正准备搬往北边加纳维尔改建好了的教堂。如果周末不去纽约的话，布兰德就会去巴克斯县的一家乡村剧场，他在那里找了一份兼职摄影师的工作。

在基地时，布兰德一直毫无怨言地埋头工作。他每天都不太开心，服役期内最后几个月的时光也很难熬。他找到了旧金山作家、诗人王红公（Kenneth Rexroth）翻译的一首希腊语诗歌，并将它抄写在给朋友的信中：

意志，慢慢地消失于困苦之海，
崛起，快从敌人的旋涡中自救。
勇气能让你看清埋伏，坚毅能让你摧毁敌人。
收起你胜利的光芒，莫要为失意而懊恼。
接纳一切善意，在邪恶的面前蛰伏。
学习如何将所有人都联结在一起。

——阿尔基洛库斯

搬到纽霍普之后，布兰德每天凌晨4点前就要起床，然后摸黑出发在起床号前赶到基地。他总会准时出现在部下面前，大声发出指令："举枪！持枪立正！"随后他的士兵会接连回答道："全员到齐！"布兰德继续喊："全体！解散吃饭！""是！"有时布兰德也会迟到，这时候中士们会在黑夜中假扮布兰德，替他发号施令。

布兰德的姐夫桑普森得知了他对军队生活的厌倦和反感，这时已经成为华盛顿刘易斯堡总司令的他曾多次努力帮助布兰德争取感兴趣的职位，但并没有在提高其军阶方面出过力。布兰德不想因此事让桑普森用轻蔑的眼光看他，他仍然对自己目前所处的思想禁锢的军事官僚不抱什么期待。

约翰·萨里斯（John Szares）上校对布兰德藐视军纪的行为越发不满。他本人在第二次世界大战中获得过勋章，到迪克斯堡之后负责管理初级基础训练官的工作。第一次见面时，萨里斯就不喜欢布兰德。两个人之间之所以产生矛盾，部分原因是布兰德太爱摄影，而这个矛盾终于在某一天彻底爆发了。

布兰德的自由意志主义形成了贯穿《全球概览》始终的"亲力亲为"（do-it-yourself）立场。相较而言，萨里斯本人则真实又直接地代表着官僚主义对他的压迫。

几十年后，布兰德对军中时光的评价变得更为柔和一些。回顾起来，他才发现参加过的强调纪律的军事训练是自己一生中最好的学习经历之一。然而，当还身为军人时，他也是实实在在地满腹抱怨。布兰德写给德基的信里说：

> 军队这个地方对痛苦和死亡入迷，霸凌现象越来越严重，士兵在自己的无能、怯懦和疾病中变得逐渐反人类。他们清楚地了解人性中最好的一面，即便这样也还是会杀人；他们是最会滥用职权的人，用自己的生命谋害生命，用自己的智慧扼杀智慧，用自己的自由侵害自由……我认识到的是，在这种（军队）文化中，真正的敌人通常会打着委员会的幌子，这样可以操纵（军事）机构，在无须承担任何责任的情况下来达到目的。这简直是最虚伪的立场。

布兰德在 1967 年 4 月刚回到迪克斯堡时就一直愤愤不平，因为军队似乎执意挫败他对摄影的热情，于是他都没怎么碰过相机。后来布兰德还是又一次回到了基地暗室，并在纽霍普租的公寓里打造属于自己的暗室。

出于对摄影专业学习的热忱，布兰德想在短暂的休假期间去约塞米蒂谷报名参加亚当斯的摄影工作坊，却得知一整年的项目都报满了，最后他被录取参加另一位知名摄影师迈纳·怀特（Minor White）在丹佛举办的为期一周的工作坊。怀特和亚当斯当时一起在旧金山艺术学院创建了摄影系。布兰德向基地上级申请外出参加会议，但立即遭到了拒绝，他的申请以“由于目前缺少指挥官”为由被直接驳回。

在布兰德的申请被驳回后，他开车回到纽霍普家中，此刻，他的内心充满了压抑已久的愤怒。布兰德感到自己深陷困境之中，但也许还有最后一个方法可以试着争取一下。军队官僚机构有一个软肋，只需要找到它就能成功，最终布兰德做到了。

在某些特定情况下，军队能够为士兵们提供相关的教育津贴，但布兰德也不在乎什么后果了，为了能在初秋到旧金山艺术学院和旧金山州立学院上课，他申请提前退役。神奇的是，这一次他竟然如愿了。布兰德终于能从军队中解脱出来了。他在旧金山普雷西迪奥进行了预备役登记之后，就跑去上摄影课了。

事情完全有可能往另外一个方向发展。如果布兰德在游骑兵训练中坚持到最后，或者如果军队当初批准他担任随军摄影记者，那他就很有可能会继续留在军队里。如果是这样的话，布兰德大概率会随军前往越南，那他过的就是另外一种截然不同的人生了。

1967 年 8 月底，布兰德踏上回到心目中应许之地的旅程。他把行李装满了自己的大众汽车，开往加州。

在“荷兰号”上驱赶跳蚤，出海游玩险些有去无回

在“垮掉的一代”诗人斯特恩写的一系列介绍信的加持下，布兰德进入旧金山艺术学院学习。斯特恩当时已经搬离了旧金山，住到纽约乡间距离加纳维尔教堂不远的地方，德基一家就在那里开店。布兰德联系斯特恩的时候，他正专注于制作精巧的机械和电子雕塑。

斯特恩拥有一艘改装过的海军驳船，停泊在索萨利托海滨的沃尔多角。这艘破败的“荷兰号”有 30 米长、9 米宽，斯特恩很想赶快把它脱手，于是他提出把船租给布兰德。金斯伯格声称曾借给斯特恩一封尼尔·卡萨迪（Neal Cassady）用单倍行距写的总共 4 万字的信件，据说这封信是杰克·凯鲁亚克的小说《在路上》的灵感来源，因而让“荷兰号”覆盖了一层传奇色

彩。在 1968 年《巴黎评论》（*Paris Review*）的一次专访报道中，金斯伯格指责斯特恩把这封信从甲板上扔下去了。多年来，斯特恩一直否认这个说法，最后这封信在阁楼上被发现，并于 2017 年出现在拍卖会上。

虽然船上到处都是跳蚤，但“荷兰号”对布兰德来说依旧是一个非常理想的居所。船上有浪漫的壁炉、精致的厨房，还有一张大床，从船上可以看到理查森湾的美妙景色。布兰德和斯特恩商量好，在旧金山找到公寓之前可以临时租用船屋几个月。住到船上之后，布兰德在“荷兰号”的各个角落都堆放了桉树枝，来驱赶没完没了的跳蚤。

布兰德终于又回归加州生活了。他从来都算不上是一名优秀的水手，但他一直不肯承认这一点。布兰德买了一艘“太阳鱼”，这是一种他从小在希金斯湖就很熟悉的单手划的小帆船，能直接从“荷兰号”的甲板上下水。

但旧金山湾终究还是和希金斯湖不一样，布兰德偶尔会遇到一些麻烦事。在一个美好秋日的清晨，他决定在早饭前出海划一圈。金门大桥的景色令人赏心悦目，布兰德的船在约 4 米高的海浪间航行。几小时后准备返航时，布兰德遭遇了一次极其迅猛的退潮，潮水让他的船离大桥越来越远。太阳慢慢落山，他开始慌了。他本来预想能在顺风中很快驶回岸边，但当布兰德试图在水面上前进时，反向潮水一直在对抗着他往前的努力。

于是布兰德赶紧呼喊附近的一艘帆船，请帆船上的人们帮忙。帆船上的人朝他扔过来一根绳子，布兰德把帆降下，将绳子绑在船头的金属环上。这时候他的船头突然被带进浪中，开始往水下沉。他只能又放松绳子，才能让船再次浮上来。没办法，他只能眼看着帆船驶离，帆船上的人们还朝他挥手喊道：“祝你好运！”

现在布兰德的帆已经降下来了，潮水仍在推着船驶向夏威夷方向。最后他又发现了一艘船朝这边开过来，激动地大声欢呼。这一次，布兰德在给帆船系上绳子之前选择自己先登上那艘船。终于回到自己的船屋里了，他直接累得瘫倒。折腾了这么久，布兰德实在已经筋疲力尽，皮肤也晒伤了。万幸的是，有惊无险。

走上自由撰稿人的推介之路，但伯乐还没有出现

布兰德在旧金山艺术学院攻读了一些十分有趣的课程。他选修了一门教学生用大画幅相机拍黑白照片的课程，还有关于彩色摄影和设计的课程，一门中世纪艺术，一门王红公教授的诗歌课。布兰德曾在给朋友的信中摘抄过王红公翻译的诗。

离开东海岸之前，布兰德曾向《地平线》和《纽约时报》编辑部推介自己是一名有潜力的自由撰稿人。现在，他继续给湾区的各个出版物机构提出自己关于规范摄影和配文的想法，但是那个伯乐还没有出现。

与此同时，布兰德开始通过长途徒步旅行的方式完成北加州探索，他开着那辆叫“红皮肤”的大众汽车在海岸边闲逛。他有一位来自华盛顿的朋友，名叫琳达，当他还住在纽霍普时，琳达曾经来找他，二人维持了一段时间的浪漫关系。琳达当时刚从日本旅行回来，布兰德曾有认真对待这段感情的想法，但再次相遇之后他们发现彼此还是不太合得来，5天后琳达就离开了。没过多久，布兰德养的那只猫也不知道跑到哪里去了。

生命的轨迹似乎总是按照非常偶然的步调向前推进。但在加州，布兰德似乎拥有一种惊人的第六感，总能在正确的时间出现在正确的地点。布兰

德在斯坦福大学二年级时与外国学生一起发现了大瑟尔，亨利·米勒的《大瑟尔和希罗尼穆斯·博斯的橙子》（*Big Sur and the Oranges of Hieronymus Bosch*）也于那一年问世。5 年过去了，布兰德在杰克·凯鲁亚克的自传体小说《大瑟尔》（*Big Sur*）出版两周后又回到了这里。凯鲁亚克在小说中描述了自己造访劳伦斯·费林盖蒂位于太平洋上的小屋的几次经历。

此时的布兰德驾驶汽车从索萨利托南下到大瑟尔，他并不知道将会发生什么事。尽管如此，选择在这个时候去是很明智的。无论是意识扩张还是智能增强，20 世纪 60 年代初在北加州发生的一些事情对 60 年代反主流文化浪潮和 70 年代硅谷的形成都起到了重要作用，其影响范围从精神性、神秘学和化学药物带来的即刻见效的思维发散，延伸到布兰德在《全球概览》中开创的实用工具哲学，后来又体现于史蒂夫·乔布斯在 80 年代将个人计算机描述为“思想的自行车”。在大瑟尔度过的周末让布兰德找到了一个全新的方向，这个方向不仅促成了北加州反主流文化的出现，还催生了一场新环保运动。

人类潜能运动可以追溯到 1962 年秋天的大瑟尔，那里很快被命名为伊萨伦研究所。这个名字来源于伊萨伦原住民①，他们在西班牙殖民之前居住在大瑟尔地区。

伊萨伦研究所的创始人迈克尔·墨菲和理查德·普赖斯（Richard Price）在布兰德来访之前就为这个新机构制作并分发了第一本宣传册。它的封面照片把伯特兰·罗素（Bertrand Russell）的微积分方程印在非常鲜明的位置，标题为“人类潜能”。这一概念来自赫胥黎在 1960 年发表的一次演讲，他认为释放 90% 未开发的人类智力是完全有可能的。[1]

① 主要活动范围在加州大瑟尔河以南地区的圣卢西亚山脉附近。在西班牙殖民之前，他们季节性地生活在沿海和内陆。——译者注

这正是布兰德偶然参加的第一次大瑟尔温泉研讨会的主题。那时，研讨会仅限于由威利斯·哈曼领导的学术讨论，他在前一年帮助发起了国际高级研究基金会，目的是在门洛帕克探索成瘾类药物和人类创造力之间的关系。这是红杉研讨会的若干衍生版块之一，许多创始人参加了这次研讨会。基金会已经开始提供成瘾类药物，用这种方式帮助完成他们正在进行的部分实验，以确定这些药物是否能培养人的创造力。当时花费500美元，基金会就能带领参与者进行一次在严密监督之下的成瘾类药物体验。

1967年9月，在伊萨伦研讨会上，哈曼的助手是杰夫·费迪曼的弟弟吉姆·费迪曼（Jim Fadiman）。吉姆在去华盛顿时曾和布兰德短暂接触过，他本科毕业于哈佛大学社会关系专业，但大学期间把大部分精力放在了如何成为一名演员上。1960年从大学毕业后，吉姆在巴黎待了一年。在这一年中，蒂莫西·利里、理查德·阿尔珀特（Richard Alpert，后来又改名为Ram Dass，即拉姆·达斯）和赫胥黎正计划着在哥本哈根发表关于成瘾类药物的学术论文。

一年后，由于银行汇票的问题，吉姆不得不从巴黎返回美国。他搬到加州，开始在斯坦福大学攻读硕士学位。1961年的他明显还是一个日子过得不太开心的研究生，而他之所以一直待在学校里，只是为了避开兵役。他觉得研究生的日子简直是在浪费生命，所以之前宁愿一直待在欧洲不回去。自怨自艾的吉姆开始翻阅斯坦福大学的课程目录，想找到自己可能感兴趣的内容。他找到了一小部分跨学科课程，其中包括哈曼教授开设的一门名为“人类潜能”的课程，课程内容是讨论人类向往和能够达到的最高、最好的境界是怎样的。吉姆对此感到十分好奇。

一天早上，吉姆跑到电气工程系去拜访哈曼教授，他觉得坐在自己面前这位做着自我介绍的人看起来像是一位直率又保守的工程学教授。吉姆问哈曼教授是否允许自己参加这门跨学科课程，哈曼教授回答说这个学期已经满员了，他可以考虑下一个学期来修读。

两人交流的最后结果是，吉姆成了哈曼教授的助教，很快又成为新成立的国际高级研究基金会里最年轻的研究员。

布兰德最初在东海岸遇到年轻的吉姆时，就觉得这个人很有趣。现在布兰德对研讨会的内容充满热情，想玩得更开一点。“我怀揣着全部的科学怀疑主义观点参加了研讨会，”他在过完周末之后写信给斯特恩，“听了大约 9 名尝试过成瘾类药物的人的讲述，我只有一个疑问，那就是我要怎么凑到去门洛帕克参加为期一个月的体验流程所需的 500 美元费用呢？”

惊人的第六感，总能在正确的时间出现在正确的地点

事实证明，斯特恩的破船远没有它看起来的那么平庸。船上坏掉的污水处理系统很难维修，跳蚤问题也令人十分头疼。福克斯·金的妈妈搬回欧洲了，之前她住的公寓就坐落于北滩中心地带，离金一家不远，布兰德迅速抓住了这个能搬到城市中心的好机会。金一家是布兰德从斯坦福大学通往更广阔世界的重要中转站，也包括瓦尔达，他一直都在湾区举行周日下午的派对和巡游。从彼得和福克斯家里朝北的窗户向外看去，这座城市的景色一览无余。他们定期在家举行家庭晚宴，参加人数可能是 4 人或 20 人。

布兰德位于瓦列霍街 570 号 B 座的公寓在金一家的拐角处，离格兰特大街仅半个街区。格兰特大街是北滩真正的中心所在，就像海特街在那几年后将成为海特－阿什伯里街区[①]这样一个嬉皮士区中心一样。这间公寓就在

① 海特－阿什伯里街区指旧金山海特街与阿什伯里街的交叉地区，在 20 世纪 60 年代是反主流文化的主要阵地之一。——译者注

旧金山艺术学院的步行距离内，布兰德通过福克斯和瓦尔达认识的雕塑家雅克·奥弗霍夫（Jacques Overhoff）也住在附近。布兰德搬到这里一年后，斯奈德也搬到了北滩附近。

在格兰特和瓦列霍街的街角，离的里雅斯特咖啡屋仅几步之遥，旁边不远处是费林盖蒂的城市之光书店，即使这时“垮掉的一代”时代的鼎盛时期已经过去，这里仍是旧金山最潮流地区的核心。德拉特的“面包与酒”传道会没了，实际上从未卖过百吉饼的共存百吉饼店也关门了。但是，这里人员复杂，还有门前摆着蔬菜的杂货店、老旧建筑、小山和公园。对于布兰德来说，最重要的在于这里有一个他能负担得起的居所，周围还具有浓厚的多元文化色彩。

回顾当时，布兰德选择在 1962 年秋天回到北滩的时机是非常正确的。“垮掉的一代”正在走向衰落，4 年后海特－阿什伯里街区和嬉皮士出现了；5 年后，“爱之夏”浪潮向全世界宣告了反主流文化的到来。就在主流文化即将发生巨大裂痕的时刻，布兰德回到了全美最具创造力的核心地带。

其实瓦列霍街上有两套公寓，布兰德以每月 40 美元的价格把这两套公寓一起租了下来，这样 3 楼就又多了一间闲置的客房。这座建筑本身已经破败不堪，似乎很快就要报废了，这让布兰德住在那里的时候一直有些担心。公寓楼下有一家意大利人开的鱼店，老板在店前的街道上刷洗时，会用软管轻轻喷水，骚扰路过的漂亮女士。公寓附近不远处就是这里首屈一指的阿道夫·加瑟摄影器材店。布兰德很快将公寓里的一个房间改成了冲洗胶片的暗房。

布兰德刚搬进去的时候，在一楼的墙上开了一个低矮的窗户，这样他就能从卧室兼客厅的位置直接看到外面的灌木丛。屋里还有福克斯的妈妈留下的一张沙发，但是布兰德不喜欢，于是他又搭了一张高床。为了达到自己期待的理想效果，他把主卧漆成黑色。布兰德还在花园里加了一盏灯，这样他就能坐在院子里看猫玩耍。

除了定期参加金夫妇举办的宴会，布兰德也会自己张罗晚宴。一天晚上，他邀请了曾经的高中好友、现在结为夫妇的乔安娜·埃德森（Joanna Edson）和约翰·埃德森共进晚餐。约翰要在旧金山综合医院完成住院医实习，所以他们搬到了这里。布兰德建议他们把住处安排在教会区。

“那里住的全是墨西哥人吧？”乔安娜问道。尽管她已经离开罗克福德，还是在东部念的大学，但是她脑海中的中西部地方主义思想还是根深蒂固的。乔安娜和约翰最后选择在日落区租了一所房子，这一片主要是白人工人阶级社区。在来到这个城市的第二个晚上，布兰德邀请他们到自己的公寓，他和自己的墨西哥女友罗斯一起做了一顿墨西哥晚餐招待他们。罗斯起先经常跟着跑到布兰德的船上，后来也来旧金山待了几个月。

乔安娜是共和党人，她当时刚生下第一个孩子。当走进布兰德的公寓时，她立刻目瞪口呆。她看到紧挨着门的是一扇差不多有壁炉一半高的落地窗，窗外是一个被聚光灯照亮的花园。居然还有这样的房间！乔安娜知道布兰德是一名摄影师，她自己也对明暗的美感略知一二，但她从未见过这种全部都涂成黑色的房间。

迈克尔·墨菲是布兰德在北滩的公寓客房里的常客，还在斯坦福大学读书时，他就深受斯皮格尔伯格课堂的影响。毕业之后，墨菲发誓要保持贞洁，并前往印度修行，在后来的 11 年里以一个忠诚的处子之身进行冥想和学习。现在墨菲回来了，他正在重新适应这个世界，试图把东方和西方文化以某种方式融合在一起。

布兰德在瓦尔达游轮上认识的朋友杰克·莱夫勒当时在大瑟尔温泉担任负责人和早餐厨师。1962 年秋天，在伊萨伦举办的人类潜能研讨会前夕，墨菲遇到了摄影师爱德华·韦斯顿（Edward Weston）的孙女埃丽卡·韦斯顿（Erica Weston），两个人很快谈起了恋爱。墨菲来旧金山时经常待在布兰德这里，他们一边喝着爱尔兰咖啡，一边畅想着墨菲的伊萨伦计划。

第 4 章

仿佛听到了使命的召唤，具有“成为大人物的潜力”

WHOLE
EARTH

布兰德语录

WHOLE EARTH

生态是维持。协同进化则是学习。

——摘自 1974 年 4 月《哈珀斯杂志》引用的《全球结语》概述

求知若饥，虚心若愚。

——摘自 1975 年《全球结语》封底语录，首次发现于布兰德 1966 年 3 月日记

有一个古老的笑话。如果你将后面出现的名字当成一个词语来看，那么世界上名字最长的湖叫作“你们在你们那边钓鱼，我们在我们这边钓鱼，没有人在中间钓鱼”。“没有人在中间钓鱼”就是永远宜居的世界的通用公式。

——摘自《协同进化季刊》，于 1975 年 9 月 22 日被《洛杉矶时报》引用

纽约市没有中产阶级，这就是为什么它的涂鸦如此出色，而它的金融却如此荒谬。

——摘自 1977 年 4 月日记

一方面，信息渴望变得昂贵，因为它太珍贵了。在恰当的地点得到恰当的信息，能够改变人生。另一方面，信息渴望自由，因为其获取成本一直在降低。正是这对矛盾在相互斗争。

——出自 1984 年 11 月第一届黑客大会

布兰德在北滩顺利地安顿下来，在那里他选了摄影和设计课程。不久后他从迪克·雷蒙德那里获得了两次重要的机会。第一次是设计和建造斯坦福大学学生会新大楼的建筑师帕洛阿尔托对拍摄的宣传照片不太满意，雷蒙德举荐了布兰德来重新拍，于是，布兰德在加州接到了他的第一份专业摄影任务。虽然报酬只有 140 美元，但这已经足以令他欣喜若狂了。他给雷蒙德寄去一张感谢贺卡，上面写着：“向雷蒙德的骑士精神致敬！”

后来，这项在斯坦福大学接到的任务竟然给布兰德带来了意想不到的收获。

在墨菲运营伊萨伦研究所的同期，斯坦福大学的两位计算机科学家道格拉斯·恩格尔巴特和约翰·麦卡锡（John McCarthy）正在着手研究一项开创性技术，在接下来的半个世纪里，它将彻底改变这个世界。麦卡锡是“人工智能”一词的缔造者，他当时正试图在斯坦福人工智能实验室（Stanford Artifical Intelligence Laboratary）设计一台算法机器，而恩格尔巴特此时在校园的另一个角落里忙着创建一个扩展人类智力的系统，即“智能增强”。AI 与 IA 就是这样诞生的，前者致力于用计算机来取代人，后者则试图扩展人类的智性范围。这个哲学上的分歧将给算法世界带来一个至今尚未解决的重要悖论问题。

有一天，布兰德在熟悉的校园里闲逛时，不知不觉走进了位于松树厅的计算机中心。他注意到有两名年轻人正在玩第一款电子游戏《太空大战！》（*Spacewar*）。这款游戏是上一年由年轻的计算机黑客史蒂夫·拉塞尔（Steve Russell）在麻省理工学院编写的，他曾与麦卡锡是同事，又追随麦卡锡到了斯坦福大学合作建立了人工智能实验室。当时这款游戏要运行起来需要一台大型计算机和一个罕见的计算机图像显示器。游戏是通过两个小型操纵杆控制宇宙飞船的，它们同时围绕着显示器中间的太阳进行旋转和移动，相互发射炮弹。

布兰德对这款游戏非常感兴趣。这两名年轻人此时正在玩的东西成了他后来称为让自己“灵魂出窍”的事情。随着由五角大楼资助的计算机网络阿帕网（ARPANET）的出现，20 世纪 60 年代末虚拟景观开始出现，《太空大战！》很可能就是后来被称为“网络空间”（Cyber Space）的概念的第一缕曙光。布兰德为了另一个机会而放弃了当时这个让他灵魂出窍的想法。过了大概 10 年，他又回来关注和探索自己当时注意到的新事物。

“美国需要印第安人”

布兰德怀揣着远大抱负，正式开启了职业生涯。当时的他既没有什么人脉和资源，也没有工作，还一直受间歇性抑郁症的困扰。这种不稳定的状态让他在接下来的 10 年里面临越来越多的挑战。1962 年秋天，布兰德陪费迪曼回到大瑟尔温泉，去参加赫德组织的周末研讨会。在他们组织伊萨伦研究所的过程中，赫德本人也影响了墨菲和普赖斯的观点。

然而，布兰德并没有和他们一样接受赫德关于人类潜能的论断，也没有像伊萨伦研究所成员们那样对自己所持的理念深信不疑。他在周末还没过完的时候就提前走了，然后写信给墨菲说：“我从周末赫德举办的活动里逃掉了，因为我好像在那里闻到了老式邪教的霉味……我被那群信徒包围在中间，简直像他们要杀了我一般难受。如果你周围的人把你每一次剪指甲都当作重要的事，你就能理解这种荒唐的感觉了。”布兰德也流露出他对即将到来的成瘾类药物浪潮的担忧。他提醒墨菲要警惕成瘾类药物对文化的潜在影响，这可能会颠覆政治。

布兰德的第二次重要机遇发生在 1963 年春天。他和雷蒙德一起参加了山脉俱乐部的野外活动。雷蒙德带着布兰德在人群中走来走去，将他介绍给包括亚当斯在内的几乎每个与会者。

这是布兰德第二次见到这位著名摄影师，第一次是布兰德未事先通知就跑到亚当斯在卡梅尔的工作室，向他征询关于环保摄影方面的建议。当时亚当斯告诉布兰德：“随着我们年龄的逐渐增长，镜子是会变成窗户的。”十几年后，布兰德在《协同进化季刊》的早期版本中把亚当斯的观点用特别显眼的方式刊登了出来。

20 世纪 60 年代初，雷蒙德成立了一家休闲地产咨询公司，他和非常有潜力的旧金山建筑师扎克·斯图尔特（Zach Stewart）合作拿到了俄勒冈州沃姆斯普林斯印第安部落的一个小项目，主要是在印第安保留地[①]上进行旅游业开发。扎克在华盛顿州长大，在斯坦福大学学习建筑之前曾就读于里德学院和耶鲁大学。他和旧金山禅宗的关系相当密切。几年后，他在塞拉丘陵为斯奈德设计了一栋房子，命名为 Kitkitdizze。扎克这个人既有魅力，聪明绝顶，又非常自信，说话语速很快，擅长创意设计。他的想法远远超出了当时传统建筑审美的范畴，他也很挑剔，控制欲很强。这些特点也是最终让布兰德和他之间的合作关系走向破裂的重要因素。

① 由美国印第安人部落管理的区域，拥有自己的部落主权。——译者注

根据签订的条约内容，沃姆斯普林斯印第安保留地设立于1855年，位于俄勒冈州中北部德舒特河沿岸，占地2 600平方千米。在项目洽谈会上，雷蒙德把布兰德介绍给几位部落长老，建议他们聘请布兰德来拍摄即将在保留地举行的野马围猎活动，以及制作一本向游客们介绍沃姆斯普林斯的宣传册。雷蒙德是个胸怀大志的人，他鼓励布兰德好好想想怎么制作一本摄影集，记录目前居住在保留地的3个部落——沃姆斯普林斯、瓦斯科和派尤特的日常生活。

德尔伯特·弗兰克（Delbert Frank）是这3个部落代表委员会的成员之一。弗兰克邀请布兰德前往俄勒冈州的保留地，布兰德欣然应允。

当时美国的印第安人正在与联邦政策进行抗争。这些政策自颁布几个世纪以来，一直被视为阻碍国家进步的最极致的因素。20世纪50年代，一股越发强大的力量开始推动清除美国社会生活中的土著残余文化。[1]布兰德把图书《现在，让我们赞美伟大的人》（*Let Us Now Praise Famous Men*）当作模板，想用印第安人的贡献来打破人们对印第安人问题的刻板印象，强调**印第安人真正了解应该如何与自己的土地和谐相处。他们的价值观与布兰德自儿时起就萌生的环境保护理念是一致的——人们应该充分地保护土地、水资源和野生动物。**

1963年5月初，布兰德开着他新买的皮卡车前往俄勒冈州，在路上行进两天后，终于抵达了保留地，他还随身带上了亚当斯的杰作《这是美国的土地》（*This is the American Earth*）的签名本作为礼物。距离围猎活动开始还有几周的时间，他一直和部落里的人们待在一起，拍了很多俄勒冈州东部的风景照片。一开始，布兰德是带着对印第安人的一系列先入之见来到保留地的，但他很快意识到，这些人与他过去在美国中西部所结识的任何人都截然不同。

几天后，弗兰克从外面出差回来，很快和布兰德热络起来。这时候部落委员会里一些受过大学教育，并且支持开放发展的印第安人却反对弗兰克的观点，弗兰克对此感到很头疼。因为在旧金山参加一个会议时，他就已经与一家位于波特兰的建筑公司达成合作协议，准备设计一个能够吸引白人游客的豪华温泉度假村。

弗兰克给了布兰德一个特权，允许他制作一本小册子，通过呈现沃姆斯普林斯印第安人和他们的保留地面貌，宣扬弗兰克对部落土地进行理性开发的观念。

弗兰克和布兰德总是一同参观保留地，而布兰德越来越欣赏弗兰克的才华和能力。他们驱车前往于 1957 年竣工的达勒斯大坝，参加讨论关于哥伦比亚河上印第安人捕鱼权的会议。塞利洛村曾经是一个充满传奇色彩的渔村，如今却已被大坝后面足足有 38 千米长的水库完全淹没，古老的岩画也随之一起消失在水中。在路上的时候，弗兰克向布兰德描述了他曾见过的一幅雕刻在岩石上的巨型神秘脸庞图案。

到了 5 月中旬，沃姆斯普林斯的野马围猎活动正式拉开帷幕。布兰德发现，虽然美国牛仔作为神话标志代表独行侠和个人主义者形象，但这一象征形象依旧是集体书写的产物，也是布兰德之前未曾了解过的能够展示当代印第安人世界的重要窗口。连续几天下来，当牛仔们纷纷围着野马，给野马打上烙印时，布兰德一直在他们边上拍照。

在弗兰克的支持下，印第安牛仔们逐渐对布兰德敞开心扉。他们对开发保留地的计划持怀疑态度，担心这可能是夺走他们故土的开始。其中一个印第安人对布兰德说：“白人想要征服一切。如果白人拥有了这片土地，那这里就不会再有野马了，其他东西也不会剩下多少。”

从沃姆斯普林斯回来后，布兰德的观念发生了翻天覆地的变化。现在他对眼中看到的一切，有了和之前完全不一样的理解。返程中，布兰德得出的结论是美国依旧需要印第安人，他拍的大量照片足以支持这个观点。他和弗兰克一起商量着要完成的那个小宣传册可能永远不会出版，但对于布兰德来说，这也变得无关紧要了。重要的是，他仿佛听到了使命的召唤。

与《飞越疯人院》作者肯·克西碰面

布兰德回到了北滩，住在他公寓里的年轻诗人将克西具有里程碑意义的第一部小说《飞越疯人院》塞到他手里。布兰德发现，他在沃姆斯普林斯的很多见闻，都能与克西笔下的俄勒冈精神病院的故事对应得上。这个故事通过装聋作哑的布罗姆登酋长的视角展开，这仿佛也勾起了布兰德在迪克斯堡时与荒诞的军队官僚体制做斗争的痛苦回忆。“正如克西小说里写的那样，麦克墨菲与‘大护士’之间的斗争，印第安人与达勒斯大坝之间的斗争，或者我与军队之间的斗争，都那么相似。”布兰德在日记中感慨道。

前一年出版的《飞越疯人院》让克西声名鹊起。克西来自俄勒冈州，在斯坦福大学读研究生时，还加入了学校里非常热门的创意写作项目。他比布兰德大 3 岁。

布兰德一时兴起，把自己在俄勒冈州拍摄的一些照片寄给了克西。克西当时正在翻山越岭去往拉洪达山间社区的路上，因为他位于门洛帕克佩里小路的房子要被拆掉了。布兰德在照片里面加了一条简短的留言：“照片拍摄于今年 5 月，为沃姆斯普林斯印第安人制作宣传册时的第一阶段。他们当时正在详细地给我解释，他们的计划是尽可能保留下来更多的东西，而不是毁掉和失去它们。如果有机会的话希望我们能够面谈。”几天后，克西打电话让布兰德来和他碰面。

一天下午，斯坦福大学研究生多萝西・奥斯特温德（Dorothy Ostwind）正与克西和他的几个朋友在户外聚会，这时候她看到一辆红色大众露营车朝他们这个方向开过来了。一个又高又瘦的金发男人从车里走出来，她立刻被他严肃的样子镇住了，觉得这个架势显然是在执行什么任务。奥斯特温德紧接着注意到布兰德的车里塞满了书，就像某种在 20 世纪 60 年代才能看到的流动汽车图书馆一样。

当时克西的“快活的恶作剧者”乐队刚刚开始组建，后来乐队出现在汤姆・沃尔夫的作品中成为经典。不拘一格的非主流人士、诗人、记者和露营爱好者们会跑来找克西，大家在红杉林中一起闲逛、玩闹。在奥斯特温德眼中，布兰德是那般与众不同，给她留下了安静、沉稳的美好印象。她几乎立刻就被布兰德吸引，不久后他们俩就开始约会了。

那天，布兰德的目的是想与克西合作完成《时尚先生》杂志（*Esquire*）的新闻摄影任务。就在几天前，蒂莫西・利里和阿尔珀特在墨西哥芝华塔尼欧创建了一个组织，其目的是作为利里和阿尔珀特创建的另一个组织，即内部自由国际联盟赞助下的研究中心，这一事件在当时引起了不小的轰动。他们计划召集一小部分外科医生、心理学家、艺术家和作家来研究成瘾类药物的影响。墨西哥媒体率先捕捉到了风声，消息很快就传到美国。

《时尚先生》曾联系克西，请他写一篇关于该计划的文章。克西原本打算在 7 月长途跋涉前往芝华塔尼欧，但由于他当时正陷于自己的下一部小说《永不让步》结尾的痛苦写作中，因而没有回复杂志编辑。克西告诉布兰德，他觉得用图文并茂的方式来完成这个报道是完全可行的。

后来布兰德凭借自己与吉姆的关系联系利里，获得了加入墨西哥实验计划的许可和邀请。利里在回信里欢迎他到墨西哥来，但因为酒店房间紧张，恐怕到了之后只能睡在吊床上。布兰德随后给《时尚先生》发去一封询问函。他写道：

> 关于成瘾类药物的问题，没有人能做到绝对客观，实验团队也做不到这一点。从内在体验来说，我认为只有通过图片的方式……再加上文字，这样应该就差不多了。问题在于究竟能呈现出什么效果。

《时尚先生》觉得这个主意很不错，但当时政府并不这么想。没过几周，墨西哥政府就将利里和阿尔珀特驱逐出境。不久后，布兰德得知他在瓦列霍街的公寓已被封住，房东准备把整栋楼出售掉。他虽然没有被立刻撵出来，但继续留在那边肯定不是长久之计。这时候布兰德在《易经》中获得了些许心理上的安慰，让他的内心更加坚定。《易经》中说，“改邑不改井”[①]，还提示说要临危不惧，静待佳音。当然，还有“君子以饮食宴乐”。

结局是公寓没有被收回，房东卖楼的计划也暂时搁置了。布兰德终于又能够在这个任他随意改造的房屋里续租 3 年，租金也只是象征性地付了一点，他的公寓也继续作为朋友们的临时落脚地。

具有“成为大人物的潜力”，
怀有“想知道一切”的热情

布兰德和迈纳·怀特都很喜欢《易经》。怀特之前和阿尔弗雷德·斯蒂

① 意思是改变城邑，不改变井。无论人的住所如何改变，水井都是固定不动的参照物。——译者注

格里茨（Alfred Stieglitz）是同学，后来在爱德华·韦斯顿移居旧金山后成为韦斯顿的学生和朋友。这让布兰德有机会结识这位跻身于美国最伟大摄影师之列的传奇人物，也使布兰德后来成为当时最伟大的美国摄影师之一。随着布兰德对摄影这门技艺的探索的不断深入，他的兴趣开始从新闻摄影转向艺术摄影。

1963 年夏天时，布兰德费尽周折想要尽量免除他的军队预备役任务，原本他应定期参加普雷西迪奥军事基地的演习活动。8 月，他给指挥官写了一封信，考虑到他的专职工作是自由摄影师，请求将自己转为非现役预备役人员。

过了一个月左右，布兰德才收到军中的回复，说他没有申请转到非现役预备役的资质。就这样，双方展开了一场多年的“猫捉老鼠”游戏。在这场追逐中，军方似乎总是落后一步，也并没有真正对布兰德实施过任何威胁。他后来才了解到，主要是因为军方其实是害怕退伍军人无视征召令的。

布兰德经常会参加北加州的各种户外活动，比如海湾航行，在博利纳斯附近海域划皮划艇，以及在纳帕谷上游的卡利斯托加一个小机场跳伞。同时他也开始创作一部关于跳伞的电影剧本。

夏末，布兰德对设计的兴趣和他在旧金山艺术学院修读的设计课终于有了回报。在一个课堂活动中，他想出了一种可以包装 6 个罐头的新方法。布兰德觉得自己的这个想法简直是突破性的，于是向哥哥迈克寻求商业化的建议。迈克委婉地回复说，还是别因此抛弃自己的本职工作。在这个节点上，布兰德虽然还没有正式入职，但他很快就找到了工作。

布兰德的导师将他介绍给同在学院任教的戈登·阿什比（Gordon

Ashby)，他在旧金山渔人码头附近的工作室承接设计业务。阿什比是一位年轻的设计师，是埃姆斯的得意门生。作为一名模型设计和三维设计专家，阿什比于20世纪60年代初期在埃姆斯的洛杉矶设计工作室待过。当时他曾带领团队为IBM公司打造了一个极具开创性的博物馆展览，最初展示在位于洛杉矶的加州科学与工业博物馆，名为“数学计算：一个数字世界及其未来”(Mathematica: A World of Numbers...and Beyond)。展览凭借互动性特点彻底改变了博物馆设计观念，后来被诸多机构效仿，包括旧金山探索博物馆、圣何塞科技互动博物馆和波士顿科学博物馆等。

后来，IBM公司与阿什比继续签订了名为“天文学”的项目合同，计划于1964年6月在纽约海登天文馆开放展览。阿什比正想找人去图书馆和天文台为展览做一些基础研究，收集关于现代天文学的历史资料。

布兰德到阿什比的工作室里进行了面试。这位设计师第一次见到他，就觉得他有“成为大人物的潜力”，怀有“想知道一切”的热情，他的摄影专长似乎也很符合工作要求。于是阿什比聘用布兰德做背景调查、撰写展览文案、收集工艺品及提供设计创意的工作，付给他每小时5美元的兼职工资，或者按月支付600美元。

加入天文学项目之后，布兰德尽量合理地安排工作时间，跑遍全国各地，同时还能顺便进行他自己的关于印第安人的研究。他在加州大学伯克利分校申请了借书证，查阅他能找到的所有关于天文学的历史资料。布兰德尤其对阿瑟·库斯勒(Arthur Koestler)的《梦游者》(*The Sleepwalkers*)感兴趣，这本书超乎寻常地将现代宇宙论的历史追溯到美索不达米亚文明。布兰德觉得库斯勒的叙述框架是对自己生活的一个很好的隐喻——不是精心策划去实现的雄心壮志，甚至算不上是一个完整的故事，而是一件接一件地去做不同的事，每件事情在当时看来都充满了创意。

他还读了库斯勒的《创造力的表现》(*The Act of Creation*)。这本书中给出的结论是，发明和发现这两种行动都能将各种不相关的概念混合成一个新概念，库斯勒把这一过程称为“异类联想”(bisociation)。布兰德对此感触很深，他领悟到，通过直接的方式往往很难达成真正的进步，意想不到的方式反而能使人有所突破。对布兰德而言，这是库斯勒的理论价值之所在。布兰德后来又接触到贝特森对控制论的观点，继而对悖论的理解也逐渐深入，但这又是后话了。

作为赞助商的 IBM 和海登天文馆使布兰德打开了视角和眼界。他借此机会跑遍全美国，到各地谈判和协商，去借各种能供异地展览至少 5 年的文物。布兰德去了芝加哥的阿德勒天文馆、华盛顿的史密松学会、加州理工学院、帕洛玛山等地方。他精心设计制作了一个便携式照片架来保护那些脆弱的材料，方便折叠起来放进行李箱带走。

布兰德的工作任务不仅仅是访问档案馆和图书馆，他同时还负责监管伽利略第一台望远镜的复制品。他设计的这个展览是通过宇宙学阐释的视角来展开的。在不需要出差的空闲时候，布兰德会在周末跑去跳伞，直到有一回，他在鬼门关上走了一遭。布兰德的降落伞并没有按计划打开，后来他打开了备用降落伞，就在快要落地时又差点触到一根高压线。这一次着实把布兰德给吓坏了，于是他暂时放弃了这项爱好。对于一个喜欢高空体验的冒险家来说，3 个月后发生的一件事让他离死亡更近，这一次令布兰德彻底放弃了追求极致刺激的想法。

“同步传播的实验”，现代多媒体的诞生

沃特街是一个小巷子，距离旧金山渔人码头 3 个街区，位于瓦列霍街以

北 6 个街区的地方。街上坐落着几栋小房子和办公楼。弗雷西亚海鲜店仓库就在这里，而店面在布兰德公寓楼下。扎克设计工作室所在的沃特街人流不多，但仍然不断吸引着北滩波希米亚式的创意汇集到此处。如果布兰德没去伯克利图书馆的话，他就会跑到范德沃特街上的阿什比工作室，那里离沃特街只有一个街区的距离。

布兰德依旧沉浸在北滩"垮掉的一代"的风气里，全身心地投入他的摄影爱好中。斯特恩回到旧金山，准备在旧金山现代艺术博物馆举办一场新型的艺术活动，后来地点改到市政大厅，布兰德被拖过来帮忙。

在 20 世纪 50 年代的旧金山，斯特恩是一个耀眼的人物。他为布兰德在加州进行摄影研究提供了很多支持和帮助。斯特恩的第二任妻子安·伦敦（Ann London）的父亲在旧金山经营着一家豪华酒店。斯特恩夫妇是当地年轻的社交名流，他们的消息常出现在赫布·凯恩（Herb Caen）在《旧金山纪事报》里开辟的八卦专栏中。

斯特恩觉得旧金山是一个全新的世界。纽约艺术圈对他的完全忽视，让他深感挫败。斯特恩一直在读马歇尔·麦克卢汉（Marshall McLuhan）《理解媒介》（*Understanding Media*）的早期手稿，这是他从诗人 M. C. 理查兹（M. C. Richards）那里借来的，理查兹又是从作曲家约翰·凯奇（John Cage）那里得到的。斯特恩非常认同其中的观点——定义社会的是媒介，而不是内容。他打算不再用文字创作诗歌，而是创作动态物体、图像、光和声音的拼贴艺术。

斯特恩说服了旧金山博物馆馆长，允许他在博物馆礼堂里举办一场表演，来为以"联系是唯一的爱"为主题的募捐活动筹集资金。他创作了一件高约 2 米的用霓虹灯照明的八角形艺术品。它的每个侧面都有一个扬声器，循环播放着斯特恩所谓的“口头美国景观”或 VAL 音频。安装在卡车轮胎上的电机驱动凸轮开关，使声音在扬声器之间来回切换。

青年作曲家拉蒙·森德（Ramon Sender）是斯特恩的朋友。森德在一年前与波利娜·奥利韦罗斯（Pauline Oliveros）和莫顿·苏博特尼克（Morton Subotnick）共同创办了研究电子音乐的旧金山磁带音乐中心（San Francisco Tape Music Center）。森德介绍斯特恩认识了当时还是大学生的电子乐奇才迈克尔·卡拉汉（Michael Callahan），他在音乐中心负责技术工作。于是他们开始一起把电视、投影仪和音频设备等拼在一起，制作了两个作品——《你是谁？》（*Who R U ?*）和《何事正在发生？》（*What' s Happening ?*）。斯特恩邀请布兰德和旧金山艺术学院的艺术讲师伊万·马奇德拉科夫（Ivan Majdrakoff）一起在旧金山的街道上漫步，边走边拍摄“文字照片”，他们把能找到的每一个路牌和广告牌都拍了下来。

斯特恩把他在旧金山的艺术创作称为“同步传播的实验”。他在宣传单中引用了麦克卢汉的话：“基于传统慢媒体的人类交往模式已经过时了，开始变得无关紧要，这对持续存在和理智产生了威胁。”从意图和目的而言，这将意味着现代多媒体的诞生。

这次展览在旧金山引起了不小的轰动，赫布·凯恩、金斯伯格和旧金山市长都来参加了。斯特恩在展览中使用了 4 台投影仪，其中一台由布兰德操作。除了 4 个屏幕，斯特恩还安排了一些社会学家坐在舞台上，他们面前摆了 4 部电话，用来聆听 4 个不同小组的内部交流并与之互动。这些小组在展览场馆不同位置的“隔离间”内彼此对话，整个谈话内容被放大、混合，与图像同步传输到舞台屏幕上。整个活动通过闭合电路显示在电视机上。

整个活动的效果，如果委婉点说，也算是个灾难了。第二天，《旧金山纪事报》的音乐评论员写道："在这个时代，在旧金山举办过很多次糟糕的活动，但斯特恩的展览'你是谁？'和'何事正在发生？'是我在所有的这些灾难里唯一能记住的。为了达到某种效果，居然不惜使用这种骇人听闻的方式。"[2]

这次失败的展览结束后，圣诞节和新年期间布兰德在东海岸待了一个月，在那里为《天文学》杂志（*Astronomia*）工作，同时也要拜访纽约的朋友，比如德基夫妇和亨利·格罗斯曼。布兰德把他在印第安保留地拍的摄影作品整理成一个作品集，他计划将作品展示给联合国工作人员，以此筹集资金将它出版成册。圣诞节后，布兰德跑到华盛顿，想办法和当时的内政部长斯图尔特·尤德尔（Stewart Udall）取得联系。

在1月一个寒风刺骨的下午，布兰德在乔治敦附近的小路上散步，决定去做一件他之前常干的事——爬到高处，环顾四周。当时观景最好的位置是在链桥上，它横跨在麦克莱恩、弗吉尼亚和华盛顿特区之间的河流上方。起初布兰德移动起来毫不费力，他的手掌轻轻地触碰支撑着大桥的钢架外的钢材表面，大约每隔4.5米就有一个能抓住的支架。一开始他只是在壁架表面上慢慢往前挪动。当绕过第二个支架后，他停下来休息了片刻，观察自己所处的环境。他低头看着底下覆盖着浮冰的棕色水面，双腿开始止不住地颤抖。布兰德强迫自己慢慢松开扶手，继续前进，却在刹那间勇气全无，腿抖得更厉害了。他突然觉得自己看不清东西，几乎没办法去抓下一个把手，于是又停了下来，依旧浑身战栗。

布兰德看到有人在底下的小路上走来走去，觉得行人也没法救自己。他尝试着通过唱歌来缓解绝望的情绪，又自言自语像念咒语一般说着"光""爱""看""此时此地，朋友们"这些话。

慢慢地，他好像抖得不那么厉害了，眼睛盯着远处地平线附近结了冰的树，把注意力集中在脚上，慢慢往前。

终于挪到下个支架那里了。布兰德觉得脑海里好像响起某种节奏和旋律，他绕着支架转了个身，没有滑倒。他就这样保持着往前的惯性，如此反复，一直走到桥的尽头才终于弓身跳到湿漉漉的小路上。

布兰德断定，他几个月前经历的那次跳伞事故是一种不祥的预兆。在爬完桥的几天后，他彻底放弃了爬高，即便站在稍微高一点儿的露天区域，比如滑雪缆车上，他都会面露惧色。然而这也并没有颠覆整个世界。布兰德觉得，他虽然开始恐高了，但还是从中学到了一些东西，那就是**要一直继续前进，遇事犹豫不决、原地踟蹰的人是肯定要吃亏的，冲劲十足则对人生大有裨益。**就像当时爬的那座桥一样，又窄又高，他如果跌下去肯定就没命了。

对肯·克西和“恶作剧者”敬而远之

1964 年初，布兰德回到旧金山，与阿什比一起前往南加州进行考察。在参观加州理工学院和威尔逊山天文台的行程中，他们还去拜访了阿什比的导师埃姆斯。

布兰德读大学期间，曾在斯坦福大学听过埃姆斯关于杂志和设计的讲座，印象颇深。埃姆斯的工作室正忙于应对 1964 年世界博览 IBM 展馆设计且处于最后期限，当布兰德在办公室附近闲逛时，设计师们把他抓去帮忙。设计主题是 IBM 的营销口号“思考”（Think），所以他们急于收集各种能够表达这一想法的照片。最后，布兰德在展览中的一张照片里客串出镜，他当时正在一边啃着铅笔一边思索。

布兰德的闲暇时光基本会花在研究印第安人文化上，他把在沃姆斯普林斯保留地完成的摄影作品集当成对外介绍自己的名片。布兰德打电话联系可能有意向的赞助商，给出版商们和各种基金会发出了一连串信件。他还跑到旧金山公共图书馆深入了解印第安人文化，同时也学习天文学历史。回来后不久，他偶然发现了一本奇怪的书——《美国需要印第安人！》(*America Needs Indians!*)。这本书出版于 1937 年，封面上是手写字母，上面有一个粗略绘制的抽象图形，仿佛是印第安人编织的毯子上面的图案。这本书的署名是一个叫"伊基托米・利拉・西卡"(Iktomi Lila Sica) 或"伊基托米・西卡拉"(Iktomi Hicala) 的笔名，这两个名字出现在书中的不同位置。书中内容评估了现代美洲印第安人的状况，评估有时是以讽刺的方式，但这种研究方式与布兰德想做的事情非常契合。最终，人们发现"伊基托米"的真名是伊万・德里夫特 (Ivan Drift)，他很可能是为数不多的对印第安人的经历非常着迷的美国白人之一，甚至成为当地土著人。[3]

《美国需要印第安人！》这个书名勾起布兰德在沃姆斯普林斯之行中所经历的难忘回忆。他决心去比较新旧文明之间的差异，找到一种方法来促进两种世界的新融合。他请莱夫勒夫妇做自己的研究助理，计划在这个夏天收集、整理印第安人在西南部保留地留下的图片和文字。该项目将采用多种形式，包括收集若干本图册和散文集，以及举办身临其境的博物馆展览，最后成为第一批以多媒体幻灯片放映的方式进行的展览。

1 月底，布兰德、多萝西・奥斯特温德、莱夫勒夫妇、克西和他的妻子费・克西、迈克尔・墨菲及埃丽卡・韦斯顿一起在大瑟尔温泉相聚，吉姆在这里协助主持了一场主题为"存在主义与神秘主义"的研讨会。周末，布兰德一边在泳池里放松，一边与克西聊天。尽管布兰德在克西的生活圈边缘徘徊了将近 3 年，与几个"快活的恶作剧者"也成为密友，参与了他们的多次冒险，但布兰德最后还是选择对克西等人敬而远之，没有加入他们而成为一个真正的“恶作剧者”，后来克西对他也是这样的态度。这两个人在 20 世纪 50 年代“垮掉的一代”和 60 年代的嬉皮文化之间扮演了沟通桥梁的角色。克西坚持认为，每个人都必须接受他所提倡的意识革命的概念，也应该充满热忱地奉献其中，布兰德对此无法理解。布兰德觉得，如果有人告诉你，现在只有两个选择，不是上车就是下车，这意味着必须赶紧表态，此时就应该直接下车。最后他也是这么做的。

直到 2001 年克西去世之前，这两个人一直保持着朋友关系。克西和布兰德一样都属于沉默寡言的性格。布兰德离开“恶作剧者”们之后，在萨克拉门托州长杰里·布朗（Jerry Brown）的办公室里担任非正式顾问，引用克西的话来说就是“斯图尔特意识到权力的巨大力量，并执着于此”[4]。

这么评价布兰德恐怕并不公平，毕竟布兰德一直处于布朗政府的边缘地带，就像他在“恶作剧者”们中所处的位置一样。然而，这句评论刺痛了他，甚至几十年后他仍感到惶惶然，总担心这句话可能不全是错的。

另外，布兰德还计划带着摄影作品集到亚当斯在卡梅尔的工作室展示给他看。但亚当斯临时不在，于是这一天布兰德是和莱夫勒夫妇待在一起的。莱夫勒是一位禅宗佛教徒，也是一位神秘主义者和游牧者。几年前他就开始接触乌羽玉。乌羽玉仙人掌可通过多种方式食用，比如泡茶，也可以打成糊，再搓成球。莱夫勒夫妇选择的是可直接食用的品种。吃仙人掌可能会引起呕吐，但莱夫勒夫妇并没有这种症状。他们三人在罐头厂街附近四处转悠，想帮正考虑回到加州的德基一家寻找适合做工作室的地方。

在这一天即将过去的时候，奥斯特温德和布兰德一起回到北滩，一起商量了奥斯特温德要不要也搬进瓦列霍街的公寓里布兰德为二人关系是否要更进一步而踟蹰不前。他甚至还积极地撮合奥斯特温德去和吉姆约会。布兰德的这两位朋友很快便坠入爱河，第二年，布兰德成了这两个人在伊萨伦的婚礼摄影师。

又过了一周，莱夫勒把布兰德的沃姆斯普林斯摄影集拿给亚当斯看，希望能得到他的背书。随后，莱夫勒立刻打电话给布兰德，说这位传奇摄影师对布兰德的作品赞不绝口。亚当斯告诉莱夫勒，他会亲自联系尤德尔，为出版这本集子向他要 5 000 美元，同时向塞拉俱乐部（Sierra Club）① 建议考虑出版布兰德的摄影集。

挂断电话后，布兰德简直欣喜若狂，也因为和褒扬同时到来的责任而有些喘不过气，不过事已至此，他也已经没有回头路了。又过了一周，他收到了亚当斯的来信，信中为周末的擦肩而过感到抱歉，同时对他的作品大加赞赏。

亚当斯写道："你的照片拍得好极了！我看了感到十分激动！你已有所成就！！！并且我可以从种种迹象看出，这仅仅是个开始。"[5]

《全球概览》诞生的第一个线索

位于沃特街的阿什比工作室内是一片热闹的景象，街道偶尔会因街区聚会而封闭起来。阿什比有意地开放他的工作室，在门口附近摆了很多彩色的粉笔盒，这样附近的孩子们就可以在小巷的各个角落里自由涂鸦。他让工作室的玻璃门一直开着，让所有人都能自由进出，甚至允许大家随意使用包括相机、投影仪和各种设计工具在内的设备器材。

① 或称山峦协会，是美国历史最悠久、规模最庞大的草根环境组织。——译者注

虽然布兰德这时候还处于初出茅庐的阶段，但阿什比在他身上发现了不同寻常的创造力。在他们一起工作的过程中，阿什比放手让布兰德去承担更多的任务，还让这个年轻人去打造自己的展览创意。

随着天文学项目的不断推进，阿什比开始制作年鉴一类的东西。其中一些年鉴旨在作为参与展览的人工制品，而其他则用来当作参考材料。他收集了一系列向普通人科普从天气到宇宙的一切事物的书籍。一天下午，当布兰德和阿什比一起凝视着积攒得越来越多的历史资料时，布兰德若有所思地说：“我们现在需要的是一种新的年鉴。”这就是《全球概览》诞生的第一个线索。这也是一个很具代表性的例子，能够说明布兰德的诸多妙思在经历长时间的思索和酝酿后才会真正成形。

正如布兰德与莱夫勒夫妇一同开启《美国需要印第安人！》的研究一样，他们开始计划进行一次夏季探险活动。布兰德想要整个旅途都回归本土，住在自己搭起来的锥形帐篷中。旅行起点设在内华达州的瓦肖。布兰德对乌羽玉仙人掌的文化体系十分熟悉，他计划在莱夫勒的帮助下与美洲原住民教会取得联系。他们三人将从内华达州向南行驶，陆续去霍比、纳瓦霍、祖尼、西卡里亚和帕帕戈等印第安人保留地。还有一个诱人的传言亟待弄清：莱夫勒听说在内华达州北部或犹他州南部的某个地方，还有一个与白人社会完全没有接触的印第安部落。

布兰德一直在尝试着筹钱，但都没有得到很理想的回应。他想在伊萨伦举办一个关于这个项目的研讨会，将包括亚当斯、尤德尔甚至巴克敏斯特·富勒（Buckminster Fuller）在内的知名人士聚集到一起。布兰德也尝试过借助雷蒙德获得福特基金会赠款，以此探索成立郊区乌托邦的可能性。他想通过展览自己拍的满满一屋子的照片，来为《美国需要印第安人！》的研究筹款，但这些努力都没有任何效果。

春天，布兰德和莱夫勒夫妇共同创立了布兰德和莱夫勒设计公司，目的是能够以公司的名义，按批发价购入旅途所需设备和用品。布兰德的大众汽车适合用来进行越野探险，他们又把一辆 1951 年版的国际收割机卡车改装成露营车。这辆车的改造由扎克设计构思，在阿什比工作室外的小巷里用了数周的时间改装完成，外形有点像一辆四轮马车。更厉害的是，露营车的顶篷能够绕着一个轴旋转展开，让人可以直接睡在星空下。

还剩一个小问题没有解决：美国陆军再次拒绝了布兰德不以预备役身份服役的想法，他们驳回布兰德要求延期的信件，并告知他，预备役任务定于当年 5 月 7 日开始。住在布兰德楼上的一个住客给军队回信说，她收到通知的时候布兰德并不在家，他已经离开本地去外地工作 5 个月了。于是布兰德又躲过一劫。

4 年后，卡洛斯·卡斯塔尼达（Carlos Castaneda）出版了《巫士唐望的教诲》（*The Teachings of Don Juan*）。而早在 1964 年春天，布兰德就对乌羽玉仙人掌文化以及由此扩展的观念体系产生了浓厚的兴趣。莱夫勒还把仙人掌介绍给了迈克尔·墨菲。现在，莱夫勒正在为布兰德打开一扇能让他更深入地了解美洲印第安人的大门。

布兰德和 20 世纪 60 年代后期的这些大学生所追求的目标是不同的，他本人从未完全依赖药物的作用。就在婴儿潮出生的这一代人开始走向堕落时，他就已经抽身离场了。

前一年夏天，布兰德在加州大学伯克利分校的时候认识了时任加州大学洛伊人类学博物馆的代理馆长迈克尔·哈纳（Michael Harner），并向他介绍自己。

布兰德向哈纳提出包括成瘾类药物和文化演变等方面的问题。在随后的讨论中，他们很快变得熟络起来，成为好朋友。

1964 年春天，哈纳招进来一位名叫戴维·佩里（David Perry）的博士生。他是波莫印第安人，他的祖父把自己的仪式器具借给洛伊人类学博物馆，其中包括两块巨大的石英晶体。哈纳本应该将这些器具直接还给他的学生，由学生带回波莫部落。然而，作为一位土著传统文化的坚定拥护者，哈纳认为有必要举行一个适当的仪式来将力量重新附着到水晶上。

哈纳找来莱夫勒和布兰德帮忙。日落时分，仪式在德雷克海滩一处泉水流入大海的地方举行。德雷克海滩是马林县雷耶斯角附近的一处偏僻地带，距离旧金山北部将近两小时车程。时间紧迫，大家挤在两辆车里，往海岸开。举行仪式需要用到包括月桂叶和白芷根等在内的各种草药，也在半路上采摘。因为赶时间，他们来不及停车，便边开车边把手伸到车窗外去揪灌木丛的叶子，手都被划破了。

在日落前到达海岸时，海滩弥漫着一种诡异的气氛，有一道奇怪的光照下来，强风把悬崖上的石头碎片吹落下来，海浪发出磷光。他们的迟到意味着一切步骤都要用双倍速来完成，就好像《于洛先生的假期》（*Monsieur Hulot’s Holiday*）中描述的那样。在太阳落山之时，佩里冲进海浪中，开始在岩石上敲打其中一块水晶。回到岸上之后，哈纳对布兰德耳语道：“如果水晶被敲坏的话，他会丧命的。”

布兰德和莱夫勒负责生火。当他们往火堆里添油时，海风一下子吹得更厉害了，穿过浮木间的缝隙，不断引燃附近的木碎片，火势迅速蔓延到整个海滩。佩里全身湿透，回到岸上，说了一个不祥的预兆：“熊医[①]来了，我们

① Bear doctor，加州大部分地区的印第安人所持有的一个古老信念是，相信存在能够将自己变成灰熊的巫医，将其称为“熊医”。——译者注

必须离开这里。”琼开始越发感到浑身不自在，这个凶兆把她吓得不轻。

在这永生难忘的一刻，布兰德相信魔力是真实存在的。他觉得既然佩里告诉他们要赶紧跑，那么他们就得赶紧离开海滩。大家努力将火扑灭，然后沿着海滩跑到停车的地方，赶紧开车往北找到一家乡间旅店，感觉好像刚刚逃过一劫，大难不死。

他们几人坐下来试图平复一下心绪，这时两位人类学家把莱夫勒叫到外面的停车场。他们告诉莱夫勒，戴维在火堆上方的悬崖那边好像看到了猫头鹰，它向戴维射来一支飞镖，但并没有击中戴维，而是射到琼的身上了。当雾气渗入琼的身体之后，她可能会面临死亡的危险。

“唉，看在老大的份上先不要告诉琼！”莱夫勒说道。

加州就是未来，必须亲自站在这里才能理解这一点

两周后，布兰德参加了在圣何塞州立大学举行的研讨会。阿尔珀特、贝特森、弗兰克·巴隆（Frank Barron）、斯特林·邦内尔（Sterling Bunnell）、罗伯特·莫格、查尔斯·萨维奇和威廉·范杜森（William Van Dusen）在会上谈到了关于药物使用的科学研究近况和目前的法律状况，并进行了激烈的讨论。

布兰德的父母对他在旧金山参与前卫实验和波希米亚式的生活方式不太满意，家里不时地会寄来支票补贴他的开销。会议结束后不久，布兰德在和家里通话时非常兴奋地描述了这次会议上的见闻，后来他收到了父亲寄来的一封信。父亲说：“我觉得关于与这群人交往的后果，我应该给你讲讲我的经验。”这些人聚集在格林尼治村、灯塔山和北滩等地，经常跑到普罗温斯

敦和大瑟尔附近。父亲承认，这些人在艺术、音乐和戏剧等各个领域都具有才华，正因如此，这些人当中“同性恋和变态等类似者”的比例往往高于其他群体。他拿梵高来举例，梵高的作品的确价值连城，广受赞誉，但遗憾的是这一切在他死后才发生。他们中的大部分人身无分文，往往会变成“高级乞丐”，虽然表面上看起来魅力十足，讨人喜欢，“但实际上就像水蛭一样”。此外，布兰德作为他的儿子已经拥有大量家族财产，并且将来还会得到更多。这能让他成为一个资本家，同时也有责任去“保护、善用这些资产，并且使之增值”。对于将这些产业传给布兰德的先辈们，以及将来可能继续往下传承的几代人来说，任何草率而不负责任的行为都是对先祖和后代们的不公，也是对家族的背叛。

父亲的观点是：“我希望你能摆脱大瑟尔这群人，去与更能配得上你才华的人结交。我怀疑你现在的朋友们正在利用和玩弄你。”而这只是个开头。

令布兰德父母真正担心的问题是麻醉剂、成瘾类药物和“所有的爵士乐”。父亲提及他们当地的一个年轻人，前不久在尝试制造火箭时把自己的一只手炸飞了。“当然，这个想法本身足够令人兴奋，但这和放火烧房子，或者向避暑别墅的窗户扔石头是一回事。”这意味着父亲仍然没有忘记布兰德 20 年前的童年劣迹。当布兰德家乡的朋友问他的父亲“斯图现在在做什么”时，父亲该如何回答？他也想为自己的儿子感到骄傲，而不想编造一些没法自圆其说的解释。最后，父亲以悲伤和生气的口吻写完信的结尾：“现在你和你的朋友们可以大声朗读这封信，你们或许觉得我说的话非常好笑，而这一切对我来说是极大的耻辱。”

收到信后，布兰德觉得自己和父亲之间的问题在于地理上的遥远距离。第二天他就给父亲写了一封密密麻麻的 5 页纸的信，信中他坚持自己的立场，捍卫朋友的名誉和正直品格。他滔滔不绝地反驳，为自己充满创造力的生活方式辩护，还列举了朋友们已完成的成就清单。布兰德认为，加州就是未来，人必须亲自站在这里才能理解这一点。最新一期的加州《展望》杂志（*Look*）中提到，今天在这个金色地带发生的事情，一年后会陆续出现在美国其他各地。

布兰德在信中说："如果我的朋友、我的工作和我写的东西不能得到您的认可，我们的价值观也不同，并且在缺乏相互了解的情况下，您觉得我不值得信任，那么只能说很遗憾，我们没办法交流。"

他告诉父母，希望他们能明白和理解他努力要达成的愿望。无论父母对此有什么意见，他都会义无反顾地继续向前。

想象一下从火箭上"观看我们的世界"

1964 年 5 月下旬，阿什比和布兰德一起前往纽约海登天文馆筹备天文展，这也让布兰德有机会去加纳维尔教堂与德基夫妇和斯特恩碰面，他还能顺便去华盛顿一趟。在尤德尔的办公室里，他结识了莎伦·弗朗西斯（Sharon Francis）。弗朗西斯是一名热心的环保主义者和户外运动爱好者，她非常赞同布兰德关于印第安人项目的创意，立刻安排布兰德和部长会面。弗朗西斯成为布兰德发起的"美国需要印第安人！"项目的忠实支持者。也正是多亏她的支持，布兰德才能在所有人下班之后的每个晚上都待在尤德尔的办公室里，忙着寄出项目筹款函。他占用了一位美国前任内政部长安装的约 2.4 米长的巨型浴缸，甚至在办公室里做晚餐。当然，最终他还是被抓包并被赶了出去，但这时他已经得到了尤德尔对项目的热情支持和一小笔经费的许诺，尤德尔的妻子也对他的计划很感兴趣。

一天晚上，在尤德尔的办公室，布兰德开始起草一篇文章来概述“美国需要印第安人！”的论点。这篇文章一直没有发表，但其中包含着他在两年后公开表达的观点中最初的理论线索。虽然他会说拍摄整个地球照片的灵感最初是 1966 年在公寓屋顶上产生的，但实际上，相关的基本概念在那一年春天的华盛顿就已经显现了。

在这篇文章中，布兰德写道，印第安文化是和荒野观念紧密联系在一起的。它既是一种生态环境，也是一种精神状态。他觉得肯尼迪遇刺事件，以及数百万美国人在电视上看到的那匹无人骑的马带领整支送葬队伍的难忘场景，这一切都标志着他们正迈入一个崭新的时代。这个时代的形态仍有待探索：“从月球角度拍到的第一张地球模糊图像发布之后，我们将看清我们所处的环境——发着光的星盘、曼荼罗的统一体和无从逃避的我们自己。”

这个想法是从哪里来的？这很可能是一种混合的知识形态，包括布兰德在俄勒冈州沃姆斯普林斯保留地阅读麦克卢汉著作时学到的，还有阅读约翰逊总统后来在 1965 年 1 月发表的就职演说草稿之后得来的。布兰德曾在尤德尔办公室里读过一份早期的讲稿副本，他在这段话下画了下划线：

> 想象一下从一个飞往火星的火箭上观看我们的世界。它就像一个孩子的地球仪悬在宇宙中，不同的大陆板块像彩色地图一样贴在上面。我们是地球上一个小点里的过客。[6]

阿西莫夫和卡尔·萨根的好评

米尔布鲁克宅邸位于哈德逊河对岸，距离加纳维尔以北约一小时车程，德基夫妇在那里一个改建过的教堂里开店。布兰德去过米尔布鲁克至少3次。第一次去的时候，他便对它将来的样子抱有美好的憧憬。这里是一个由12名成人和10名儿童组成的社区，没有浪漫主义的风气。然而，他的幻想还是破灭了。7月，"恶作剧者"们到访了维多利亚庄园，但很快又走了，因为他们觉得米尔布鲁克的人们既无聊又固守着精英主义。除此之外，利里对待女性的方式让布兰德十分反感。在米尔布鲁克期间，他听说了利里是如何冷酷地抛弃了诸多女性的事，于是断定这个人就是个流氓。

加纳维尔还是有一些有趣的事的。名为"我们的公司"的艺术家团体由德基、斯特恩和卡拉汉联合发起，专注于全新的多媒体技术和艺术创作。成立早期，这三人称自己为"怪胎"、"大胡子"和"技术狂"。布兰德在加纳维尔度过了几个周末。有一次，在与德基和斯特恩玩拼字游戏后，布兰德在日记中写下这些内容：

> 斯蒂芬、格尔德和我做的事情——
> 把"不"（NO）从"现在"（NOW）里拿出来
> 然后
> 把"噢"（OW）从"现在"（NOW）里拿出来
> 然后
> 把"然后"（THEN）从"现在"（NOW）里拿出来
> 然后

后来斯特恩将这种"电子咒语"应用在各种艺术作品中，首先是自己所在艺术团体的创作，然后又尝试整合各种机械和绘画形式，甚至包括把冰箱磁铁拿来创作。这个概念也与阿尔珀特改名为拉姆·达斯后写的《活在当下》（*Be Here Now*）有所呼应，几年后德基和布兰德也参与到这本书的写作中。

尤德尔曾把布兰德推荐给著名的印第安历史学家小阿尔文·M. 约瑟夫(Alvin M. Josephy Jr.)，他也是美国传统出版公司的编辑，后来成为布兰德的支持者和好友。当他们在纽约相识时，约瑟夫给布兰德讲了很多关于美洲印第安人的历史和文化。约瑟夫说，印第安人在这一个多世纪被征服的过程中一直是麻木的，现在他们正在经历快速的变化期。印第安人正在培养一种民族主义精神，涵盖 85 个部落的全美印第安人代表会议就是一个典型例子。这种民族主义精神已经开始成为一股强大的力量。在他们道别之前，约瑟夫提醒布兰德关注 7 月即将在怀俄明州谢里登召开的下一届全美印第安人代表会议。

这一举动后来验证了一个事实，它将是布兰德人生中的一段弯路。

在天文学展览的筹备工作中，有一件事让布兰德在之后的几十年里每每想起都感到非常难堪。展览中即将展出阿什比和布兰德借助 IBM 的影响力从世界各地的博物馆和实验室借来的诸多历史文物。阿什比已确认过所有的东西都投保了。

这些收藏中有一件珍品，是 19 世纪初由巴伐利亚物理学家约瑟夫·冯·夫琅和费（Joseph von Fraunhofer）创作的原版玻璃照片底片。夫琅和费发明了一种称为分光仪的天文仪器，这种仪器可以将光源按照不同波长进行分散。他还发现了太阳光谱中的暗吸收线，并将其称为夫琅和费线。

一天下午，布兰德在整理展览品。他小心翼翼地将托着玻璃底片的盘子放在地板上，然后转过身来处理用于展示的玻璃外罩，然后他后退了一步，当脚后跟踩下去时，地上的东西就碎掉了。布兰德反应过来时发现自己闯了大祸，惊得直冒冷汗。这些原版底片是无可替代的珍品，布兰德感到羞愧难当。但是事已至此，做什么都无济于事了，这些底片就这么毁坏了。

所幸布兰德的失误并未对整个项目造成重大影响，天文学展终于在1964年6月30日开幕了，并且赢得了艾萨克·阿西莫夫（Isaac Asimov）和卡尔·萨根（Carl Sagan）等名人的好评，IBM公司也很满意。布兰德在离开纽约前，拜访了IBM的一位营销主管，询问IBM是否有兴趣支持一下关于印第安人的摄影计划，布兰德想要给自己的项目拉赞助。和斯特恩一道去，结果不出所料。“IBM直接拒绝了。主管一直在说‘不不不’，他觉得印第安人邋遢，而IBM是干净的，所以他不愿意谈这个话题。”布兰德后来在写给阿什比的信里写道。

7月初，莱夫勒夫妇在内华达州西北部的金字塔湖和布兰德碰面，他们三人花了几天时间去找各种温泉，还发现了一条流淌着温水的小溪。人们可以舒服地坐在雷鸣般倾泻而下的瀑布底下一个温度适宜的温泉池里。这是布兰德第一次来到沙漠地带，他很快就爱上这里。

一周后，布兰德沿着已率先出发的莱夫勒夫妇的路线，穿越黑石沙漠。人们在25年前发现了这里，并且设立了“火人节”（Burning Man）[①]。黑石沙漠盆地是地球上最平坦的地方之一，占地约320平方千米，此地除了“巴斯克人和牛仔”，没有其他人居住。黑石沙漠给人一种很独特的感觉，布兰德觉得好像是“极端环境的星球表面呈现出的那种怪异感”。

也正是在这片沙漠中徘徊的时候，布兰德体会到了一种全新的孤独和自由的感觉。从某种意义上说，这里像大瑟尔一样，它本身就比西海岸的氛围更为强烈。太平洋和高原沙漠完全俘获了布兰德的灵魂，成为布兰德观察这个世界的方式。雨水落在西南沙漠中的鼠尾草上，散发出自由的气息。

① “火人节”是在美国内华达州黑石沙漠举办的一年一度的活动。——译者注

印第安人的时间要慢得多

莱夫勒向布兰德介绍了金字塔湖附近信奉乌羽玉仙人掌文化的群体。后来布兰德参加了在新墨西哥州和亚利桑那州与纳瓦霍人一起举行的仙人掌会议。他没用多久就深入仙人掌仪式的环境中，成为仙人掌会议的领导层。几年后，布兰德发表了自己的第一篇文章，题目是《美洲原住民教会会议》（*The Native American Church Meeting*），这篇文章于 1967 年 11 月发表在一本类学术期刊上。

布兰德认为，印第安人看待时间的方式与白人不同。在经历了那次可以算是灾难的海滨仪式，把力量归还到水晶上之后，布兰德在他的日记中写道：“如果你想了解印第安人的感受，不妨试试让动作尽量慢一点儿。”

他之后也证实了这个结论。对于白人来说，时间是一个快速推进的顺序进程，而印第安人的时间是大地时间，是地质和天文时间，因此要慢得多。

布兰德发现自己很喜欢在沙漠中露营，就像爱德华・艾比（Edward Abbey）一样。对于布兰德来说，这是一种独处的方式，至少能在一段时间内远离所有的人际关系。现在，布兰德独自一人在沙漠中度过了一周，他想到了美国在 19 世纪取得的巨大的技术进步，却并不知道这个国家正在向什么方向发展。这期间他一直在读麦克卢汉的著作，最后他得出的结论是，技术进步本身没有任何意义，因为技术将终结于技术。

在沙漠里，远离城市的喧嚣，他意识到印第安时间只有在可以避免或超越电子文化这个障碍的情况下才是适宜的。

一切思考都开始变得越来越清晰。

遇见完美的“印第安少女”

年轻的探险家们在沙漠中漫游了几周。旅途到达的最北端是犹他州卡纳布的小村落，然后又南下前往圣塔菲，在那里他们与莱夫勒夫妇的朋友们住在一起。

在圣塔菲的时候，布兰德曾在睡觉时做了一系列雄伟壮阔的梦，其中包括男女结队一起在荒野森林里寻找迷失的宝藏。他虽然一直在读托尔金的书，却无法完全理解其中的内涵，因此梦到找宝藏的场景也是正常的。莱夫勒和演员马克斯·冯·叙多夫（Max von Sydow）也都出现在梦里。叙多夫年轻时简直和布兰德长得一模一样，当时他和一位迷人的女士待在一起。梦中，叙多夫指着某样东西，它突然又出现在远处，变得又大又白，布兰德也加入了追寻宝藏的任务。

到了 7 月底，布兰德在亚利桑那州和莱夫勒夫妇分开，赶在全美印第安人代表会议举行之前驱车向北，目的地是怀俄明州。他在会议场地周围搭帐篷住下，准备拿着相机去拍因此次活动聚集起来的人群。

会议受到了全国范围内的广泛关注，报纸把它描述为“巫术仪式”（powwow）。[7] 预计来自全国各部落的 1 000 多名与会者出席，但实际到会的人数还是相对少了一些。会议第一天时只有来自达科他州、蒙大拿州、华盛顿州、俄勒冈州、犹他州、北卡罗来纳州、俄克拉何马州和华盛顿的 11 个部落，共 22 名代表来登记。

这时候刚好林登·约翰逊（Lyndon Johnson）和巴里·戈德华特（Barry Goldwater）之间的总统竞选活动正在如火如荼地进行。尤德尔想利用这次活动，将它当作一个抨击戈德华特在印第安人福利问题上的武器。于是布兰德又获得了重新加入尤德尔团队的机会，开始同参加代表会议的印第安人联络和交流。

布兰德在会议期间遇到了年轻的印第安女士路易斯·詹宁斯（Lois Jennings），她是一名受雇于海军研究办公室的印第安渥太华混血数学家，在会议的登记处工作。詹宁斯的母亲在印第安政治圈里很活跃，是她说服了詹宁斯在暑假期间参加代表会。詹宁斯身材矮小，戴着眼镜，长着一头乌黑的秀发，沃尔夫后来在作品中描绘了她灿烂的笑容。

从布兰德后来对她的评价来看，詹宁斯在很多方面都称得上是一个完美的“印第安少女”。她也是一个真正“低调的大人物”，这个描述用来形容那些手工进行数学计算的女性是再合适不过的了，因为她们对早期太空计划做出了重要贡献。詹宁斯的父亲是一位联邦政府经济学家，哥哥后来成为麻省理工学院的核物理学家。她本人在大学里主修数学，还修读了超级计算机编程的入门课程。

实在很难将詹宁斯归到某个单一类型的群体中去。按照她自己的说法：“在白人中，我是印第安人；在印第安人中，我是渥太华人；在渥太华人中，我是雷霆氏族（Thunder clan）；在雷霆氏族中，我是瓦萨夸姆（Wasaquam，詹宁斯母亲的姓氏）；在瓦萨夸姆中，我是路易斯。”

詹宁斯来到谢里登开会时，还是一个生活不顺、薪水微薄的软件调适专员。除了为美国海军机密导弹计划处理计算工作，她也负责在早上上班时在办公室煮咖啡。

她对布兰德的第一印象是，他是一个还没有完全找到自我的年轻人，但她还是被布兰德吸引住了，好几个晚上跑到他在城郊的露营地幽会。在布兰德离开怀俄明州返回亚利桑那州后，他们依旧没有断了联系，偶尔写写信，大部分时候互相打电话，一种相互依恋的情愫慢慢地在彼此之间滋生。差不多9个月之后，詹宁斯才再次跑来找布兰德。差不多两年后，她搬到加州，与布兰德同居了。

谢里登会议之后，布兰德驱车往西南方向去找莱夫勒夫妇。在弗朗西斯的鼓励和协助下，尤德尔致函建议塞拉俱乐部考虑出版布兰德的印第安项目，他认为印第安人可以向白人传授很多关于自然保护的知识。

加入美国原住民教会

布兰德和美国原住民教会的副会长霍拉·措（Hola Tso）相谈甚欢，他因而和教会建立了一种良好的关系。措邀请布兰德和他们一起参加一个通宵举行的教会仪式。布兰德当时写道："没什么奇怪的……在我参加印第安仙人掌会议前的那天，我跑到一片黄松林中去思索麦克卢汉最新版的《理解媒介》中的内容。印第安人咀嚼仙人掌、唱歌，他们能更加专注地聆听那些被喧嚣的印刷文化所覆盖的声音。"

美洲原住民教会仪式比布兰德见过的任何宗教仪式都更加虔诚。关于什么时候要站起来，什么时候离开，按照什么方向走路，这些都有着严格的规定。布兰德自己也情绪饱满地来参加了，并且虔诚祈祷。吃完仙人掌后，歌声响起，一直持续到黎明。领头者一只手拄着花杖，另一只手随着鼓点摇着葫芦，发出"嚓嚓"的响声。他们的歌声让布兰德想起了格里高利圣歌。

仪式之后，布兰德还处在兴奋状态中，他开车把这个印第安领头者送回家。在家里，措批准了布兰德加入教会的请求，并在整个入会流程结束后附赠了一张会员卡。

“美国需要印第安人！”项目如火如荼进行

“美国需要印第安人！”项目的整个形态开始在布兰德的脑海中逐渐清晰起来。它不再只是一本传统的图书，而是一项多媒体先锋实践活动。布兰德曾在埃姆斯位于洛杉矶的工作室里见过他们为 1964 年世界博览会打造的多媒体预展，其中包括 14 个大屏幕和 8 个小屏幕，还有一个液压控制升降的座位区。他很赞同扎克关于“感觉中枢”的想法，在封闭的圆形棚顶下精心打造一种能让观众拥有身临其境感受的视觉体验。于是布兰德想在沙漠里规划打造一个带圆形穹顶的充气气屋，就像一个超大的纳瓦霍小屋那样。气屋还带有一个 3 米高的隧道入口，隧道外面挂着一张印第安雪茄店的照片，另一边则挂着一张写着“山姆大叔需要你”的海报。隧道内，流行音乐、新闻报道、广告和路面噪声等多重声音混合在一起，冲击参观者的感官，形成传统印第安原住民文化和城市白人文化之间强烈的对比和冲击。

一走进这个高 15 ～ 18 米的圆顶气屋中，参观者将被引导着走过一个由 2.4 米高的弧形面板搭成的迷宫，伴随着局部循环的背景音，这些面板上呈现出一连串的壁画。在仙人掌展览中大家能听到宗教仪式上的声音：击鼓声、镲声和歌声，尤德尔或米德的声音也会随着某张照片播放出来。

布兰德的想法是先完成各地的流动展览，然后出版一本摄影集。他觉得自己应该能说服美国内政部支付这个项目在美国境内甚至海外的旅行开销。

布兰德在沙漠里通过电话与扎克讨论了这个想法。扎克对印第安人和印第安人应该享有的权利充满兴趣，他也曾与雷蒙德合作过沃姆斯普林斯保留地项目，扎克的曾祖父曾是俄勒冈领地的印第安人管理专员。但扎克的性格也容易引发事端，当他得知布兰德在没有通知他的情况下就已向沃姆斯普林斯印第安人寄去拍摄费用账单，他大发雷霆，直接把布兰德赶出了办公室。扎克对旧金山日益猖獗的药物依赖氛围深表担忧和质疑，他对一切事情的极端掌控欲，最终使二人之间产生了严重的分歧和隔阂。在他们刚认识的时候，能够在一起合作是因为他们或多或少地掩饰了各自在一些本质问题上的分歧。后来扎克还是同意和布兰德继续合作这个新项目。

到 9 月，“美国需要印第安人！”项目已经在如火如荼地进行着。布兰德和莱夫勒夫妇道别后开车返回旧金山，来到扎克的商业伙伴丹·奥斯本（Dan Osborne）的家里。回到旧金山的第二天，布兰德就感觉自己在远离印第安人和西南部仙人掌之后感到十分不自在。

“我发现自己整个人都是颠倒的。”布兰德在 10 月初写给莱夫勒夫妇的信中感慨道。他说，他觉得自己不酷了。布兰德同扎克碰面后，两人尽管最终还是基本达成了共识，但是自始至终都充满了强烈的冲突和对彼此的敌意。后来，他们开始在一长卷建筑图纸上勾勒“美国需要印第安人！”展览的设计方案。这个展览项目后来成为定义美国新兴反主流文化的首批多媒体展览之一，而他们二人的合作关系自那以后也没有维持太久。

20世纪40年代，布兰德在伊利诺伊州长大。每年夏天，他都会到密歇根州希金斯湖岸边的家族营地避暑。他很早就对野生动物产生了兴趣，并在年轻时就记住了《户外生活》杂志提出的环保誓言，承诺要忠诚地保护国家的空气、土壤、矿物、森林、水和野生动物。

布兰德的父母阿瑟·鲍勃·布兰德和朱莉娅·莫利·布兰德均出身于密歇根州的上流社会家庭，他们分别就读于麻省理工学院和瓦萨学院，后来定居于伊利诺伊州的城镇罗克福德。数年后，他的父亲在那里创办了一家广告公司。

布兰德追随哥哥迈克上了菲利普斯埃克塞特学院。尽管他的学术成绩并不突出，但他的一篇关于军方在俄克拉何马州的锡尔堡（迈克当时正驻扎在那里）与环保主义者战斗的文章获得了一个令人羡慕的写作奖。

在斯坦福大学上完一年级后，布兰德说服一位堂兄，雇用他成为尤金东北部一家伐木公司的捆木工。离开时他深信，一部描写美国伐木工人的伟大小说将出自他笔下。几年后，布兰德发现肯·克西所著的《永不让步》已详细地描写了自己所发现的新世界，他只好作罢。

布兰德晋升中尉，被临时指派到五角大楼作为随军摄影师，拍摄约翰·肯尼迪总统与来访的美国陆军女子兵团的会面。当肯尼迪走进房间时，他径直朝着这位年轻的摄影师走来，布兰德却后退了，他因此错过了和总统握手的绝佳机会。

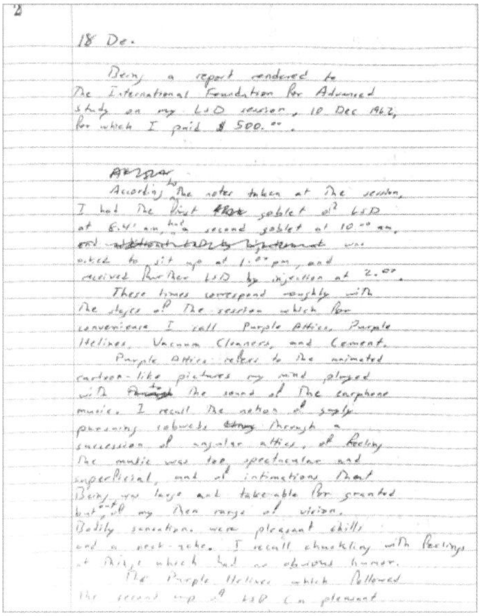

2

18 Dec.

Being a report rendered to
the International Foundation for Advanced
Study on my LSD session, 10 Dec 1962,
for which I paid $ 500.00.

According to the notes taken at the session,
I had the first goblet of LSD
at 8.41 am, and a second goblet at 10.00 am,
and [illegible] was
asked to sit up at 1.00 pm, and
received further LSD by injection at 2.00.

These times correspond roughly with
the stages of the session which for
convenience I call Purple Attics, Purple
Helixes, Vacuum Cleaners, and Cement.

Purple Attics refers to the animated
cartoon-like pictures my mind played
with to the sound of the earphone
music. I recall the notion of simply
pursuing cobwebs through a
succession of angular attics, of feeling
the music was too spectacular and
superficial, and of intimations that
Being was large and take-able for granted
but out of my then range of vision.
Bodily sensations were pleasant chills
and a neck-ache. I recall chuckling with feelings
at things which had no obvious humor.

The Purple Helixes which followed
the second cup of LSD [illegible] pleasant

1962年退伍后，布兰德回到北滩，并报名参加了由国际高级研究基金会开展的一项药物实验。该基金会位于门洛帕克，是由几位电子工业工程师和斯坦福大学教授创立的研究组织。布兰德的第一次药物体验紧张而不愉快。研究人员认为布兰德是属于那种在情感上不会向药物屈服的案例，于是他们大幅增加了他的用药剂量，试图打破他的情感壁垒。

1963年初，就在布兰德决心成为一名专业摄影师后不久，他接到了一项任务，即前往俄勒冈州中部沃姆斯普林斯的印第安人保留地拍摄他们围捕野马。他分别同3个部落生活了几个星期，那3个部落从19世纪50年代起就被迫搬至该保留地。离开时，布兰德的世界观发生了变化。他发现，比起自己所属的现代美国社会，这里的人与自然环境相处得更和谐。

1963年，布兰德开始探索美洲印第安文化，并参加了一些宗教仪式。他结识了美国原住民教会的副会长霍拉·措，后者让布兰德参加了名为“引路人”的仪式，最后还批准了他加入教会的请求，给他发了一张会员卡。

布兰德有次乘坐波希米亚艺术家让·瓦尔达的帆船在旧金山湾区出游时，认识了杰克·洛夫勒和简·洛夫勒。杰克·洛夫勒也是退伍军人，还是爵士乐手，在伊萨伦研究所当厨师和看门人。布兰德在进行对美洲印第安人的研究旅行时，杰克·洛夫勒和他的妻子曾给予他帮助。

正当布兰德独自一人身处亚利桑那州纳瓦霍印第安人居留地的某处偏远地带时，他因服用药物而产生了幻觉。在旅行途中，他站在一间泥顶小木屋外，凝视着纳瓦霍山。在他的眼中，纳瓦霍山成了一位巨大而友善的神，正张开双臂。

布兰德在20世纪70年代发起的新游戏锦标赛实际上起源于10年前，也就是1964年他在塞拉丘陵参加“米我克”印第安庆典时所观察到的场面。当时他注意到一群男孩和女孩一起玩着激烈的肢体游戏，却没有像美国中产阶级惯常的那样根据性别分开游戏。他们玩得非常开心，于是发起新游戏锦标赛的想法便一直萦绕在布兰德的脑海中。

1966年初，布兰德在自家公寓的屋顶上待了一个下午，远眺着旧金山的天际线。此后，他便发起了那场标志性活动：“为什么我们还没有看到一张整个地球的照片？”他意识到，看到整个地球的全貌将让人们看到不一样的参照系。一年之后，美国国家航空航天局才拍摄了地球的全景照片。这张照片也成为一种强有力的象征——以此团结人类，而不是分裂人类。

布兰德和肯·克西站在“恶作剧者”们的“国际收割机”观光客卡车前。在驾驶座上探出车窗的是尼尔·卡萨迪，是杰克·凯鲁亚克的小说《在路上》中不朽的“垮掉的一代”的传奇人物。布兰德是20世纪50年代“垮掉的一代”和60年代的“嬉皮士”之间的桥梁，但他从未完全融入其中任何一个群体。

尽管布兰德从来都不是“恶作剧者”，但在这张照片中，他正乘坐观光客卡车参加“奇幻节日”的毕业典礼。肯·克西组织了这次典礼，以纪念在其帮助下创立的某个时代的结束。

1966年10月那场毕业典礼之前的相关事件，在汤姆·沃尔夫所著的《令人振奋的兴奋剂实验》一书中有详细记载。最后那几场狂野的摇滚音乐会引发了反主流文化运动，也成了布兰德人生的转折点。晚会结束时，布兰德向路易斯·詹宁斯求婚。

1966年11月，布兰德和路易斯·詹宁斯在圣克鲁斯的海滩上举行了婚礼，婚礼由加利福尼亚大学哲学教授保罗·李主持。参加婚礼的人有杰克·洛夫勒、简·洛夫勒和罗伊·西博恩。西博恩是一名“恶作剧者”艺术家，也是布兰德的朋友。

个人计算机起源于斯坦福研究所在20世纪60年代所开展的研究。布兰德和坐着的比尔·英格利希成了挚友。英格利希是道格·恩格尔巴特的增智研究中心的总工程师，也是计算机鼠标指向装置的联合发明人之一。后来，布兰德在霍莫巷一户人家的后院里为英格利希主持了婚礼。

受过数学训练的路易斯·詹宁斯是《全球概览》的中流砥柱。她负责记账和管理员工，甚至还在店里的收银台帮忙。照片上是她和作家格尼·诺曼。1971年，该作家的小说《神权之旅》在《全球概览终版》上连载。

《全球概览》是在斯坦福大学西部圣克鲁斯山区的一间车库里制作的。有一小队人负责排版和剪贴照片制版。从1968年开始，他们每年出版两期概览和四期增刊，直至1971年布兰德停止了这项事业。

布兰德很快就开设了全球卡车商店，它毗邻门洛帕克火车站附近的波托拉研究院。他开设这家商店的初衷是为那些生活于乡间公社的朋友们送去商品、创意和知识，主要卖书，兼卖五花八门又古怪的工具。该店位于20世纪60年代末、70年代初旧金山半岛的反主流文化社区的核心地带。

全球卡车商店的员工们一起工作、吃饭和娱乐。这一天的午餐时间，他们正在商店后方的停车场举行一场排球赛。

1971年1月,《全球概览的最后补编》由肯·克西（右一）和保罗·克拉斯纳（左一）一同编辑，后者也是《现实主义者》的编辑。这期杂志获得了漫画家R.克拉姆“最后的晚餐”式的致敬，也是杂志《现实主义者》中的一期。

当布兰德宣布《全球概览》停刊后，为了纪念自己的出版事业画上了句号，他决定举办一场派对，并准备在聚会上给客人们一个惊喜：他将宣布捐出2万美元，让大家来决定如何花这笔钱。布兰德穿着父亲的僧袍宣布了这一决定，结果参加聚会的客人们未能达成一致。于是，在清晨时分，这笔钱的大部分都给了一个激进的、反对服兵役的和平主义者——弗雷德·穆尔。数年后，穆尔与人共同成立了家酿计算机俱乐部。

与路易斯·詹宁斯离婚后，布兰德搬到了旧金山。《协同进化季刊》创办后不久，他又搬到了马林县。他住在贝尔维迪尔的一个船屋里，经常划船去上班，下午再坐船回家。

杰里·布朗首次当选加州州长时，布兰德给他当了一年的顾问，负责邀请有趣的人和布朗交谈，以及组织各种各样的活动项目，比如“太空日”活动和“拯救鲸鱼”音乐会。与布朗的合作终结了布兰德早期的自由意志主义思想。离开时，布兰德相信良好的政府是有价值的。

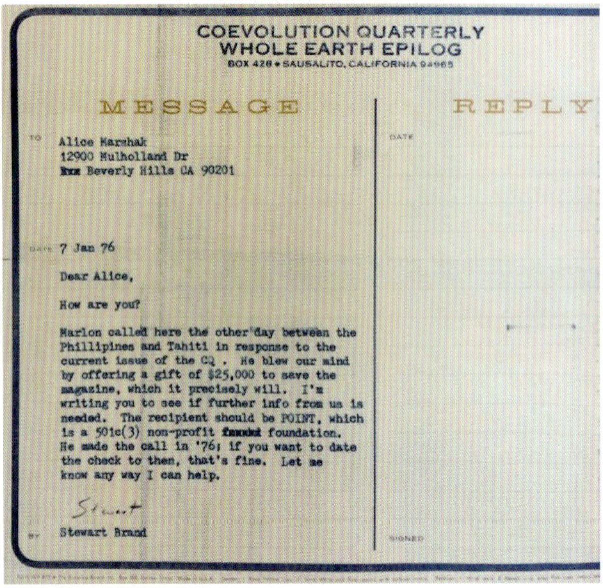

COEVOLUTION QUARTERLY
WHOLE EARTH EPILOG
BOX 428 • SAUSALITO, CALIFORNIA 94965

MESSAGE | REPLY

TO Alice Marshak
12900 Mulholland Dr
Beverly Hills CA 90201

DATE

DATE 7 Jan 76

Dear Alice,

How are you?

Marlon called here the other day between the Phillipines and Tahiti in response to the current issue of the CQ . He blew our mind by offering a gift of $25,000 to save the magazine, which it precisely will. I'm writing you to see if further info from us is needed. The recipient should be POINT, which is a 501c(3) non-profit foundation. He made the call in '76; if you want to date the check to then, that's fine. Let me know any way I can help.

Stewart

BY Stewart Brand

SIGNED

马龙·白兰度也成了《全球概览》和《协同进化季刊》的粉丝及支持者。20世纪60年代，他和布兰德成为美洲印第安人的支持者。后来，白兰度邀请布兰德到他购置的特提亚诺阿环礁岛上出版《协同进化季刊》。布兰德造访了该岛，但从未在当地出版自己的刊物。

在说服出版商，由自己编辑和制作《建筑养成记》后，布兰德将一个集装箱改造成了自己的工作室。他利用这个空间拼接想要使用的照片，做图书的页面布局。尽管该书是对现代建筑的批判，但还是深受建筑界的好评。

1977年，远在异地的女友阿莉娅·约翰逊拜访布兰德，告诉他自己怀上了他们的孩子诺亚。随后，布兰德当上了父亲，并同意做一个有点儿参与度的父亲。约翰逊后来嫁给了物理学家罗伯特·富勒，布兰德也一直积极地参与诺亚的成长。

帕蒂·费伦，后改名为瑞安·费伦，在《协同进化季刊》任职。事实证明，她是一位熟练的活动组织者，比如组织了照片中的大狂欢，以庆祝《全球概览》创刊10周年。她和布兰德购置并翻新了一艘拖船作为新家，就像索萨利托的众多船屋一样。而后两人结婚。布兰德的座右铭也变成了“先住小的，往后才能住上大的”。

“米伦号”于1912年在俄勒冈州诞生，它是一艘汽油纵帆船。布兰德和瑞安·费伦发现它时，它正停泊在理查森湾，慢慢腐坏。经过几个阶段的精心修复，现在它每年都会在旧金山湾巡游一次。

1983年，布兰德与瑞安·费伦在绿谷农场举办了一场禅宗仪式的婚礼。绿谷农场还是一座禅修中心，位于群山之间，可俯瞰太平洋。为了安抚费伦的母亲，布兰德在婚礼上朗读了一段天主教祷文。

凯文·凯利最先想出了要举办一场活动，让史蒂文·利维在《黑客》一书中提及的人物在线下见面。布兰德和瑞安·费伦协助组织了这次活动，并于1984年秋天举行。在回应苹果联合创始人史蒂夫·沃兹尼亚克的言论时，布兰德说："信息渴望变得昂贵……信息渴望自由。"几乎所有人都忽略了他这句话的前半部分，"信息渴望自由"成为互联网泡沫时代的战斗口号。

虽然布兰德早在创办《全球概览》之前就已经有了创建一个在线社区的想法，但直到1985年他才创立了在线社区WELL。在互联网出现之前，WELL是人们对计算机网络的兴趣热潮的组成部分，它也吸引了一小批忠实的用户。而布兰德提前数十年就预见可能发生在社交媒体上的冲突。6年后，离开WELL的董事会时，他认为自己创建的在线社区是存在缺陷的。

20世纪60年代，布兰德在杰克·洛夫勒的陪同下第一次参观内华达州的黑石沙漠盆地。照片拍摄于90年代，布兰德参加完一年一度的"火人节"后归来。

布兰德正看着一个万年钟的原型。万年钟项目是他和计算机科学家丹尼·希利斯一起发起的，目的是鼓励人们把眼光放长远。值得注意的是，正当硅谷和全世界都痴迷于更快的互联网时间尺度时，这两人实际上却是在着手建造世界上最慢的计算机。在亚马逊创始人杰夫·贝佐斯的赞助下，全尺寸的万年钟已快完工。

2018年夏天，阔别多年后，布兰德和瑞安·费伦回到了位于密歇根州北部希金斯湖岸边、他童年时期的避暑胜地。

在军中服役的时候，布兰德养成了一逮着机会就小憩一会儿的习惯，这个习惯伴随了他的一生。照片上是他在“火人节”期间，沐浴在沙漠的阳光下小憩。

第 5 章

拥抱多媒体的人，“为什么我们还没有看到一张整个地球的照片？”

WHOLE
EARTH

布兰德语录

WHOLE EARTH

“毕竟这世界很小。”迪士尼乐园这样唱道。我们不知道这是个威胁，现在世界正变成一个迪士尼乐园。

——摘自 1985 年 6 月日记，时值准备动身前往非洲

感召力是一种盗窃，忠诚是一个陷阱。如果一个团队对你的人生说：“你要么待在车上，要么下车。”那就下车吧。

——摘自 1985 年 6 月日记

管好你的言论。

——1985 年春为 WELL 社区制定的准则

“美国需要印第安人！”我一再重申，而且说在了巅峰上；“美国需要计算机。”我一再重申，不过说在了低谷，但这样做仍然是值得的。我坚持得晚了，因为之前我没有像现在这样，后退一步仔细审视。

——摘自 1985 年 7 月在非洲的日记

当情况到了你做一件事主要是为了金钱的地步，那就金盆洗手继续前进吧（好比目前我眼中的《全球概览》)。至少要不为金钱做点别的事情。

——摘自 1985 年 11 月日记

保持简单而直白，是虚心若愚的好办法。

——摘自 1986 年 3 月日记

1965 年 1 月，布兰德又一次跑到东部去，为“美国需要印第安人！”项目筹集资金。和以前一样，结果还是不太理想。布兰德联系尤德尔的妻子李·尤德尔，想以 5 000 美元的价格签下一家多媒体画廊，期待通过它去改变社会对印第安人的刻板印象。随后他收到一张用词礼貌的手写便条：“布兰德，恐怕我们没办法合作，我们每年的运营预算是 8 000 美元！”后来内政部长确实也给布兰德发了一个安慰奖：让他承接一份价值 1 000 美元的合同，内容是拍摄亚利桑那州温斯洛附近的印第安人就业工作团营地。印第安人事务局起先还对布兰德的项目表现出了一点兴趣，但后来布兰德发现他们并没有意向去改变社会对印第安人的刻板印象，只想加强宣传和营销。虽然有编辑约瑟夫的支持和鼓励，但是布兰德与纽约出版商屡次沟通之后，事情还是没有任何进展。

布兰德因为展览项目的事一直留在华盛顿，这让他有更多时间和詹宁斯待在一块儿。一开始，这段关系只能算是一次偶然而生的情愫。后来他们陆续打了很多次长途电话，布兰德逐渐意识到这位年轻女士对自己的意义远比起先他以为的更重要。3 月，在准备回到西海岸之前，布兰德在日记里和给朋友的信中都这样写道：“詹宁斯今天为‘宇宙神·半人马’火箭在发射台上的爆炸感到很沮丧。她觉得我们生活中每一件类似的事都让彼此之间的感情更加亲近。”布兰德补充说，“她说得没错。她是一个与众不同的好女孩。我向 23 岁的詹宁斯致敬，她是渥太华混血儿，也是我爱过的女孩中最有趣的。”

布兰德在 3 月中旬回到西南地区，继续投入采访印第安人的工作中，同时了解他们的传统草药文化。他专心钻研现代印第安考古学，并且筹备前往弗拉格斯塔夫以北比较偏远的裂石村，那里在 13 世纪时被遗弃之前已有 1 000 年的人类居住史。

在圣塔菲，布兰德再次遇到了上一年曾与他一起学习过的仙人掌教会印第安人。在陶斯，他观察过一位当地巫师看病的全过程。巫师诊断出一名部落成员背部神经受到压迫。布兰德在给德基写信时说：“（巫师）用雪松燃烧的烟净化双手，再去帮病人放松背部神经。”

在迈纳·怀特的建议下，布兰德还去拜访了摄影师沃尔特·查普尔（Walter Chappell），他曾是包括亚当斯和坎宁安在内的大瑟尔摄影师圈子里的一员。查普尔在陶斯拍摄印第安的日常仪式，他的作品基本和陶斯村有关。布兰德花了一个下午时间，一直在欣赏查普尔拍的照片。那天晚上来了一位印第安舞者兼鼓手，查普尔在钢琴上即兴演奏，大家尽情地唱歌跳舞，直到天亮。几天后，查普尔搭布兰德的顺风车前往位于陶斯西边的一个霍比人村庄奥莱比，需要开一天的车才能到达那里。那天晚上，在一轮满月下，布兰德把查普尔送到目的地之后，继续独自在月光下驱车行驶。他曾把车头灯熄灭，整个人完全陶醉在静谧的沙漠和迷人的月色之中。

然而，当布兰德抵达温斯洛时，出乎意料的事情发生了，他发现压根儿没人知道他要来的事。布兰德花了大半天时间才得知，他好不容易接到的工作突然被华盛顿一个不知道是哪里的政府机构取消了。一连几天，布兰德都感到很沮丧，他觉得自己孤独又可怜：“那我现在的生活该怎么办？”

为了弄清自己目前的处境，布兰德决定无论如何都要在沙漠里待满一周再说。1964 年秋天，莱夫勒夫妇在亚利桑那州北部的纳瓦霍人居住区定居。他们找到了一个老旧的废弃泥顶木屋，这种房屋是纳瓦霍人的传统住所。他们向部落询问是否可以居住，因为他们猜想可能曾经有人死在那里，所以那里才会成为弃屋。印第安人回答他们说：“我们是不会住进去的，但是如果你们愿意的话，可以去碰碰运气。”后来莱夫勒夫妇住到别的地方去了，于是布兰德跑到这个位于保留地最偏远处的废弃房屋里住下。在 20 世纪 60 年代初期的时候，那附近基本没人会说英语。一抵达那里，布兰德就把床垫从他的车里拖出来，摆好摄影器材，用煤油灯把屋里照亮，准备开始为期一周的静修。

在起初的几天里，布兰德只是简单地做些家务，然后就尽情地体验寂静的感觉。他只能听见风划过小屋的墙壁，穿梭在矮树林中间的声音，还有偶尔飘下的雪花落在炉子上，发出的嘶嘶声。除此之外，周围寂静无比。最后的那天晚上，布兰德读了《易经》中某句富有深意的话。

突然之间，布兰德觉得这个小屋好像变成了某种保护神，而且北面的纳瓦霍山也变成了一个张开双臂的巨大的神，像是一个绿色巨人，非常高大强壮又纯洁友善的巨人。有时候他自己也变成了一座山，后来又变成远远欣赏着这座山的其他什么，看着它迅速老化垮塌。布兰德走到户外，觉得自己像个朝圣者。他转身又回到小屋里，煮了点儿咖啡，赤身裸体地绕着炉子走来走去，挥舞着手里的奶酪，想象自己正在指挥着一支管弦乐队。

布兰德终于拥有了他长期以来试图追寻的东西，那就是一种变革性的体验。之前在门洛帕克试验中，他体验到的是幽闭恐惧症一般的束缚感。而现在，束缚感彻底消失了。他在日记中写道，由于他感到自己目前的处境非常不顺，因此这种幻觉体验更加强烈。现在没有人能来帮他，只能靠自己了。

到了早上，布兰德抬头凝视着棚顶上的烟洞，看到了几厘米厚的新雪，这让他感觉自己已经得到了救赎。现在他觉得，失去尤德尔的支持不再让他痛苦，仿佛仅仅是开过一个减速带的平常小事，这世上的一切都会好起来。布兰德起身，迅速把行李装上车。车辆在泥泞的山路上疾驰而过，他返回了加州。

视觉展示如何转变政府政策

春天时，在扎克的建筑合作伙伴丹·奥斯本家里，布兰德对“美国需要印第安人！”项目进行了一个初期模拟实验。布兰德的设定目标是让他的观众能体验一下食用仙人掌之后的感觉。这次展示中的内容本身要具有更大的广度。布兰德在展览中从视觉角度，对自己所处的白人文化环境进行了强烈批判。他收集了上一年在印第安人保留地旅行时拍摄的照片，并将这些照片和在中美洲绘制的图像放在一起展示。约瑟夫曾向布兰德推荐爱德华·柯蒂斯（Edward Curtis）的摄影作品，其中一些图像也被布兰德整合进来。受到他那些“我们的公司”艺术家团体中朋友们的启发，这个项目运用多台幻灯机和两个屏幕来播放，配乐里有印第安吟唱和鼓乐以及其他音效。最终，表演设备扩展到使用电影放映机和装有700张幻灯片的旋转式幻灯机。

在《嬉皮士、印第安人和红色政权之战》（*Hippies,Indians,and the Fight for Red Power*）中，历史学家谢里·L. 史密斯（Sherry L.Smith）提出，“美国需要印第安人！”项目种下了一颗能够转变美国人对保护美洲印第安文化价值观念的种子。她描述了布兰德的视觉展示是如何引发一场改变政府政策的政治运动的：“随着越来越多的人接受了布兰德的政治前提，人们越来越多地支持政策的转变。”[1]“美国需要印第安人！”项目将成为两种文化之间的桥梁。在这个项目主题的简单信息背后是一个尚未有定论的假设，即印第安人所处的环境是十分脆弱的，他们的生存正在受到威胁，全美国都应该学习印第安人的价值观并对他们采取保护行动。[2]

布兰德几乎无法克制自己表达的欲望，他在原声带中加入了披头士乐队的《一夜狂欢》（*A Hard Day's Night*）。他写信给斯特恩时说：“最后我们和电影放映机一起舞蹈，图像从黑暗中跃入整个房间。”后来，哈纳开玩笑说，布兰德喝的爱尔兰咖啡里必须掺入其他东西才行。

布兰德在刚取得成功时，就立马对外公开了整个多媒体展演。一个寒冷的夜晚，在旧金山艺术学院校园里，表演快开始时，他打了很多电话拉观众来看，一共吸引了 200 多人参加。后来展演由加州大学伯克利分校人类学系赞助，后续演出几乎座无虚席，很多人不得不因为场地容量限制而被拒之门外。

“美国需要印第安人！”项目的展演在 1965 年一共办了十几场，但当布兰德和扎克再次试图一起工作时，他们的关系彻底破裂了。布兰德还是觉得扎克对细节的控制欲太强，太过自我。反过来，扎克也依然对布兰德感到怒不可遏。这位建筑师经常责备他年轻的搭档，说他的这些想法太另类了。

“‘美国需要印第安人！’的展演给人一种很奇特、很不舒服的感觉，”扎克在西南部旅行的途中给布兰德写信时说，“它是武断和虚幻的结合体，就好像演讲者惯用的那种‘我知道这些事，但是你不知道’的口吻。”他在信的结尾建议布兰德背诵安托万·德·圣－埃克苏佩里的《小王子》。这本儿童读物给读者传递了这样一个启示：人生的意义只体现在为他人而不是为自己。

扎克和布兰德之间的合作一直磕磕绊绊，两人关系最好的时候是1964年9月。当时这个名叫“委员会”（Committee）的展演在北滩很受欢迎的夜总会进行了4个晚上的展示，入场费是每人3美元，后来又加进了印第安舞者表演和查普尔的钢琴伴奏。几个月后，该展演获得了《旧金山纪事报》的好评：“图片展演棒极了，幻灯片和影片放映展示了美国印第安人和白人主流文化之间各种惊人的相似、对比和转换。”[3]

自退伍之后，布兰德曾多次驾驶他那辆大众汽车横穿美国。那年夏天，他和詹宁斯过着游牧般的生活。他们经常在房车里露营，一路向东，最远到过俄克拉何马州，中途停靠在不同的露营地，沿路碰到当地的庆祝活动也会停下来。他们首先前往新墨西哥州西北部与德基夫妇会合。他们最后要到的约定地点是莱夫勒担任火警瞭望员的那个山顶。

德基夫妇是从纽约开车过来的。他们现在住在纽约，斯蒂芬觉得必须在纽约才能把他艺术家的身份充分商业化。然而，芭芭拉不喜欢纽约，她还是想回到西部。对他们来说，这次的新墨西哥州之旅给未来规划提供了灵感，他们在第二年夏天将带着建设一个新型公共世界的宏伟计划，再次回到新墨西哥州。

当布兰德8月底回到旧金山时，他仍然很喜欢和克西待在一起。他错过了记者亨特·S. 汤普森在8月7日精心策划的拉洪达派对，“地狱天使”摩托车队与“恶作剧者”们都参加了派对。后来布兰德和他们一起参加了秋季的其他活动。他在日记中写道：“我与克西和‘地狱天使’一起度过的时光，让我感到从未有过的自由和快乐。也许其中部分原因是，和他们一起的时候，没有什么现成的或可以直接获得的东西，你必须去主动寻找它才行。”

整个北滩展演都结束以后，布兰德听说在塞拉山脉脚下将举办首场“米我克”（Me-Wuk）[①] 印第安节日庆典。于是他开车到约塞米蒂谷郊外的图奥勒米镇参加庆典。此项活动在后来的50年内每年都会举办一次，一直持续至今。

布兰德想来这里为多媒体展演搜集更多的素材。他在活动中看了很多展览，体验美食，欣赏音乐和舞蹈。其中最吸引他注意的是一系列比赛，包括印第安男女都会参加的、类似于橄榄球一类的体力对抗型的运动。

他还学会了一种自有历史记载以来印第安群体内就广为流传的手势游戏。玩法是操控着两个部落去争夺一罐钱，双方试图猜中标记的“骨头”的位置。一群十几岁的男孩和女孩一起玩这个游戏，给布兰德留下了深刻的印象。美国白人青少年运动普遍是按性别分开进行的。而在节日中，他看到印第安男孩和女孩们在一起玩耍和扭打，互相碰来碰去，玩得很开心。这个景象激发了布兰德的洞察力和灵感，并在后面几年中慢慢萌芽、成形。

在接下来的一个月里，克西和“恶作剧者”们离开了拉洪达，去伯克利参加一个由“越南日委员会”（Vietnam Day Committee）举办的反战联盟组织集会，然后再去奥克兰陆军码头。虽然克西的名字并不在已公开的演讲者名单之列，但是《现实主义者》（*Realist*）的编辑保罗·克拉斯纳（Paul Krassner）直接邀请他上台发言。克西直言不讳地说，这些反战的示威者简直是在浪费时间，这使现场气氛急转直下。

沃尔夫在《令人振奋的兴奋剂实验》中也提及了他的话：“他们打仗已经打了一万年了，而你们用这种方式是根本没办法阻止的……一万年了，而现在玩这种（反战）把戏……举行集会和游行……你们现在正在做的……

① Me-Wuk 源自 Miwok，指米沃克人，是生活在北加利福尼亚州的印第安人。——译者注

和他们（发动战争者）也没什么差别……”[4]

这时候布兰德站在人群中，不住地点头表示赞同。尽管他在退伍时对军中官僚主义的荒诞感到失望，但他一直以来的立场让他并不想参与早期的反战活动。作为一名退役军人，布兰德觉得自己掌握的知识远远超过这些反战者们，更不用说他的姐夫唐纳德·桑普森就去过东南亚打仗。布兰德本人并不支持战争，他一直在越南的政治争端中处于摇摆不定的状态，但他对应召入伍的军人还是怀有基本的同理心。当布兰德听到这些反战者高喊着士兵们都是“婴儿杀手”的时候，他感到十分愤愤不平。

在10月“越南日”抗议活动结束后不久，布兰德写信给莱夫勒夫妇，盛赞克西在“越南日”抗议活动中对抗“地狱天使”们的壮举。在10月游行期间，“地狱天使”试图破坏抗议活动，他们的一些帮派成员被捕。

布兰德想通过在斯坦福大学学到的生态理论视角来看待这次抗议活动。在信中他这样描述在潮池边缘看到的热烈抗议甚至是混乱的景象：“贴在他们头上的‘标签’变成了现实，仿佛这里变成了越南。生存悖论就在于，打破旧制之后随之而来的是划定新边界和新一波山民的领地。”

这个说法是讲得通的。布兰德觉得自己能在机遇和冲突中学习和成长。这一切都在计划之外发生，是自由意志主义带来的效果，而不是来自日常生活中不断重复碰到的社会问题。

随着越战的愈演愈烈，各地的反战抗议活动让整个国家都处于熙熙攘攘的状态。布兰德竭尽全力置身事外，不打算掺和进去。1968年秋天，就在芝加哥警察殴打抗议者并向他们扔催泪瓦斯几个月之后，布兰德马上要成为一名出版商了，他决定在新出版物中对越战闭口不谈。在《全球概览》问世的前 3 年里，他一直坚持着不涉政治的出版原则。

一场混乱的“恶作剧者”派对

布兰德在“美国需要印第安人！”项目上花了两年时间，但最终这个大主题还是没有完成，其他摄影项目也基本无果而终。那个冬天，布兰德来到扎克的工作室拿走“美国需要印第安人！”的幻灯片时，他与扎克的关系终于以一种令人意想不到的难堪方式彻底崩塌。当时在帕洛阿尔托的“强力节奏”俱乐部里，“恶作剧者”们举行了聚会。布兰德打算独自去参加，扎克对他立刻火冒三丈，两人差点打起来。最后布兰德带着幻灯放映机走了。一个月后他们再次碰面，这种反反复复的个人恩怨一直持续了几十年。近十年来，扎克写过很多封愤怒的信件，甚至还给布兰德的母亲写信，要求她偿还自己在一个项目中花掉的钱。布兰德后来说，曾一起共事的人里面他非常憎恶两个人，其中一位就是扎克。他这一生都对扎克怀有强烈的仇恨。

帕洛阿尔托“强力节奏”计划以“go-go 舞蹈场景”为主打，于 12 月中旬开业。在他们开业之前，克西把夜总会租下一晚，想组织一次全然不同的派对，提供一种消除观众和台上乐队之间界限的全新体验。

第一次派对是在感恩节之后，在加州索奎尔举行。地址选在一个海军陆战队老兵肯·巴布斯（Ken Babbs）的家里，他也是克西的“恶作剧者”派的朋友。当时还有“魔术师”（Warlocks）乐队的现场表演，这个乐队后来更名为“感恩而死”（Grateful Dead）。不久之后在圣何塞举办了第二次派对。第三次的时候，布兰德带来了他的“美国需要印第安人！”展演，使得这次活动给人留下了深刻的印象。感恩而死乐队的贝斯手菲尔·莱什（Phil Lesh）在几十年后仍清楚地记得：“对于我们这些 20 世纪 50 年代看着西部片长大的白人孩子们来说，这些画面披露的现实犹如闪电般充满冲击力。”[5]

1965年秋天，克西认识的那些年轻的“恶作剧者”之一迈克·黑根（Mike Hagen）来到布兰德在北滩的家，兴奋地告诉他，“恶作剧者”们正计划组织一场超大型的派对，并且把它命名为“奇幻节日”。布兰德觉得这是个好主意，他自己也清楚“恶作剧者”团体内部组织混乱，如果任他们胡来的话是永远做不成什么事的。于是布兰德拿起电话开始四处联系。

当时，在旧金山的“矩阵”夜总会里已经出现了一种新兴音乐场景。早年间一个名为“家族之犬”（Family Dog）的乐队已经在港口工人礼堂成功举办过早期摇滚音乐会。这个礼堂是一座巨大的六边形建筑，天花板很高。布兰德向礼堂支付了300美元的定金，这样就可以让他们为1月的某个周末预留场地，但在演出结束后还要负责将大厅彻底清理干净。

目前迫在眉睫的挑战是，布兰德究竟该怎样宣传这个活动。他的第二个电话打给了杰里·曼德（Jerry Mander），他是旧金山一家知名广告公司Freeman, Mander & Gossage的合伙人，他们公司的办公室是由旧金山海滨的一座消防站改建的。曼德和布兰德在北滩见过面，他也看过“美国需要印第安人！”展演。在幻灯片展示放完之后，布兰德在最后举起放映机不断挥舞，同时疯狂吟唱西南部旅行期间学到的原住民歌曲，这一幕给曼德留下了极为深刻、生动的印象。

霍华德·戈西奇（Howard Gossage）是曼德在广告公司的合伙人，也是麦克卢汉的密友，他当时正大力推广和宣传新型电子通信方式所开启的娱乐新纪元。在曼德的心目中，布兰德绝对称得上是探索这个领域的先锋了。

布兰德跟曼德说：“我们有件事想和你交流一下。”于是曼德邀请他到办公室里来详谈。这次参加会面的人有布兰德、克西、拉蒙·森德和一个名叫本·贾科佩蒂（Ben Jacopetti）的年轻人。贾科佩蒂在伯克利经营着一个先锋剧团。这几个人都到曼德那里去求助咨询该如何营销自己的活动。

“我认识一个知道怎么把门票卖出去的朋友。”曼德转身就给比尔·格雷厄姆（Bill Graham）打电话。格雷厄姆出生于德国，在纽约长大，20 世纪 60 年代初为了和妹妹离得近一些搬到旧金山来。他曾在南太平洋铁路公司担任过统计员，但时间不长，后来又进入旧金山默剧团，成为先锋戏剧小组的发起人。曼德深知这个人的风格高调，经常开着他的希亚敞篷车在城里跑来跑去，把活动海报张贴到书店和唱片店里。格雷厄姆来了之后，非常喜欢这个提议，并同意合作。

就这样，几周后詹宁斯暂时结束自己在蒙大拿州的教课工作，在圣诞节假期里，她坐在格雷厄姆的车里，一起在金融街区疾驰而过——这是由“恶作剧者”们领导的一次未经政府批准的新年前游行活动。他们的车子边开边往外抛传单。在旧金山，获得正式的游行许可几乎是不可能的，但如果不停地四处移动并散发传单，警察和政府就很难抓到他们，同时也能够引起不小的轰动，从而起到很好的宣传效果。

布兰德完全是按照“恶作剧者”的模式来的。他开着自己的大众车，车侧面贴着一张写着“爱情启动器”的贴纸，在漫天的五彩纸屑、卫生纸和旧日历中来回穿梭。根据旧金山的传统，人们在这一年中的最后一个工作日会把这些东西扔得满街都是。布兰德通过安装在汽车顶部的扬声器，面向金融街区那些被新闻记者称作“秘书、副总裁和文员”的人们不停地广播。[6]当敞篷车拐进蒙哥马利街时，布兰德在喇叭里喊道：“你们这些城市居民！和我们一起上街狂欢吧！每片雪花上都有字，快去读读吧！嘿！快瞧啊，一只鸽子站在窗子上！所有人都来参加这次大游行吧！这简直太疯狂了！”[7]

宣传小组的成员最后到达几个街区外的联合广场，他们在这里取出了三个巨大的氦气球，上面挂着“就是现在”的长布横幅。其中一名“恶作剧者”，名号叫“大山姑娘”的年轻女子，在气球上喷着“旅行”的字样，然后把气球放到天上去。

到了 1968 年，布兰德和詹宁斯的名字出现在《令人振奋的兴奋剂实验》的开头，他们的形象广为人知。沃尔夫在这一作品中再现了克西和“恶作剧者”们的壮举，把詹宁斯描述成一个神话般的人物——这个拥有“一半渥太华血统的印第安人”，把头发向后一扬，虽然她的牙齿长得不太齐，但依旧难挡灿烂的笑容。有些遗憾的是，詹宁斯参与了前期协助宣传的工作，但因为必须在假期结束时返回学校，所以错过了正式的庆典活动。

“恶作剧者”们的服装非常有特色。布兰德和詹宁斯在为即将到来的活动做宣传时已经开始给自己佩戴上美洲原住民的标记。“我记得，当时我们拿着节日活动的宣传资料走遍了所有酒店，大堂里的人一直跟我们说，‘哦，旅游咨询台在那边’。”布兰德后来回忆说。[8] 从某种程度上讲，他们倒也没有指错路。

“求知若饥，虚心若愚”

从 12 月到次年 1 月初，“奇幻节日”进行了一系列带妆彩排。12 月，格雷厄姆在菲尔莫尔礼堂为旧金山默剧团组织举办了一次慈善活动。前一天晚上，“恶作剧者”们在缪尔海滩举行了第二次派对，然后 1 月 8 日在菲尔莫尔举行了一场规模更大的活动，差不多有 2 000 人在现场观看了“感恩而死”乐队新创作的音乐表演。当时，菲尔莫尔还只是一个位于黑人工人社区内的破旧场地，在旧金山地震发生 5 年后重建为舞厅。

那天晚上，布兰德与卡萨迪进行了一次不同寻常的会面。卡萨迪是20 世纪 50 年代“垮掉的一代”的典型代表，他和布兰德一样，也是连接“垮掉的一代”和嬉皮士之间的纽带。纪录片《另一个人》(*The Other One*)[9]记录了卡萨迪在塑造了“感恩而死”乐队以及不断丰富新兴反主流文化的价值观方面发挥着重要作用。**他的人生所体现的自由精神理想，被布兰德后来在《全球结语》中简洁地表达了出来——求知若饥，虚心若愚。**20 世纪 50 年代，卡萨迪已经是一个非常传奇的人物。凯鲁亚克《在路上》中的迪安·莫里亚蒂就是以卡萨迪为原型来塑造的。卡萨迪比布兰德年长 12 岁。在他们见面之后两年的一个寒冷的雨夜里，有人发现卡萨迪躺在一段偏僻的铁轨上，整个人昏迷不醒，最终他在墨西哥孤独地死去。

20 世纪 60 年代，卡萨迪一直和克西及“恶作剧者”们待在一起。他追求极致的速度，是一个性格狂野的人，从来不会停滞不前；他说话合辙押韵，手里经常拿着一把小锤子，仿佛催眠般地在空中一遍遍翻转。卡萨迪是整个“恶作剧者”大巴默认的专属司机，在开车的时候经常疯狂地换挡。

那天晚上，在一片混乱中，布兰德和卡萨迪在菲尔莫尔相遇了。他们找到了一个安静的地方聊天。当布兰德走近卡萨迪时，他正一动不动地站在那里，低头盯着乐队和舞者们。布兰德认识的那个卡萨迪并不是一个在多重人格中不断疯狂切换的人，而是处于非常明智，也乐于与人互动的状态。布兰德惊讶地意识到在卡萨迪身体里面一直藏着一个“沉思中的尼尔”，而没有那些“恶作剧者”们所追捧颂扬的狂躁气质。在音乐演奏的间隙，两人不断地小声交谈着。布兰德觉得卡萨迪是一个真正友善又体贴的人，并且他对周遭发生的一切都保持着清醒的头脑。

卡萨迪说道：“看起来你们的音乐节宣传进展得相当顺利啊！”[10]事实也确实如此。

一场全球范围内的青年运动

1966年的新年刚过3周，格林内尔学院（Grinnell College）英文专业的25岁学生彼得·科约特（Peter Coyote）跑到旧金山加入默剧团，开始和北滩附近红灯区的脱衣舞女约会。科约特和湾区众多追赶潮流的年轻人一样，也看到了宣传“奇幻节日”的传单。这将是一个充斥着音乐和舞蹈的狂欢之夜。在那个寒冷的周五晚上，科约特带着约会对象一起去了港口工人礼堂，他们看到停车场上站满了排队的年轻人。

科约特在人群中不断徘徊，神经被嘈杂的声光氛围轮番轰炸着。他一开始还穿着邋遢的上衣，后来干脆脱掉了。科约特突然注意到布兰德，他身形瘦削，金发已经开始轻微脱落。当时布兰德光着上身，脖子上挂着一个印第安风格的大吊坠，额头上贴着一个圆形的衍射光栅，头戴一顶插着非常显眼羽毛的黑色礼帽，坐在写着“力量之塔”旗帜旁边的地上。这个插旗的地方就是“恶作剧者”们的指挥中心，用来控制模拟迷幻体验的投影仪、扬声器、紫外灯和闪光灯等。科约特心里暗自忖度：“那个混蛋真的太会办派对了。”

在布兰德后来的复述中，这次活动让湾区的1万名嬉皮士第一次意识到他们自己的群体里居然有这么多人。这次为期3天的大型派对界定了20世纪60年代发生的文化断层的形态，这种文化冲击力至今仍在美国政治、文化和环境等问题的冲突中引发共鸣和回应。它成为一种催化剂，掀起了后来在旧金山扎根的反主流文化的热浪。事实上，从“奇幻节日”、海特－阿什伯里街区一直到打造“爱之夏”，这中间始终贯穿着一条主线。“奇幻节日”的这个周末还直接促成了菲尔莫尔音乐厅的正式成立，作为旧金山音乐界的催化剂，开辟了一条通往伍德斯托克的道路。它宛若璀璨的火花，燃起一场全球范围的青年运动，并且在仅仅两年后的1968年达到了顶峰。

标志着 20 世纪 60 年代反主流文化到来的大事件

“奇幻节日”取得了巨大反响，除了布兰德在组织和宣传方面的杰出贡献，克西也在筹备过程中功不可没。然而，在活动开始前几天的某个深夜里，克西和那位名号叫“大山姑娘”的年轻女子卡罗琳·亚当斯（Carolyn Adams）一起在布兰德公寓楼的屋顶上往下面扔鹅卵石时被捕。这件事在当地简直是头版头条新闻。此前克西已经因为牵扯进警方在拉洪达的一次缉毒行动而惹上了麻烦，后来被取保候审。法官公开告诫克西不要参加即将举办的“奇幻节日”，这一举动也大大提高了人们对这一事件的关注度。但无论如何，克西是肯定要想办法参加的。为了不被人看到，派对上克西用一套银色宇航服把自己包得严严实实的，还戴了一个头盔。

后来作曲家拉蒙·森德注意到，克西和另外两个人是仅有的三个在“奇幻节日”开幕的晚上能够一直保持清醒的人。其中有一个人是格雷厄姆，他觉得自己在这里偶然发现了一个金矿一样的宝藏。格雷厄姆拿着写字板跑来跑去，当他发现“感恩而死”乐队首席吉他手杰里·加西亚（Jerry Garcia）的吉他琴颈断掉了，停下脚步做了一个遗憾的表情。

“奇幻节日”的开幕夜，本来是布兰德站在门口负责收门票，但当他看到面前等待入场的人越来越多时，很快意识到这样是不行的。于是他赶紧把那个在美国银行研究部门工作的年轻银行家迈克尔·菲利普斯叫来一起收门票。请一位银行专业人士来做这件事儿似乎很合理，因为他显然是最知道怎么数钱的人。菲利普斯在门口收了大约半小时的门票，然后他一边往会场里端详着里面的热闹景象，一边对自己说：“我受够了（收门票），这个活动要有趣得多。”于是他说服了格雷厄姆来接手自己收门票的岗位。

彼得·考尔索普（Peter Calthorpe）是来自帕洛阿尔托的一名早熟的16岁少年。他在高中时协助劳埃德·卡恩（Lloyd Kahn）一起建造了学校的网格穹顶，后来成了《全球概览》住宅版块的编辑，和一个公社团体住在一起，设计了几年的灯光秀。卡恩的专业是建筑设计，他后来成为一名国际知名的城市规划师，以宣扬新城市主义、步行社区的概念而闻名遐迩。10年后他住到了索萨利托的一艘船屋里，成了布兰德的邻居。

“奇幻节日”开始前，在“矩阵”夜总会这样的地方举办的摇滚音乐表演中，观众在观看演出的时候通常一直要坐在自己的座位上。现在克西和“恶作剧者”们正在打破所有的限制和束缚，不管在什么情况下，观众都能成为演出的参与者。“恶作剧者”们在场地周围铺上降落伞等其他设备，目的是抑制场地中的回声。罗恩·博伊斯（Ron Boise）是当地的一位雕塑家，两年前因为创作出一些描绘《爱经》（*Kama Sutra*）的艺术作品被警方没收，而在旧金山声名大噪。博伊斯带来了一种叫作“打雷机”的奇怪仪器，它是由从旧汽车上取下的大型金属零件和弦绳一起制成的，可以让10～12个人同时演奏，发出各种奇怪的声音。还有很多艺术展品散布在四周，其中一张桌子上展示和出售的是“奇幻节日”主题的短袖衫，旁边还有卖昆虫书籍的摊位。一位加州大学伯克利分校的体操运动冠军在派对里的任务是，在阳台和蹦床垫之间跳来跳去，闪光灯给他的表演平添了一种超现实的氛围。

整个活动过程对布兰德本人来说算是喜忧参半。第一天晚上，他在大厅的一侧搭建了一个盖着帆布的大型印第安锥形帐篷。在帐篷里，布兰德和哈纳一起玩着布兰德在去年秋天发现的印第安手牌游戏，但问题是观众在外面完全看不到帐篷里正在进行的游戏。投影仪在帐篷的帆布上播放着从布兰德多媒体幻灯片里选取的图像，但大家觉得效果并不理想。布兰德和哈纳身上都戴着麦克风，过了一会儿布兰德开始大喊：“嘿！现在我们要飞走了！我们随时都会飞走！喂噢吗哈！苏呐呐呐咿哈！苏呐呐呐咿哈！”可惜的是，他俩作为展览的主角和游戏参与者，从观众视角来看是完全隐藏起来的。观众感知不到这种专门设定的新型多媒体节目的表现形式。这本应是一个很不错的主意，但最终呈现的效果并不令人满意。这是布兰德最后一次展示“美国需要印第安人！”的表演。

另外，在星期五，克西把一台高架投影仪当作一个巨大的类似于原始推特账户的东西，在其中一个大屏幕上不断写下简短、有趣的语句，例如“我们的杀戮场里有多么奇妙的奇迹”等。

扎克对整个活动非常反感。他很讨厌“恶作剧者”们，不断地在克西的手写评论版块上放映着建筑幻灯片。他和布兰德吵个不停，这次轮到布兰德对这个建筑师的控制狂行为大发雷霆了。

尽管后来“奇幻节日”被抬升到一个标志着 20 世纪 60 年代反主流文化到来的大事件，但布兰德和其他几个人都认为开幕的周五当天晚上其实是有点搞砸了。事实证明，观众买票来这里也不是为了专门体验前卫生活，他们只是想跳舞而已。到了半夜时分，有人走到麦克风前说道：“觉得好无聊啊！”之后大家感到越来越没意思，陆陆续续开始离场了。

直到周六晚上，“感恩而死”乐队修好乐器，完全点燃现场气氛，整个“奇幻音乐节”才总算正式开始了。大家确实是来跳舞的，没人愿意站在圆锥帐篷外面去看那些好似随意播放的幻灯片。后来布兰德也感到无可奈何：“乐队开始表演之后，其他所有节目都没人看了。”[11]

活动结束后的那个周一，活动的策划者团队聚集在菲尔莫尔礼堂对面的一家小咖啡馆里，分配在这个周末赚到的 14 500 美元。格雷厄姆刚刚签署了音乐厅的租约，也来参加了。虽然格雷厄姆只分到了 900 美元，但他在参加演出的“老大哥控股公司”、“感恩而死”和“装货区”这几个乐队身上发现了新的商机。贾科佩蒂的剧团也拿到了 900 美元，布兰德分走了 1 400 美元。活动的大部分收益给了“恶作剧者”们。克西为了躲避牢狱之灾早已跑到墨西哥去了，大山姑娘后来说大部分钱被他卷跑了。

一个月后，格雷厄姆在菲尔莫尔开启了一场为期 3 天的舞蹈音乐会。宣传海报上写的是：“（这里有）和‘奇幻节日’一样的声光享受！”

20 世纪 60 年代风潮就这样掀起来了。

“为什么我们还没有看到一张整个地球的照片？”

布兰德无法抵抗派对和跳舞的诱惑力，在洛杉矶举行的几次派对，布兰德去了其中的一回。不幸的是，这次活动中的重头戏似乎是和拍电影有关。到了午夜，布兰德决定还是返回湾区。在他要走时，尼尔·卡萨迪跑过来询问能不能搭个便车一起回去。于是布兰德开车把他捎上了。

清晨时分，布兰德开着大众汽车疲惫地沿着文图拉高速公路驶入山区，卡萨迪提议：“要不我来开吧？”

布兰德同意了，他在路边停车，二人交换了位置。卡萨迪立刻把车速提到前所未有的程度。他开始玩一个可怕的冒险游戏，让车冲向每一个电线杆，看看自己究竟能把车开到离马路最边缘多近的地方，然后在极限处猛打方向盘，再保持安全距离。

布兰德完全被他吓瘫了。

“你能帮我掷个骰子吗？”当车眼看着要撞上迎面而来的电线杆时，卡萨迪漫不经心地问道。车身颠簸不堪，布兰德只能尽力迁就着卡萨迪。

这是布兰德经历过的最可怕的旅程。当他们终于驶入萨利纳斯，卡萨迪下车之后，布兰德才算松了一口气。这时他独自一人，轻松地翻山越岭前往大瑟尔。以前他曾经历过若干次幸免于难的时刻，比如降落伞没有打开，在波托马克河的桥上险些遇难，等等。但这次的体验是不同的，他体验到一种新的解脱感，有一种彻底得到解放的感觉，仿佛自己真的是无所不能的：可以徒步走到中国，甚至可以和詹宁斯结婚。**布兰德不仅仅是避开了一场交通事故，而且是彻底跳脱出来了。此刻他觉得自己自由了。这就是一种由偶然性主导的生活方式，没有什么宏伟的计划，而是保持开放心态，做当下认为的最有趣的事。**

2 月，布兰德给父亲写信，想再次尝试着打消家人的恐惧和担心。他告诉父亲自己组织的“奇幻节日”在商业上取得了成功。他在其中投入了 250 美元，活动之后的总收益是 14 500 美元，他分到了其中的 1 400 美元，而且在短短 4 天内便付清了所有人应得的报酬。

除了这些，布兰德还说，虽然他曾经对兰德的观点感兴趣，但后面越来越认为她放任自流的资本主义观念已经落伍了。现在他认为富勒关于支持技术主义的观点——坚信计算机化和自动化时代将很快带来一个无限丰富的世界，越来越吸引他。富勒是一位打破常规的发明家和未来主义者，他提出了一种从整体系统去考虑问题的思维。布兰德在 1966 年初参加过他在圣何塞举办的一系列讲座，后来他成为富勒的系统思维方式的忠实拥护者，这种思维将成为《全球概览》的框架原则。

布兰德在写给父亲的信里强调了合作的力量，他解释说："协同作用是整个系统进行的独特行为，不受各个子系统的影响。"不能强调某个事物的单独意义，系统运转可能产生意想不到的结果，也不能保证这些结果都是积极的。

布兰德还向父亲解释说，自己深受麦克卢汉的影响，按照他的观点，这个世界正处于一场信息传播革命之中。他提出，父亲在业余时间对无线电的狂热爱好就是这场更深层次革命的先兆："正是因为你所热爱的电子领域的存在，使得我们所处的环境在内部不断破裂，群落也分崩离析，世界正在重塑。"

这次通过信件和电话进行的远距离争论非常激烈，父亲愤怒地谴责布兰德简直让家族名誉扫地。布兰德回信告诉父亲，如果父亲现在觉得姓布兰德很丢人，他完全可以改名，但他不想改："我为自己的姓氏感到骄傲，也为我的父母和我自己感到骄傲。爱你们，斯图。"

布兰德很快得知，父亲此时正在与癌症做斗争，而他最后也是死于癌症。布兰德不知道该如何与父亲谈论他的病情，于是他又给父亲写了一封信，询问到底应该怎么提及此事："我应该咬紧牙关闭口不言吗？或者说我们应该把死亡视为一个重要的话题好好聊一下？"布兰德自己就曾与死亡擦肩而过，但这回完全不同。这是第一次他周围最亲近的人面临着死亡，这让他的心情越发沉重。差不多两年后，父亲去世了。

布兰德身边的 3 位朋友，即莱夫勒、德基和克西，他们每个人似乎都是过好自己人生的榜样。布兰德认为他们分别对应了老子、佛陀和尼采的特点。莱夫勒选择了乡村生活，德基投身于公共生活，而克西基本还是过着城市生活。莱夫勒的生活方式最适合个人品格的修炼和成长，而德基的方式最能激发创造力。奇怪的是，尽管克西否认了自己信奉激进主义，但布兰德认为他的生活对社会产生的冲击力是最大的。布兰德觉得自己想同时走这三条路，这意味着他必须找到第四种方式，也就是他自己的路。

布兰德与詹宁斯的关系越来越亲密，她仍在印第安保留区任教。那年冬天，詹宁斯怀孕又流产了，在失去孩子的痛苦中，他们在情感上也更加互相依赖了。

在这之前，布兰德给曼德写了一封信，询问能不能去他的广告公司工作。布兰德说，他们家马上要多一个或两个渥太华印第安小孩了，因此需要找一份“正常的工作”。曼德虽然很喜欢布兰德，但没有空缺的位置，只能给他提供一份修理家具的临时工作。

目前的情况是，布兰德找不到一份有固定收入的工作，虽然他很喜欢摄影工作，但这个工作没法给他带来可观的收入。布兰德作为“奇幻节日”经理人的成功经历可能是他唯一能继续下去的职业道路。他在 1966—1967 年这段时间里组织策划过一些活动，但脑子里一直没有一个明确的方向。布兰德所拥有的就像他小时候一样，依旧是那些源源不断的点子和想法。每隔一段时间，这些想法中的某个就可以被拿出来，他可以实际做点事情来看看是否行得通。

1966 年 2 月底的一天下午，布兰德在北滩的屋顶上时，心里一直在牵挂着父亲的病。他想向其他人提出那个让他整个下午一直在思考的问题：为什么太空计划到现在都没有公开一张整个地球的照片？第二天，布兰德跑到图书馆，从国会名址录中复制了一份地址清单，向上面的每位参议员和众议员寄去一个手工纽扣，并附上了这个有点阴谋论倾向的问题。他还找到了另一个目录，把纽扣寄给美国国家航空航天局官员、联合国官员、俄罗斯科学家等人。布兰德也给富勒和麦克卢汉寄去了纽扣。令他意想不到的是，富勒回信说他的努力是徒劳的，因为任何时候都不可能看到地球一半以上的图像。过了一段时间之后，他俩在伊萨伦见面了，布兰德当面向他解释这个概念，富勒又转而支持布兰德的想法。

从屋顶下来后，布兰德制作了一块胶合夹层板，把上面涂满亮蓝色，用荧光红写下“为什么我们还没有看到一张整个地球的照片？”。布兰德加上了一个托盘来盛纽扣，他打算以每颗 25 美分的价格出售。

刚开始的时候，布兰德有点怯场，詹宁斯也来现场给他加油打气。布兰德穿上白色连体衣，戴着一顶带有水晶心和花的礼帽，站在加州大学伯克利分校校园里的萨瑟门旁边来来往往的学生群体之中。

尽管这时候已经是言论自由运动之后的第二年，布兰德的行为应该是完全没问题的，但由于他并不是这里的学生，学校还是把他赶出了校园。在被迫离开之前，布兰德遇到了天体物理学家乔治·菲尔德（George Field），他一下子买了 5 个纽扣，并且告诉布兰德，他下周就要去美国国家航空航天局。布兰德还碰见《纪事报》杂志（*Chronicle*）的一个记者，他后来用保守、谦虚的措辞写了一篇关于布兰德的文章。

紧接着，布兰德又去斯坦福大学学生会大楼前守着，在那里他遇到了一群美国国家航空航天局科学家，并和他们交流了一些有关太空计划的七七八八的信息。最后，詹宁斯和布兰德一起去了东海岸。布兰德分别在哥伦比亚大学、哈佛大学和麻省理工学院戴着羽毛礼帽，端着夹层板和纽扣。在哥伦比亚大学的时候他见到了一个人，这个人坚持认为，之所以不能展示整个地球的照片，是因为地球的完整形状像一个甜甜圈。后来到了麻省理工学院的时候，布兰德那个在这里任教的兄弟彼得也来捧场。某天下午一位系主任路过时问道：“那到底是谁啊？”彼得回答说：“那是我的弟弟。”

事后看来，布兰德当时观察整个地球的视角为我们对自然与技术之间关系的思考带来了翻天覆地的变化。《绿色反主流》（*Counterculture Green*）的作者安德鲁·柯克（Andrew G. Kirk）这样评价布兰德：“整个地球的形象让所有看到它的人学会从整体上思考。”[12] 目前，尚不清楚布兰德这个提议是否在航天局内部引起了某种回应。

多年后布兰德遇到了一位美国国家航空航天局的安全官员。他告诉布兰德，总部派他去调查一个来自加州的怪人，那个怪人来信询问为什么没有拍一张整个地球的照片。经过一番彻底调查之后，这个官员得出的结论是布兰德的动机和行为是完全无害的。在向上递交的报告末尾，他也跟着问：“顺便说一句，为什么我们还没有看到一张整个地球的照片？”[13]

在整个宣传活动结束之后，布兰德和詹宁斯延长了他们计划中的在东海岸的逗留时间，搬到加纳维尔的“我们的公司”艺术家团体那里住了一段时间。斯特恩也住在附近的伍德斯托克，他的大部分时间都在团体的教堂里待着。他把布兰德介绍给另一位年轻的退伍军人约翰·布罗克曼（John Brockman）。布罗克曼一直穿着军装，他和布兰德不一样，他经常响应征召回到陆军服役。

在哥伦比亚大学攻读工商管理硕士学位期间，有一次布罗克曼在纽约一个报摊上看到了《现实主义者》，当时他已经开始进入传统商业领域工作。克拉斯纳写的地下时事通信让布罗克曼觉得自己之前并没有异想天开，或者说至少有其他人也同意他对现存体制的看法。无论是从哪方面来说，布罗克曼都仿佛是布兰德在东海岸的镜像一样。当他们两个人刚认识时，布罗克曼正组织策划一个前卫电影系列，并将其命名为“拓展电影节”，这与布兰德在西海岸的“奇幻节日”涉及的许多主题十分相似。

反过来说，这两个人又是截然不同的。布罗克曼是循规蹈矩的波士顿犹太人，而布兰德却是一个充满怪异想法的“刺儿头”。布兰德和许多USCO里的艺术家团体内的艺术家一样尝试过很多事物，而布罗克曼则强烈抵制任何可能会改变思想的东西。这群艺术家的口头禅是“我们是一个共同体”（We R All One），当布罗克曼加入后，这个口号就改成了“除了布罗克曼，我们所有人是一个共同体”。

布罗克曼给这群艺术家找来一个演出的活儿。按计划原本要在长岛的罗斯福机场一个旧机库里制作一个迪斯科视频，但艺术家们又转而想在纽约河滨博物馆里策划一个主题为“入时”的展览。这个概念还是斯特恩在早年间提出的。

“我们是一个共同体”展览于6月开幕，并在当时的媒体上引发了不小的轰动。其中，1963年斯特恩为旧金山艺术博物馆创作的臭名昭著的作品《联系是唯一的爱》（*Contact is the Only Love*）被从西海岸运过来。该团体其他艺术家也都贡献了自己的作品，包括德基最近创作的用控制面板上的闪灯构成的电子画。布兰德的作品是一段名为“拉格相位”（Phase Raga）的混合背景音频。

这个展览在当时引起了强烈关注。史蒂夫和芭芭拉·德基受邀参加了芭芭拉·沃尔特斯（Barbara Walters）主持的节目《今日秀》（*Today Show*），节目中他们的额头上都戴着衍射光栅。《生活》杂志把这次迷幻艺术展刊登在9月月刊的封面上。杂志中引用了其中一位艺术家的话：“我们尝试着通过轰炸感官的方式来让思想升腾。”[14]

“学习一种能够掌握任何知识的能力”

布兰德和詹宁斯在 6 月回到了西海岸，他们帮助斯特恩和卡拉汉继续完成了若干次“我们是一个共同体”展览，其中包括在备受瞩目的旧金山某个研究会议上进行展示。布兰德还想寻找其他可能的场景来展示他的作品，但没有成功，只能先这样举办多媒体活动。他开始提出一系列旨在把“我们的公司”艺术家团体多媒体创意和克西的派对体验结合在一起的活动。最后布兰德找到格莱德纪念教堂，这里在塞西尔·威廉姆斯牧师（Reverend Cecil Williams）的领导下正在转变成一个开放场所。

布兰德给出了一个雄心勃勃的提议，想将琼·贝兹（Joan Baez）和“感恩而死”乐队等一系列民谣和摇滚音乐家，以及团队内的艺术家和诸如金斯伯格等其他反主流文化名人聚集在一起，选一个周六晚上在教堂里举办一场盛会，布兰德称之为“变形”（Metamorphosis）。他在写给教会元老们的信中写道，教堂举行的电子音乐会能吸引新一代年轻人。“先生们，我们将以自己的精神方式进入教堂，这会让人大吃一惊。”

布兰德补充说，思维一定要发散才能让其他人从中学到东西。除了热情和有感染力，他的提议和计划并没有得到教会的认同，于是该计划很快就夭折了。

学习即将成为布兰德生活的中心主题之一。在斯坦福大学的经历给了他一个人生启示：“我实际上并不是来这里学习法语或其他任何具体知识的，而是正在学习一种能够掌握任何知识的能力，然后我可以去过自己的人生……我不需要上课。”学习本身就是它的目的。

布兰德开始将学习视为保持个体和团队活力的基本要素。人必须学习技能，学习如何获得和使用工具。他对于工具使用的想象在《全球概览》的体现就是将副标题定为“使用工具”。这也部分源于他在1966年与富勒的会面，那时富勒对他说：“如果你想教人们掌握一种全新的思维方式，其实没必要去费心传授。给他们一个新的工具就可以了。使用它的过程会带来思维方式的转变。”

布兰德开始相信工具从其内在本质上来说就是民主平等的，它们将成为社会变革的推动者。此外，他对工具的热情转化为技术爱好者的普遍立场，坚信人类进步取决于技术进步。第二年，布兰德加入恩格尔巴特的团队时，更加确信这一观点。恩格尔巴特是一位反传统的计算机科学家，他将计算机视为最通用的工具。

7月，布兰德和詹宁斯到大瑟尔参加伊萨伦研讨会。之后，他们徒步回到荒野，花了3周的时间去感知这片土地上的原始生活。尽管布兰德依旧对旧金山情有独钟，但他也非常热爱原始生活给人的浪漫感觉。詹宁斯其实对回归荒野是持怀疑态度的，但她还是跟着布兰德一起去冒险了。

为了深入荒野24千米深的腹地，他们翻过了1 000米高的山脊，直视着笼罩在浩瀚太平洋上空的云层。他们在一起的最初几年里，相当一部分的时间是在旅途中度过，在房车里过夜的。当他们在亚利桑那州山地上徒步旅行时，詹宁斯所拥有的印第安血统就发挥作用了。她在荒野中无所畏惧，连闪电也不怕，总是把布兰德放在首位去关照他，简直就像响尾蛇一样厉害！

他们随身带着玉米麦片、尤尔·吉本斯（Euell Gibbons）的野生食物经典指南《追踪野生芦笋》（*Stalking the Wild Asparagus*），还带了一支步枪。有一段时间，他们只吃玉米麦片外加一些百合根。他们发现百合根生长在一个隐藏在瀑布下的深水湾旁。在布兰德成功猎到一只鹿之后，饮食条件终于得到了改善。黄昏时分，布兰德在溪水对岸看到了茂密的灌木丛中有一只鹿。他小心地追踪着，开枪击中它的头部。布兰德把鹿给处理了，掏出鹿肝生吃了下去，然后把尸体扛在肩上，回到营地。他们靠着这头鹿过了好几天。

二人继续前往西南部，享受着乡村生活，拜访了霍比族印第安人。然后他们驱车前往新墨西哥州的一个公社，这里就是德基夫妇带着激进梦想建立的地方。

这个公社的名字叫作“索勒克斯－拉玛”（Solux-Lama），后来简称为“拉玛”。在蒂莫西・利里的哈佛前同事阿尔珀特的帮助下，德基夫妇和朋友乔纳森・奥尔特曼（Jonathan Altman）于当年夏天在这里成立了公社。阿尔珀特在斯坦福大学任教，并在大学南部的洛斯阿图斯山丘住了一段时间，布兰德偶尔会在他的后院搭帐篷住下。布兰德和他们一起在新墨西哥州发现了这处房产，他当时在后来盖公社的地方搭起帐篷，住了好几周。后来这里成为返土归田运动的重要力量之一。当年被人称作拉姆・达斯的阿尔珀特与德基合作撰写了畅销书《活在当下》，德基为该书设计了配图和排版。布兰德为这本书的首版提供了照片。

讽刺的是，尽管《全球概览》在几年后的公社运动中发挥了关键作用，但布兰德从未产生回归乡村生活的想法。他和詹宁斯在拉玛只待了几周就走了。德基想要努力打造一个新世界，而布兰德虽然觉得这个想法很棒，但他本人并没有承诺要参与些什么。詹宁斯对德基强加给公社的公共等级制度不甚认同，她认为这种制度过于严苛，近乎邪教。他们很快决定返回加州，在半岛上定居。

然而，这并没有阻止布兰德继续梦想创建一个理想的社区。他幻想着他的乌托邦集体应该具备的特点。比如有一次，他考虑将社区用排球场的方式一分为二，这种想法可以说是既细致又太乌托邦了。

8月，在科罗拉多州南部韦尔法诺谷，在一家名为“自由”的艺术家公社里，布兰德提出了创建一个只能通过步行进出的山区社区的构想。它将由一个执行委员会和定期举行的城镇会议负责管理，社员在16岁之后就可以参加投票。公社的收入来自对文化活动的征税。人口多少取决于拥有两个以上孩子的家庭数量。各类社区创意活动，例如游戏等，都是可以随意进行的。如何设置一种机制来鼓励创业精神是布兰德在日记中写下的悬而未决的问题。

布兰德觉得远离城市喧嚣，到一个偏远的地方去，是一个更好的主意。他向“莱姆莱特斯”（Limeliters）民谣乐团贝斯手卢·戈特利布（Lou Gottlieb）提出了一个叫“后四十”（back forty）的想法。戈特利布碰巧在索诺玛县拥有一些私人地产。之前和布兰德一起组织“奇幻节日”的森德的第一任妻子是19世纪奥奈达印第安人后裔。到了第二年，也就是1967年，森德建议可以在这些私人土地上创建一个新社群实验，也就是后来建立起来的晨星公社。[15] 这与布兰德的设想完全背道而驰。

夏天就这样结束了，所有这一切都让布兰德感到不称心，他甚至有一种好像待错了国家的感觉。公社其实不算是完全的乌托邦，但他还是经常感到无聊。布兰德对日益壮大的公社活动的看法越来越复杂，因为它通常是围绕着富有魅力的领导者而形成的，这会导致他想要避免的邪教行为。布兰德能做些什么“有用”的事呢？他一直想弄清楚这一点。

“我们是不是该结婚了？”

在成瘾类药物还没有成为一种在美国普通大众间广为传播的娱乐品

时，一小群学术和军事研究人员最先对它的效用进行了探索。一直到 1966 年 10 月 6 日，使用成瘾类药物在加州被正式划定为非法行为。克西逃往墨西哥并试图以假装自杀的方式逃避追查。9 月 30 日，旧金山的校园广播中突然传出克西那虚无缥缈的声音。这是一次名为“无所谓是什么”的活动中的一部分。虽然属于非法活动，但他的倒数第二次派对还是在一个周末的晚上举办了，由一个学生运营的实验学院提供赞助。

在学年开始时，布兰德联系了一群旧金山州立大学的学生领袖们，他们聘请布兰德组织一场以“奇幻节日”为蓝本的活动。活动宣传海报里说，周末晚上的活动研究主题为“我们怎样才能飞得更高？”。布兰德已经提前预约了“感恩而死”“迷迷法利纳”（Mimi Fariña）和其他几个湾区乐队。现场会有一整套迷幻摇滚乐以及灯光秀、舞蹈切磋，还有精心制作的“声音雕塑”，以及麦克卢汉式的媒介互动，屏幕工作人员在派对进行期间随时将信息反馈给观众。这张海报由布兰德设计，印着一张从月球上看地球的照片，他在其中也传达了 1966 年初时的那个构想：“为什么我们还没有看到一张整个地球的照片？”海报里的月球表面贴满了希罗尼穆斯·博斯（Hieronymus Bosch）《人间乐园》（*Garden of Earthly Delights*）中的裸体人像。布兰德预料到学校官方会来找麻烦，于是他在对外公布海报之前先秘密打印了 8 000 张。这次活动售出的门票远远超出了原计划的 1 万张，几乎快达到了旧金山州立大学全部的 1.6 万名学生了。“杰斐逊飞机”（Jefferson Airplane）乐团本来并不在正式表演嘉宾之列，但当天晚上在“感恩而死”乐队演奏了一会儿之后，该乐团的成员们也跑到台上去，两个乐队开始一起即兴表演。

布兰德把“恶作剧者”们也放在了名单里，他们都想参加这次活动，其中也包括隐姓埋名的克西。但由于沙漠温度太高，他们的大巴在从墨西哥赶来的路上屡屡抛锚，宠物鹦鹉也在途中死掉了。不过最后，他们还是赶在周五傍晚的日落时分抵达旧金山。“无所谓是什么”即将正式开启。

布兰德后来说，他在和旧金山州立大学的学生们在一起时，发现他们展现的政治风格与自己不同。布兰德觉得有点儿害怕，想要退缩，这也正是他对新左派的反感之来源。现实情况则要更加微妙。

“无所谓是什么”派对最后能顺利举办，多亏了詹姆斯·尼克松（James Nixon）在1966年参加的全体学生会主席选举。尼克松之前住在海特街，他觉得自己是嬉皮士。1965年，尼克松和包括妻子辛西娅在内的其他几位学生一起创建了所谓的实验学院。这群自封的革命者深受古巴革命的影响，决定开始通过集体夺取学校控制权并组织自己的教学系统和破坏既定的教育等级制度的方式来反抗现实。就像20世纪60年代在湾区出现的很多非主流教育改革一样，它来得快，去得也快，在现实条件下，只持续到1968年大学学生罢工结束。尽管布兰德对学生起义背后的政治深恶痛绝，但他还是将他们的许多观点和社区组织方法带入了《全球概览》以及他后来创建的各类以学习为导向的项目中。

成功当选为学生会主席之后，尼克松发现自己拥有了掌控一笔巨额预算的权力：学生会的年收入有50万美元，自助餐厅和书店每年也能带来100万美元的进账。当布兰德向学生会提出办一个文化盛会的想法时，尼克松欣然接受了这个提议。他觉得这是一种很好的方式，能将湾区现下正在经历的公民文化政治与他们试图掀起的教育革命很好地结合在一起。

学生会让布兰德和詹宁斯在校园办公室里组织筹划这次活动。布兰德聘请杰瑞·曼德的公司进行宣传，活动在开始前获得了当地电视台和媒体的关注。尽管在不久前，警察枪杀了一名黑人少年后的前一周，旧金山包括菲尔莫尔区在内的几个街区都发生了骚乱，大学行政部门也担心旧金山的黑人公民会闯进来占领学校，但还好最后活动还是顺利进行了。学生会还专门找来私人安保团队，但尼克松不让他们离人群太近。为了响应女权运动日益增长的影响力，负责整个活动安保任务的是一支全部由女性组成的团队。[16]

虽然活动本身是成功的，但它预示着新左派和反主流文化之间即将出现深刻的分歧。一年后尼克松和布兰德两家之间也产生了隔阂和裂痕。

几周后，克西从墨西哥回来了。他在墨西哥时收到了加州政府对他的指控，他自己也成了逃犯，因此只能悄悄潜回来参加这次“无所谓是什么”派对。克西从旧金山驾车向南，一直和警察玩着猫捉老鼠的游戏，布兰德和其他几个“恶作剧者”则开着另一辆车跟在后面。两个探员在下班回家的路上无意中发现了克西，在他下车狂奔后立刻追了上去。最后奇迹发生了，虽然克西伪造自己死亡，在墨西哥逃亡了6个月，但联邦调查局并没有对他提起诉讼。克西的律师也说服了当地法官不再深究。私自服用成瘾类药物现在已是非法行为了，克西说服了法官，说他可以利用自己的地位来影响年轻一代，尽可能让他们摆脱掉这种风气。

派对的终结仪式计划于月底举行，这次想要传达一个内涵，就是依赖成瘾类药物的时代即将走向终结，“恶作剧者”们和朋友们也要重新开始新的人生。最初这个活动的节目里应该有“感恩而死”乐队参加，地点选在“冬雪之地”舞厅。克西此前失去了格雷厄姆以及《纪事报》非常有影响力的音乐评论家拉尔夫·格利森（Ralph Gleason）的信任，格利森的意见对于那些可能愿意来参加的人来说是很重要的。另外，团体本身内部也已经七零八落。许多成员觉得克西放弃了成瘾类药物，就等同于背叛了他们的宗旨。这时候布兰德介入其中，和“恶作剧者”们一起组织这次活动，现在他们只能把场地设在市场街以南离警察局近一点儿的一个昏暗仓库里。虽然各路宣传媒体还是如约而至，但参与者还是少了很多。

在一个空气清冷的黎明时分，夜色渐渐褪去，布兰德和詹宁斯一起爬到仓库的屋顶上。布兰德问詹宁斯:“我们是不是该结婚了?”两周后，他们在圣克鲁斯的海滩上举行了结婚仪式，整个过程由克西的一位朋友——加州大学圣克鲁斯分校的哲学教授保罗·李（Paul Lee）主持。那是11月的一个雾蒙蒙的早晨，婚礼仪式规模很小，其他参加的人只有莱夫勒夫妇和布兰德的“恶作剧者”朋友罗伊·西博恩（Roy Sebern）。

布兰德意识到，现在是时候从克西和“恶作剧者”们中脱离出来了，同样要摆脱的还有对神秘主义的痴迷。布兰德已经断定克西他们现在正运作着一个邪教组织，他对克西控制“恶作剧者”们的方式感到十分不满。许多年后，他看到旧金山禅宗中心院长罗西·贝克（Roshi Baker）周围也发生着同样的事。布兰德把这种对神力的使用描述为“窃取”。

布兰德认为自己曾多次穿过赫胥黎描述的宇宙空间的感知之门，他觉得这不再算是什么新鲜事了。此外，在认识尼克松一家人后，布兰德对其他非主流教育方式产生了兴趣，同时还捕捉到了促成硅谷形成的技术气息。他突然想到教育和技术可以通过一种非常有趣的新方式结合起来。是时候为下一步做打算了。

第6章

《全球概览》创始人，改变世界的方向盘

WHOLE
EARTH

布兰德语录
WHOLE EARTH

学问的一个主要来源，也许是最主要的来源，就是别人犯的错误。

——摘自 1986 年 8 月日记

牛是成了奴隶的鹿。

——摘自 1987 年 6 月日记

当新技术滚滚而来的时候，如果你不成为压路机，你就只能沦为底下被碾压的路面。

——摘自 1987 年《媒体实验室》（*The Media Lab*）

我们塑造了建筑物，建筑物又反过来塑造了我们。（温斯顿 · 丘吉尔语）
我们又再次塑造了建筑物。

——摘自 1987 年 9 月日记

长大成人及其相关技巧，大体上就是防止冒险。

——摘自 1988 年 7 月 27 日日记

这间书房本身就是一扇窗户。

——1988 年，布兰德回应约翰 · 布罗克曼认为的
在集装箱里打造一间连窗户都没有的工作室是个“让人毛骨悚然”的主意

布兰德夫妇和尼克松夫妇穿过湾区周围的社区和后巷，在高速公路上开了一整晚的车。他们一边在路上行驶，一边进行着头脑风暴。布兰德在开车的时候，另外三人一直在讨论，如何将尼克松夫妇在实验学院开展的基础教育工作与布兰德夫妇了解到的正在南部科技界中崛起的新计算机技术相结合。

尼克松和布兰德各自代表了 20 世纪 60 年代反主流文化的对立面。布兰德和克西一样，认同反战运动具有非常奇幻的一面，而尼克松则从社会革命中得到启示。尼克松试图执掌权力，而布兰德则有意绕过权力。最后他们不同的理念还是导致了两人伙伴关系的崩塌，两人之间的冲突让布兰德永远对新左派心怀怨恨，而他们项目的失败也直接促成了《全球概览》的诞生。

1967 年夏天，布兰德夫妇漫游全国，中间间歇地返回湾区。他们把拖车停在门洛帕克，就在他们的好朋友戴安娜·舒加特（Diana Shugart）位于斯坦福大学校园外的家里。舒加特也是斯坦福大学校友，当时是一位社工。布兰德在日记中写道，当回到旧金山时，他已经准备“让我的技术在此地变成现实”。富勒打开了布兰德的眼界，为了能够获得“世界级技术教育”的效果，他正在花大量时间广泛阅读，积累知识。

当时，消费电子行业还远未达到它后来的巨大规模，但是中半岛已经有一些迹象表明，一些了不起的事情正在酝酿和发酵，而布兰德正是第一批捕捉到技术变革信号的人之一。

斯坦福大学的两个实验室，即斯坦福人工智能实验室和斯坦福研究所的增智研究中心正规划着计算科学的未来，而它们后来又成为改变世界的互联网。实验室中的许多年轻研究人员与反主流文化的关系密切，经由雷蒙德牵线搭桥，布兰德与其中一些人成为朋友。

有一天，布兰德走进戴夫·埃文斯（Dave Evans）的办公室。作为一位年轻的澳大利亚计算机研究员，埃文斯还是恩格尔巴特增智研究中心的重要成员。布兰德在他办公室的墙上发现了一张詹尼斯·乔普林（Janis Joplin）的海报。布兰德非常愿意融入这个新兴的计算机世界。

布兰德告诉雷蒙德，他有点儿想找一份商业技术方面的工作，还希望雷蒙德也能找到一个职位或发现一些好玩的东西。雷蒙德刚刚辞掉在斯坦福研究所的顾问职位，他赶上了这次教育改革运动，在前一年创建了波托拉研究院（Portola Institute）作为教育领域自由企业家的避风港。出现在1970年《时尚先生》中的《全球概览》早期简介里的两位年轻作家——埃德·麦克拉纳汉（Ed McClanahan）和格尼·诺曼（Gurney Norman）曾是斯坦福大学华莱士·斯特格纳（Wallace Stegner）创意写作项目的研究员。他们觉得雷蒙德身上有“一种真实可触的善良光环，一种又真诚又纯真的乐天派性格……是一个真正德行高尚的人”。[1] 在20世纪60年代反主流文化运动的影响下，雷蒙德决定离开职场压力极大的商业咨询行业。最优秀、最聪明的那一批人正在陆续离开各类传统机构，主动出击，去创造全新的天地。

波托拉研究院培植了各个领域的初创项目，后来成为硅谷的第一个“孵化器”。雷蒙德在 20 世纪 60 年代开创了非营利组织的理念，正是因为他的超前意识，他带领的研究院对整个社会产生了重大影响。《全球概览》和“家酿计算机俱乐部”（Homebrew Computer Club）都是在雷蒙德培植的沃土中诞生的，后来又催生了几十家包括苹果公司在内的个人计算机公司。雷蒙德帮助扶植和树立了作为硅谷内核的创业文化。在这里，因冒险而失败并不是一种耻辱，而是荣誉的象征。

鲍勃·阿尔布雷克特（Bob Albrecht）是波托拉研究院的另一位创始人，他从大型计算机世界中跳出来之后加入研究院。与布兰德的选择几乎一样，他被这座城市的波希米亚文化所吸引，怀着向孩子们传授计算机技术知识的热情搬到了旧金山。当雷蒙德邀请阿尔布雷克特与自己一起创建波托拉研究院时，他又搬到了偏田园风格的郊区门洛帕克。

研究院位于门洛帕克市中心的一座不起眼的商业楼内，就在皇家大道附近，是西班牙教士从圣何塞搬到旧金山的原始路线。起初，雷蒙德自己投了一些钱，惠普公司也捐了一些，但总共加起来也没多少。研究院的董事会成员包括后来成为旧金山禅宗的主理人理查德·贝克（Richard Baker）和斯坦福大学教育学院教授范妮·沙夫特尔（Fannie Shaftel）。人们带着各式各样的想法走进走出，研究院的主要运转机制依靠详细记录的账簿，其中明确记录了正在资助的项目和内容。

几年后，波托拉研究院又继续资助和支持阿尔布雷克特的出版公司 Dymax。这是一家营利性质的衍生公司，名字来源于富勒提出的概念 Dymaxion，也就是“灵活机动”（dynamic）和“最大化”（maximize）的结合体。这个词是马克·勒布伦（Marc LeBrun）创造的，他从小在波托拉谷长大，来到斯坦福人工智能实验室之后开始接触计算机黑客世界。几年后，这家出版公司推出了一份名为《大众计算机公司》（*People' s Computer*

Company）的新闻通信刊物。第一期的封面刊登了勒布伦的手绘草图，在最顶部写着：

> 现在计算机主要用来对付人，而不是用来服务于人，用来控制人，而不是解放人。是时候改变这一切了——我们需要一个……大众计算机公司。

这个不拘一格的机构独具魅力。勒布伦在波托拉研究院有一间办公室，他经常和高中时的密友谢尔·卡潘（Shel Kaphan）待在一起。卡潘完全被隔壁楼的全球卡车商店和《全球概览》迷住了。卡潘刚从高中毕业的时候，他那个从事航空航天工作的父亲给他找了一份他非常厌恶的信差工作。但是他不得不为读大学做准备，所以他还是迫切地需要一份工作。于是他跑到隔壁去，问商店经理 J. D. 史密斯（J. D. Smith）能否给自己提供一个职位。

"好吧。"史密斯经理答应他。

这个工作让卡潘能够直接接触邮购业务以及书店运营，也让他有机会在那个夏天看到一群有趣的人陆陆续续来拜访布兰德，其中包括理查德·布劳蒂根（Richard Brautigan）、克西和小休·罗姆尼（Hugh Romney Jr.）。这真是一份很棒的暑期工作。卡潘后来成为一名初代计算机软件黑客，被杰夫·贝佐斯聘为亚马逊公司的第一位员工。

事实就是这样。越来越多从研究院出来的人发现，计算机不仅可以用于处理数字，而且即使它处在最原始的状态下，必须通过拨动开关，费力编程才能运行单独指令，也依旧那般令人着迷。这个秘密开始逐渐传播到世界各地，不再只属于那些有权访问公司计算机的工程师和程序员。Dymax 公司搬至门洛帕克的一个小型购物中心后，又在附近办公室里组建了一个大众计算机中心，并设置好了连接在分时计算机服务上的诸多终端。人们能够在那里编程和打游戏。这个计算机系统甚至还没有具备第一批个人计算机能够显示的方块图，还只是一个强大的幻想放大器，不过是用电传打字机终端在纸上打印的文字而已，但这些计算机游戏仍然很受大家的欢迎。

在阿尔布雷克特的影响下，几百个孩子加入计算机领域，勒布伦就是其中之一。阿尔布雷克特有一个清晰的构想，那就是让在当时大多数人的概念里冷漠又充满控制力的计算机得到彻底的解放，好让每个普通人都能自由使用。这是一个非常典型又纯粹的 20 世纪 60 年代愿景，而他最后也成为个人计算机领域的花衣魔笛手[①]，致力于将计算机文化在大众间传播。

当布兰德在 1967 年夏天走进研究院时，全新的世界即将到来。布兰德的朋友们仍在陆陆续续地接触这个领域，还是布兰德领先他们一步，已经开始展望着一个截然不同的未来。不久前，雷蒙德遇到了旧金山银行家菲利普斯，就是那个曾在“奇幻节日”上帮忙售票的人。菲利普斯在旧金山州立大学组织和举办了教育创新博览会，很早就开始探索教育与技术交叉的可能。

雷蒙德问布兰德是否想延长菲利普斯最初计划的教育博览会日程，一起参与组织更大的活动。起初，布兰德并没有答应，他告诉雷蒙德自己已经有相当长一段时间不参加公共活动了。这时候越南战争刚开始引发一场全国性的抗议运动。在这之前，反战联盟请布兰德在旧金山州立大学、加州大学伯克利分校和斯坦福大学组织一系列被他称为“第四次世界大战”的活动。布兰德的想法与克西、“恶作剧者”们是一致的，提倡一种“友善的暴力”

① 童话故事中的形象，能够吹奏笛子，吸引孩子们出门跟随他走进山里。——译者注

（friendly violence）。旧金山州立大学学生报纸《守护者日报》（*Daily Gater*）引用了他的话，说："一个人与生俱来的攻击力能够在战争模拟中进行无害发泄。你可以从战斗中获得乐趣和满足感，却不会给他人造成任何实际的剧烈痛苦。"[2]

但是布兰德觉得他组织的活动应该算是失败了，因为它是基于竞技类游戏来解决侵略的想法，但对战争本身却没什么作用。在斯坦福大学，布兰德与当时的学生会主席、坚定的和平主义者戴维·哈里斯（David Harris）之间发生争执，哈里斯反对布兰德"非暴力"式的暴力理念。

然而由于开展工作的需要，哈里斯逐渐也对教育和技术展览产生了兴趣，几周后他接受了雷蒙德的提议。哈里斯后来把尼克松夫妇也带来了。

随着项目的加速推进，布兰德邀请了一些"恶作剧者"朋友来参观研究院，还请他们分享对未来教育的设想。他们决定一起在圣马特奥的露天广场上举办为期几天的展览活动来展示最好的教育理念和技术，活动暂定于1968年10月举行。阿尔布雷克特作为一个经验丰富的计算机行业先锋，他告诉他们，这个活动预计会吸引大约100家设备制造商来参加，每家设备制造商都愿意为展位空间花费50美元至300美元不等的资金。

这次活动还特别采纳了两个人的想法，其中一位是富勒。布兰德和尼克松在伊萨伦时曾就此次活动和富勒沟通过，他同意作为一名特邀演讲嘉宾来参加。另一位是理想主义者、计算机科学家恩格尔巴特，他曾在1962年着手制订一项计划，即通过开发一个可以"增强"人类思维的系统，为人类提供强大的新型智力工具。恩格尔巴特召集了一小群年轻的计算机黑客，就聚集在斯坦福研究所办公室外的铁轨对面。

布兰德在这两个人之间完成了一个整体的构想，把基调定为探讨工具在帮助重塑个人世界的方面可以发挥怎样的作用。一年后，布兰德将他们的想法作为《全球概览》的基础。

布兰德最初与恩格尔巴特认识，是在中半岛的民间舞蹈活动上。每个周末，在斯坦福大学学生会的露天平台上都会举办一次十分热闹的派对。阿尔布雷克特和恩格尔巴特都是狂热的民间舞爱好者。阿尔布雷克特在自己位于旧金山的家中还开办了希腊舞蹈和计算机组合课程。因为这个爱好，他们很快成为朋友。这也是吸引恩格尔巴特作为非正式顾问进入波托拉研究院的契机，让布兰德夫妇和尼克松夫妇更加深入地了解他的计算机世界。

恩格尔巴特，让“计算机改变世界”

恩格尔巴特提出了一个“引导社群”（bootstrapping community）的概念，即由知识工作者组成的小团队辅以强大的计算机。他相信这种模式将加速人类社会发展的进程，并称之为在线系统或 NLS。它在早期的大型计算机上运行，依靠一套自定义程序连接终端的工作人员来实现协作和保证效率。它是苹果计算机、微软办公软件和万维网的先驱，领先了那个时代几十年。事实上，作为互联网先驱的计算机网络，阿帕网原始设计文件指定网络的第一个测试便是允许远程访问恩格尔巴特的 NLS 软件，部分是因为该软件用于阿帕网网络信息中心托管和定义它所有的标准文档。

恩格尔巴特是“计算机改变世界”这一理念的布道者。当布兰德想要把增智研究中心也招募过来参加展会时，恩格尔巴特反过来先把布兰德和尼克松拉到自己主导的计算机团队里来。可惜的是，整个展览会最后没有举办成功，主要是由于没有拿到基金会对申请的 13.8 万美元的预算支持，另外还有尼克松、布兰德和雷蒙德之间争吵不断的原因。恩格尔巴特把尼克松和布兰德分别以不同的方式暂时纳入自己的团队。

1968 年，受到恩格尔巴特的启发，布兰德在教育展览会失败后立即开始思考一个他称为“电子互连教育智能操作系统”（Electronic Interconnect Educated Intellect Operation，“E-I-E-I-O”）的想法。最初只是灵光一现，十几年后的 1985 年，布兰德把它又重新命名为“全球电子链接”计算机会议系统，正式推出。与此同时，尼克松与布兰德闹翻之后，开始在旧金山的家中为 NLS 系统编写使用指南。

布兰德和尼克松之间政治立场的分歧自始至终都是不可调和的。尼克松夫妇认为自己是革命者，他们一直支持校园日益壮大的反战运动。布兰德和雷蒙德几乎在所有政治问题上都不同意尼克松夫妇的观点，而在除此之外的其他所有问题上他们都能达成一致。他们之间的合作因这段脆弱的友谊也变得越来越复杂。在这一切结束后，尼克松夫妇分开了，而这时候詹宁斯和布兰德的情况也不怎么好。一天晚上，詹宁斯在床上抱怨着布兰德的长篇大论越来越刺耳和乏味，让他尽量“温柔、客气一点”。

他们的婚姻游走在崩溃的边缘。布兰德夫妇和尼克松夫妇设法为这个关于教育的会展制作并派发一份资助计划提案。他们给整个活动构想了一个极简主义的场景，其中包含了诸多元素，例如建筑、展位、展品、乐队、讲座、学生指南、移动音响、食物、游乐设施、艺术环境、电子硬件、标识牌、纪念品摊位、政治阔论、影片、儿童创新示范、舞者、新闻记者、研讨会、旗帜、计算机和带相机的人等。布兰德希望能把来自 IBM、美国无线电公司、通用电气、美国陆军、默剧团、定制车展和由“恶作剧者”们经营的蒸汽风琴展中的每个人都组织到一起。到了 40 年后的 2008 年，圣马特奥县集市举办了一场创客展览会，这场展览会让人感觉与布兰德当初设想的非常相似。

在雷蒙德终止了项目计划之后，尼克松夫妇就离开了，而布兰德继续在雷蒙德的支持下考虑下一步该怎么办。通过此事，布兰德开始相信，与担任展会的运营协调员相比，他还是更想专注于新技术。一天晚上，布兰德和詹宁斯邀请恩格尔巴特共进晚餐，席间恩格尔巴特向他们描述了计算机未来的无限潜力和广阔空间，这将使计算机在所有工具中独树一帜。在职业生涯早期阶段，他曾在费城的一次电子研讨会上就这个主题发表过演讲，提及了关于计算能力的指数级增长。这个想法来源于英特尔联合创始人戈登·摩尔（Gordan Moore）在 1965 年的一篇文章中的预言[3]，后来被称为摩尔定律（Moore’s Law）。

未来学家赫尔曼·卡恩（Herman Kahn）也是这一观点的支持者和宣传者。一周前，在布兰德参加的伊萨伦演讲中，卡恩提出计算机的工作效率每两年就会增加 10 倍。那天晚餐时分，恩格尔巴特提出，“重访”（revisit）将是一个质的变化，而它也将使预测未来技术及其后续影响变得相当困难。于是，布兰德开始慢慢了解恩格尔巴特正在创造的世界，并抢先一步捕捉到硅谷将带给世界旋风般的影响。恩格尔巴特当时正忙于开发一种大众通用的智力工具。布兰德开始更深入地思考工具和学习的重要性，恩格尔巴特的观念一直在他的脑海中盘旋。

同时，布兰德也对是否完全接受恩格尔巴特的设想而犹豫不决。这位很早就满头银发的工程师同时将电子技术和社会技术进行实验。他试图利用 20 世纪 60 年代半岛上流行的所有思想组建一个共同协作的团队，包括个人成长活动等方面。

“引导社区会成功吗？”布兰德在他的日记中写下这样的疑问：“不同的团队凑在一起能解决他们的问题吗？恐怕我还是对此存疑。或者用《易经》占卜一下可能有用？”

他翻开《易经》，页面上显示“履卦”（tread carefully），再翻开一次，又传递出“屯卦”（difficulty at beginning）的预言。①

与硅谷同时诞生的《全球概览》

布兰德坐在飞机靠窗的座位上，漫无目的地望着飞机下方掠过的无边黑暗。他回到罗克福德去看望和癌症进行了漫长艰苦斗争的父亲，之后参加了父亲的葬礼。

布兰德和母亲、妹妹轮流守着父亲，看着他的生命渐渐逝去。当时布兰德没有感到悲伤，他们父子间的关系一直像个谜。他从未在和父亲之间感受到像和母亲那样的情感联系。他好像依旧能够听到父亲在去世几天前说的话，当时父亲一边不停地撕扯着身上的各种束缚和管子，一边喊着：“我自由了。嘿，我终于自由了。”也许，从某种意义上说，布兰德也自由了。

葬礼后，布兰德坐在返程飞机上，大概正处在内布拉斯加州上空的某个地方，他读到可持续经济学早期倡导者芭芭拉·沃德（Barbara Ward）所著的《地球太空船》（*Spaceship Earth*），随即开始挂念起那些在乡村各地建立公社的朋友。布兰德想知道自己现在能做些什么来帮助他们。他记得自己曾翻阅过 L. L. Bean② 的目录，思考着它能够给需要的人提供毯子、靴子、毛衣、双筒望远镜等。在狩猎时节，徒步穿越新英格兰湿地，围坐在餐桌旁享用蔓越莓酱，这是一种超脱世俗生活方式的仪式感。该目录的基本价值围绕着它所销售的商品，其中一些东西是无法从其他途径轻易买到的。

① 履卦指应当行为有礼、有理。屯卦指万物初始，充满艰难险阻。——译者注

② 美国著名户外用品品牌，创立于 1912 年。——译者注

布兰德静静地想着家族遗产的事情，在他 20 多岁以前，他基本上没考虑过这些问题。但现在父亲走了，他突然意识到自己有责任去好好利用这笔钱。他打算把这些钱用在帮助那些忙于回归乡土田园建立公社的朋友们。之前他已经参与了 3 个此类项目，包括加纳维尔教堂、“拉玛”和另一个早期的农村公社“水滴城”。

这时候布兰德意识到这些朋友面临的许多挑战其实都能够归结为方法的问题。他觉得他们需要的是获取特定工具或服务，或关于如何执行某项任务的知识，不是通过人与人之间互相学习的零碎技巧，而是一种连贯的、系统化且易于传播的方式。**《全球概览》的副标题就是“使用工具”，这是一个大胆的声明，提出了培养技能的意图，即起初是重塑个人，最终的目的是重塑文明。**

那么，应该如何让这个想法变成现实呢？布兰德和詹宁斯在过去两年中曾花了一些时间开着大众车在美国西部漫游，因此他开始想象着可以有一辆卡车载着有用的信息和样品，在乡间流动穿梭。它几乎就像一个流动图书馆，但它不是出借东西，而是直接出售。它不仅能够卖东西，同样也能传播有关如何使用这些东西的信息。布兰德在其中添加了目录的概念，可以根据用户需求灵活地不断更新。

布兰德回忆起富勒的警告，他说，人在冒出一个想法后，大概有 10 分钟时间捕捉到它，直到这个念头很快“消失在梦境里”[4]。布兰德开始在沃德的书的内封上疯狂地涂鸦：“我的脑海里正在想象的是一种移动的工具或者附件，包括获取资料的方式，或许可以选择便宜出售。内容可以涵盖各种各样的东西：书籍、生存装备、露营设备、目录、设计计划、期刊订阅、复印设备，外加其他收集型设备，比如一些易货元素，其中最重要的项目当然是目录。”

他一直都没有把《地球太空船》读完。

布兰德回到门洛帕克，他看待世界的方式再次发生了变化。第二天一早，布兰德开车去了波托拉研究院，他把这个想法告诉了雷蒙德。布兰德给雷蒙德勾勒了一个关于目录的创意，雷蒙德听后问了几个好像很难立刻回答的问题："你觉得这个目录的受众是哪些人？第一年会有多少预算和开支？目录中会呈现什么内容？多久发布一次？每次发多少份？"[5]

在经过反复讨论之后，雷蒙德同意了布兰德逐步开展计划的想法。他们在波托拉的办公室正式启动，直接使用办公室电话、用品和财务支持等。

几周后，布兰德安顿好了自己的新办公室，这时雷蒙德把头探进房间问道："顺便说一句，你觉得要给它起个什么名字？"布兰德甚至还没想过这个问题，他的脑海中只想着 1966 年一个名为"全球概览"的募资项目。于是他随便回答说："不知道，可以叫'全球概览'之类的。"[6]

根据文化历史学家杰克逊·利尔（Jackson Lears）所提出的观点，历史上的某些年份具备独特且超凡的特点。[7]他认为 1789 年、1861 年、1914 年和 1968 年就是这样拥有特殊意义的历史节点。不仅年份，某些重要的地点也是如此，在特定的地理位置、文化、经济、政治和技术力量等多重因素相互交织的作用下，就能将世界带至全新的方向。例如，威尼斯和佛罗伦萨点燃了文艺复兴的火花，第一次世界大战前的维也纳是非凡的现代主义文化和科学发展的沃土。

"硅谷"这个名字首次诞生于 1971 年，从那时起便一直吸引着创造世界历史的各种力量汇集于此。历史学家着重关注威廉·休利特和戴维·帕卡德（David Packard）在帕洛阿尔托的车库，以及威廉·肖克莱（William

Shockley）在山景城的实验室，但很少有人注意到 1968 年各个反主流文化机构曾经在后来硅谷北部地区的那些小团体。**这个时候《全球概览》出现在硅谷这个技术孵化中心绝非偶然，它是由同样的驱动力促成和塑造的，和硅谷诞生于同一个历史时刻。**

一天晚上，布兰德带克西来看恩格尔巴特的在线系统。戴夫·埃文斯用了一小时慢慢给他们介绍，还向克西展示了如何用它来进行文本编辑、检索信息及与他人协作等流程。整个演示结束时，克西长呼一口气说，这是能改变世界的东西。

计算科学是一个转动世界的方向盘，《全球概览》也是如此。

过简单生活，才能创造精彩人生

布兰德决定放弃从事传统职业，转而返回门洛帕克探索他的“技术”，这时候全球卡车商店的出现是至关重要的。他原本的宏伟计划是打造一个工具供应商和移动教育图书馆，但当他完成了新一轮的社区走访，又经过充分的市场调查之后，所有的结果表明这都算不上是一项真正的业务，因为公社社员们根本没有钱。这辆卡车，准确地说是一辆 1963 年的道奇，被装满货品之后发过几次车，但似乎没什么意义，直接在各地开展分支业务好像更合适，效率也更高。

从表面上看，全球卡车商店是一家五金店，它的目的是把目录中列出的商品销售出去。然而，这家店出售各种各样有趣又有用的工具，其中有很多东西很难买到。另外，它还出售书籍、服装、地图和明信片等很多东西。

全球卡车商店的整个店面面积为 371 平方米，是一个大型仓库空间，位于门洛帕克商业区皇家大道对面，零售空间大约 360 平方米，后面还有一个排球场。布兰德曾在仓库里布置了一间小卧室，旁边还有另一间公共休息室当作餐厅。雷蒙德以每月 450 美元的价格签了一个 5 年的租约合同。他们又把两间办公室转租出去，相当于每月租金只花 250 美元。

吉姆·沃尔普曼（Jim Wolpman）曾在旧金山一家大型劳动法事务所工作。在 20 世纪 60 年代美国日益尖锐的政治氛围中，他选择离开律所，成为当地的平民公益律师。沃尔普曼需要一个落脚的地方，于是布兰德在全球卡车商店后面给他提供了一间办公室。布兰德还尽可能地给沃尔普曼介绍联系人和客户。他们两人是通过克西在佩里巷认识的，但两人刚见面时，关系并不算很好。沃尔普曼的法律工作一开始主要是代理和帮助药物成瘾案的受害者，然后逐渐扩展到为新兴反战运动辩护。在沃尔普曼眼里，布兰德是一个强硬的非政治人物，而从《全球概览》还可以看到莫利家族实业的影子。沃尔普曼仿佛一直坐在竞技场最近的座位上观看着《全球概览》从无到有的全过程。沃尔普曼觉得《全球概览》就是一个库存丰富的五金店，店里各个角落和缝隙都是架子，架子上摆满了各种用途的小工具和组合件。

全球卡车商店只能展示大量库存的一小部分。到了 1970 年春天，它的大部分陈列品都是目录中列出的书籍，还有炉灶、玉米研磨器、阿拉丁神灯、婴儿背带和一些杂志。

丹尼斯·艾利森（Dennis Allison）是一位在斯坦福研究所工作的年轻物理学家。他住在几个街区之外，经常在午餐时间跑到全球卡车商店，淘一些在其他地方找不到的新奇物件。有一次，他发现了一条适合在园艺工作时穿的工装裤；还有一次，他找到了一种能用在花园里的又宽又锋利的扁斧。全球卡车商店最初的定位是一家反主流文化的精品店，后来这里成为《全球概览》粉丝们打卡的地方。

在一个偶然的情况下，全球卡车商店把选址定在波托拉研究院附近的圣克鲁斯大道 558 号，自此布兰德完全身处于中半岛新兴反主流文化的核心地带。1962 年，《壁垒》杂志（*Ramparts*）也在附近的办公室里正式创立，几年后搬到了旧金山。全球卡车商店距离闻名的开普勒书店也只有几个街区。书店的创立者是出于良心而在第二次世界大战期间拒服兵役的和平倡导者罗伊·开普勒（Roy Kepler）。书店既是咖啡馆，也是探讨政事的波希米亚风格聚集地，这些元素都是反主流文化圈子的典型代表。在“感恩而死”乐队成立之前，书店会在晚上招待杰里·加西亚（Jerry Garcia）和他带来的伙伴们。这支乐队起先是以“麦克雷妈妈的富人区酒壶冠军”的名字表演，后来又改为“魔术师”。他们一开始在一家当地叫作玛格家的比萨店表演，位置就在圣克鲁斯大街全球卡车商店的对面。

在皇家大道街角处的东西书店是一家早期的非传统书店。在其反方向位置是中半岛自由大学的门面办公室，后来变成一个大型反主流文化机构，在反战运动高峰时期曾短暂地给多达 5 万名学生上过课。西边几个街区是国际高级研究基金和成瘾类药物研究小组所在地，直到 1966 年成瘾类药物被划定为管制药品后被取缔。

全球卡车商店离恩格尔巴特在斯坦福研究所的增智研究中心实验室也不远。阿尔布雷克特不久后又在附近开设了大众计算机公司，成了家酿计算机俱乐部的孵化器。1974 年，雷蒙德和波托拉研究院一起扶持了附近一家叫作荆棘路的食品杂货店，令它在接下来的 10 年里迅速发展起来。**在这个另类社区的肥沃土壤中，《全球概览》塑造了整个这一代美国年轻人、工程师和企业家的世界观。他们聚集起来，很快就形成了硅谷模式，并预示着 20 世纪 70 年代环保运动即将到来。**

布兰德来到湾区之后，一直用的都是家族留下的财富，加上詹宁斯挣的钱，这些足以让他没必要去找一份传统工作来糊口。多年后，布兰德经常念叨着“过简单生活，才能创造精彩人生”。实际上，他也的确是这么做的。布兰德夫妇第一次来到门洛帕克的阿尔卑斯街上时，他们住在一辆4.5米长的厢式房车里，里面只有一张床和一个迷你厨房。他们的床简直就是经典的嬉皮士风格，一个床垫直接放在房车地板上，勉强够他们和养的猫睡在上面。他们把房车停在舒加特的后院里。

《全球概览》成为美国主流消费主义的新兴替代品的精神试金石。至少从理论上讲，返土归田运动是一件了不起的事情。对越来越多的美国人来说，过那种更清净、更私密的乡间生活是逃离现有经济体系的勇敢且彻底的方式。当下经济体系招致了暴力压迫、人性疏离和环境破坏等恶劣影响。人们可以远离喧嚣，建造家园，耕种自家田地，对外出售家庭自制的手工艺品。

那年春天，在全球卡车商店开起来之后，布兰德又花了差不多6 000美元购入一辆新房车，以及一辆配备额外油箱的二手道奇卡车，并把它们停在舒加特家里。随着业务的开展，舒加特开始在全球卡车商店担任办公室经理。

虽然克西正准备搬到俄勒冈州，但许多“恶作剧者”和一些同行的旅伴仍在这附近聚集与活动。一天，詹宁斯听到有人在舒加特家门前的街上大喊大叫。原来是休·罗姆尼（Hugh Romney），他后来改名为维维·格雷维（Wavy Gravy），还当上了“养猪场”公社（Hog Farm Commune）[①] 的领导人。他当时正在对一位年轻女子厉声叫嚷，女子对这趟旅行不太满意，罗姆尼就威胁她。尽管詹宁斯见过形形色色的怪事，但她还是觉得这事太诡异了。

① 美国嬉士皮公社。——译者注

詹宁斯自己一直都尽量避免使用任何可能成瘾的药物，也从不和“恶作剧者”们混在一起。后来她作为总经理，有力推动了《全球概览》和全球卡车商店的发展。这之前，当詹宁斯还是一名为海军工作的程序员时，她的角色算是一个隐藏人物。一开始，她在创建《全球概览》工作中的重要地位也被低估了。布罗克曼在全球卡车商店创立的第一年曾经拜访过布兰德夫妇，他花了一天时间和布兰德坐在一起，费力地在诺伯特·维纳（Norbert Wiener）早期写的研究控制论的书，即《人有人的用处》（*The Human Use of Human Beings*）中不断画着下划线。这时，坐在房间另一边的詹宁斯正在认真安排着《全球概览》的相关工作。另外，在 2018 年 10 月于旧金山举行的《全球概览》50 周年庆典上，布兰德正式承认詹宁斯是《全球概览》的联合创始人。

布兰德和詹宁斯在一个距离佩里巷不到 1.5 千米的小社区里找到了住处。佩里巷是中半岛波希米亚气氛的中心区域，4 年前布兰德就是在这里第一次见到克西。“感恩而死”乐队成员们住在一个叫“城堡”的房子里，位置大概在布兰德和克西住处的中间。雷蒙德住在沿阿尔卑斯路大约 1.5 千米远的中产阶级社区拉德拉。舒加特的前男友维克·洛弗尔（Vic Lovell）是一名心理学研究生。阿尔珀特和作家们，以及克西的好朋友罗伯特·斯通（Robert Stone）、麦克拉纳汉，还有几个“恶作剧者”就住在几个街区之外的霍莫巷里。在这个小社区的另一端，恩格尔巴特公司总工程师比尔·英格利希（Bill English）从雷蒙德手里租了一套房子。英格利希密切参与了由《全球概览》衍生的可持续发展和环境设计相关的会议。他的妻子罗伯塔是恩格尔巴特的秘书，因而她很有可能是第一位使用带视频显示的交互式文字处理器的秘书。他们都是《全球概览》团队的志愿者，布兰德把大家召集到舒加特家的后院里来。

虽然布兰德用他的那份家族资产来提供物质支持，但当时这里依旧尊崇平等主义价值观，属于一个非营利组织。布兰德给大家发的工资从每小时2美元到5美元不等。即便他自己就是出版商，每年他也只能赚到大约1万美元。到1971年《全球概览终版》发行时，员工人数已增至近30人。大家经常在全球卡车商店后面的排球场打排球，恩格尔巴特的程序员和工程师偶尔也会参与。因为打排球占用了午餐时间，是计薪的，所以大家会尽量拖延比赛时间。

《全球概览》于1968年5月在波托拉研究院营销手册中首次对外发布，每年8美元订阅费，其中包含两期主刊和两期增刊，单期价格定为5美元。简短的公告是这样写的："《全球概览》的主要功能是改善和拓展个人或合作社对自力更生以及自我教育的方式。"另外还补充说，在发布的早期阶段，全球卡车商店团队将在暑假期间前往相关社区、实验学校和设计部门进行市场调查。

在准备这个新项目的过程中，布兰德重溯了在斯坦福大学高年级修读的杂志写作课的资源。他的第一站是去拜访《日落》杂志（*Sunset*）的出版商比尔·莱恩（Bill Lane）。布兰德还记得当年在莱恩的课堂上学到的知识：要发行一份全国性杂志至少需要100万美元。这并没有让布兰德望而却步，他很清楚的是，新型出版技术将会大大压低成本。

莱恩建议布兰德采用全部亲力亲为的方式，自己拍摄照片，要使用哈苏顶级大画幅相机来拍，这样就能够充分保证照片的质量。布兰德很快决定不在《全球概览》中刊登广告。这个理念很好理解，正如《全球概览》自己阐明的那样："我们不再投放广告，如果你有某样产品，那就展示给我们看。如果我们喜欢它的话就会推介，你也不需要为此掏钱。"[8]

即便是在筹备发布《全球概览》的过程中，布兰德也一直没有放弃之前的多媒体项目。就在他和詹宁斯 6 月踏上暑假之旅前不久，还依托着波托拉研究院发布了一场名为“战争：上帝”（WAR: GOD）的抽象多媒体展览。它的灵感来自对“第四次世界大战”中曾激怒戴维·哈里斯的一些想法。布兰德使用两台柯达幻灯片放映机、一台 16 毫米放映机和一台立体声磁带录音机，制作了一小时的展演。这个表演的不同场次彼此是不会重复的，因为每次展示之前幻灯片都会被重新排序。布兰德从 20 多种音源中获取配乐灵感，其中包括拉蒙·森德电子音乐、电影《荒野大镖客》（*A Fistful of Dollars*）的配乐、皇家莎士比亚剧团以及富兰克林·罗斯福、克西和格雷斯大教堂合唱团的作品等。

就像之前的“美国需要印第安人！”项目一样，“战争：上帝”展览也受到广泛的好评[9]，影响力逐渐扩大。杰里·曼德在看过展览之后，指出大部分图像还有一些音频是在没有版权许可的情况下“借用”的。

7 月，布兰德制作了一份《全球概览》初稿。这份打印出来的 4 页纸篇幅的“部分初步书目列表”，以富勒的《再无二手之神》（*No More Secondhand God*）为开篇，标题为“了解整个系统”。结尾部分是对两本杂志的描述，分别为《现代乌托邦》（*Modern Utopian*）和《现实主义者》。在初稿中，布兰德还列出了自己最喜欢的杂志并将其分为 3 种不同类别：住房和土地使用、工业与工艺以及通信产业。到了 10 月，第一期《全球概览》正式推出时，类别列表扩展到社区、游牧民族和知识等不同方面。布兰德从史蒂夫·贝尔（Steve Baer）于前一年出版的《圆顶造法》（*Dome Cookbook*）中汲取了杂志大小和排版格式的灵感，又融入了几何图形、建造各种圆顶的手写笔记、打字说明和黑白照片等。

贝尔是史蒂夫·德基介绍给布兰德的，他是布兰德组织起来的汤姆·索耶（Tom Sawyer）风格的各路技术爱好者中的典型代表，是缔造《全球概览》的早期参与者。贝尔是一名陆军退伍军人，他最初受到刘易斯·芒福德（Lewis Mumford）的启发，将技术视为促进社会发展的积极力量。他在早期科罗拉多公社水滴城的圆顶住宅设计中发挥了关键作用。

1968年11月，就在布兰德出版了第一期《全球概览》之后，他发现自己竟然在音乐喜剧《卡米洛特》（*Camelot*）结尾时无助地哭了起来。没过多久，布兰德正在听披头士乐队的《佩珀中士的孤独之心俱乐部乐队》（*Sgt. Pepper's Lonely Hearts Club Band*），这时他感到周围的整个世界突然消失了。等他醒过神来的时候，发觉自己已经跑到房间的另一个角落，而詹宁斯正在一边拼命摇晃他的肩膀，一边喊："你怎么了？怎么笑得这么歇斯底里？"

后来，婚姻破裂等事情将布兰德推向更深的沮丧之中。这也是他决定要让《全球概览》在1971年停止发行的重要因素之一。1971年，就在《全球概览》刚刚诞生一年的时候，就在它的发行量和影响力开始实现指数级增长的时候，一切都停止了。

菲利普·莫里森说《全球概览》很酷

桑迪·切列普宁（Sandy Tcherepnin）从哈佛大学毕业后跑到美国西部开启新生活。通过朋友的联系和帮助，在1968年夏天，她与一群斯坦福大学毕业的学生们一起住在马林县。夏天过去了，朋友们送给切列普宁一只小狗，跟她说是时候去寻找更广阔的天地了。他们还告诉她一个消息，布兰德正在为门洛帕克的一个新项目招募合作者。这正是有趣的巧合之所在，切列普宁早就听过布兰德这个名字。当时是她在某一天下课后穿过哈佛校园广场的途中，看到一个戴着礼帽的怪人站在广场上，身旁放着一块广告牌，上面写着"为什么我们还没有看到一张整个地球的照片？"。

于是，她立刻驱车前往雷蒙德家里参加面试，并且在那里她了解了关于《全球概览》的事。布兰德此时正需要一名打字员来参与运营工作，他们计划在雷蒙德名下的一栋未经修缮的房子里组建团队。房子坐落于斯坦福大学附近山上天际大道旁的红杉林中。

切列普宁拥有一项对这份工作来说非常重要的能力，那就是娴熟的打字技巧。在简短的交谈后，布兰德立刻告诉她，她被选中了，还邀请她到波托拉研究院参加一次庆祝派对。就这样，切列普宁成为《全球概览》招聘的第一位员工。

在波托拉研究院办公室工作了一段时间后，《全球概览》团队把办公地搬到了兰乔·迪亚布洛（Rancho Diablo）的车库里。这个地方占地约 28 万平方米，从这里可以直接欣赏到太平洋景色。在这段时间内，成员们上班都是从门洛帕克往返山上车库。后来布兰德和詹宁斯将两辆房车停在天际大道上。有时候他们作为房屋看管者住在房子里，其他时间则住在房车里。大家围着车库中间的一个燃木炉子工作，当布兰德看到一本他觉得非常糟糕的书时，他就会直接把书扔进火炉里。

布兰德把自己的办公桌安置在车库门旁边的一个角落。排版、摄影和拼贴工作场地则分别设在其他宽敞、开放的区域。他们一开始用蜂蜡贴来贴去，然后又换成合成橡胶。有时，他们会从书籍或杂志上直接剪下某些目录条目，粘贴到《全球概览》的版面中。夏天烈日炎炎，他们就把车库门打开通风散热。

第一份 64 页的《全球概览》是在全球卡车商店街角的一个门洛帕克小印刷厂里诞生的。它的封面单独彩色印刷，再用骑马钉装订成册。这时候，桌面排版还没有出现。布兰德以每月 150 美元的价格租用了一台 IBM 电动打字机，这是 IBM 于 1966 年推出的主力款电动打字机的升级版。它能够制作与照相版配套的版面和字体，降低了出版成本。到了 1969 年秋季，《全球概览》的制作印刷成本仅为 3.3 万美元。

这套新桌面出版工具完美地契合了编辑设计《全球概览》的需求。布兰德还花 850 美元购入了一台半色调相机，把《全球概览》从印刷厂和图形设计公司所框定的世界中彻底解放出来。它使自出版不仅成为可能，更让整个过程变得又容易又轻松。他决定在《全球概览》中，无论是文字还是图像都不体现任何形式的政治元素，但实际上多多少少还是会有。布兰德从不断扩充中的列表里筛选和纳入简短精要的品类，主要涵盖各类有益书籍、杂志和期刊，只有正面评价，**因为《全球概览》的重点是为人们提供他们需要的东西，那些不需要的或者不好的东西不会被提及**。投稿人可以提供约 200 字的材料，也可以署名，能获得 10 美元的稿酬。

所有的这些努力都凝聚在布兰德的开场白里："我们就像神一样，并且要对此感到习惯。"在《全球概览》第一版第二次印刷时，这句话被改为"……并且要对此十分擅长"。布兰德后来解释了这个概念是从英国社会人类学家埃德蒙·利奇（Edmund Leach）那里借鉴来的。利奇在 1967 年发表了一系列关于世界相互性、人类与环境关系主题的演讲，演讲内容被汇集和改编成一本书——《一个失控的世界？》（*A Runaway World？*）。书的开篇写道："人变得像神一样。难道现在不应该去了解一下我们的神性吗？"[10]

布兰德在《全球概览》的推介语中表达了一个简单的基本原理，可以概括为功能和目标。从功能上来看，《全球概览》将成为一种评估和访问设备的途径，能够使用户"更好地了解什么是值得获取的以及在何处、如何获取"。能够被《全球概览》收纳在内的东西必定是有用的工具，或者与独立教育、高性价比、非常识的专业知识相关，而且易通过邮递的方式得到。

在目标方面，《全球概览》提出政府、大企业、正规教育机构和教会已经尽可能广泛地开展了工作，到现在，个人力量已经准备好“寻找自己的灵感，塑造自己的环境，并与任何感兴趣的人分享自己的冒险经历”。

封面和封底都有一张由美国国家航空航天局气象卫星拍摄的地球彩色大幅照片。在封底，布兰德特别用大字体添加了一个富有哲理的结尾：“我们不能把地球拼在一起。它原本就是一个整体。”

《全球概览》的内封面提供了一个指导分类，将内容分为 7 个大类，都以“学习”结尾，这一点传达了布兰德对学习所持有的热情。内部布局体现了剪贴簿的随意感，各个项目没有被整齐地排列起来，而是散布在页面上。有些页面充满了绘图、图表、照片等各式图像和文字，让人想起布兰德在多媒体实验中的拼贴画。总而言之，第一份《全球概览》中有 135 件商品及相关评论，包括对塞拉俱乐部的赞誉、希斯凯特（Heathkit）电子套组、凯巴布靴子和布劳蒂根的中篇小说《在美国钓鳟鱼》（*Trout Fishing in America*）。

读者可以在其中读到很多丰富的内容。比如：关于婴儿出生剪断脐带相关并发症的建议；关于“运动员是否应该服用兴奋剂”的简短讨论；《新科学家》杂志（*New Scientist*）的背书、阿里阿德涅占星符号的复制品；一篇关于如何用环氧树脂快速打造房屋外壳来解决世界住房危机的文章；围绕生物全息术的关于动物利用“背景超声波一致性水平”的讨论；一幅长着大象头的裸体女人的卡通画；上下颠倒着印的关于如何正确使用气压计测量建筑物高度的说明；裸盖菇素、三甲氧苯丙胺和非活性蟾蜍色胺等的分子结构草图，标题为“与 DNA 同行”；对城市骚乱原因的分析。这些只是 24 页之前的内容。第 24 页是与众不同的，因为唯独这一页上没有订购物品清单。再翻 3 页之后读者可以找到钢锯的插图描述和订购信息、“浸有超硬铝磨料”的软锉、袖珍工具和刀具箱、约 22 厘米长的剪刀；用于测量电压和电阻的

“测试模型 355”，美国地质调查局发布的地貌图册，一个“类似 G1719 型地质罗盘”的“G1717 工程罗盘”，“只是缺少了摆式测斜仪、水准器和延长尺”，以及关于如何用炸药炸出洞穴的指南和内用型管钳。事实上，能有几个人在抵达新墨西哥州北部的公社之前就曾预想到挖坑洞的难处？《全球概览》就想到了。其中甚至还有一页上有老式美国户外运动品牌 L.L.Bean 的优质产品。

《全球概览》中的大部分内容还是书籍和杂志清单，包括玻璃吹制和木工实用指南以及如何种植有机蔬菜等，还有关于海豚神经科学的书；阿瑟·库斯勒的《机器中的鬼魂》（*Ghost in the Machine*）和《创造力的表现》（*The Act of Creation*）；约翰·凯奇的著作和演讲选集；李·约瑟（Joseph Needham）的《中国科学与文明（第四卷）》（*Science and Civilisation in China, Volume IV*）；弗兰克·赫伯特（Frank Herbert）的《沙丘》（*Dune*）；美国地质调查局发布的《美国及世界其他国家的温泉摘要》（*Thermal Springs of the United States and Other Countries and the World-A Summary*）；莱斯利·M. 勒克伦（Leslie M. Lecron）的《自我催眠》（*Self-Hypnotism*）；松尾芭蕉的《北上窄路》（*The Narrow Road to the Deep North*）；《易经》等。《国家地理》和《美国电影摄影和建筑艺术文摘》（*American Cinematographer and Architectural Digest*）也名列其中。《全球概览》还涉及关于汽车修理、家庭制冷、焊接、蜂蜜销售、蘑菇采摘、经营单人锯木作坊和太阳能的使用指南，其内容既可以是专业的，也可以是有趣好玩的。“凡·沃特斯 & 罗杰斯是一家大型供应商。我对他们一无所知，只知道他们有一份精装目录，里面全都是一些看起来不太合法的东西。”有时一本书只能生成《全球概览》的一个摘要，对于那些特别有价值或者特别难的书，偶尔会用一个章节来介绍。例如，将《通用系统研究学会年鉴》（*Year Book of the Society for General Systems Rosearch*）第九卷的内容细分为“实验条件下的让步”、“语言学中对不变性原则的一些思考”和“走向统一的认识论理论”，以及仅针对该卷的许多此类缩略表述。另外还有一些给予那些给《全球概览》提供建议的读者们的感谢与赞扬。至于布兰德自己的评论，作为一个坚定的现实主义者，他采用了保罗·克拉斯纳标志性的姓名首字母缩写的“PK”签名风格，在《全球概览》中用“SB”来签名。

尽管许多反主流文化人士并不认为计算技术是他们所摒弃的官僚主流世界的核心组成部分，但布兰德从一开始就欣然接受它的到来。

他在写给贝尔的信中是这样描述恩格尔巴特的计算系统的：“我昨晚在一个非常复杂的交互式计算机系统上在线工作了两小时，然后整个晚上都在进行着思维选择。”

虽然此时距离第一台个人计算机的出现还有 7 年多的时间，但《全球概览》中到处都暗示着计算机一定会从公司和军队流入普通民众之中。在列出鹿皮和纱线之后的几页内容是这样的：

9100A型计算器

惠普生产的此款机器是最好的新型桌面数字运算器。这台机器具备可编程、多功能、运算速度快等优点。波托拉研究院目前正在使用 9100A 帮助孩子们尽快掌握使用计算机的方法。这是一台绝佳的计算器。

再后面是对英国图书《我们造出了自己的计算机》（*We Built Our Own Computers*）的肯定，附有一张“电子逻辑计算机埃克塞特”的照片。9100A 之前的那一页是关于人类生物计算机的两个跨页内容，提出人类生物计算机“提供了一个抛开物质条件和行政限制的学习和探索计算机的机会”。这些从《全球概览》诞生伊始就一直存在着，表达着态度。

《全球概览》还大力宣扬了富勒的系统思维观点和信息控制论。富勒和维纳被放在前面突出介绍，相关内容在列表的前两页。这样读者在阅读介绍性材料后首先会读到富勒编写的材料，之后是对富勒的教育自动化和维纳的控制论进行了更深入的讨论，并附带有订购指引。对于关注《全球概览》的许多读者来说，这是他们第一次接触维纳的通信和控制学。到 20 世纪 70 年代初，控制论在欧洲的发展根基比在美国更深，维纳在美国被视为一个傲慢的局外人。事实上，计算机科学家和数学家约翰·麦卡锡提出了“人工智能”这个词，最开始是想要避免与维纳及其追随者的接触和争论。[11]

布兰德没有把《全球概览》看作一个独立的刊物，而把它当成一个动态系统中的一部分，并且在其存在的整个过程中，他一直定期往这个体系里补充新内容，以形成一个信息反馈渠道。他认为整个过程就是一个可以自主维持运转的有机体。[12] 布兰德一直坚持着这一点，这使得整个信息循环中体现了更为鲜明的流通性和复杂性，从而成为一份活刊物。1971 年出版的《全球概览终版》提供了一个无比庞大的物品清单，篇幅达近 500 页。

《全球概览》增刊更是让读者开始了解反主流文化的精神阵地——返土归田运动。《全球概览》1969 年 1 月号的封面用大字体直截了当地印上了“恶作剧者”的友好声明：“我们一直以来期望的都是脑损伤。染色体问题都只是小事。”

翻开内页是马克、薇姬、伯尼、黛安、帕斯卡尔和莉兹撰写的通信稿。他们写道，当时他们正从底特律前往俄勒冈州，寻找一个能够无限期停留的地方。他们对即将到来的冒险感到无比兴奋，最后说：“就在上周末，大门向观众们打开，鼓励他们猛冲过去。”

乔治、丽莎和戴夫从俄勒冈州农场给他们回信，信中用特别潦草的手写体写着：“救命！！！我们都快死于麻风病了！！！请给我们带来绷带、干净的纱布、旧抹布！任何东西都行！！！”[13]

前两期《全球概览》的制作过程称得上是连轴转的激烈马拉松，几乎所有的任务和重担都落在布兰德和詹宁斯身上。尽管周围尽是反主流文化的离经叛道，他们基本上还是按照传统婚姻的模式生活着。布兰德夫妇会花很长时间去打磨《全球概览》，工作结束后回到住的房车上。詹宁斯在车上准备晚餐、洗衣服，然后制定项目预算，而布兰德则“在电视机前发呆，想要从节目里捕捉一些灵感”。[14] 这种现状很快就给他们的婚姻带来了问题和麻烦。

雷蒙德夫妇刚刚离婚了，他们感情破裂和分居的事实让布兰德很难接受。安认识了一位心理治疗师，想和这个人结婚，她邀请布兰德和詹宁斯共进晚餐，并把这位治疗师介绍给他们。晚餐时，布兰德一直闷闷不乐，他将一把好像是柯尔特 11 毫米口径左轮手枪放在桌子上，在整个用餐期间几乎一言不发，这让安感到有点心惊肉跳。但她那时并不知道，布兰德放在桌上的不是真枪，而是一把十分逼真的玩具枪。后来这把枪出现在沃尔夫的《令人振奋的兴奋剂实验》第一幕中，在詹宁斯的手里。这个场景描述了布兰德夫妇开车去见即将出狱的克西：“哦，是的，她手里拿着一把长枪管的柯尔特 11 毫米口径左轮手枪，街上的人没看出来这是一把玩具枪。她连续扣动扳机‘咻咻’地朝那些好像棉花糖一样的脸上射击……”[15] 无论这个场景是否真实，这把枪和布兰德的沉思都给人留下了深刻的印象。

当安住在拉德拉时，她是附近那群青年们的非正式训导员。其中有几个人，例如勒布伦，没多久就去波托拉研究院和全球卡车商店工作了。第一个来到拉德拉的是乔·邦纳（Joe Bonner），他后来改名为德瓦卡（Dwarka），他的父亲是斯坦福大学化学教授。邦纳跟着雷蒙德学习了 5 年艺术，高中毕业后不久，就成为《全球概览》招募的第一位“粘贴艺术家”。他也住在布兰德的房车里，同时帮忙参与制作工作。

IBM 电动打字机对邦纳来说是一个很重要的东西。它给使用者提供了一种前所未有的即时的灵活性。邦纳可以直截了当地告诉打字员："嗯，把这个打成这么宽。"然后他们就能够立刻改变宽度，再次打印出来，而不需要重新输入和编辑全部文本。

《全球概览》的首印量极少，只有 1 000 册。布兰德从印刷机中取出第一本之后，就开车去了圣格雷戈里奥的海滩边，这是他第一次见到广阔的太平洋。此刻，他心中百感交集，一激动将《全球概览》扔进海浪中。布兰德认为这个举动是一个象征，预示着能将他的作品推向永恒。在前几期《全球概览》问世的时候，他都是这样做的。

此后不久，英格利希邀请布兰德参加了几次筹备会，主要内容是恩格尔巴特的计算机设计师为在旧金山举行的秋季联合计算机会议的行业与学术会做准备。英格利希看过"美国需要印第安人！"和"战争：上帝"，他觉得完全可以把布兰德的多媒体专业方法应用到向全世界 1 000 名计算机科学家和工程师展示的过程中来。

在这个时期，计算机行业尚由少数的大型计算机制造商所主导，计算本身并不是直接交互的。使用者需要将程序输入打孔卡上，然后在处理器中读写和运行。最后将输出结果返回到计算机里打印出来。

这一切都将迎来巨大的改变。

恩格尔巴特可以称得上是一个梦想家。他设想了一种方式，可以通过鼠标、键盘和屏幕与用户的需求完成即刻的响应和互动。将近 20 年后，这个设想终于成为普通大众使用个人计算机的标准模式。全世界没有几个人能看清即将到来的巨大变革是什么样的，布兰德也是其中之一。

1964 年 12 月，恩格尔巴特坐在会议讲台上，在巨大的视频屏幕前向世界介绍了这种新的计算机形态。后来这次展示被称为“演示之母”（Mother of All Demos）[16]，因为计算机科学家们从没见过计算机鼠标和交互式显示屏。这些在之前从未出现过。他们对链接文档的超文本概念也不甚了解，而它将在几十年后成为互联网的基础。这台计算机位于门洛帕克，距离波托拉研究院仅几个街区的地方。布兰德在那里操作着一台摄像机，将计算机操作员的工作图像传送到会议上去。他的角色算是一名观察员，但没有拍摄观众的视频，所以没法看到他们对这次展示的反应。

当恩格尔巴特演讲结束时，门洛帕克团队通过微波中继系统问他：“大家喜欢这个东西吗？”他们等了很久，得到了一个回答：“是的，我们很喜欢。”全体观众起立为恩格尔巴特报以雷鸣般的掌声。

恩格尔巴特关于智能增强的构想和布兰德的工具使用哲学之间存在着深切共鸣。尽管《全球概览》是一个四不像的出版物，布兰德并不是想让它真的出售商品，只是告诉人们，他们可以在哪里找到这些东西。而且它实际上也不能被称为一本书，这一点让书店对它的分类位置感到头疼，但销量很快上去了。尽管布兰德在说服书店出售《全球概览》时并不太顺利，但还是依旧进行了第二次印刷，加印了 1 000 本。

在《全球概览》发布初期，社会对此几乎还没什么反应和评论。物理学家菲利普·莫里森（Philip Morrison）撰写了一篇评论，刊登在《科学美国人》杂志（*Scientific American*）上。莫里森和布兰德的结识是在“为什么我们还没有看到一张整个地球的照片？”活动上，莫里森也购买了一颗纽扣。布兰德后来寄给他一本《全球概览》，莫里森将其描述为来自“具有奇异吸引力的亚文化”的“好读物”，也是“反对派和改革派试图从工业社会中构建出的哲学、个体和经济的避难所”。[17]莫里森的评论相当重要，它为《全球概览》奠定了一个很“酷”的基调。

不久后，《华盛顿邮报》（*Washington Post*）专栏作家尼古拉斯·冯霍夫曼（Nicholas von Hoffman）写了一篇关于《全球概览》的专栏文章，在全国范围内联合发布，这一次引起了非常广泛的关注。文章被媒体大加宣传之后，大量订阅和购买随之而来。1969年，《底特律自由报》（*Detroit Free Press*）的一个读者专栏“本·塞兹叔叔”收到了一封来信，信中询问如何才能“返土归田”。专栏在回信中说：“去买一本《全球概览》。”专栏同时附上了一个地址。这件事情使得杂志销售和订阅量再次激增。

布兰德在给母亲的一封信中写道：“一些地下媒体和读者来信给予我们很多非常正面的评价。”团队收到了650个订阅通知，第一版《全球概览》在第二次印刷时也销售一空。这时整个团队总共有7名员工。这年夏天他们计划在新墨西哥州或科罗拉多州拓展业务，还要出版增刊。“这年夏天那里将会开展很多活动。”

团队成员们很快就意识到《全球概览》的影响力简直就像一艘火箭飞船。布兰德从他继承的家族遗产中预支了约25 000美元来制作第一期。在售出前2 000本之后，他们在春季度又售出1万本，接着是第二批2万本。1969年7月，《全球概览》业务迎来了第一个盈利月，收入接近16 000美元，同期支出为8 000美元。到了1969年秋季刊发行时，一共印刷了6万份，拥有4 000个订阅用户。

对于许多读者来说，令人惊喜和兴奋的是总能在《全球概览》中偶然

发现某些新奇的东西，这绝对算得上是一种前所未有的生活体验。《全球概览》多年的忠实读者贾米斯·麦克尼文（Jamis MacNiven）就对这一点深有体会。他曾是一名巡回推销员，主要业务是向康涅狄格州的小型奶牛场销售挤奶机。有一次天降暴雪，麦克尼文夫妇在街道上几乎找不到自家房子。于是他们决定搬到加州，因为麦克尼文是在那里读的大学。他们搬到湾区，把《全球概览》当作生活指导手册，麦克尼文还自学成为一名总承包商。不久后，他就在伯克利得到第一个室内改造的活儿。彼时年轻的史蒂夫·乔布斯还曾聘用麦克尼文翻新他位于萨拉托加的房子。麦克尼文后来开了一家巴克餐厅，在硅谷当地颇受欢迎。他把自己的家建在圣克鲁斯山脉，就在离《全球概览》诞生地不远的地方。

在短短几年之内，《全球概览》成为反主流文化的代名词。记者莎娜·亚历山大（Shana Alexander）在《生活》杂志上提及她曾看见马龙·白兰度赤脚踩在地板上，旁边就放着《全球概览》。白兰度还告诉她，他终于在《全球概览》中找到了自己想看的东西。

然而，社会的承认意味着更大的压力和更多的工作，这很快就开始影响到布兰德的状态。9 月，《全球概览》诞生仅 11 个月之后，布兰德就宣布："《全球概览》的发行进入倒计时 20 个月。"他又补充道："火箭的作用就是在爆炸之前尽可能飞得更高。"

随着业务的扩大，参与运营全球卡车商店和制作《全球概览》的工作人员数也增加了。到 1969 年秋天，团队已发展到 14 人。大多数新员工都很年轻，其中有些人刚高中毕业。对他们来说，布兰德和众人有点疏远，他更喜欢独处，经常在商店的小隔间里看书和写快评。《全球概览》带来的工作压力越来越大，舒加特注意到布兰德的情绪有些低落。他每一天都会在舒加特的前院挖一个棺材形状的小洞。

有一次，舒加特问布兰德在做什么。布兰德回答她说，在开始制作《全球概览》后，他曾问上帝："我的下一步该做什么？"

上帝似乎只回答他："抱歉，斯图尔特。"

成功招募詹姆斯·鲍德温

1968年，詹姆斯·鲍德温（James T. Baldwin）正在旧金山州立大学教授工业设计课。他现在常被人称为杰伊·鲍德温（Jay Baldwin）或J. 鲍德温。这时，部门秘书在午餐时间来找他，说有人在等着见他。

那个等在设计工作室外的金发男人穿着白色连体裤，额头上贴着一个衍射光栅。这个男人开门见山地说："我有个想法，就是只需要打3个电话，一个人就能够了解到世界上任何存在的事物。"

鲍德温说："只有一个地方可以找到世界上所有事物的目录集，那就是曼哈顿电话簿黄页。"

布兰德问道："嗯，我知道你读过很多种产品目录，那为什么曼哈顿电话簿和其他类似的东西不一样呢？"

"产品最重要的属性是必须让读者能够买到它。"鲍德温回答他。鲍德温和布兰德都是富勒的拥护者。鲍德温一直认为设计理念是非常重要的。他曾做了一个橡皮图章，上面写着"我们一起带上它去兜风"。

鲍德温年长布兰德5岁，两人都曾在美国陆军服役。他们都热爱工具。

布兰德离开军队时对官僚主义感到反感，而鲍德温作为美国电话电报公司工程师的儿子，同样带着对军队的反感而退伍。[18] 鲍德温辞去了工业设计师的工作，他意识到自己的设计必须具有人文关怀而非仅专注于商业价值。

鲍德温在到加州读研究生之前，曾在一家新式露营和装备制造公司 Moss Tents 工作过。后来到加州大学伯克利分校之后，参与了言论自由运动，偶然又获得进入旧金山州立大学教书的机会。鲍德温是一个狂热的匠人和原型设计师，后来他加入《全球概览》的反常规设计师团队。

鲍德温是布兰德最初招募进来的成员之一，很快成为游牧部分的编辑，在 20 世纪 70 年代又和布兰德一起将《全球概览》重新打造成《协同进化季刊》。鲍德温在认识了布兰德之后，收到了富勒寄来的工作录用通知，让他去南伊利诺伊州立大学任教，办公室邮箱里还有一份旧金山州立大学的解雇通知书。最后鲍德温选择离开湾区，但他永远都是《全球概览》的杰出贡献者和不可分割的一部分。

通过鲍德温的介绍，布兰德又认识了后来成为《全球概览》住宅版块编辑的劳埃德·卡恩。1965 年，卡恩辞去了保险业的工作，尝试当一个房屋建筑承包商，专门承接穹顶建筑工程。他拿到了一份工头的工作，负责在大瑟尔建造一座房屋。该建筑使用的是 9 米长的巨型桥梁木材，整体设计十分精美，同时重量也很惊人。那年冬天，富勒来伊萨伦发表演讲，谈到了建造穹顶的事情，而卡恩此刻正在艰难地处理着重达半吨的大型木材的问题。当他听到富勒描述着这些轻盈的穹顶时，整个人感到十分震惊。

于是卡恩辞去工作，开始专门研究建造穹顶。

反主流文化当下颇为盛行。卡恩在大瑟尔建造了自己的家，还配有一个梯田式的有机花园。他比布兰德早 3 年入读斯坦福大学，当时学校的西方文明课程还没有涉及任何关于东方宗教的讨论。然而现在，“婴儿潮一代”正在探索卡恩这一代沉默群体所忽略的众多想法：宇宙学、思维扩展、与海豚的交流、生态学、公社运动等。

慢慢地，卡恩发现经常有人来信问应该如何建造穹顶，于是他就一直写同样内容的回信。遇见鲍德温时，卡恩正在考虑自己写一本书，内容就是关于如何建造穹顶，顺便提供一些关于有机园艺的信息，以及如何从艾奥瓦州邮寄小鸡。鲍德温跟卡恩聊了很多关于全球卡车商店的事，之后卡恩立刻开车去门洛帕克找布兰德。当卡恩读到第一期《全球概览》时，他意识到布兰德已经远远领先了，他也不需要再单独出版什么刊物了。卡恩对手中的《全球概览》爱不释手，立刻订购了 5 本。

卡恩还看出布兰德是一个头脑非常清醒的人，而不是一个盲目的返土归田主义者。布兰德也迫切需要像卡恩这样接地气的人加入作家和研究人员队伍。与此同时，布兰德认识到了卡恩的个人价值，于是带着制作团队一起乘坐挂着军星标志的迷彩车前往大瑟尔。

此后不久，卡恩给布兰德寄去一封长信，信中详细地列出了与公社运动有关的一些有趣的参考资料清单。布兰德于 1969 年 1 月在《全球概览》首个“困难却可能”的增刊中展示了这些参考资料：

> 我现在正在一个半乡村风格的环境里写信。我建了一座房子，安装了供水系统，打造了一个花园，现在正准备开一家商店，因为春天要播种……我们从一个光秃秃的山坡开始，所有工作必须亲自完成。我所掌握的任何相关信息和知识都是至关重要的，因为遇到困难的时候找不到可以求助的人。

在早期《全球概览》和增刊中，贝尔、鲍德温、德基和卡恩都是布兰德麾下的火枪手，他们通过自己动手回归田园本质的真正的智慧，让《全球概览》的页面内容变得更加丰富且生动。

这期间也发生了很多事让布兰德不得不分散精力。他慢慢开始在全国范围内获得一些知名度，经常收到演讲邀请，演讲期间他偶尔会提及与成瘾类药物有关的话题。1969 年 2 月底，布兰德受邀参加纽约州立大学布法罗分校的“药物与艺术”座谈会。活动由金斯伯格和克西主持，是“新世界”会议的一个分版块。布兰德乘火车穿过整个美国，在旅途中读完保罗·埃利希的《人口爆炸》。

在分版块上露脸之后，布兰德在一场以 MC5 乐队为招牌的摇滚音乐会上展示了“战争：上帝”，以此作为开场的热身环节。另一个版块的参与者有拉尔夫·梅茨纳（Ralph Metzner）和反战的雅痞士杰里·鲁宾（Jerry Rubin）、阿比·霍夫曼（Abbie Hoffman）和克拉斯纳。布兰德通过约翰·布罗克曼认识了霍夫曼，他被越南战争抗议运动那奇幻的一面深深吸引。这样描述霍夫曼再准确不过了，在那个秋天他卷入了“芝加哥八人案”之中[①]。他本人也以这种骇人听闻的事情为乐。有一次，当霍夫曼和布兰德一起走进一家纽约下东区的咖啡馆时，霍夫曼看到别人的桌上剩了一些没吃完的食物，立即走过去开始吃起来。周围的人们都一头雾水：这究竟是什么情况？算是盗窃吗？还是说，这对食物而言是一种很好的保护，因为如果不这样做，它们就会变成垃圾？但目前这些食物不是垃圾，它们还有余温。不管怎样，布兰德就是很喜欢霍夫曼这一点。

在布兰德看来，霍夫曼代表了反主流文化的最佳状态——让事物以自有

① 也叫“芝加哥七人案”，是指在 1968 年民主党全国代表大会于芝加哥举办之际，在抗议活动中串谋反越战暴乱的七个人。——译者注

方式存在着，只是稍微打乱它们的秩序来弄清楚人和事物的本质，看看是由什么组成的，彼此间有何关系。就好像在故意刺激和激怒一些人的时候，反而能够看清事实。

那天晚上，霍夫曼和布兰德在一个坐满数千名学生的大礼堂前面，躲在舞台下面的一张桌子里。利里也来了，他将花白的头发束在脑后，在年轻的妻子罗斯玛丽·伍德拉夫·利里（Rosemary Woodruff Leary）的陪同下走上舞台。还没等利里开口，霍夫曼就大声冲他喊："喂！罗斯玛丽什么时候给你生孩子？！"当时，惊悚电影《罗斯玛丽的婴儿》（*Rosemary' s Baby*）刚刚在影院上映，利里显然被这声突如其来的嘲讽弄得心慌意乱。他环顾四周，却找不到寻衅者是谁。过了一会儿，他从舞台上走下来，边走边对观众说："我们来这世上只能活一回，像现在这样浪费时间太可惜了，我要走了。"

观众都很困惑，议论纷纷："刚刚发生了什么事？""谁侮辱了大师？"此时还躲在桌子底下的霍夫曼笑个不停。

和罗伯特·弗兰克相谈甚欢

布兰德、詹宁斯和邦纳从成瘾类药物会议回来后不久，他们把全球卡车商店装到迷彩房车里，动身前往新墨西哥州。环境设计师贝尔和他的合伙人巴里·希克曼（Barry Hickman）一直策划着要在 1969 年春季于新墨西哥州举行一次部落聚会。合金会议从 3 月 20 日开始持续 3 天，地点位于三一炸弹试验场和梅斯卡莱罗阿帕奇保留地之间的区域。三一炸弹试验场原来是拉鲁兹村附近的一家废弃瓷砖厂。

布兰德后来回忆，这是他第一次给《全球概览》编辑部里的那些反常规设计师举行“按计划进行的集会”。用他的原话来形容，这群人：

> 大多数是二十多岁或三十出头的人，很多人的家里很有钱。他们是不法分子；他们也是实干家，能够把握这个世界非常不堪的那一面。他们中也有从之前专业里跳出来的世界型思想家和“未来主义狂热分子”。

全球卡车商店的早期员工史密斯后来把这次聚会称为“一群喜欢捆电线的嬉皮士们的狂欢，他们能教我们如何将坏掉的吹风机改造成保温箱”。

布兰德在合金会议期间充分展现了自己一贯的创造力和开拓精神。活动共有约 150 人参加，大家在风滚草旁边露营，天气变幻无常，时而炎热，时而雨雪，还会刮沙尘暴。鲍德温带着学生们开一辆雪铁龙，花了两天时间从伊利诺伊州赶过来，途中在科罗拉多州的公社短暂停留过。卡恩夫妇带着儿子，自驾从大瑟尔出发。他们到达之后率先搭建了一个圆顶结构的东西，德基将其命名为“环顶”（zome），也就是“穹顶”（dome）和“环带多面体”（zonohedron）合在一起的缩写。他们把环顶设在工厂上面的山坡，下面停着汽车，与会人员就在这个简陋的透明体里开会，自己做饭，放着音乐，这样度过了 3 天。

罗伯特·弗兰克（Robert Frank）是一名杰出的摄影师和纪录片制片人，他的摄影集《美国人》（*The Americans*）闻名于国内外。弗兰克也参加了这次活动，但是由于拍摄素材的丢失，他没能在活动后展示作品。

布兰德已经很久没有摄影了，会议期间他和弗兰克相谈甚欢。同年，弗兰克又来到加州拍摄纪录片《地球救生筏》（*Life-Raft Earth*），其灵感来源于布兰德想要引起国际社会对人口过剩问题关注的想法，由此二人的关系更加亲近了。

布兰德在活动中担任临时秘书，录下音频摘要，再将大部分内容逐字打印出来，预备刊登在下一期《全球概览》增刊中，并附上他拍摄的照片，加上如下内容：

- 临时结构只需要满足特定的建筑规范。
- 我们想通过改变自己来让周围世界变得不同。
- 你可以将麻醉剂作为一种纯粹的设计工具。
- 你无须为了达成某些事而尝试服药。
- 我们正在努力进行计算机开发，让它能够帮助人类继续开发计算机。人和计算机永远共生。

信息共享和交流往往能够带来很好的回报。一个很好的例子是布兰德从贝尔的《圆顶造法》中获得了第一期《全球概览》格式布局的灵感。布兰德给与会者贴上了“希望狂”的标签，这简明扼要地体现了这次活动的精神。散会之后，鲍德温和布兰德怀着新的热情和信心各自回去了，他们相信新兴环保运动可以制定出一条拯救地球的路线。鲍德温回到伊利诺伊州后不久辞去了教学工作，独自过上了一种全情投入的游牧生活。

对卡恩来说，这次聚会有一种类似于蒙特雷流行音乐节般的力量——所有的巨星欢聚一堂。周末一共有 5 位演讲者：贝尔、德基、卡恩、鲍德温和埃文斯，大家都从各自的角度描绘了另一种生态学和社会的面貌。在环境历史学家柯克看来，这一小撮“另类”思想者第一次聚集在一起，试图阐明一种环境设计理念，将技术视为解决住房和能源等实际问题的手段。[19]

周日晚上，布兰德和卡恩开着大众车离开了，每个人都充满活力，十分乐观。当时天空是粉色的，罕见的北极光向南推进。第二天，德基夫妇的孩子出生了，取名为奥萝拉（Aurora），本意为“极光”。

号召成立“激进环保组织”，“培养大家对地球的整体意识”

1969 年春季的《全球概览》是在门洛帕克的全球卡车商店里完成的，后来的结果证明这是一个错误的选择，导致整个过程无数次被中断。在那之后，布兰德搭便车前往新墨西哥州，为所谓的巴士大赛“厘清头绪”。

这个活动于夏至日那天在圣塔菲附近山区举行，这是一次与先前的合金会议截然不同的集会。这时克西已因《令人振奋的兴奋剂实验》享誉全球，“恶作剧者”们开着他的 1939 年版“国际收割机”观光客卡车，克西本人开着一辆白色凯迪拉克敞篷车，载着他的网球拍和啤酒。养猪场公社成员克拉斯纳及数百名露营爱好者、嬉皮士和返土归田主义者来参加活动。

最初的计划是让大家驾驶各自的车在一片大草地上飞驰，比谁用时更短。但克西坚持认为还是要办一场真正有模有样的比赛。布兰德在下一期《全球概览》增刊中写了关于这场比赛的文章，但后来他承认自己的报道有一些错误，因为他“喝了唐老鸭玻璃杯里的液体”，结果“醉得无法正常工作，歪曲了一些事实”。

伍德斯托克的活动是在几个月后举行的，规模非常大，但那次夏至日的狂欢开启了接下来混乱的 10 年。布兰德自己也感受到一种即将发生剧变的气氛。他对药物的可怕力量感到不安。

布兰德在接下来几年内开始转向更传统的政治组织。爱德华·阿比

(Edward Abbey)的《孤独的沙漠》(*Desert Solitaire*)已于前一年出版，而其中提及的环保活动家造成的破坏活动还是层出不穷。

不仅仅是环境设计领域的反主流群体，而且次年将要推行地球日活动，一场新的环保运动正在形成。人们越发意识到，要推动真正的环境改革，必须采取更激进的方式。布兰德幻想着号召发起一个“激进环保组织”，以开展游击式的宣传活动。他在日记中写道：“目前的方法就是培养大家对地球的整体意识，这样才能达到目的。”布兰德想到了几个在这方面非常契合的同道中人——曼德、戴维·布劳尔(David Brower)，以及后来引起他注意的一位充满活力、外号叫“米尔斯小妞”的女士。

飞驰的人生是否渐渐脱轨？

即便每一期新的《全球概览》都在进行着内容扩充，但编辑团队的人员构成一直非常精炼。整个编辑出版过程往往强度极大，团队要持续奋战好几天。杂志每年要做6期，包括2期《全球概览》和4期增刊。虽然每期《全球概览》都会比上一期更厚、更好，但恰恰是增刊让布兰德有机会与日益壮大的反主流文化之间进行交流并产生共鸣。每一期增刊的内容读起来都像是一次混乱的谈话，其中充满了各式各样的观点和即兴创意。尽管有这么多的外部素材，但将它们组合起来仍是一项大工程。

切列普宁很快就不再做打字员的工作了，她的职位被安妮·赫尔穆斯(Annie Helmuth)和后来加入的斯坦福大学历史系毕业生马修·“帽子”·麦克卢尔(Matthew “Cappy” McClure)所取代。IBM技术服务人员每周都会来他们这里。弗雷德·理查森(Fred Richardson)加入1969年秋季《全球概览》的工作中。他是一名技艺精湛的机械工程师，头发是全球卡车商店员工里最长的，带来一股无扣阿米什式着装风潮。理查森的具体工作是产品摄影师、校对员、索引员，还是一般的杂工。

詹宁斯很快成为全球卡车商店的店长。“她具备一个优秀中士的行政素养。”布兰德在最后一期《全球概览》中这样评价她。詹宁斯的数学学得很好，且擅长记账。另外，她口才卓然，具备优秀的领导才华，能把这群临时工和高中辍学生组织到一起工作。

除了打排球，员工们每天的公共午餐也是一项团队传统。临近中午时，詹宁斯和舒加特就会去杂货店买食材，然后回来给大家准备午餐。

全球卡车商店团队基本上没有人奉行折中主义的做事风格。当麦克拉纳汉和格尼·诺曼在《时尚先生》杂志文章中描述这个团队时，他们尝试着呈现一个天花板是胆汁绿色的房间里的日常午餐场景，这里只有两张用油布覆盖的塑料加镀铬厨房桌。

> 让我们看看这个画面：外号“白豹”的怪人皮特、第一个从耶鲁大学退学的女孩“漂亮的莱斯利”、从“和平组织”退出来的默斯、放弃业力瑜伽的艾伦（这人把头发全剃光了）、辞职了的高中老师吉姆、前社会工作者戴安娜、前电子技术员弗雷德和前土地使用经济学顾问雷蒙德……还有其他几个人。也许是一个无政府工团主义者小组，在每个口袋里都揣着可怕的机器。这些和平爱好者、博爱主义者、崇尚自由者、素食者、真假基督徒们……[20]

订阅量还在不断增加。到了夏天，根据一直以来从事页面布局和图形设计的哈尔·赫尔希（Hal Hershey）的统计，在 7 月的一个周一，仅这一天就收到了 47 个订阅单。为了跟进业务而进行日报填写时，赫尔希用波浪形手写体写下“救命？？”。他还写道：“亲爱的伙伴们，我们的业务水平显然发展得更出色了。目前的问题是需要重新调整工作程序、方法和人员结构，才能应对源源不断的订单和客户。”

几天后，舒加特补充说，她已将 2 250.25 美元存入银行，用于 3 天的业务开销。无论他们如何努力花钱，银行余额依旧在继续增长。

然而，尽管《全球概览》取得了巨大成功，布兰德却越来越退缩。舒加特也能感受到继续办《全球概览》要付出更严重的代价。作为一名拥有丰富经验的社工，舒加特觉得布兰德从未对她表达过关于任何事的真实感受。虽然布兰德很健谈，但她还是觉得他是一个只活在自己世界里的人，永远热衷于自己的想法。《全球概览》是布兰德的心肝宝贝，每个人都心知肚明，这让他的肩上扛着巨大负担。

邦纳是《全球概览》的第一个版面设计师，他的弟弟杰伊刚从高中毕业，就加入了团队。在湾区进行得如火如荼的反战运动中，杰伊向布兰德提出一些建议，好让《全球概览》能够更紧贴时事政治。令杰伊没想到的是，他的想法被布兰德一口回绝。**布兰德告诉他，当初创办《全球概览》时就立下了 3 个基本准则：不谈政治、不谈宗教、不谈艺术。**杰伊觉得很不可思议，因为在他看来，《全球概览》中到处都充斥着这些元素。他觉得自己好像是一个小孩，被家长以居高临下的姿态断然拒绝。

在杰伊编写《全球概览》的整个过程中，这类意见上的分歧从没有消停过。让他很反感的另一点是，他觉得布兰德这个人居心不良。那个时候人们进行格斗游戏时使用的是一种聚苯乙烯泡沫塑料材质的剑，与新手过招时，布兰德往往会疯狂猛攻，在对手身上弄出伤痕。

二人间的不和最终在 1970 年 1 月的增刊中公之于众。当时布兰德刊出了邦纳写的一封长信，其猛烈攻击《全球概览》的资本主义倾向。信中写道：“在 128 页的《全球概览》中，出现了一个未曾提及的政治观点。《全球概览》传达出来的逃避现实的感觉，让我感到十分沮丧。”

杰伊接着说，他的工资每小时只有 5 美元。而《全球概览》是非营利性团体，赚到的钱也没有体现在大家的工资上，这让他越发不明白资本到底是怎样运转的。杰伊觉得自己因参与《全球概览》的工作，个人政治立场也变得更激进了。意识到这一点，他的内疚也没起到实质作用，而是让情况变得更糟，最后他总结道：“我主张权力和责任都归于人民……”

对此，布兰德简短地回应说：“杰伊与他的哥哥一起为秋季《全球概览》做排版工作。但由于他在自己负责的页面编排中犯了太多技术错误，因此没有被继续留用参与 1 月的《全球概览》编辑工作。杰伊才 17 岁，而我已经 31 岁了。你看看你才几岁？这一点比其他任何事都重要。”

《全球概览》和全球卡车商店给布兰德随心所欲地追逐所有新想法提供了机会和平台。他曾看到一套自组装的飞机零件，觉得非常有趣，决定订购一套。这架未完成也没试飞过的飞机停在英格利希家的谷仓里。布兰德还买了一辆宝马摩托车，他发现虽然新摩托车特别适合用来寻求刺激，但它的高风险可能远大于它能带来的价值。考虑到以每小时 110 千米的速度在高速公路上狂飙的危险系数，布兰德还是把摩托车卖了。

经营《全球概览》的重压很快让布兰德的人生开始逐渐失控。一天晚上，他和詹宁斯一起去看了伯特·兰卡斯特（Burt Lancaster）的电影《浮生录》（*The Swimmer*）。该片改编自约翰·奇弗（John Cheever）的故事，讲述了一个男人决定把康涅狄格州郊区小镇的每个游泳池都游完再回家的故事。电影开始时，兰卡斯特扮演的角色受到人们的尊重，但在电影结束时，他的家庭分崩离析，他本人也遭到蔑视。人生破碎的恐怖写照让布兰德深受触动。**那天晚上，他回到房车里，意识到人真的有可能会让自己的人生脱轨。布兰德在想，自己的人生是否也在渐渐脱轨？**

布兰德一直与恩格尔巴特的团队保持着密切联系，尤其和埃文斯的关系很好。5 月底，他们两人在伊萨伦的一个周末研讨会上组建小组，想要一起探索“一些工具使用的新模式——从自给自足的社群模式到强大的计算机设施保障下的在线生活和工作”。布兰德的工具使用取向与恩格尔巴特的计算机智能增强想法有直接相关性。个人计算机的出现指日可待。等到 1971 年微处理芯片诞生之后，人们就能够负担得起购买个人计算机的花销了。

然而，这两人所代表的不同文化之间的缔联并不是一帆风顺的。埃文斯热衷于加强控制论和反主流文化领域之间的联系，在 8 月组织了一次以合金会议为灵感的名为“水晶石”（Peradam）的周末会议。这个词源自他俩都很喜欢的勒内·多马尔（René Daumal）的小说《相似的山》（*Mount Analogue*），其中水晶石被设定为一种极纯的晶体，比钻石更坚固，折射率接近空气。

埃文斯说服恩格尔巴特去一次拉玛公社，尽管他一直努力弥合恩格尔巴特与反主流文化社区之间的鸿沟，但最后还是给这位计算机科学家徒增了压力。恩格尔巴特在原则上对新想法持开放态度，但在 1968 年秋天，他的计算机演示成功之后，恩格尔巴特越来越担心自己会逐渐失去对整个团队的掌控。

埃文斯认为，计算机技术和反主流文化社群所面临的是同一个哲学问题：创造工具来扩展人类智慧力量。从个人成长到成瘾类药物盛行，再到布兰德开始发现掌握工具与自我教育的重要性，这一系列事件都是观察 20 世纪 60 年代社会面貌的最佳切入点。这也让恩格尔巴特及其团队的 6 名研究人员、布兰德、贝尔和德基等人聚集到一起。在埃文斯看来，如果恩格尔巴特想要在斯坦福研究所的计算机科学研究上更进一步，达成自力更生的愿景，他就要打开思维，让更多的人参与进来。

之前的合金会议取得了辉煌的成功，人、环境、食物和音乐等一切都融合在一起，且相得益彰。相较之而言，水晶石会议就感觉有些差劲了。一群来自太平洋高中的学生也来参加。这所高中位于斯坦福大学后面的山区，劳埃德·卡恩曾在那里授课和建造学校穹顶。养猪场则是一个当时洛杉矶附近一座山顶上的公社，在这次活动中负责餐饮保障。一个名为“得克萨斯充气玩具”（Texas Inflatables）的表演艺术团体打造了一个未来派的塑料充气环境，人们能在里面走来走去，但并没有发生任何有趣的事情。

恩格尔巴特一直都不接受折中主义。他虽然也受到邀请，但并不喜欢这个主意，也没有参加这次活动。在他看来，这只是他逐渐失去掌控智能增强构想领域的另一种体现。布兰德参加了，他觉得水晶石会议没有产生像合金会议那样的火花。布兰德把自己在水晶石会议中写的笔记放在 1970 年 1 月《全球概览》增刊的封底，温和地指出合金会议是一个很难被效仿的活动。

越来越严重的抑郁状态

在下令《全球概览》中不得出现政治内容后，布兰德很快就违反了自己制订的这条原则。反战激进主义和劳工组织是不能谈论的主题，但环保激进主义早已深深浸入布兰德的血液中，能一直回溯到他小时候牢记的《户外生活》提出的环保承诺。1970 年，诗人加里·斯奈德发表了《四种变化》（*Four Changes*），《全球概览》副刊中刊登了他关于环保行动的呼吁。

1969 年秋天，布兰德突然想起埃利希的书《人口爆炸》，于是开始策划一场被他称为“饥饿秀”或“地球救生筏”的公众挨饿活动。埃利希曾预测，20 世纪 70 年代和 80 年代的大饥荒将要来临，而人类对此无能为力。

在向基金会寻求资助失败后，布兰德从他的家族遗产中支取了 2 300 美元。为了展示人口过剩带来的危险和全球饥荒迫在眉睫的威胁，抗议者们在一个 30 米见方的充气塑料枕头状的围墙里绝食。布兰德的想法是把这个活动变成一个游戏：如果参与者在一周结束之前打破绝食，那么参与者就会“死去”，而且必须离开他们打造的“岛屿”。这个塑料外壳被安放在门洛帕克对面海沃德的一家餐馆和超市之间，里面还配备了便携式厕所和一顶紧急医疗帐篷。

由于没有使用更大场地的许可，布兰德不得不把活动安排在海沃德一个门庭冷落的项目中心停车场。从打造公共活动的角度来看，这个选址显然特别不理想。布兰德觉得海沃德这一片就是那种在搭便车时会被丢下的地方。

“饥饿秀”于 10 月 11 日周六晚上正式开始。最初的想法是参与者需要在这个时候走入围栏内，一旦选择离开，就不能再返回。电影制作人罗伯特·弗兰克也加入了绝食活动。他被允许进入塑料围栏内拍摄，而其他媒体只能在围栏外面采访。

周日，美国广播公司旗下电视台 ABC-TV 也来了，这个公共活动和他们当时正在关注和跟进拍摄的环保主题非常契合。他们期望能有机会进入塑料围墙内拍摄，这在绝食群内部引起了一场争论。其中，许多人坚决反对新闻媒体的介入，将其视为敌人。反对者则认为可以好好利用一下媒体的力量，还有一些人认为这些记者们也可以通过绝食的方式参与进来。最后记者们被告知，如果他们愿意绝食，就可以进来拍摄。电视新闻团队由于没有时间全程跟拍，还是决定外围拍摄。

最初，大约有 100 位参与者进行绝食。格雷维和来自养猪场公社的一群人也加入进来。养猪场公社因现在在伍德斯托克负责安保工作，在当地小有名气。第一天结束时有 20 人放弃，有些人是因为需要回去工作，还有些人因为实在忍不住想吃东西。到了周二，雨水浸湿了整个停车场，塑料围墙内外也到处都湿漉漉的，人数进一步减少。雨一直下个不停，大家决定赶紧撤到门洛帕克的全球卡车商店附近。第二天早上，警察来了，要求人员解散并离开现场，布兰德当场就与一名愤怒的警察发生了冲突，场面一度濒临失控。这时雷蒙德赶紧介入，提议大家再搬一次。其余人驱车前往兰科・迪亚布洛的家，在这一周余下的时间里继续保持与世隔绝的状态。这样接连折腾了几次之后，原本蜂拥而至的记者现在寥寥无几。

到了周五，格雷维也撤退了。他坐着养猪场公社的车出发去参加芝加哥八人案庭审。第二天早上，最后余下的 52 人坚持到最后，恢复进食。活动主办方给每个人都颁发了纪念证书，以此肯定他们在活动中所付出的努力。自此，布兰德在埃利希的世界末日论调上纠缠了数年。

当布兰德的名气随《全球概览》的知名度而不断攀升时，他的抑郁状态也越来越严重。他超出主流青年运动群体的平均年龄不少，阅历也更丰富，因而被大家视为一种象征和文化代言人。总体而言，过多的关注让布兰德感觉更难受了。为了改善个人状态，他尝试着去拜访门洛帕克的邻居、心理治疗师杰克・道林（Jack Dowling）。道林引导他对着一把代表着已故父亲的椅子尽情大喊，宣泄情绪，但布兰德觉得没什么效果。

有一天，布兰德开车到《全球概览》编辑部，这时他突然意识到自己根本不想做手头的事了。他在全球卡车商店的阅读室里放了一张床，并以读书为借口窝在床上待了一整天。在布兰德看来，每一期《全球概览》都必须比上一期好得多才行，每一次都必须这样。他试图通过雇用更多员工来达到要求，但他对自己提出的要求太苛刻，结果他只能发挥出自己预想中一半的价值。根据布兰德自己的评估，到最新一期《全球概览》出版时，他恐怕会完全功能失调。詹宁斯对大多数事情的态度比较严肃，布兰德的这种消极状态深深地影响了他们的婚姻，而布兰德的逐渐疏远，也让詹宁斯感到很痛苦。

具有讽刺意味的是，虽然《全球概览》的出版任务越来越重，但它却解放了整整一代美国年轻人的思想。数以百万计的人不仅学会了如何面对新事物，而且还受到《全球概览》的启发，勇敢地朝着新方向迈进。

拉里·布里连特（Larry Brilliant）是一位年轻的医生，他在旧金山摇滚的世界里自由自在地享受生活，与“感恩而死”乐队的关系很密切。尽管算不上明星，布里连特也绝对是从旧金山延伸到洛杉矶西海岸音乐界的圈内人士。当他在旧金山第一次见到布兰德的时候，布兰德正在策划“饥饿秀”。

布里连特的朋友戴维·克罗斯比（David Crosby）是歌手兼吉他手，他曾是“飞鸟”乐队（Byrds）的成员，之后在1968年和斯蒂芬·斯蒂尔斯（Stephen Stills）、格雷厄姆·纳什（Graham Nash）一起组成了“克罗斯比、斯蒂尔斯和纳什”乐队。1971年，克罗斯比正处于名气的巅峰，他像许多新兴的反主流文化主义者一样，被《全球概览》中的一切给迷住了。

航海也是克罗斯比的爱好之一，他最近买了一艘约22米长的木制帆船“玛雅号”，经常把它停放在索萨利托。当布里连特来找他的时候，他就把船开到旧金山附近的圣弗朗西斯游艇俱乐部。一天下午，布里连特坐在船上告诉克罗斯比他认识布兰德。克罗斯比说，他很想见见这位《全球概览》的缔造者。在一时兴起之下，布里连特立刻开车，两个人一起前往门洛帕克的全球卡车商店。

当克罗斯比和布里连特到达时，他们被引到商店后面的房间。当时布兰德正坐在床上编辑着材料，见状把自己的低迷情绪隐藏起来。布里连特并没有意识到这个人已经身处困境。后来他回忆起这一天，觉得这是两个人之间的一次宛若"该死的知识分子"般的正式交谈。

就在第一期《全球概览》出版前几个月，马丁·路德·金和罗伯特·F. 肯尼迪分别遇刺身亡。几年后，这个国家似乎处于一场革命的边缘，而克罗斯比的乐队在某种程度上催化了这场革命。乐队创作了一首曲调激昂的抗议歌曲《俄亥俄》(*Ohio*) 来回应 1970 年 5 月 4 日国民警卫队在肯特州立大学的杀戮事件。

"我们能摆脱这一切吗？"布里连特记得布兰德这样问克罗斯比。而克罗斯比回答说："除非人类意识彻底改变，否则我们没办法摆脱困境。"

等他们离开后，布兰德觉得克罗斯比一定是意识到他快要崩溃了。他觉得摇滚明星一定是这样看他的："没戏了，吃太多药了，这种事我见多了！"

尽管这个时期，黑暗一直笼罩在布兰德的生活上空，但他后来在《全球结语》中这样描述："我当时正在处理一件偶然发生的小事情。"在 1970 年举办的第一个地球日活动中，布兰德受邀在纽约市帕森斯设计学院发表演讲。他试图表现得亲切一些，尽量掩饰他低迷颓废的状态。《纽约客》曾记录和描述了布兰德身穿鹿皮装、头戴大礼帽的样子。

当别人问及保护环境应采取怎样的行动时，布兰德引用了克西关于如何赚钱的表述。克西经营着一家很不错的乳品厂，与周边良好的环境相得益彰，收益也随之而来。

地球日活动后，布兰德又受邀参加教育与劳工内政委员会（House Committee on Education and Labor）在金门公园的加州科学院举办的环境教育听证会。当他发言反对教育的价值时，整个委员会震惊了。

第二天，《旧金山观察家报》的头条新闻是《〈全球概览〉缔造者震惊四座》（*Whole Earth Man Shocks Probers*）。文中说布兰德穿着“丹尼尔·布恩（Daniel Boone）①式的鹿皮西装和破礼帽”，并告诉大家，他们的努力会适得其反：“算了吧。如果有人对生态和环境问题感兴趣，他会自发地进行深入的研究。如果他本身不感兴趣，试图让他去学习的话只能让人更加排斥。”

布兰德的言论激怒了来自印第安纳州的自由派代表约翰·布拉德马斯（John Brademas），他反击说：“你的观点在亚当·斯密哲学的方向上走得太极端了。你的花言巧语尽管说得好听，但十分危险。”[21]

布兰德又说，在太空计划上花费数十亿美元是非常值得的，因为它让人们明白了地球就是一艘巨型宇宙飞船。布拉德马斯又反驳他，认为太空图像完全不值得政府每年拨给美国国家航空航天局的那笔6亿美元经费。他投了反对票。

布拉德马斯告诉布兰德：“我理解你对此深受触动，但是我不同意你的观点。”[22]

① 美国肯塔基州垦荒先驱，美国历史上最著名的拓荒者之一。他常穿着鹿皮衣，头戴皮帽。这里以穿着的相似将布兰德与他相提并论，旨在说明布兰德反对教育价值的言论极具反叛精神。——编者注

布兰德的立场和观点在很多方面都与他早先在斯坦福大学时期的经历有关："我正在学习怎样才能具备学习一切事物的能力，然后就可以继续前行，过自己想要的生活……我不需要上课。"授人以鱼，不如授人以渔。与其直接告诉一个人必须达到的目标，远不如为他提供可供使用的工具，让好奇心发挥作用，直到最终达成目标，过程中可能还会有意外之喜。

1970 年底，《全球概览》的编辑们把增刊搬到房车上，想要开车进行一个移动的《全球概览》增刊实验。他们与"蚂蚁农场"（Ant Farm）艺术团体的几名成员一起，在距离最近的电话亭 110 千米远的加州沙漠盐谷温泉附近搭起一个充气塑料圆顶。为了在里面办公，他们还带来了一台发电机来为圆顶充气，为排版工具供电。然而，风很快就把圆顶吹走了，因此他们不得不又转移到房车里。大家把增刊的副标题取名为"困难却可能"，没有人想到用"心神向往"这个词。

布兰德的名气随着《全球概览终版》的问世而达到顶峰。在接下来的一个月里，他身穿鹿皮西装，戴一顶安全帽，出现在全国电视节目《迪克·卡维特秀》（*Dick Cowett Show*）的观众面前。

卡维特对《全球概览》非常感兴趣，一开始就问布兰德为什么要让这样成功的出版物停刊。卡维特对电视观众说："这是一个令人难以置信的杰出作品，由一位天才亲自缔造而成……我们觉得非常遗憾，《全球概览》的粉丝们，这将是《全球概览》的最后一期。因为它太受欢迎了，所以布兰德欠我们一个解释，为什么一切将到此为止。让我们欢迎斯图尔特·布兰德先生。"

布兰德尽可能用比较乐观和轻松的口吻回应："我们想试着暂时停止一些正确的事情，看看后面会怎样。现在有这么多机构都在逐渐淡出市场，似乎停掉《全球概览》的时机要比创造它更重要。”这个理由并没有说服卡维特。这就好比在一场大受欢迎的演出中让音乐突然戛然而止。最后，布兰德拿出了一些在《全球概览》中展示过的独一无二的商品，包括刀剑和催情油之类的东西，想要通过这种方式分散电视主持人的注意力。

布兰德的母亲是卡维特节目的忠实观众。电视节目主持人在全世界观众面前对布兰德表达了充分的尊重和肯定，这对布兰德的母亲来说意味着儿子已经大获成功。在她心目中，布兰德终于成长为一位严肃的成年人。在罗克福德，布兰德终于成功了。

《全球概览》停刊，1.5 万美元点燃的个人计算机产业

《全球概览》经过两年的发展，越来越受读者的欢迎。1971 年 4 月，刊物的财务收入非常喜人，它和全球卡车商店都是毋庸置疑的提款机。在截至 4 月 30 日的前 9 个月里，总体收入为 49.8 万美元，利润达到 27.6 万美元。

这时，布兰德决定停下自己手头上的所有事情。之前他们的出版工作依赖于不断扩张的分销商网络。这一次，布兰德意识到受众对《全球概览》的需求量将再次扩大，因此他与兰登书屋（Random House）达成一个能为双方都带来丰厚回报的协议。《全球概览终版》于 1971 年发行，售出超过 100 万册，其内容包含超过 447 页、涵盖 1 000 多个项目的庞大列表。终版由兰登书屋负责印刷和发行，包括格尼·诺曼的小说《神权之旅》（*Divine Right's Trip*）。小说以片段形式贯穿整个终版，让读者像探索迷宫一样去追寻其踪迹。终版中还提及约翰·缪尔（John Muir）的《如何让您的大众汽车保持活力》（*How to Keep Your Volkswagen Alive*）和珍妮·达林顿（Jeanie Darlington）的《自己种植：邂逅有机园艺》（*Grow Your Own: An Encounter with Organic Gardening*）等书，这有助于确保这些书的畅销书地位。

加入《神权之旅》元素的想法，源于布兰德在 1969 年秋天决定要终结《全球概览》后不久举行的一次会议。1971 年，布兰德召集了十几位撰稿人和编辑，为大结局征求意见。大家围坐在桌子旁，诺曼说："我认为最后一期《全球概览》应该是一部小说的形式。"

布兰德回答说："这个想法好像不太可行。"

"嗯，它应该有一本小说。"诺曼说。"好吧，那你能来写吗？"布兰德反问道。"行啊！"诺曼答应了下来。

除了在经济效益上获得大丰收，这次和兰登书屋的合作还有助于重塑出版业形态。在双方就分销合同进行谈判时，布兰德又站到了他的环保道德高地上。他坚持未售出的终版必须以与精装书相同的方式退回，而不是被化浆，这个坚持促成了平装本的诞生。

但这一切都换不来内心的平静。布兰德几乎无法继续坚持下去了，与詹宁斯的婚姻也正在走向崩溃，似乎整个世界都开始封闭起来。布兰德开始对陌生环境感到恐惧和排斥。他努力在大家面前维持着形象，直到推出最后一期《全球概览》时，他已经有自杀的念头。

布兰德跑去找马林县精神病医生皮埃尔·莫内尔（Pierre Mornell）。在与莫内尔医生交谈时，布兰德不得不重新仔细审视目前的状态。他发现自己一直都习惯于借助外部力量来获得支撑，而不是寻求内在的真正平和。在莫内尔医生的建议和指导下，布兰德决定从某些事情中彻底脱离出来，首先是《全球概览》，然后就是他的婚姻。

布兰德没有和詹宁斯一起作为夫妻去共同接受心理咨询，而是自己单独前往。尽管他们俩后来在无法律纠纷的情况下选择合理、友好地结束婚姻，但几十年来詹宁斯一直觉得布兰德的决定相当自私，这让她感到非常痛苦。几年后，在《全球概览》更新的传记注释中，布兰德将婚姻的失败全都归咎于自己："我认为主要是我的问题才导致最后的结果。"

布兰德组织了一次解散派对来纪念这个要让《全球概览》走向终结的决定。他结识了旧金山海港区探索博物馆的创始人弗兰克·奥本海默（Frank Oppenheimer），也在博物馆的开发计划方面给奥本海默提供了一些想法，最终决定在探索博物馆举办一场别开生面的纪念派对。

《全球概览》租下整个博物馆一个晚上。为了打造一个午夜惊喜，布兰德带来了2万美元的现金，把它们分成一叠一叠的百元美钞。他的想法是，2万美元差不多就是当时启动《全球概览》的经费，所以将等额资金重新投入这个世界并创造可能同样有趣的新事物是非常合适的，有一种回馈社会的感觉。

即使按照几十年后互联网繁荣时期的标准来看，这次派对也是不同凡响的。接到邀请函的人覆盖了与《全球概览》相关的整个群体，从内部员工、订阅者再到审稿人和评论家，还有所有参加过合金会议和《地球救生筏》的读者们。参与者的着装规范是要打扮成一种"工具"。

探索博物馆提供灯光设备、音乐、舞蹈、食物和饮料。来自全国各地的1 000多名《全球概览》支持者参加了活动，"金蟾蜍"（Golden Toad）乐队进行现场演奏，一场不间断也不计分的排球比赛贯穿了整个派对之夜。

直到午夜，当地知名演员斯科特·比奇（Scott Beach）突然走上台打断大家："很抱歉，先打断一下你们的排球赛，现在我们有 2 万美元要直接发给大家。"他停顿了一下，继续说，"哦，你看，我就知道这肯定能引起你们的注意。"布兰德一开始以为，人们在强压之下往往会冒出最令人惊叹的想法。但后来他觉得事情并非如此，结论恰恰相反，强压之下的想法是最愚蠢的。

在比奇讲完后，布兰德走上台说："我曾跟各种基金会打了 3 年交道，我可以告诉你们，这些基金会完全不知道应该把钱花在哪里。我们如果也不知道该怎么花的话，那也没有资格去指责他们。我们走到今天，在这里，已经进入了时代最前沿的领域。就像任何其他需要具备前瞻性的问题一样，我们必须聚在一起解决自己的问题。这可能是一个需要发挥创造性的难题，而这就是我们的任务——找到一种创造性的解决方法。"

这时，观众席上架起了话筒，一个装着百元大钞的两三厘米厚的信封被递给每位发言者。大家开始纷纷走向话筒，接过信封，对其他人说自己认为应该用这笔钱做什么事，然后再把信封交给下一个人。布兰德穿着他父亲的一件看着就很奇怪的僧侣黑袍，这是在用一种温和的方式向父亲致意。他站在一块黑板前，开始写下大家提出的关键词。夜越来越深，人群依旧喧闹不止。

人们提出的观点，有很多在布兰德看来是下意识的自由主义思想。其中一个人站起来说："让我们把钱还给印第安人吧！"听到这句话，詹宁斯马上走到麦克风前说："我就是印第安人，我不想要这笔钱。"

有一次，当这些钞票传递到另一名演讲者手中时，有人提出："不应该由某个人来决定。这笔钱可以做很多事情，让我们一起来决定吧！"然后他抓起一把现金，开始分发给人群。布兰德冲到麦克风前说："嘿，我认为谈论怎么花掉2万美元，比谈论用100美元做什么更有趣。也许钱最后又会传回舞台上。”奇迹般地，钱确实又返回来了，至少有1.5万美元。余下的钱则随着夜色一起消失了。

人群中有一个叫弗雷德·穆尔（Fred Moore）的人，他是一名流动的和平主义者，反对服兵役。穆尔刚从墨西哥旅行回来，他秉承着激进的智利教育家伊万·伊利奇（Ivan Illich）的去学校化思想，在墨西哥创建了一个名为“抵制学校”（School Resistance）的项目。穆尔几乎完全破产，住在中半岛一所房子的车库里，与波托拉研究院有些松散的联系。那天晚上他来参加派对时，兜里只揣着两美金。

午夜过后，当人们还在讨论着如何分配这笔钱时，穆尔突然生气了。他觉得这就像金钱在世界其他地方所带来的恶劣影响一样。在这之前，他曾走到麦克风前，从口袋里掏出一张钞票，高高举起，然后把它烧掉了。他表态说，重点不在于怎么支配这笔钱，关键在于它通过共享信息直接赋予人们使用它的权力，这将有助于大家达成某种共识。穆尔再次走向麦克风，试图表达他的观点：“如果我们要在一个不断变化的新世界中再锻造一种新的变化，或者我们称之为‘新时代’，那么我们就要共同努力，互相帮助。”

当时还没有人意识到，几年后，穆尔将凭此观点建立一个计算机爱好者俱乐部，来自由共享资源和信息。从这个只剩一美元的人身上，能看到硅谷最具讽刺意味的事：穆尔，一个拒绝将物质财富本身作为目标的自由活动家，将点燃整个个人计算机产业之火。这个行业正如风险投资家约翰·杜尔（John Doerr）所描述的那样，能做到“20世纪最大的财富积累”。[23]事实上，自相矛盾的是，穆尔后来也成为源代码开放运动中未得到充分认可的守护神，而开放源代码反过来又成为计算机领域的主要力量。

过了午夜，大家仍然没有达成一致。最后有人在麦克风前读起《易经》来："利贞，征凶。"① 这并不是什么好兆头。最后，人们就到底是存钱还是花钱的问题进行投票，以 44 票对 44 票的平局结束，没有解决任何问题。

不久之后，大家还是做出了一个决定：把钱交给穆尔。用穆尔自己的话来说，他希望这笔钱能用在"信息、社区和教育网络"方面，使其发挥最大的价值。[24] 黎明时分，穆尔拥有了管理和支配信封的机会。

布兰德只是摇了摇头。对他来说，这是一个有趣的实验，但他从未期待能再次见到穆尔。布兰德在早上离开探索博物馆时暗自忖度，也许穆尔最多只会从墨西哥给他寄来一张明信片。

在接下来的日子里，穆尔感到进退两难。对他来说，缺钱确实是一个难题，但他一时间也不知道能用这笔钱做点儿什么。回家后，他把它放在了一个锡罐儿里，埋在自家后院。穆尔拿到钱的消息随后登上了几家报纸，他立刻被通过电话和邮件发来的各式理财项目湮没了。

就像《指环王》中佛罗多的戒指一样，这笔钱不会一直待在地下。

旧金山的一小群积极分子计划在市场街以南破烂社区的仓库里建立一个社团，他们听说穆尔得了一笔意外之财之后很快找了过来，因此穆尔被迫当了一回大众银行家。这个叫"一号项目"的计划包括一系列不同的社区政治项目，涉及教育、组织和剧院，还有一个叫"一号资源"的早期社区分时共享计算机计划。其中还包含了恩格尔巴特最初的 SDS-940 大型计算机，穆尔曾经在 SDS-940 上开发了在线系统。幸运的是，机器的费用最后由《全球概

① 出自《易经》的损卦，指有所行为，必然有所损害。——译者注

览》收益支持的基金会赠款来支付。

一号项目的几个代表跑到穆尔家，陪他走到后院。穆尔不太情愿地挖出了装钱的罐子，他打开罐子时都快要哭出来了。尽管这时候他心里很不舒服，但机缘巧合下，一些奇妙的事情正在悄然发生。

几十年后，无数《全球概览》的读者描述着他们在当中偶然发现的东西如何影响了自己的生活。对穆尔而言，他在解散派对上的呼吁，为后来寻求建立信息网络，从而将所有社区和政治活动家联系在一起的计划打开了道路。穆尔在使用记事卡上的数据库时，迫切希望能拥有一台自己的计算机。1975 年 4 月，他与本地计算机工程师戈登·弗伦奇（Gordon French）共同召集了一次会议，创建了家酿计算机俱乐部。这是迈向个人计算机世界的关键一步。

《全球概览》的落幕对布兰德的人生而言也是一个重要的转折点。正如他在海特－阿什伯里街区兴起时就离开了旧金山一样，在政治、社会与技术融合的趋势下，在为世界带来计算机革命的硅谷逐渐成形之时，布兰德再次选择抽身而去。

第 7 章

《协同进化季刊》，“生命一直在协同进化”

WHOLE
EARTH

布兰德语录
WHOLE EARTH

假如我到了天堂，发现那里不是一座图书馆，那我会非常失望；反之，假如我到了地狱，而那里是一座图书馆，那我也不会感到意外。

——出自 1989 年 4 月 4 日在伊利诺伊州图书馆协会的演讲

我负责发现新事物，从过去到现在都是如此。

——出自 1989 年圣塔菲研究所布兰德面见布莱恩·阿瑟时对后者提出的工作问题的回复

嗯，以前是世界上大部分地方都看起来显老，现在变成了世界上大部分地方看起来显年轻了。

——摘自 1990 年 5 月在圣路易斯机场的日记

有的建筑物天然就伟大，有的建筑物是慢慢变伟大的，而有的建筑物的伟大是强加上去的。

——摘自 1990 年 5 月在“米伦号”上的日记

仓促是一切品质欠佳的根源。

——摘自 1990 年 6 月日记

建筑物不仅有历史，它们本身就是一段历史。

——摘自 1990 年 6 月日记

在布兰德摆脱《全球概览》后的那个夏天，他和詹宁斯踏上了一场跨国公路之旅。他们漫游新英格兰地区后，驱车北上，直至罗伯特·弗兰克夏日住所所在的荒野。

离开《全球概览》后，布兰德想前往旧金山半岛 6 000 米开外的地方，那是位于大陆最东端的加拿大新斯科舍省。他选择这一目的地并非没有深意。

到达加拿大还算简单，东行再北上即可。相比之下，布兰德面临的其他挑战更为复杂。他正为今后的人生方向发愁。他幻想过把自己重新塑造成“私人政治家”或者像富勒、拉尔夫·纳德（Ralph Nader）、戴维·布劳尔那样的公共知识分子。但他要怎样做呢？

在对摄影发展的理解上，弗兰克一直是布兰德的导师。此前，弗兰克曾对布兰德说，自己不再做摄影师是因为“发现自己会在曝光时闭上眼睛”。他向布兰德坦言，他认为摄影开始妨碍他看世界了。

后来，布兰德感觉自己陷入了相同的困境，并且他还意识到，自己空有摄影技巧而缺乏摄影天赋。这和写作不一样，他在写作初期便坚信自己兼备技巧与天赋。

于是，他踏上了拜访弗兰克的“朝圣之旅”，前往弗兰克位于布雷顿角岛的夏日住所。来到这座荒岛，布兰德感到十分震撼。他与弗兰克在一处杳无人烟的荒野陡崖上碰面。接着，他们沿着唯一的土路，开车前往圣劳伦斯湾的一个偏僻的海岸。在那里，人们轻轻松松便可从海里打捞出巨型龙虾。

紧挨着弗兰克房子的也是一块同样引人遐思的地皮，布兰德当场买下了它。

不过一年后，布兰德才回到岛上建设自己的家园。最后，他也是在加拿大这片与世隔绝的荒野中，像离开《全球概览》一样离开了詹宁斯。

荣获美国国家图书奖，出版巨头始料未及

1972 年 4 月，莱夫勒夫妇来到纽约上西区的朋友家小住。他们此行的目的是为环境保护基金募捐，以免纳瓦霍人的土地遭受煤矿公司的荼毒。后来，二人受布兰德之邀搭乘配有司机的劳斯莱斯，陪他参加了美国国家图书奖颁奖典礼。

此次，《全球概览终版》获得美国国家图书奖当代事务类奖项，这让出版业巨头兰登书屋始料未及，他们甚至没有想过让其参选。作为补偿，他们便为布兰德安排了纽约的体面出行。

布兰德获奖在当时掀起了不小的水花。《全球概览》并未被提名，奖项

的授予完全是其中两位评委，即来自《洛杉矶时报》的迪格比·迪尔（Digby Diehl）和《纽约时报》的哈里森·索尔兹伯里（Harrison Salisbury）自作主张的结果。其中一人认为，“100 年后，《全球概览终版》或将成为 1971 年唯一被铭记的书”。而同样作为评委的历史学家兼记者加里·威尔斯（Garry Wills）却不这么想，他认为奖项应依规授予作家，而不是编辑。出于愤怒，他甚至辞去了评审团的职务作为抗议。

布兰德曾在喝酒时询问表哥，也就是曼哈顿知名作家爱德华·霍格兰（Edward Hoagland），国家图书奖是否真的很重要。

霍格兰回答说：“我不介意给我也颁一个。”

后来，布兰德便穿着他标志性的鹿皮装来到林肯中心参加颁奖典礼。同为获奖者的唐纳德·巴特尔梅（Donald Barthelme）建议他讲话时放慢语速。于是，布兰德站在舞台上，面对 1 800 名观众，用低沉的声音缓缓说道：“如果该奖项能鼓励更多纽约以外的非专业人士自发编纂实用出版物，那就太好了。”

布兰德还告诉观众，他会于 6 月在斯德哥尔摩举行的联合国人类环境会议期间，用这 1 000 美元的奖金，开展一次抗议活动。

尽管只得到两位评委的垂青，但获奖坐实了布兰德文化精英的身份。吉姆·西尔贝曼（Jim Silberman）对自己成为本书的编辑感到好笑，毕竟他都没参与过编辑工作。颁奖典礼结束后，布兰德随西尔贝曼和兰登书屋的几位高层来到 21 俱乐部，在那里又引起一阵哗然。这里要求来宾打领带，布兰德不得不仓促找来一条领带应付着装需要。这么一看，东海岸精英对西海岸反主流文化精英的包容心也不过如此。

在《全球概览》带动下产生的环境意识让联合国大会开始考虑构建“一套普世的价值观和准则，以此来引导和鼓励全世界人民参与环保事业”。尽管布兰德跟主流政治框架背道而驰，但那时的他仍然觉得自己是一个环境活动家。

3 月，为了举办一个与伍德斯托克音乐节规模相当，但更加国际化的抗议活动，布兰德赴瑞典与当地活动家建立联系。布兰德向其断言，自己可以吸引 10 万～ 40 万参与者来到远离斯德哥尔摩市中心的郊区斯卡普纳克。这里是斯德哥尔摩当局许诺留给抗议者的保留地，联合国大会也将在这里举行。活动起先被称为“地球之家”（Household Earth），后来改为“生命论坛”（Life Forum），但其开展过程并不顺利。后来，布兰德发现，他们无力从欧洲招募参与者，而去往瑞典的差旅费用也让美国参与者望而却步。最后，只有不到 1 000 人参加了活动，他只能自嘲不识时务。

最初，布兰德联系了他的老帮手，比如养猪场公社。对方承诺会送几辆巴士到斯德哥尔摩，按计划参与抗议游行。由于曾在伍德斯托克音乐节上提供过餐饮和安保服务，养猪场公社在协调抗议活动方面变得颇有声誉。

《全球概览》停刊后，布兰德与詹宁斯的婚姻也已岌岌可危，不过此时的布兰德正等待下一个伟大的创意，尽管八字还没一撇。为了自由，他在旧金山买了一套公寓，以便与妻子保持距离，还请了莫内尔医生为他进行精神分析。

站在布兰德反主流文化阵营的美国环保人士与他结识的瑞典左派人士之间，显然有着难以逾越的鸿沟。布兰德因《全球概览》暴富已经让瑞典左派人士满腹狐疑，刚好最近《壁垒》杂志又刊载了一篇有关中情局渗透美国学生运动的文章，瑞典左派对美国的反主流文化更是疑虑重重。《乡村之声》

（*Village Voice*）称，布兰德在斯德哥尔摩的一次会议上，分发了《全球概览》，“有人打开之后，看到上面在宣传成瘾类药物的书。在场的社会主义者大为震惊，并指责生命论坛的组织者是美国中情局的人，打算在斯德哥尔摩联合国大会期间传播成瘾类药物”。[1]

尽管觉得解散派对很失败，但布兰德对慈善事业的热情并未受到打击。他和雷蒙德决定创建一个新组织，名为“要点基金会”（Point Foundation），它的使命就是捐献《全球概览》的利润。全球卡车商店的一些员工对此颇有微词，他们认为自己的辛勤工作并未得到应有的回报，但布兰德几乎没有理会这些抱怨。除了布兰德和雷蒙德，基金会的初始董事会成员还包括来自大自然保护协会（Nature Conservancy）的环保主义者休伊・约翰逊（Huey Johnson）、格莱德基金会（Glide Foundation）的迈克尔・菲利普斯、杰里・曼德以及英格利希。当时比尔已卸任恩格尔巴特的首席工程师一职，转投施乐公司新设立的计算机科学实验室——帕洛阿尔托研究中心。

基金会每位董事每年可以酌情支配 5.5 万美元的资金。布兰德最初将他的资金用于生命论坛、旧金山禅修中心（San Francisco Zen Center）和史蒂夫・贝尔的公司 Zomeworks 等。此外，每次董事会还会邀请不同的人担任第 7 位董事，参与资金决策。第 7 位董事也被称为“以利亚”。

前往瑞典之前，布兰德与詹宁斯相处得并不愉快。最后，詹宁斯独自驾车横越全国，前往贝塞斯达的父母家。这让布兰德感到有些愧疚，但也仅此而已。布兰德此刻的心思主要放在两个人身上：在瑞典参与活动的年轻环保主义者梅利萨・萨维奇（Melissa Savage），以及“饥饿秀”上认识的组织计划生育相关项目的斯蒂芬妮・米尔斯（Stephanie Mills）。虽然总体上他算是搬到了旧金山，但当自己的婚外情令詹宁斯饱受折磨时，他觉得自己还爱她。婚姻的束缚让布兰德喘不过气来，虽然这听起来有些混蛋，但当时很多人都是这种感觉。

4月，也就是发起生命论坛前夕，布兰德和米尔斯前往黑石沙漠泡温泉。他们顺路去斯奈德家拜访，但斯奈德不在，只见到了他的妻子玛萨。之后，布兰德和米尔斯两个人在沙漠里待了4天，泡温泉，雨中露营，偶尔还去一个废弃的小木屋避雨。离开前，米尔斯还在小屋的墙上涂鸦留作纪念。

布兰德在飞往瑞典途中的精神状态很差，想到生命论坛的理念要面临的种种政治乱象和组织问题，他感到十分沮丧，觉得这不过又是一场俗套无比的环保游行（same-old-shit eco march）罢了。

在漫长的航程上，同行的米尔斯一直向布兰德示好，还一度幻想两个人能在联合国大会附近的毗邻生命论坛画廊的出租公寓里合租，他们决定不和其他人一起在斯卡普纳克扎营。可是到了瑞典之后，米尔斯的态度冷淡下来，她投入为几个国际代表团举办的沙龙项目中，还和别人约会，这让布兰德错愕不已。

“你不能这样做，”他抗议道，“这很不公平！”

“以牙还牙，”她答道，“男人不是一直这样对待女人吗？现在轮到我这样对待你了。放平心态，好好享受吧！”

舟车劳顿和时差，加上又失去了米尔斯，本就对这次活动没信心的布兰德彻底陷入了低谷。尽管戴着标志性鹰毛高帽、身着鹿皮装的布兰德依旧十分引人注目，但新闻照片还是捕捉到了他空洞的眼神以及苦笑，脸上仿佛写满“失败”二字。

尽管布兰德组织了一场“拯救鲸鱼”（Save the Whales）的游行，并与担任会议秘书长的加拿大石油高管莫里斯·斯特朗（Maurice Strong）一起出席了几场非官方的活动，但美国环保主义者并未因此与欧洲人达成统一战线。当时的斯德哥尔摩浸淫在挥之不去的反美情绪中，瑞典首相奥洛夫·帕尔梅（Olof Palme）甚至在联合国会议开幕时向美国喊话，要求其“立即停止生态战争”。

布兰德曾在某次春季预备会议上提议支援欧洲4万美元，让生命论坛与欧洲左派共享设施，这个提议被断然拒绝了。作为一个典型的伯克利新左派和环境杂志《清溪》（*Clear Creek*）的编辑，年轻的玛丽·琼·希利（Mary Jean Healy）在来到斯德哥尔摩后震惊地发现，在派系斗争的激烈旋涡中，自己竟然被视为保守派。

虽然布兰德想过包机把东西海岸的美国人送过来，但最终，预想中的人山人海并没有出现。他请来的只有50名养猪场公社成员和几辆大巴，负责活动安保和食物供给；一群想要将越战对环境的破坏提上议程的反战活动家；“垮掉的一代”诗人迈克尔·麦克卢尔和斯奈德；即将出版一本联合国大会替代指南《开放的选择》（*Open Options*）的希利。另外，莱夫勒还想方设法地带来了15名美国印第安人和奇卡诺人，有些人甚至没有护照和签证。于是，莱夫勒用类似羊皮纸的旧纸及鹿皮为4名霍皮族印第安人制作了护照，背面写着持证人是霍皮独立民族的公民，“只要太阳照耀，水在流动，草在生长，这本护照就有效”。

布兰德致力于激发出全新的个人责任感和环保意识，但在日益浓郁的政治氛围的裹挟下，他感到自己的努力毫无意义。绝望逐渐占了上风，他开始觉得头晕目眩，胃部不适。起先他用氯氮平稳情绪，而歇斯底里的詹宁斯此刻正不断地用信件和电话轰炸他，苦苦维系他们的婚姻，这更是火上浇油。

与此同时，3个月前带领布兰德在斯德哥尔摩领略风土人情的萨维奇，也开始了一段新的恋情，消失在布兰德的生命中。布兰德感到越发孤独，他想起了湾区某调频广播电台的主任，曾与多名员工有染，最后跳下了金门大桥，脑海中不禁浮现出了自杀的念头。

瑞典的一切在布兰德的印象中就是灾难，但现实情况却更加微妙。不仅尼克松的前内政部长沃尔特·希克尔（Walter Hickel）和联合国会议秘书长斯特朗公开对他表达了赞许，这次活动在国际层面确实也对环境意识产生了影响。然而布兰德还是倾向于认为斯德哥尔摩是个政治内斗大本营，他对此深恶痛绝。

布兰德在斯坦福大学的导师埃利希，作为一名人口过剩论者也出席了会议。他的《人口爆炸》于4年前出版，国际上至今仍在热议潜在的强制性人口控制议题。埃利希的竞争对手，即生物学家巴里·康芒纳（Barry Commoner）也出现在斯德哥尔摩，对埃利希的观点进行了激烈的抨击。康芒纳认为人口会出现转型，即人口增长速度会减慢。彼时的布兰德坚定地站在埃利希一边，但多年后他将改变自己的观点，承认康芒纳是正确的。

一天晚上，他陪同希利去听彼得·伯格（Peter Berg）的演讲。伯格是一位环境活动家，曾是流动街头剧团挖掘者（Diggers）和旧金山默剧团（San Francisco Mime Troupe）的成员。伯格对“一个世界”（one world）和“一个地球”（one planet）做了区分，他称前者为“狗屁的国际错误”，而后者则是实践中诞生的永恒真理。这个想法在布兰德的意识中扎下根来。

要点基金会一口气给生命论坛投资了7.5万美元，抢了布兰德的风头。布兰德曾给伯克利环境活动家琼·麦金太尔（Joan McIntyre）1.5万美元，用于在斯德哥尔摩发起拯救鲸鱼的行动。她会在游行上启动自己的“约拿计划”（Project Jonah）[1]，届时养猪场公社会配合她将巴士装扮成鲸鱼的样子。这个计划颇有影响力，生命论坛的环境活动家游走全城，模仿鲸鱼的叫声，让鲸鱼巴士登上了世界各地报纸的头版，使反对商业捕鲸提案在斯德哥尔摩会议上象征性地全票通过了。

这个活动也影响了另一个人。在斯德哥尔摩，萨维奇与麦金太尔同住一个酒店房间。会议落幕之际，两个女人一起探讨了未来。麦金太尔对年轻的萨维奇说：“不管怎么说，你还是得选一个物种来拯救。”

萨维奇一直是个充满热情的科学家兼环保主义者。60 岁时，她决定接受麦金太尔的建议，选择专心拯救水獭。她把自己毕生的事业看作布兰德涉猎的海域里泛起的一个小旋涡。

不过对布兰德来说，所谓的“斯德哥尔摩伍德斯托克”是一个巨大的失败。自此以后，他对抗议示威彻底失望了，除了地方的几个政治活动有些例外。联合国大会结束后，他和希利在北极圈附近露营了几天，然后飞往华盛顿特区，心中忐忑地与詹宁斯重逢。詹宁斯说他闻起来不一样了。

心智的启明星，贝特森取代富勒

1972 年夏天晚间，在和詹宁斯从贝塞斯达前往布雷顿角岛的途中，布兰德再度幻想成为一名新闻工作者。布兰德评价自己的写作水平很烂。他琢磨着学习速记，想着是否有办法通过自学让自己的写作水平达到“快准狠”。在新泽西州的酒店里，布兰德曾花了一整个上午阅读《纽约时报》的评论版面。

① 麦金太尔发起的保护海洋动物非营利组织。——译者注

他大受启发，考虑去学习语言，或者在摄影方面做点新尝试。

上一年《全球概览》停刊的阴云渐渐散开，布兰德脑子里充满了新想法。他开始与《全球概览》的早期支持者马龙·白兰度讨论几个项目，比如将《全球概览》改编成电视节目，或许可以去白兰度在南太平洋的小岛上开发一个可持续发展项目。他还想着回到西海岸之后加入旧金山禅修中心，尝试一种叫作坐禅的静坐冥想。他甚至重拾在加州大学伯克利分校读研究生的念头，也许会继续研究生物学。

他总共整理出 15 个想法，草拟了一个“加州狂想”项目的清单，还在其中穿插了另一个想法——“解离”（uncouple）。为此，他已经迈出了一大步，在旧金山租了一间地下室公寓。这不是个凭空产生的决定，在前往布雷顿角岛的路上，他和詹宁斯发生了多次争吵，詹宁斯指责他早就想要离开她。这是事实，但他就是没法说服自己跟詹宁斯开口。

原本他们打算去布雷顿角岛完成共同的梦想，就是建造一个小型夏日住所，供他俩每年来此度过一段隐居生活。然而，抵达目的地后，他们两人都有些踌躇。这事太劳神，也太费钱了，他们便讨论是否要放弃，返回加州。

屋漏偏逢连夜雨，他们在这里扎营的第一个晚上就碰上了大雨。但对于布兰德来说，这算是在风雨之后迎来了彩虹，因为他读到了人类学家格雷戈里·贝特森的《迈向心智生态学之路》（*Steps to an Ecology of Mind*）。这本才刚出版的综合性文集，凝练了控制论、哲学及社科方面的内容，将人类放在自然世界的背景中讨论。布兰德简直沉醉其中，此时此刻，贝特森取代了富勒，成为他心智的启明星。

在斯坦福大学读书期间，为了完成行为科学高等研究中心的一个项目，布兰德就采访过贝特森。后来他还去圣何塞州立大学听过贝特森在会议上的演讲。不过，这还是他第一次投入时间去阅读贝特森的作品。这本书为控制论做了神秘学和生物学方面的铺垫，将个体的讨论背景从社科延伸到世界文化和生态层面。此刻布兰德脑海中的火花将在两年后发展成《协同进化季刊》的核心观点。

天气放晴后，布兰德放下书本，开始清理地面，支起长杆，搭建临时帐篷。帐篷支好后，他和詹宁斯按部就班地忙了一个月，才搭好了一个尺寸约为 3.6 米 ×4.8 米的棚屋。劳作的同时，布兰德仍在幻想着回到加州之后在旧金山的单身生活。

他原本计划回到西海岸后再谈离婚的事，但和詹宁斯之间剑拔弩张的氛围让他窒息。有一次，他晕了过去，醒来时手指紧紧抓着草皮。布兰德不知道这到底是怎么回事，也不知道究竟是哪里出了错。

踌躇了几天后，他终于开口提了分手，将独居旧金山的想法告诉了詹宁斯。这也是情势所迫，因为当时詹宁斯在车上的置物箱里发现了米尔斯的梳子。詹宁斯很生气，布兰德也不甘示弱。他的态度再次印证了詹宁斯的猜想，这段关系已然不复存在了。她啜泣着问：“我现在该怎么办？”布兰德只能回答：“我不知道，我不知道，我不知道。”

他的脑海里回响着詹宁斯的哭泣，这让他感到内疚和害怕。他到底干了些什么？站在悬崖上，他一度想着不如跳海算了，但他做不出这种事。左右为难之际，他嗅到一丝自由的味道。

之后一段时间，布兰德和詹宁斯都没再发作，他们边搭棚屋边讨论分手的话题。8 月初，他们还是冒着大雨，启程前往加州，中途在密歇根州的希金斯湖歇脚，拜访了布兰德的家人。两人分别与布兰德的哥哥迈克和嫂子盖尔聊过后，布兰德和詹宁斯达成一致，那就是两人的关系已然走到终点。

月底前他们就到加州了，但两人还未正式分手。他们一起在加州中央半岛与朋友小住了一段时间。之后，布兰德便前往市区的公寓，却发现大楼已售，他得在 3 周内找到新房子。

布兰德用了一个月的时间为这段婚姻画上了句号。他偶尔也会崩溃，想回到詹宁斯身边，但这只能让事情变得更糟。“我们彼此伤害，又互相依偎，继续伤害彼此。”布兰德在日记中写道，他意识到自己的所作所为对想要复合的詹宁斯来说有多么可怕。

于是，他赶忙在玫瑰巷找到了一间公寓，这里与旧金山禅修中心只隔了半个街区。他还邀请米尔斯来暖屋，晚上两人看完《屋顶上的提琴手》（*Fiddler on the Roof*）后，去北滩吃了晚饭。

秋天，布兰德想开始禅修，但很快发现自己静不下心来。他忍着重度抑郁和眩晕，一边看心理医生，一边和米尔斯、萨维奇等多位女士约会。同时，还要兼顾要点基金会的事务，想方设法“花掉”《全球概览终版》赚到的 150 万美元。

“对现实深深的无力感，这就是我这些天的全部感受。”布兰德写道。他坦言，自己幻想着成为一个“花花和尚”（Zen playboy），但同时也意识到他的所作所为对詹宁斯和双方的处境会造成多大的伤害。

布兰德还在圆自己的另一个梦——学习飞行。尽管先前用 BD-4 运动飞机进行的试飞失败了，但他还是去上了飞行课。不过很快他的试飞活动就因持续的惊恐发作被迫中止，抑制不住的焦虑似乎把他锁死了。一旦在开车时发作，他甚至不得不靠边停车，这种状态下的他不适合驾驶飞机。

9 月底，熬过对自我和知识的怀疑，布兰德的思绪明朗起来。与金夫妇共进晚餐后，在回家的路上布兰德决定成为一名游戏设计师，通过环游世界寻找与众不同的游戏。他重拾当年观看加州印第安人游戏的初心，回忆在学校计算机中心玩《太空大战！》的销魂体验，从而发明新游戏。

追根溯源，这还要说回他当年应反战者联盟之邀在旧金山州立大学、加州大学伯克利分校和斯坦福大学发起的一系列活动，布兰德称之为“第四次世界大战”。后来他发现，试图将竞技游戏作为化解侵略而非战争的尝试都是失败的。尽管如此，他依然对战斗的纯粹乐趣兴趣不减，对自己在《全球概览》发行时做一名“凶狠卖主”的日子津津乐道。

在伊萨伦共识社区[①]的一次活动中，布兰德遇到了乔治·伦纳德（George Leonard）。伦纳德曾在《展望》杂志发表过文章，早年预见了青年运动和加州反主流文化的影响力。伦纳德和伊萨伦共识社区的联合创始人迈克尔·墨菲都对参与式竞技颇有热情，这也引起了布兰德的共鸣。所谓的软性战争，即没有真正暴力的战争，是布兰德一直在打磨的念头。最终，在 1973 年 10 月，他以此为准则组织了第一届新游戏锦标赛。

尽管早年在斯坦福大学的自由新闻人事业碰了壁，但布兰德这次终于拿到了业界的入场券。《滚石》杂志出版人兼联合创始人詹恩·温纳（Jann Wenner）给了他一个任务，让他写一个关于一群计算机黑客的故事，据说他们会通宵在斯坦福大学后山的计算机实验室里玩《太空大战！》。

① 非营利性的修行中心和共识社区，位于加州大瑟尔。——译者注

在全球卡车商店工作的年轻黑客卡潘帮布兰德与斯坦福人工智能实验室的研究人员牵了线。该实验室旨在制造有用的人工智能，并已经形成了一股跨界的年轻科研力量，研究领域囊括机器人、计算机视觉、自然语言理解和语音识别等。与此同时，英格利希也刚好进入施乐帕洛阿尔托研究中心。该中心旨在与 IBM 竞争，而一位在五角大楼工作期为阿帕网开发提供了帮助的年轻心理学家罗伯特·泰勒（Robert Taylor），已经被赋予重新思考计算机和网络在未来办公室中角色的任务。

在这两个研究中心一探究竟后，布兰德更清晰地意识到个人计算机时代即将到来，计算机网络将会带来潜移默化的巨大影响。几年后，布兰德不仅是第一个使用"个人计算机"一词的新闻工作者，更是第一个向世界宣告个人计算机跨时代意义的人。[2]

10 月的一个晚上，布兰德带着《滚石》杂志的摄影师安妮·莱博维茨（Annie Leibovitz）来到斯坦福人工智能实验室，报道第一届"泛银河系太空大战奥运会"（Intergalactic Spacewar Olympics）。这也是他首次向普通观众展示计算机黑客的虚拟世界、施乐帕洛阿尔托研究中心的第一台现代个人计算机和刚诞生不久的阿帕网社群现代互联网的前身。

以与斯坦福人工智能实验室黑客共度的夜晚为开始，布兰德将全新的计算机文化与他掀起的反主流文化浪潮联系在一起。在计算机世界里，女性很罕见，莱博维茨仿佛是来访的皇室成员，年轻的研究人员自豪地向她展示实验室机器人手臂等研究成果。

布兰德借鉴了汤姆·沃尔夫和亨特·S. 汤普森的文风，营造出了浮夸的临场感，提出一个又一个宏大的观点，令人目不暇接。他在谈到黑客时说："这些人都是脑袋，只有空谈，他们中的大多数只是。"他都懒得为他的结论注明出处。“计算机科学有一半以上的人是脑袋。”布兰德认为计算机是下一代成瘾类药物。其实早在几年前，克西听埃文斯介绍恩格尔巴特的 NLS 系统时就已经意识到了这点。撇开文风不谈，这篇文章基本把握了计算机领域的所有重要趋势，包括帕洛阿尔托研究中心成员艾伦·凯的 Dynabook 是现代笔记本计算机的原型。阿帕网的影响以及新型低耗电芯片衍生出面向消费者的廉价机型的可能性。

他还捕捉到了在原创精神的加持下，计算机爱好者社群出现的可能性，而个人计算机行业正是从 1975 年开始出现的。布兰德意识到，在斯坦福人工智能实验室主机上挥洒青春的年轻计算机迷们，有多希望拥有一台属于自己的计算机，而且他们马上就会有了，1971 年微处理器问世之后就有了。大多数黑客甚至不确定有了计算机后要做些什么，毕竟以前只在梦里见过。在《滚石》杂志的文章中，布兰德还在附录中介绍了如何写出自己的《太空大战！》，并且附上了凯编写的代码样本。

1972 年底，《滚石》杂志刊载了《太空大战》，不容置疑地宣告：不管你是否做好准备，计算机就要来了。[3]“个人计算机”一词在本文中还没有出现，布兰德第一次使用这个词是在他的第一本书的后记中，即 1974 年出版的《控制论的两个前沿地带》。

这本著作囊括了《滚石》刊文，以及 1973 年底，格雷戈里·贝特森在《哈珀斯杂志》上的详细介绍。兰登书屋看到《全球概览》取得的巨大成功后，倾情出版了该书。布兰德试图描绘出贝特森的有机控制论与新兴计算宇宙的机器控制论交织的图景。这个世界还没有意识到计算机和网络即将给它带来怎样的影响，它们太过前沿了。但布兰德意识到了，并撰文知会世界：变革正在悄然发生。

不过在当时，布兰德还没有意识到自己在新闻界这次处女秀的空前影响力。冬天时，布兰德的心理治疗课程结束了，但他并没有走出困境。他的情绪波动依然剧烈，惊恐发作也没有好转。他持续胃痛，晚上靠氯氮入睡，还要在几个女友中反复横跳，而米尔斯是其中最长情的。

年底，他搭灰狗巴士去了克西在尤金的农场。对布兰德来说，克西亦师亦友，是辩理论道的存在，总能让他有所收获。这一次，他在那里汲取到了无穷的动力和信心。

新年期间，布兰德和米尔斯驱车前往墨西哥的马萨特兰。玩水时，他突然发现视野左侧出现了一个奇怪的重影。他跌跌撞撞地回到车里，戴上太阳镜，吃了一片氯氮，躺在座位上缓了一阵，视力才恢复正常。此后，这种状况经常发生。多年后布兰德才发现这是一种常见的视觉障碍，被称为“闪辉性暗点”（scintillating scotoma）。

当时，米尔斯让他放宽心，但这种情况或多或少影响了他们，给旅程蒙上了阴影。布兰德感觉很虚弱，而米尔斯却试图像无事发生一样，继续向前推进。他们开了两天车，一路颠簸地来到下加利福尼亚的一个墨西哥牧场，米尔斯柔声地问他为什么如此烦恼。

“因为存在。”布兰德回答。

“存在与否，还是如何存在？”她反问。“都有。”他回答。

“那么就记住，你只是一粒尘埃，游弋在阳光里的尘埃。”

就要当那个狂僧，为每一个逗号负责

回到旧金山玫瑰巷的公寓时，布兰德察觉到自己似乎正在迎来某种转机。世界在变化，林登·约翰逊去世了，堕胎合法化了，《巴黎和平协定》签署了。詹宁斯宣布她正在申请离婚，并与英国工程师兼爆炸物专家基思·布里顿（Keith Britton）交往，两人计划结婚。

布兰德感到如释重负。

尽管在政治上，布兰德厌恶新左派，但他仍愿意为朋友开特例，比如霍夫曼和克拉斯纳。布兰德说服后者和克西一起编辑《全球概览的最后补编》（*Last Supplement to the Whole Earth Catalog*），于是克拉斯纳从纽约搬到西海岸。之后几人又一起说服了反主流文化漫画家 R. 克拉姆（R. Crumb）创作封面图——一幅活色生香版的《最后的晚餐》。

搬到玫瑰巷后，布兰德让克拉斯纳搬到次卧，两人在生活方式不冲突的前提下成为室友。克拉斯纳后来将他们的关系描述为新时代“奇特二人组”。两人生活方式的矛盾在某次采访中达到顶峰。当时，他俩同时在各自卧室进行采访，布兰德在采访格雷戈里·贝特森，克拉斯纳采访的则是查尔斯·曼森（Charles Manson）家族的成员斯奎克·弗洛姆（Squeaky Fromme），此人几年后将试图谋杀杰拉尔德·福特（Gerald Ford）总统。[4]

“奇特二人组”这个描述还是很贴切的。克拉斯纳的偏执源于他的朋友梅·布鲁塞尔（Mae Brussell），后者常在《现实主义者》上发表文章，是研究阴谋论的左派。听说克拉斯纳打算与布兰德合租时，她就警告克拉斯纳，《全球概览》之前的出版商是 government pig。克拉斯纳询问自己是否有人身危险时，她回答道：“不会，但他会把你弄疯。”

克拉斯纳没把布鲁塞尔的话放在心上，但有些事情似乎又在证明她是对的。[5]有一天，克拉斯纳回到自己的房间时，感觉不对劲。一头雾水的克拉斯纳发现房间里的巨幅尼克松海报上，原本向左看的眼睛，现在向右看了。他仔细一看，是有人把原本的眼球抹掉，又重新画了一对。他跑去找布兰德对峙，问是不是他干的。但是布兰德否认了，只是说克西那天下午在海报周围转悠。[6]

还有一次，克拉斯纳决定读一读布兰德写的日记，读到关于自己的描述时，布兰德的措辞让他非常受伤。虽然看似总是克拉斯纳在平衡两人间的关系，但其实布兰德才是更靠谱的那个。一天晚上，布兰德在卧室里用电锯搭床，听见走廊里的克拉斯纳边刷牙边抱怨与山达基教派的论战。突然间，克拉斯纳沉默良久，于是布兰德在房间外偷看。只见克拉斯纳一动不动地站着，发出奇怪的声音，随后倒在水牛皮地毯上，继续发出怪声。

布兰德叫来禅修中心的人，一起把克拉斯纳抬到附近的医院。几小时后，克拉斯纳终于清醒过来，他承认为了参加委员会即兴喜剧团的最后一场演出，他碰了不该碰的东西。

1973 年 11 月底，布兰德与詹宁斯顺利离婚，但由于同为要点基金会的董事，他们没有切断联系。二人的共同财产总额约为 4 万美元。布兰德获得了新斯科舍省的房产，詹宁斯则获得了储蓄账户里的 1 万美元和电视机。

在完成刊登在《滚石》上的文章后不久，布兰德着手编写贝特森的简介。他带着录音机去加州大学圣克鲁兹分校学习社科课程。

他还参加了一场由 G. 斯潘塞·布朗（G. Spencer Brown）发起的伊萨伦会议，此人最近写了一篇糅合哲学与数学的论文《形式的法则》（*The Laws of Form*），跨界背景让他与控制论者和反主流文化群体都有讨论话题，其中包括贝特森、约翰·李利（John Lilly）、达斯、库尔特·冯迈尔（Kurt von Meier）、沃茨和布罗克曼。

那年春天，布兰德去大瑟尔拜访了正在盖房子的贝特森，几天下来布兰德更深入地了解了控制论，并在 11 月的《哈珀斯杂志》上发表了《必要悖论的两面》。虽然它对外的影响力没有《太空大战！》大，但对布兰德的思维却产生了持久的影响。

布兰德对控制论并不陌生，这个概念贯穿了《全球概览》的“系统”章节。但是他和贝特森的深入交流，让他从诸如测地线穹顶及富勒等一众以建筑工程为导向的世界观中解脱出来。在《迈向心智生态学之路》中，贝特森断言，个人、社会和生态系统这三个相互交织的系统形成了一个包罗万象的控制论系统（cybernetic system），这将成为布兰德未来几十年的研究主线。

在《控制论的两个前沿地带》的导言中，布兰德称，就文章本身而言，《太空大战》更好，但他得把它排在《必要悖论的两面》之后，“因为我相信，贝特森所言对每个人的生活都有指导意义”。他提出，肉体和机器都会学习，有机体和机器控制论系统的共同特点是它们都颠覆了所谓“人类引以为傲之所在，不全是有目的的自主行为”。布兰德的信仰由富勒转向贝特森，他的生物学研究背景终于派上了用场。

除此之外，贝特森的生态学观点也将布兰德从《全球概览》中残存的安·兰德的自由主义中解脱出来。在贝特森的影响下，他开始深入思考协同进化的概念，他在日记中写道：自给自足在任何条件下都是不可能的。那只是美国人对私密性狂热痴迷的延伸：“我不需要你，我不需要任何人，我是自给自足的！”

1973年春天，布兰德受邀到罗得岛设计学院（Rhode Island School of Design）做关于创造新游戏的演讲。那是一个温暖的日子，他带领一群学生玩《屠杀》（*Slaughter*）游戏，参与者多达40人。他们都跪在地上，试图把己方的球送进对手挖的洞里。如果参与者被推出比赛场地，就被淘汰了。后来，比赛规则变为：参与者如果被对方球员脱掉自己的袜子，也会被淘汰。脱掉上衣的布兰德吸引了一位名叫格洛丽亚·鲁特（Gloria Root）的年轻的建筑系学生。

鲁特是《花花公子》1969年的12月玩伴女郎，经历十分特别，曾因走私而在希腊监狱待了9个月，与休·海夫纳（Hugh Hefner）和罗曼·波兰斯基（Roman Polanski）等人都有过风流韵事。布兰德憧憬着一段生机勃勃的长久爱恋，但接下来的几周里，无论他怎么联系，鲁特都没有任何消息。

6月，他回到布雷顿角岛的小屋里住了几个月。他发现自己并没有完全摆脱詹宁斯的阴影。他想起以前在圣克鲁斯山他们常待的那台拖车，詹宁斯曾经就在那里。同样挥之不去的还有上一年夏天胃痛和昏厥的记忆。

他不断地向自己重申：我已经厌倦了旧金山，厌倦了无休止的工作和社交。闭关本应为他提供一个喘息的机会，使他做点简单的体力劳动以及规划人生。“放松，斯图尔特，享受天堂。”虽然他这样提醒自己，但总是事与愿违。坐飞机时弄丢了包括冥想垫在内的大部分装备，这反倒给了布兰德一个逃避禅修的借口。有两位女客人来拜访他，人走了之后，他在不安的同时还感到有点高兴。虽然罗伯特·弗兰克离得很近这点很不错，但布兰德仍然感到不安，静不下心来。

终于，布兰德的思绪再次在夏天明朗起来。对他来说，这并不是一个新的想法，而是对旧想法的重新阐释。在第二年出版的《全球结语》中，他对这一刻的描述和几年前对舒加特说的差不多——在破釜沉舟之后，我们在王座前宣布：“我们要开始下一个伟大创意了。”王座说：“这就已经是了。”

新的自由职业生活让他感到孤独和不确定，他怀念《全球概览》时具有的艺术创作控制力。《哈珀斯杂志》向他伸出了橄榄枝，建议他为最后一本《全球概览》做一个小小的更新，即结语。他给编辑们回了信，提出尽管《全球概览》已经过时，但每周仍有 3 000 份的销量。反复咀嚼《哈珀斯杂志》的提案后，他意识到他真正喜欢的是创作增刊。相比《全球概览》，增刊给了布兰德更多自由，让他找到了一个满意的节奏，能够跟着自己的感觉探索知识和艺术，同时也创造了对话和社区。

现在布兰德意识到有必要发起一场超越《全球概览》的全新对话。正当数百万美国左派学生痴迷辩证法、反复玩味阶级斗争的呼吁时，贝特森提醒他注意一种更有力的方法，以开辟看待世界的新方式。虽然“协同进化”一词的生物学起源是指捕食者和猎物之间的进化伙伴关系，但贝特森有一个更广泛的概念，即让对立的两面并置，观察其共存的方式，以揭示“新的意义和理解”[7]。这个想法让人想起库斯勒的《创造力的表现》，但贝特森的阐述更加精准、全面，使布兰德达到一个全新的水平并明确了他接下来的方向。

《全球概览》是以 L.L.Bean 邮购目录为模版的。正当布兰德在小屋周围的空地上散步时，一个以《纽约客》为模版的新想法开始形成。和其他杂志都不一样，这本杂志是“由委员会出版”的。**在和出版界的接触中，布兰德了解到，最好的期刊背后都藏着一个“狂僧”，即一个兢兢业业、为每一个逗号负责的人。**

他就要当那个狂僧。

1973 年夏天结束时，布兰德回到加州，打算创办一本新的杂志，偶尔出版一本《全球概览》。10 年后的一次采访中，他将这本新杂志称为“索萨利托的《纽约客》”，这将成为他迈向更长久事业的基石。

《协同进化季刊》和《全球结语》，一脉相承的特立独行

旧金山北边、过了金门大桥的地方，就是位于太平洋沿岸的马林海岬中心的格博德山谷。这里有一片广阔的草原，栖息着山猫和小鹿。

10 月，布兰德选择这里作为他的下一个秀场。他又召集了自己的老友，组织了一次新游戏锦标赛，参与者包括率先给布兰德推荐这个隐蔽山谷的休伊·约翰逊、教合气道的乔治·伦纳德以及带来养猪场公社成员的格雷维。为了完善后勤工作，他还邀请了社区组织者帕特·法林顿（Pat Farrington）以及具有反主流文化意识的年轻律师安德鲁·弗吕格尔曼（Andrew Fluegelman）。

对布兰德来说，这次活动将几条线索编织在了一起。他读过荷兰历史学家和文化理论学者约翰·赫伊津哈（Johan Huizinga）在 1938 年出版的《游戏的人》（*Homo Ludens*）一书，称游戏为文化形成的核心动力。但在某种程度上，游戏已被视为完全的零和博弈，即只有一个赢家。贝特森告诉布兰德，博弈论（game theory）的一个弱点就是游戏规则无从改变。回想自己的童年，布兰德意识到，他总是会改变游戏规则，使其更加有趣。他认为随着年龄的增长，在孩童时代被强迫参加规范化游戏的成人，也会强迫孩子参加这类游戏。

为什么不创造一些游戏，让玩家根据需要改变规则呢？

类似于“为什么我们还没有看到一张整个地球的照片？”，标准的布兰德式问题看似简单却包含视角的巨大转变。在他看来，第一届新游戏锦标赛将是一种新型竞技的原型。此外，他还提出了所谓的软性战争，认为在未来的某个时刻，社会将重塑战争的规则，使其不再那么暴力，而这纯粹是乌托邦理想。

在为期 3 天的活动中，每天都有几百人参与布兰德发明的游戏，如“屠杀”和“地球”（Earth Ball）以及拔河等经典游戏。在地球游戏中，两队推着一个巨大的球，将其涂成地球的样子，向对方各自的边线推进。该游戏的关键在于当某一方就要胜利时，其中一些成员可能会转换阵营，开始向相反的方向推进。

这个想法不仅是为了发明新的游戏，而且是为了改变现有游戏的规则。例如，打排球是为了看球能被来回击打多少次而不落地，悬挂式滑翔机是为了增加节日的气氛。布兰德也驾驶了其中一架滑翔机。

活动之后，布兰德称这次活动是“半成功”。尽管全国媒体都报道了新游戏锦标赛，甚至《体育画报》（*Sports Illustrated*）上也刊登了一篇关于替代性运动方式的文章。但新游戏锦标赛里充斥着无比做作的所谓反主流文化游戏，这让布兰德感到厌烦。他们热衷于搞出一些竞技性不强、人人都能赢的游戏，而布兰德感兴趣的一直都是竞技类、肉搏类的游戏。比起结束战争，他感兴趣的是如何将战争变得更加文明。他在《控制论的两个前沿地带》一书中一篇关于软性战争的短文里总结了自己的观点，他认为应该把奥迪·墨菲（Audie Murphy）[①]、亨利·基辛格（Henry Kissinger）[②] 和霍华

① 第二次世界大战中表现杰出的美军士兵。——译者注
② 曾任美国国家安全顾问。——译者注

德·科塞尔（Howard Cosell）① 放到一个赛场上，再让马丁·布伯（Martin Buber）② 和教皇约翰来培训裁判。

从加拿大回来后，布兰德马不停蹄地开始重组出版团队，舒加特首先入了伙。他将办公室选在索萨利托海滨一个发霉的螃蟹屋，月租40美元，附送一只名为洛丽塔的鹦鹉。它总是不停地喊着："洛丽塔！要吃饼干！"

新团队隶属于要点基金会的组织架构下，所以严格来说，基金会主席迈克尔·菲利普斯只是雇了布兰德当主编。在螃蟹屋待了一年之后，某开发商获批拆除了其所在的码头，季刊团队便搬到了另一栋建筑里，那里还保留着"哈维午餐"（Harvey's Lunches）的招牌，他们称这片街区是位于索萨利托的"长毛工业垃圾场"。

布兰德还聘请了决心与法律事业分道扬镳的弗吕格尔曼作为新刊物的执行编辑。他们拟出的刊名包括《永不逆风时讯》(*The Never Piss Against the Wind Newsletter*)，以及贝特森式的《建构环路》(*Making Circuit*)。最终布兰德拍板定名为《协同进化季刊》，以此表达他对贝特森和生物学的全新热情。

"生态学是一个完整的系统，没错，"布兰德在《协同进化季刊》中写道，"但协同进化是一个包含时间维度的完整系统。以进一步维系整个系统，查缺补漏，自我完善。生态学在于维持，协同进化则是不断学习。"[8]

《全球结语》和《协同进化季刊》以112页压缩增刊的形式首次亮相《哈珀斯杂志》。布兰德开篇对重启《全球概览》做了四点解释。第一，他

① 体育解说员。——译者注

② 犹太裔哲学家、翻译家、教育家。——译者注

以为有人会来填补他留下的空缺，结果并没有；第二，《全球概览》上的信息虽然已经过时了，却依旧销售火爆；第三，北美经济“开始失去理智，为了捍卫独立性，现在的人们空前地需要工具”；第四，他承认没能想出一个更好的主意。作为收尾，《哈珀斯杂志》阐述了当前石油危机背景下对世界能源未来的悲观预期。再往后便是布兰德为米尔斯拍摄的半页照片，照片中米尔斯背对着镜头，赤身裸体地在沙漠中行走，标题为《末日之战来临！》（*Armageddon Outa Here!*）。

贝特森向布兰德点明了悖论的重要性，让他了解世界万物是休戚相关的。在埃利希和贝特森以生物学为中心的世界观的影响下，布兰德不再拘泥于富勒和维纳那种以工程为中心构建的《全球概览》原始世界观。在此基础上脱胎的杂志以题为《启示录主宰，你好》（*Apocalypse Juggernaut, hello*）的特别章节开篇，引用了阿瑟·D. 利特尔（Arthur D. Little）咨询公司的负责人有关粮食短缺、联邦开支大规模增加、气候恶化、凯恩斯主义经济学终结以及煤炭价格上涨 3 倍的预测。

新刊还包括埃利希创作的一篇关于协同进化的文章，有关能源、文化和“精神暴政”的专题文章，以及未来《纽约时报》的科学作家吉娜·科拉塔（Gina Kolata）关于理论生态学前景的文章。新刊的首次印刷大卖 7 000 份，很快便开始了第二次印刷。

春天，布兰德一边忙着发布《协同进化季刊》，一边在埃利希的生物学观点中徜徉。他还去斯坦福大学参加了埃利希有关生态学的研究生研讨会。协同进化概念在布兰德心中的重要性与日俱增，为他理解世界提供了一个全新的喻体与视角。

1973 年 9 月—1974 年 9 月，在《全球结语》首次印刷 35 万册期间，共有25名员工为其工作。其中一些工作人员也参与过当初《全球概览》的工作，比如鲍德温、劳埃德·卡恩和J. D. 史密斯。布兰德依然擅长招贤纳士，他迅速组建了一支由才华横溢的年轻作家和编辑组成的团队。与《全球概览》一样，新团队的员工也会共享午餐，每天进行排球比赛。《全球结语》不像前身《全球概览终版》那样气势恢宏，但在特立独行方面还是一脉相承的。它共有318页，售价4美元，内容包括保罗·克拉斯纳参考《全球概览终版》中格尼·诺曼的连载小说《神权之旅》撰写的《嘴上功夫》（*Tongue Fu*），旨在对电视剧《功夫》（*Kung Fu*）表达嘲讽；以及鲍德温主编的新栏目《软技术》（*Soft Technology*），旨在关注替代性新能源。

盛夏时节，布兰德已做好与旧金山切断联系的准备。他先是在蒂伯龙市标准富人区看中了一个与城市隔海相望的车库，然后又相当迅速地定下了贝尔维迪尔湾时尚住宅区下面的一个船屋。住在这里的好处是，布兰德可以同时拥有一艘小帆船和一艘经典的怀特霍尔划艇。他沉浸在对帆船的热情中，定期划船穿越理查森湾。这里的位置堪称完美，布兰德经常在午后躺在船上，顺风漂流回家。

宇航员施韦卡特的太空体验

1969年，拉塞尔·施韦卡特（Russell Schweickart）乘坐“阿波罗9号”登上太空，成为第一位在阿波罗飞船外冒险的宇航员。1972年12月，他认识了欧文·威廉·汤普森（Irwin William Thompson）。汤普森曾和卡尔·萨根一起受《时代》杂志之邀，同一众著名文学家及科学家一起观看阿波罗飞船的最后发射。汤普森是一位箴言哲学家和诗人，在加州长大，任教于麻省理工学院。当年早些时候，在洛克菲勒家族的支持下，他在长岛一角建立了名为林迪斯法恩协会（Lindisfarne Association）的静修中心。

施韦卡特与汤普森很快发展出友谊，并受邀参加 1974 年夏天该协会在长岛举行的年会，就其太空经历发表演讲。这次演讲后来被称为“无框架，无边界”[9]，它的影响力非常大，让一半的观众听完流下了眼泪，录音也以地下出版物的方式流传开来。布兰德虽然错过了现场演讲，但很快就在前往加拿大度假地的旅途中听到了录音。

布兰德听后觉得讶异不已，施韦卡特的太空体验不正证实了自己在北滩屋顶上的想象吗？“当你在一个半小时内环绕地球时，”这位宇航员说，“你会开始认识到个人与全球整体是息息相关的。这是一个巨大的转变。”

根据施韦卡特的描述，当他乘坐的宇宙飞船一圈一圈地环绕地球时，自己穿越了无数的国境及边境线，难以想象人们为这些假想的边界互相残杀是多么可笑的事。他告诉听众，希望能从发生冲突的每一方抽出一个人，对他们说：“看，从这个角度看，到底什么才是重要的？”

布兰德目瞪口呆。这简直不亚于一次神秘体验，宇航员施韦卡特成为人类在太空轨道上的眼睛，让此前的哲学概念照进了现实。

奔驰在高速公路上的他当即靠边停车，打电话到施韦卡特在华盛顿特区的办公室。两人交谈了半小时，十分投缘。不久之后，布兰德来到施韦卡特的办公室，看到了抽屉里几十张美丽的照片，这些都是从太空拍摄的地球。布兰德很快在《协同进化季刊》上转载了施韦卡特的演讲。

与反主流文化划清界限

20 世纪 60 年代哺育湾区反主流文化的源泉汩汩流入 70 年代。新左派逐渐被冲散，乔治·麦戈文（George McGovern）的理想主义反战联盟被理查德·尼克松破坏，随之而来涌现的是个人成长运动。一个全新的时代到来了。《全球概览》推动的“返土归田”运动此时已经退潮，诸如艾哈德研讨班训练及禅宗等以个人主义为导向的救赎和启蒙成为蓬勃发展的后浪。

将布兰德引上禅修之路的主要人物是贝克禅师，此人极富魅力，善于推销。他很快建立了一个包括塔萨加拉闭关中心、旧金山禅修中心及绿谷农场在内的非正式“隐形学院”。

20 世纪 70 年代初，贝克吸引了一批不拘一格的反主流文化人士，包括长期研究禅宗、经常在著作和演讲中提及禅宗概念的贝特森、科约特、作家奥维尔·谢尔（Orville Schell）和布兰德。

也正是通过禅修中心，布兰德认识了杰里·布朗。布朗和贝克相识于 1974 年塔萨加拉闭关中心的一次闭关活动。布朗当选州长后，直到上任之前还常常待在该中心。与布兰德一样，赫胥黎的演讲也给布朗带来了很大影响。1961 年，当这位未来的州长听到赫胥黎谴责现代教育时，他提出了疑问，而赫胥黎此时向布朗指明了禅修这个方向[10]。布朗上任后不久，布兰德给他写了一封信，赞同他“辩证地看待真理的方法”，并赞美了控制论在解决问题方面提供的类似分析法，同时还主动请缨为州长服务。他随信附上了一份诺伯特·维纳的《控制论》，还在上面标记了几个段落。布兰德先前曾送给布朗两本书，但被工作人员以州长不能接受礼物为由退回了。这次，他特意强调，这本书是借给州长看的。

年轻的州长布朗搬到萨克拉门托后，布兰德便成为他的非正式厨房内阁（kitchen cabinet）或“智囊团”的一员。该内阁或“智囊团”的成员还包括贝克等人和禅修中心的少数几人，如科约特、后来成为州政府建筑师的西姆·范德赖恩（Sim van der Ryn）及担任加州自然资源部长的休伊·约翰逊。

布兰德对新政府热情满满，他甚至为此在首都做了几个月的临时工作。布兰德宣称萨克拉门托是“奥兹国，有小矮人、女巫、魔法师、多萝西以及各色人等，这里有令人眼花缭乱的魔法”。他还补充说：“正如吉米·布雷斯林（Jimmy Breslin）对政治的评价一样，‘一切都是障眼法和烟幕弹’。哪里有例外呢？”

布兰德每周都会去萨克拉门托，他特地为自己置办了一身三件套西装。据布朗的传记作者奥维尔·谢尔说，这身行头置办得很失败。谢尔称：“想法不错，但这套衣饰在他身上就像裹尸布挂在一尊还未揭幕的塑像上。”[11]

布兰德的工作是邀请各个领域的思想家参加布朗和他的工作人员举办的《正在发生什么》（*What's Actually Happening*）系列演讲。他邀请了富勒、雷·布拉德伯里（Ray Bradbury）、卡尔·萨根、雅克·库斯托（Jacques Cousteau）、E.F. 舒马赫（E. F. Schumacher）、伊万·伊利奇、贝特森、克西、艾默里·洛文斯（Amory Lovins）和卡恩。

布兰德认为，相比受邀与布朗会面的自由派知识分子，那些保守派知识分子，比如卡恩、米尔顿·弗里德曼（Milton Friedman）和小威廉·F. 巴克利（William F. Buckley Jr），思想更开放，也更好相处。布兰德偶尔还会将采访内容发表到《协同进化季刊》上，扩大杂志的影响力。

布兰德在布朗的第一个任期内担任了一年多的特别助理，每月有 2 000 美元的报酬。他还曾担任新政府举办的“拯救鲸鱼”音乐会和“太空日”（Space Day）活动的主持人。

在为布朗工作之前，布兰德的大部分知识源于书本。但在萨克拉门托，他发现政府的工作人员都很勤奋，但对政治不那么关心，而自己那些抱持自由主义的朋友几乎都没有在政府中服务过，不知道政府是如何运作的。在《全球概览》的工作中，他们很少有时间去关注政府。但在为布朗工作后，布兰德认为好政府也有其价值。

布兰德并没有陪伴布朗度过他担任州长的整个任期，因为如果要履行助理的职责，就必须搬到萨克拉门托，并放弃《协同进化季刊》工作。布兰德不愿意这样做。布兰德尤其感到自豪的是说服州长制作《加州水资源地图》(*California Water Atlas*)，他担任了该项目规划小组的负责人。地图集于1979年首度出版。[12]

除了政治观，这段经历更是强迫布兰德与他意识中最坚定的某些信念对峙，并重塑了他看待世界的方式。"太空日"到来前夕，布兰德参观了位于洛杉矶的罗克韦尔国际公司(Rockwell International)的航天飞机工厂。这种经历对于一向沉浸在"小即是美"的反主流文化中的布兰德是一场巨大的考验。他与施韦卡特和罗克韦尔几个"穿西装的人"站在一起，抬头看着眼前这个巨大的建筑，里面满是能干的男男女女，忙活着布兰德无法理解的事情。

布兰德觉得难以接受，甚至有些反胃，他逃进了洗手间。这种技术的巨型化景象让他感到陌生，但同时他又意识到自己被一种巨大力量所吸引。"科技，孩子们，"几天后他在日记中写道，"今天我们所面对的这些，就好比当年的人们面对伟大的航船，他们要决定是随大流上船前行，还是故步自封。"

与上次参观沃姆斯普林斯印第安人保留地的经历一样，这次经历从根本上重塑了他对人与自然关系的认识。布兰德一直是个技术乐观主义者，但这次却不同。他必须选择立场，为此他必须与他所掀起的反主流文化运动划清界限。他选择了上船前行。

“太空日”得到了 11 家美国航空航天公司和加州联合银行（United California Bank）的赞助。由于不想被彻底当成航空航天领域的托儿，布兰德邀请了 R. 克拉姆为《协同进化季刊》报道这一活动。这位漫画家的体验和布兰德大相径庭：“终于结束了……我踉踉跄跄地走出门外，8 小时，我的脑子被谎言、双关语、游说和彻头彻尾的疯狂发言弄得乱七八糟。”由此创作的漫画的点睛之笔，是一眼即知的布兰德与诗人麦克卢尔的金发女儿调情的场面。

既然吾辈皆神，那就不妨好好做神

第一期《协同进化季刊》由十几个人参与制作，他们坚持着《全球概览》返土归田的本心，讨论了获取小麦的来源和几个公社的报告。

布兰德继续努力当他的先驱。因与《哈珀斯杂志》的编辑发生争吵，沮丧的布兰德为了彰显自己的编辑独立性，一度向读者询问邮购色情制品的最佳渠道，并附上一张岔开双腿的女人的照片。认识了激进的奥克兰黑豹党领导人休伊·牛顿（Huey Newton）后，他还把第三期杂志交给黑豹党编辑。后来牛顿因被控谋杀逃往古巴，当时管理黑豹党的伊莱恩·布朗（Elaine Brown）接手了这个项目。之后，布兰德还为《协同进化季刊》采访了当时流亡在外的牛顿。

《协同进化季刊》的制作周期定为发 6 周，休 6 周，休假时员工们会暂时解散。它很像一个大学社团，活动丰富，个性张扬。作为一名编辑，布兰德把他早先的军队哲学运用到了工作中。他认为好的管理者是既聪明又懒惰的，他们会驱策员工主动工作。这种管理方法大多数时候比较奏效，然而偶尔也会有人抱持怀疑态度，比如有位生产部门的员工给布兰德寄信，描述在他手下工作的感受，信里说：

> 有一天，在生产区（试图保持我作为一个机智的人的声誉），我说有时我会想象你斯图尔特，也就是我们的出版人兼老板，开着一辆老式大众微型客车快乐地追求你的梦想，这个梦想是约翰·缪尔式的梦想。你在蜿蜒的山路上快乐地前进，双手紧握方向盘，莫名大笑。没错，这是我说这话的时候脑海中浮现的样子，而我想象中的我们则是坐在后面，颠得前仰后合。后排的窗户被 Cost Plus 公司卖的马德拉斯床罩挡住了。我们不仅不知道自己要去往何方，还晕车得厉害。

布兰德一直觉得特立独行的刊物要有特立独行的编辑，他虽然已经足够特立独行，但在很大程度上还是依赖在《全球概览》中建立的朋友圈和知识分子共识团体。德基进行封面设计和插图创作；重新回归的鲍德温担任栏目编辑；贝尔在早期发文抨击公制化。虽然布兰德也反对公制化，但他的理由与贝尔不同。他反对公制测量法是因为觉得它的效率太高，而放慢转换速度可以迫使人思考。最终，布朗任命布兰德为加州公制转换委员会的成员，此举被抨击为试图破坏公制化进程。

因为有关盖亚假说（Gaia hypothesis）的封面报道，《协同进化季刊》1975 年夏季号声名大噪。该假说由英国化学家詹姆斯·洛夫洛克（James Lovelock）和微生物学家林恩·马古利斯（Lynn Margulis）提出，《协同进化季刊》首次将该概念呈现给非技术受众。

盖亚假说认为，地球生物圈是一个复杂的、能够自我调节的系统。这一创新理论很合布兰德的意，他在导言中写道，根据这一理论，“大气层是地球上生命的作品，地球本身也是一个生命体”。

该刊还完成了另一项创举。布兰德在《协同进化季刊》中宣称：“注意了，微计算机可能真的会对人类行为带来变革，为了不落后时代，我们在此成为第一本拥有计算机科学部门的综合杂志。”关于个人计算机的章节由时年 22 岁的勒布伦编写，他是当年春天发起家酿计算机俱乐部的爱好者之一，该俱乐部也是点燃硅谷计算机行业个人创业星星之火的先驱。勒布伦呼吁大家注意 128 页出现的尚未为人熟知的出版物——《计算机解放 / 梦想机器》（*Computer Lib / Dream Machines*），该出版物由前社会学研究生兼超文本概念的共同发明者特德·纳尔逊（Ted Nelson）出版。此时，恩格尔巴特也提出了相同的想法，该想法直接促进了万维网的出现。与很多出版物一样，《计算机解放 / 梦想机器》也以《全球概览》的格式为蓝本。

当然，也有一些萍水相逢，或是机缘巧合下的相遇，比如来自俄亥俄州的年轻作家安妮·赫伯特（Anne Herbert）。赫伯特是一位才华横溢的诗人和小说家，很快就搬到了索萨利托，加入《协同进化季刊》担任编辑，因“行善行美，无问来由”和“图书馆可以帮你度过没有钱的时代，而金钱不能帮你度过没有图书馆的时代”两句话而闻名于世。

有时布兰德也无法为《协同进化季刊》约到他理想中的大腕。伍迪·艾伦（Woody Allen）对他的恳求充耳不闻。倒是诺曼·梅勒礼貌地回应：“亲爱的斯图尔特·布兰德，我被税务局征收了 100 乘 10 再乘 100 的税款。我一度以为自己创作的形而上本质是金钱，没想到是粪土。唉，你这边的费用我有心无力，爱莫能助。此致，诺曼·梅勒。”

在《协同进化季刊》1975年秋季号上，杰勒德·K. 奥尼尔（Gerard K. O'Neill）长达25页的封面报道奠定了该刊物的地位，明确了其观点及独特的属性。奥尼尔是一位物理学家，在粒子加速器领域做出了一些开创性成就。他与布兰德在当年夏天举行的“世界未来协会会议”上偶遇，给布兰德留下了深刻的印象。

封面上赫然写着：“奥尼尔的太空殖民地，实用、可取、有利可图，15年内即可实现。”奥尼尔还提出了一个用于探索和殖民宇宙的大规模工业化的天基平台概念，让《全球概览》的许多粉丝大为震惊。这期杂志还刊登了E.F. 舒马赫的文章《小即是美》（*Small Is Beautiful*），以及布朗州长和贝特森的谈话记录。这些都让布兰德和他最亲密的环保主义盟友之间产生了隔阂，他被视为一个顽固的“技术乌托邦”（techno-utopian）主义者。

奥尼尔提出了他的论点：到2000年，地外殖民地完全有可能成为既定事实。布兰德在导言中为这个想法做了充分的辩护：“太空殖民地有望陆续解决能源危机、粮食危机、军备竞赛和人口等一系列问题……太空是大荒野，是保留人类文明种子的地方。”

在随后的几期《协同进化季刊》中，辩论还在持续，吸引了很多持有不同观点的名人，包括林恩·马古利斯、温德尔·贝里（Wendell Berry）、保罗和安妮·埃利希（Anne Ehrlich）、E. F. 舒马赫、刘易斯·芒福德、富勒、欧内斯特·卡伦巴赫（Ernest Callenbach）、戴维·布劳尔、卡尔·萨根、斯奈德和施韦卡特。

其中，贝里的抨击是最尖锐的，他曾在《全球概览》中发表关于农业和环境的作品。他称布兰德积极得仿佛是在写“过气的海军陆战队招募广告”，他写道：“如你所说，太空殖民地就是有那种小题大做的本事。像曾经的所有乌托邦主义一样，你巴不得与人类过去的一切决裂，像是历史、遗传、性格。”

争论的声音在《协同进化季刊》及布兰德于 1977 年出版的《太空殖民地》（*Space Colonies*）一书中绵延不绝。布兰德称，与消极的回应相比，积极的回应要多得多。据布兰德所说，122 封不请自来的积极回应大多来自大学生。布兰德由此发现，年轻一代可能不会像自己一样走向愤世嫉俗和消极。

布兰德认为，技术和工具必然能改善人类的生活质量。他对此深信不疑，殖民太空的想法基本上也是由此而来的一种思想实验。在《全球概览》的开场白中，读者也能看到同样自信满满的布兰德。**他说：“既然吾辈皆神，那就不妨好好做神。”**

然而在布兰德的观念中，曾经促使激发回归大地公社浪潮的所谓“自给自足”的理想主义已经改变。他在《协同进化季刊》上写道：“自给自足是一个弊大于利的想法。基本概念错了不说，实践效果还非常差。”

和许多事情一样，与贝特森观念的碰撞使布兰德重新思考“独立”这个概念。**“胡诌八扯，”布兰德如此评价所谓的自给自足，“不存在可剥离的自我。自从有了两个生物体，生命就一直在协同进化。”**[13]

《协同进化季刊》的销量没有像《全球概览》那样经历火箭式的增长。出版 4 年后，《协同进化季刊》的订阅量徘徊在 2 万份左右，尽管报刊亭又贡献了 3.5 万份的销售额，可仍然不足以达到收支平衡，已然有点朝不保夕。虽然兰登书屋出版了《全球概览终版》，但布兰德还是决定与它合作，出版发行《全球结语》。他们在 1974 年印制了 45 万份《全球结语》，结果发现对这本书的预期太过乐观，导致控股公司要点基金会欠下了债务。幸运的是，此时出现了一位雪中送炭的恩人。

马龙·白兰度雪中送炭

马龙·白兰度一直都是《全球概览》的粉丝，他尤其欣赏鲍德温，以及其对于游牧生活和生态设计的看法。第一本《全球概览》出版后不久，白兰度便在接受《生活》杂志的采访时对该出版物大加赞赏。事实证明，这是推动该出版物大卖的决定时刻之一。

1960 年，正在为《叛舰喋血记》(*Mutiny on the Bounty*) 寻找拍摄地点的白兰度偶然发现了位于大溪地北部的特提亚诺阿环礁岛。拍摄电影期间，他与演对手戏的大溪地女演员相爱并结婚，最终购买了该环礁岛的大部分土地。他曾致电布兰德，希望他把这个岛作为一个可持续发展的闭关中心来经营。布兰德对这个想法颇感兴趣，于是白兰度邀请鲍德温和布兰德来到他在洛杉矶穆赫兰道的家。这位演员还开车去机场接他们，事实证明，他可能是世界上最不专心的司机了。一路上，他经常绿灯停，红灯行，把两位乘客吓得魂飞魄散。

虽然布兰德和鲍德温还是去了一趟特提亚诺阿岛，但建立闭关中心的提议没有任何下文。不过，白兰度依然态度友好。1975 年底的一天，他还打电话为布兰德大开方便之门:“你还想要 2 万美元吗？现在是年底了。”

“大家都会很高兴的！”布兰德回答说，“你愿意过来看看吗？”白兰度来到索萨利托后，提议他们把业务转移到特提亚诺阿岛，在那里继续印发《协同进化季刊》。当时参与《协同进化季刊》的出版发行，并担任平面设计的艺术家伊莎贝拉·柯克兰 (Isabella Kirkland) 听到布兰德和白兰度商量着，为了产生足够的电能驱动排字机和打蜡机，他们不得不使用自行车发电装置。搬到特提亚诺阿岛让这位设计师很兴奋，但白兰度在《协同进化季刊》办公室里工作似乎又很奇怪。这位演员跟狭窄的房间和小椅子显然格格不入。尽管增刊证明了远程制作杂志是“可以克服的困难”，但工作人员很清楚，这个关于大溪地的决定步子迈得太大，不是所谓“可以克服的困难”。白兰度走后，这个想法便随之烟消云散了。

“伟大的爱情”依旧无处寻觅

担任布朗内阁成员以及成长为杂志编辑的期间，布兰德不乏女伴，但没有能够长久维系的关系。

“伟大的爱情”依旧无处寻觅，他只和阿莉娅·约翰逊（Alia Johnson）维持了几年异地恋。在布兰德去华盛顿参加“世界未来协会会议”时，约翰逊第一次写信给他，邀请他接受《理性》杂志（*Reason*）的采访，当时她还叫唐娜·拉斯奈克（Donna Rasnake）。

她很快就更名为阿莉娅·约翰逊，其中约翰逊是她的本名，阿莉娅则取自科幻小说《沙丘》中一个被称为“处女女巫”的人物。她住在乔治·冯希尔斯海默（George von Hilsheimer）经营的公社里，在弗吉尼亚乡村深处的公社开始了与布兰德的异地恋。冯希尔斯海默曾是克拉斯纳《现实主义者》的专栏作家，喜欢收集银币。

布兰德每年夏天都会回到布雷顿角岛，他还有一个未竟的事业，那就是建一幢更大的房子来取代之前和詹宁斯一起建的小屋。1976 年夏末，他和约翰逊及施韦卡特夫妇一起在这里待了几周。尽管他和约翰逊这段短暂的恋情正在友好地走向终点，但这个假期布兰德还是过得很开心。

第二年春天，布兰德回到加州，约翰逊没有事先通知就出现在他的船屋，告诉布兰德她怀上了他们的孩子，并说想留下这个孩子，所以来征求他的同意；她还说会独自抚养这个孩子。经过一夜的紧张讨论，布兰德在第二天早上告诉她："生吧。"

几个月后，她再度出现在他面前，向他介绍他们的儿子诺亚·约翰逊（Noah Johnson），到十几岁时，他就会改姓布兰德。他于 1977 年 5 月在丹佛出生，大概 7.2 斤重，红头发，蓝眼睛。布兰德远远地看着这一切，他在日记中写道："母亲欣喜若狂。父亲也饶有兴趣，虽然仍然心存疑惑，但还是松了一口气。"约翰逊最终与罗伯特·富勒（Robert Fuller）结婚，后者是一位物理学家，曾任欧柏林学院院长。

1977 年 11 月，布兰德写信告知母亲自己已为人父。他告诉她："诺亚是个漂亮的孩子。现在我每隔几周就能见到他，我会给他诸如照相机、婴儿车之类的东西。我可以随时去看他，他们也可以来我这里。未来的事我们决定随遇而安，我也不一定会组建一个自己的家庭。"

《全球概览》10 周年大庆

来自帕萨迪纳一个富裕家庭的帕蒂·费伦（Patty Phelan）是家里 7 个孩子中最小的一个，年纪轻轻便是一名社会企业家了。她在高中时期就曾把一个小型辅导项目发展成一个全年的辅导夏令营，以此来帮助那些贫困地区的孩子。

费伦的父母对她帮助贫困人口的热情感到困惑。大学时她就读于加州大学伯克利分校，打算考取教师资格证书。但到毕业时，她的注意力已经转移到了出版业。学生时期的费伦已经开始编纂自己的目录，名为《精明》(*Savvy*)。它仿照《全球概览》的形式，旨在汇编东湾的各项服务，为低收入或有住房困难等问题的人提供帮助，也提供其他社会服务的指导。

读了《协同进化季刊》中一篇关于《全球概览》建立步骤的文章，费伦了解到如何创建她自己的目录。作为一名刚毕业的大学生，她认为在《协同进化季刊》工作会让她收获一份不错的履历。

很快她便得知布兰德这人不好接触，于是她决定直接拨打《协同进化季刊》办公室的电话，用她最甜美的声音问：“嗨！斯图尔特在吗？”电话转接给布兰德之后，她立即提出想来工作的想法。布兰德很感兴趣，她在面试时把一本《精明》作为简历放在布兰德的桌子上，他当场雇用了她，尽管他们并没有空缺职位。她的头衔是所谓的项目经理。最初，她的一半工资都是由《综合雇佣及培训法》(*Comprehensive Employment and Training Act*)支付的，这是尼克松政府的一项联邦计划，用于补贴公共服务工作。布兰德在《协同进化季刊》的“八卦”栏目中提出，聘用她“拆穿了我们最后的资本主义伪装”。

布兰德马上就被年仅 25 岁的费伦吸引了，她比布兰德小 14 岁。但他想起几年前因为追求《协同进化季刊》某位员工造成的种种问题，决定把自己的感情藏在心里。

不过，他还是积极邀请费伦帮助他组织一个庆祝《全球概览》创办 10 周年的活动。这个想法是为了庆祝《全球概览》“帮助我们适应了 10 年的经营之道”。

最初，他们计划回到格博德保护区，半个月前的新游戏锦标赛就是在那里举行的。不过，随着布兰德更深入地思考这个项目，他的想法改变了。曾经在他看来盛况空前的庆祝活动失去了颜色，更像是在回顾，而不是求新向前。

布兰德最初的想法是举办一个生态节，邀请新老朋友参加。生态节旨在提供一种教育和文化体验，会有演讲、展品、音乐，以及对新游戏锦标赛的再创作。却不承想在过去的 5 年中，曾经的荒芜山谷已经变成了金门国家休闲区的一部分。

起先布兰德获得了国家公园管理局的鼎力支持和国民警卫队的担保。然而，活动的消息一经泄露，他就遭到了环保组织、房东和索萨利托市官员的炮轰。他的动机引发了大量的消极舆论，公园管理人最终只能给布兰德的活动设置更严格的限制。[14]

与会者约有 1.2 万人，总体来说毁誉参半。布兰德曾试图招募名人入伙，如 DNA 的共同发现者詹姆斯·沃森（James Watson）和马龙·白兰度，但均未成功。沃森称自己太忙了，而白兰度则是虚晃一枪，答应出席但没出现。琼·贝兹没有到场，她的妹妹米米·法里纳（Mimi Fariña）倒是来唱了歌。格雷维为大家表演了节目，艾伦·金斯堡（Allen Ginsburg）和彼得·奥尔洛夫斯基（Peter Orlovsky）等诗人朗诵了他们的作品。近 60 个时长 5 分钟的“闪电演讲”穿插在整个活动中。

胡子拉碴的布兰德戴着那顶带有老鹰羽毛的黑色高帽，在活动结束时说，现在最让自己动心的点子就是能洗个澡。他还谈到了第二阶段行动的重要性，建议每个人都应找到一些可能开辟新领域的爱好。

某天下午，在为活动考察地点时，布兰德和费伦躺在一个山坡上，沐浴着午后的阳光。费伦对布兰德一见倾心，布兰德很快也发现自己终于找到了挚爱。两人的友谊迅速升温，从约会发展成了更深层的关系。

事实上，在开始约会后不久，他们就建立起了剪不断的缘分。某天费伦上完芭蕾舞课后，跑回索萨利托的公寓，急着出去看电影。她放水洗澡，但在进入浴缸之前重重地摔倒了。她不知道怎么回事，也不知道能不能把疼痛熬过去，只能挣扎着把衣服穿上。布兰德来敲门时，正好撞到惊慌失措的她正试图从浴室里爬出来。

费伦弯着腰呻吟说：“抱歉，虽然觉得这真的没什么，但我真的动不了了。”她坚持说很快就不会痛了，而布兰德也强调，“我要带你去医院”。最后，布兰德把她抱起来，开着她的车来到马林综合医院。这让她感到很没面子。

晚上 7 点左右，他把费伦送到了急诊室。一番检查过后，她在午夜入院。因为担心她内出血和阑尾爆裂，医生们希望她能继续留院观察。布兰德回家后非常担心。

最后确诊她是卵巢囊肿破裂。从手术室出来时，她看到布兰德拿着一个从她公寓取来的小枕头等在那里。“他挺会照顾人的。”她当时这么想。

第 8 章

个人计算机先驱，第一个开放在线社区的建立

WHOLE
EARTH

布兰德语录

WHOLE EARTH

评判一栋新建筑物，不仅要看它是什么，还要看它拥有什么样的潜力。评判一栋老建筑物，要看它把自己的潜力发挥得怎么样。

——摘自 1990 年 9 月 5 日在伦敦维多利亚与艾尔伯特博物馆的日记

评判建筑师，要看他们设计的建筑物有什么样的潜力；评判组织和机构，在一定程度上要看他们的建筑物正在变成什么样子。

——摘自 1990 年 10 月日记

即时性会让人上瘾。

——摘自 1990 年 11 月日记

想少花钱用上策，就是浪费时间；想花大钱用下策，就是浪费金钱。

——摘自 1990 年 11 月日记

为什么说李维斯品牌的牛仔裤是不朽的？
因为它们诚实而优雅地呈现着时间。

——摘自 1991 年 3 月在“涨潮号”上的日记

表述出来的观点，在最坏的情况下，很快就会产生没人想听的观点；在最好的情况下，会产生人们很快就会听腻的观点。

——摘自 1991 年 5 月在“涨潮号”上的日记

决定向《协同进化季刊》寄去一份不同寻常的稿件时，阿特·克莱纳（Art Kleiner）还只是加州大学伯克利分校新闻学院一名仍在艰苦求学的研究生。

克莱纳来自纽约，并非土生土长的加州人，因此甚少接触《全球概览》，但他热爱杂志行业，且立志成为作家兼编辑。当发现《协同进化季刊》和《疯狂》杂志（*Mad*）似乎不刊登广告就取得了成功时，他大为震惊。于是，他向《协同进化季刊》投寄了一篇介绍杂志发展史的文章。当时他正在修读平面设计课程，同时也在靠做排版工自力更生。正是因为如此，他寄去的稿件毫无瑕疵，完全可以直接照相制版。这上乘的排版引起了布兰德的注意，他邀请克莱纳到杂志社来。“你可以来这里亲手把底片放到我们的设备上。”布兰德这样对他说。

这篇于 1979 年见刊的文章不仅在排版上标新立异，而且在多个方面也颇有先见之明。文章的最后一段写道：

> 计算机终将瓦解印刷媒体的固有结构。一旦报纸、杂志、书籍的内容开始出现在家庭或计算机中心的计算机上，两者之间的界限

就会变得毫无必要，因为它们终将融为一体，以文字和图像的形式源源不断地浮现。只要你想，就可以不停地阅读。[1]

后来，克莱纳又向布兰德投了一篇文章，这次他将目光聚焦在了方兴未艾的在线服务上，布兰德欣然收稿。布兰德终于找到了能够带他探索数字世界的向导。此时，离他在斯坦福计算机中心偶然窥见数字世界的一隅已经过去了 20 年，如今数字世界的版图正在迅速扩张。

克莱纳对互联网的关注源于一次偶然的发现。有一天，克莱纳在开车时听到广播里说，人们开始通过计算机互发消息。从此，他便开始涉足互联网领域。他很早便与一个网络实验项目取得了联系并为其提供协助。该项目在美国国家科学基金会的资助下，由新泽西理工学院实施，旨在开发一个名为“电子信息交换系统”的计算机会议系统。作为回报，系统操作人员免费为克莱纳开通了一个系统账号。

电子信息交换系统正是即将出现的各类虚拟社区的前身。克莱纳又为《协同进化季刊》写了一篇题为《比身临其境的次优项更优》(*Better Than the Next Best Thing to Being There*)的文章，帮助读者了解这些新型的线上社区。不久之后，布兰德便打电话给克莱纳，请他来索萨利托见面。克莱纳本以为布兰德是想请他再写一篇文章，但布兰德另有想法。

尽管在克莱纳看来，《协同进化季刊》光靠订阅费即可存续，但事实并非如此。杂志正在赔钱，它之所以没有倒闭，是因为偶尔发刊的《全球概览》利润极其丰厚。而在布兰德联系克莱纳之前，布兰德的代理人约翰·布罗克曼刚刚发行了新一期《全球概览》。1980 年 1 月初，当时的计划是，要在圣诞节前发行《下一本全球概览》(*The Next Whole Earth Catalog*)。“我希望你担任这本杂志的研究编辑。”布兰德对克莱纳说。

当时，克莱纳还在埋头写硕士学位论文，他怎么也没有想到，自己能够得到这么好的工作机会。他加入了《全球概览》团队，并且在接下来的 5 年里任职于《协同进化季刊》。他做的第一件事就是将《全球概览》改头换面，发行了一期厚达 608 页的《全球概览》，许多人都视其为目录类杂志的权威典范。

克莱纳曾经预言，通信技术将对印刷媒体造成冲击。这一预言已然成为现实。在这样一个时代里，他没日没夜地在《协同进化季刊》杂志社工作。为了上班方便，他、赫伯特和杂志社办公室主任洛丽·加拉格尔（Lori Gallagher）一起，在索萨利托北边合租了一套公寓。他们称之为"一亩三分地"，但基本上只把那里当作临时住所，平时都在杂志社里吃、住甚至睡觉。杂志社所在的 5 号门路，与蜿蜒的海岸线平行。后来，克莱纳搬到旧金山，便开始骑自行车穿过金门大桥上班。他经常在杂志社里过夜，第二天再骑车回家。

到了 1981 年，布兰德掀起的反主流文化浪潮已经日渐式微。越南战争已经结束，好莱坞最著名的明星不再是留着一头长发的叛逆者，而是新官上任的右翼总统里根。超市开始在冰柜里售卖素食菜肴。曾经最爱发表反战言论的女艺人也将重心转移到了自己的健美操视频上，想要借此大赚一笔。

尽管时势大变，最新一期《全球概览》仍然广受欢迎。布兰德本人如摇滚明星般广受关注，无数报纸和杂志都纷纷为他撰写专题报道，讲述他就读斯坦福大学、参军、移居北滩、加入"快活的恶作剧者"乐队等人生历程。"人类奋力展翅，企图高飞，而斯图尔特内心的理智总是如重力般将他拉回地面，"卡尔文·芬特雷斯（Calvin Fentress）在为《华盛顿邮报》撰写布兰德的专题报道时写道，"既然只能困于陆地，他决定不妨钻研陆地的生存之道，反正人人都是如梦游般摸索着过完一生。他会尽己所能，保持开放心态，大智若愚，时刻准备表达心中所想。”[2]

来自《基督教科学箴言报》（*Christian Science Monitor*）的斯图尔特·麦克布赖德（Stewart McBride）还写道：“近来，布兰德对米尔顿·弗里德曼的新保守主义经济学和对杰勒德·奥尼尔的太空殖民构想的拥护引起了‘适用技术’支持者的不满。但布兰德似乎正全神贯注地探索前沿领域，根本无暇顾及自己的名声，更没有因为批评声而放慢脚步。”[3]来自《国家》杂志的休·哈尔彭（Sue Halpern）便是其中一位批评者，她写道：“曾被奉为时尚宝典的《全球概览》，如今俨然成了反主流文化遭到涵化的绝佳证明。”[4]

航海与朋克乐，尽情探索自己的热情所在

在布兰德看来，这是一段能够尽情探索自己热情所在的时期。他与人合伙买下了他人生中最后一艘帆船——贝基亚号，并在美国西北部待了一段时间修缮帆船，希望能让帆船适航，确保它能安全地航行回旧金山湾区。万事俱备后，他便与两位擅长航海的朋友一同将船驶回湾区。他们很快发现，这艘船有个设计缺陷，船身总是向左舷倾斜。于是，他们把船停靠在了离帆船设计师家不远的星期五港，试图让设计师在羞愧心的驱使下将帆船修理好，但设计师并没有理会他们。于是，布兰德中止了航海计划，直接把船托运到了索萨利托理查森湾，与其他日渐老化的船只停在一起。

布兰德也意识到自己正在变老，40 岁的他比《协同进化季刊》大多数员工都年长 10 岁有余。他还经常需要与杂志社里那些更加年轻的员工打交道，他们虽然不够圆滑，但又让他感到好奇。

其中一位年轻员工名叫伊莎贝拉·柯克兰，已经在杂志社工作了一年多。工作之余，20 岁出头的她会和年纪相仿的同事一起打排球、吃饭和聚会。突然有一天，布兰德从办公室走出来问她："你在这里具体的工作是什么？"他感到困惑，因为似乎在每个岗位上都能看到她的身影。她既负责杂志订阅，又校对文章，还参与市场营销。如果需要，她还可以参与排版。

当时，柯克兰正就读于旧金山艺术学院，住在旧金山破旧的市场南区。她热爱湾区蓬勃发展的朋克摇滚乐，染了一头粉红色的头发，喜欢穿军靴，所有的裙子几乎都是刚到大腿的长度。她与布兰德聊起了她曾去过的演唱会，布兰德便问她是否愿意带他同去。

很快，布兰德便与柯克兰及另一名员工一同前往一座被朋克乐队改为演出场地的废弃犹太教堂，在那里观看了一场"死肯尼迪"（Dead Kennedys）乐队的朋克演出。20 世纪 60 年代，布兰德曾帮助推动旧金山迷幻摇滚乐的发展，但看完这场演出后，他觉得朋克乐比迷幻摇滚乐还要好，因为前者的音乐更原始，乐队离观众更近，并且观众之间形成了一种真正的情谊，而不是像嬉皮士那样空谈大爱。布兰德已经逐渐对嬉皮士这种论调感到鄙夷。

但与那时不同的是，朋克乐已经流行，他只能充当一名观赏者。每当感到自己只能扮演被动的接受者而无法成为主动的创造者时，布兰德总会选择远离。于是，他头也不回地离开了。

然而，几个晚上过去了，那天在演唱会上听到的朋克乐仍然在他脑海中挥之不去。他梦见自己变成了一支乡村朋克乐队的成员，而他的乐器是一把电锯。"我会在恰当的时机启动电锯，让它啸叫，展示自己。"

边缘效应：艰苦的生存环境催生重大技术创新

生态学中有一个术语叫作“边缘效应”，指的是在两个生物种群栖息地的交界处，生物多样性会变得异常丰富。布兰德发现，这一效应也出现在了索萨利托海滨的潮汐港①，那里主要住着两类人——艺术家与法外之徒。1960年，他第一次闯入这片天地，那时，他还是一名年轻的斯坦福大学毕业生。1962年退伍后，他再次回到这里，此时，这里已经成了艺术家、诗人和教授的聚居地。索萨利托海滨就像斯坦贝克代表作《罐头厂街》所描绘的那条街道一样，住着形形色色的人，有靠社会救济生活的穷人，也有衣食无忧的建筑师，还有电视明星，他们之间的联系如同村子里的村民一般紧密。[5]住在这里，他们的生活也终于如他们所愿，获得了些许连贯性。

1977年，当布兰德离开旧金山来到索萨利托定居和工作时，他仍然对富勒提出的法外之地所蕴含的浪漫色彩着迷。富勒提出，人类的聚居地面积只占地球表面积的一小部分，在人类漫长的历史进程中，海洋几乎一直都是法外之地，即人类法律的管辖范围之外。他认为，大多数技术都是在环境更为艰苦的法外之地取得发展的，太空显然就是未来人类文明取得创新的重要场地。富勒认为，人类难以生存的环境恰恰是最可能出现重大技术创新的地方，因为艰苦的生存条件会迫使人类发挥创造力。

在1970年6月发行的《全球概览》增刊中，布兰德第一次提到了富勒的这个概念，并赞颂了富有创新力的法外文化。富勒的想法与布兰德在20世纪60年代所推崇的反主流文化不谋而合。奉行反主流文化的大多是20多岁的年轻人，而他们往往涉足多种非法活动。

① 潮汐港指在潮水水位到达一定水平时才能进出船只的港口。——译者注

富勒让他确信，法外之地总会存在，且法治社会的存续离不开法外之地的存在。问题在于你更喜欢住在像海港沃尔多角这样高度协同的法外之地——这里的暂住者、定居者，还有周边县镇的居民已经相互适应了 20 年，还是想碰碰运气，去往其他更具不确定性的法外之地。

布兰德一直在思考这个问题，直到 1980 年夏天，他心中的天平才发生了倾斜。那年夏天，布兰德在几乎毫无预警的情况下收到了驱逐通知，推土机开始摧毁纳帕街码头的建筑。

一直以来，布兰德都以保守派自居。尽管他由于反感《华尔街日报》的社论而拒绝阅读该报，但他越来越怀疑在全国范围内推行社会运动的可行性。富勒的思想也对他造成了某种影响，使他更加关注“边缘”，或者说“当地”。于是，布兰德主动选择成为一名地方活动家。

20 世纪 70 年代末，索萨利托修改了其分区法规，把在船上居住归为非法行为。这一变动悄无声息，几乎没有人意识到纳帕街码头沿线的船屋社区已经变成了非法社区。

但在市政府将纳帕街码头的水下街道占为己有，并悄悄向那里的居民发放驱逐通知后，情况很快发生了改变。一天清晨，当清理与回收船只残骸的员工带着斧头和推土机来到码头上时，他们遇到了一群怒气冲冲的码头居民，当地警察正在对其进行阻拦。

在鲍勃船坞遭到拆毁后，布兰德召集了一次社区会议，用幻灯片展示了这片海滨社区受到的破坏，许多亲历者也讲述了自己所遭受的侵害与损失，气氛十分沉痛。好在这次会议藏龙卧虎，聚集了各行各业的人才，布兰德问道：“那么，我们应该如何应对？”

“我愿意与市政委员会沟通，”他接着说，“在我看来，既然他们能够如此轻易地改变分区法规，那么想必也能很快将它改回来。”

他们决定成立一个团体，对分区法的变动表示抗议。在会议上，一名女性问道：“为什么这里没有专门的艺术区？”于是，他们便决定将这个新团体命名为“艺术区”。布兰德在为艺术区团体向旧金山基金会申请资助时写道：“如果没有索萨利托海滨社区，《全球概览》和《协同进化季刊》就不会诞生。”

此后数年，该团体一直致力于为索萨利托海滨社区发声，让索萨利托居民看到该社区的文化价值。最终，他们从根本上改变了海滨社区在索萨利托的定位。与此同时，在布兰德等海滨社区居民的推动下，一场充满活力的社区运动蔚然成风。其中一名团体成员甚至当上了索萨利托市的市长，后来还成为马林县的监督员。

然而，从长远来看，他们并没有获得绝对的胜利。开发商并未作罢，这片社区被中产阶级占领。与往常一样，法外之徒和风流浪子最终还是为中上层的时髦人士让路了。

不顾反对刊登丑闻，言传更需身教

与布兰德交往后不久，费伦便离开了《协同进化季刊》，到梧桐树（Planetree）组织工作。这是一个以病人为中心的非营利医学组织，由《旧金山纪事报》出版商理查德·泰瑞奥（Richard Thieriot）的妻子安吉·泰瑞奥（Angie Thieriot）创立。在一起两年多后，费伦和布兰德认为是时候同居了，但无论是费伦的公寓还是布兰德在贝尔维迪尔湾的船屋，似乎都不是合适的住处。于是，他们开始在索萨利托海滨寻找住处。

1912 年投入使用的“米伦号”拖船在为俄勒冈伐木业服务了数十年后，于 1975 年来到旧金山湾区。到了 1982 年，这艘拖船已经无人问津，濒临报废。当布兰德和费伦第一次见到它时，它已经变得极其破旧，部分船身已经腐坏。引擎不见了，几乎所有的船上装置都不见了，连船舵也无迹可寻。

他们只花了 8 000 美元便买下了“米伦号”。接着，他们用两年时间，斥资 18 万美元将它改造成了一间船屋，停泊在南 40 号码头。而在 10 年后，为了让它能够再次航行，他们还将它送回旱坞，并为它安装了新的引擎。

南 40 号码头成了布兰德的朋友兼邻居考尔索普所描绘的新城市主义的最佳典范。考尔索普有关这一概念的灵感部分来源于他在船屋社区居住的经历。他意识到打造宜居社区的关键在于确保其可步行性，即确保居民购物、工作、娱乐等各种日常需求都能在步行范围内得到满足。这一认识也成为布兰德后来与返土归田运动割席的核心原因。布兰德很早就意识到自己本质上属于城市，所以当初他才会选择告别公社生活，移居湾区。考尔索普在 1985 年写道，密集型城市是对环境最为友好的人类居住形式。现在，布兰德越来越赞同考尔索普的观点，这一观点后来成为其著作《地球的法则》的核心思想之一——城市是最绿色且对环境影响最小的人类社区。此书于 2009 年出版后，许多环保运动人士都高呼遭到背叛。

同居的计划在一定程度上促使了费伦做出嫁给布兰德的决定。1983年7月，在他们即将搬到船上同居之际，旧金山自由撰稿人乔・凯恩（Joe Kane）为《时尚先生》杂志撰写了一篇对布兰德充满溢美之词的文章。其主旨是，布兰德与媒体所塑造的嬉皮士形象截然不同，他其实是一名坚韧不拔的斗士，拥有能在即将到来的数字时代取得成功的个性。然而，在阅读这篇文章时，费伦的母亲关注的却不是这些赞美，而是布兰德与费伦那张占据了一整页的合影。照片上，他们正站在“米伦号”前，即将把行李搬到船上。身为虔诚的天主教徒，她认为女儿这样做是一种罪过，对此她感到十分不满。

费伦原本并没有打算嫁给布兰德，但在父亲去世后，她不忍心看到母亲再因为自己而感到痛苦，心中逐渐产生了动摇。于是，1983 年 10 月，费伦与布兰德在太平洋附近的旧金山禅修中心的绿谷农场里举行了婚礼。婚礼由一位禅师主持，在致婚礼誓词时，他们并没有承诺永远忠诚于彼此，而是承诺以保护有灵的万物为共同使命。为了安抚费伦的母亲，他们还在婚礼上朗读了一段天主教祷文。

他们选择在绿谷农场举行婚礼，是为了表明对旧金山禅修中心的支持，因为不久前这里刚刚曝出了住持理查德·贝克的丑闻。他被曝与多名学员发生关系，其中包括安娜·霍肯（Anna Hawken）。她是商人兼环保主义人士保罗·霍肯（Paul Hawken）的妻子，而保罗是贝克、布兰德和费伦的密友。

《旧金山纪事报》记者凯蒂·巴特勒（Katy Butler）为该丑闻撰写了报道，布兰德不顾费伦的反对及禅修中心的施压，将这篇报道刊登在了《协同进化季刊》上。他与贝克长达数十年的友谊也就此结束。但实际上，他们的关系在丑闻曝光前就已经有些复杂。那时，布兰德是旧金山禅修中心外部财务顾问委员会委员，他和费伦也会定期参加贝克每周日在绿谷农场举办的讲座，而霍肯夫妇当时就住在农场的一栋自建房屋里。然而，布兰德对贝克的个人魅力及其利用个人魅力的方式越来越警惕。

保罗同样是布兰德在 20 世纪 60 年代初结识的朋友，也是禅修中心的重要资助人。在发现妻子与贝克有婚外情后，他威胁说要采取法律行动，危机随即爆发。

禅修中心的这个丑闻让一群亲密的朋友变得疏离，开始各自站队。虽然费伦认为友谊第一，但她夹在未婚夫与日渐熟稔的新朋友之间，感到十分为难。她曾替贝克向布兰德求情说："斯图尔特，他可是你的朋友啊！"

但布兰德不为所动，他说："我不能坐视不管，这种事还会在其他地方发生。"不仅费伦表示反对，禅修中心也给布兰德写信，请求他允许私下了结此事。

巴特勒的这篇报道开头便描述了禅修中心董事会与贝克对峙的场面。文章提出，贝克被指与一名学员发生关系，而这名学员的丈夫正是他最好的朋友。还有其他几名女学员也讲述了相似的经历。除此之外，报道还提出，贝克滥用权力为自己牟取福利，到处旅行，还挪用禅修中心的资金给自己买了一辆崭新的宝马汽车。最终，他不得不辞去住持一职，离开了旧金山禅修中心。

布兰德亲自为这篇报道写了导语。在导语中，他描述了他在同年年初的一次慈善会议上与贝克的相遇。他对贝克说："在大多数宗教团体中，地位越高的人越不受约束，但禅修中心的情况正好相反，越是身居高位，越会受到严格的约束。"当时贝克赞许地点了点头，并回答说："西方哲学家只会言传，东方哲学家却一生都在身教。"

布兰德认为贝克如此扭曲的领导方式得到纵容，自己不无责任，他还说："我逐渐参与到了针对此事的调查中去，以了解事情的真相并采取应对措施，防止类似情况再次发生。这篇报道可以说是调查的一部分。"

报道发表后，愤怒的贝克给布兰德的母亲写了一封信攻击布兰德。但母亲告诉布兰德，她看都没看。

又一次失去了新鲜感，下一个新尝试在哪里？

在“米伦号”上的生活让布兰德从根本上发生了改变。由于在与詹宁斯的婚姻中饱受挫败，他在离婚后单身了10年之久，如今他感到泰然自若，朋友们也认为费伦让他变得更加平和了。与此同时，在担任《协同进化季刊》的主编与出版商5年多后，他又一次失去了新鲜感，想要做出新的尝试。

他越来越多地将《协同进化季刊》的编辑工作交由手下的员工轮流负责，自己则四处旅行、公开演讲。为免倦怠，他还发起了多个项目，有的失败了，有的则取得了巨大的成功。例如，他试图抵制20世纪70年代席卷美国的自助风潮，为此创办了非凡礼仪学院，提供了一系列关注互助的课程。和布兰德的许多计划一样，创办这个学院的想法早已在他脑海中酝酿了多年。1971年底，他给要点基金会董事写了一篇题为《现在最值得做些什么？》（*What is most worth doing now?*）的长文。在文章中，布兰德设想创建一个外围情报机构。该机构将雇用一群自由人特工，让他们发挥自己的聪明才智，想办法以最低的费用做最多的好事。他认为，要点基金会应该探索如何人道地利用应用惰值。他的意思是，问题不在于工作量的大小，而在于影响的大小。10年后，他写道：“真正的好事，大多是由业余人士在业余时间靠左手和余光完成的。”

1982年，他聘请费伦的一位朋友担任非凡礼仪学院院长，学院课程“旨在教授人际交往技能，使他们成为更好、更高效的助人者或行善者”，学费大约50美元。

他还策划了其他课程，教授消防技能、家庭护理、地方政治、创造性慈善等项目，其宗旨都是为了让“好事做得更好”。[6]

他动员朋友参与其中，说服保罗教授其中几门课程，并吸引了一些国家级媒体的关注，比如《时尚先生》和《基督教科学箴言报》。1983 年初，布兰德、保罗及菲利普斯一起开授了一门名为“生意即服务”的课程。课程是为期两天的大巴车旅行，参观湾区最优秀的营利与非营利组织，其行程包括：在旧金山禅修中心的素食餐厅吃午餐、上一节晚课、游览梅森堡艺术文化中心、在德兰西街探访由前罪犯和前瘾君子经营的各色店铺、前往位于东湾的诺罗出版社，还有参观霍肯自己成立的史密斯和霍肯园艺用品公司。在《协同进化季刊》上，布兰德曾对这家园艺用品公司表示赞许，并强调企业越诚信，越能得到客户的支持。这辆 50 座的客车座无虚席，当三人在几个月后再次开课时，场面依然火爆。

同年秋天，布兰德、霍肯及两位当地慈善家一起举办了一场名为“创造性慈善”的周末研讨会，目标受众是近期刚继承遗产并希望做一些有用事情的遗产继承者。[7]

然而，布兰德很快就被其他项目分散了注意力，对这所学院失去了兴趣。1984 年初，由于疏于管理，该学院因要点基金会需要缩减开支而关停。在总结其失败经验时，布兰德写道：“这所学院由一群善良的人组成，他们苦心经营，想要打造出优质的服务以造福大众，但这样的出发点恰恰威胁到了我们服务的根基。”[8] 他没能注意到其中的讽刺意味。

“计算机在向人类走来”

1972 年底，布兰德在《滚石》杂志上发表了一篇关于《太空大战！》游戏的文章，他在文章中写道：“无论人类是否已做好准备，计算机在向人类走来。”[9] 然而，10 年后他才拥有自己的计算机。那是一台凯普罗Ⅱ型（Kaypro

Ⅱ）计算机，在个人计算机时代，以业余爱好者为主要受众的时期末，这是少数取得成功的计算机。它是当时的一种便携式计算机，大小与重量相当于一台缝纫机。它仿照了计算机产业在新兴时期的革命性产品——奥斯本 1 型（Osborne 1）计算机。奥斯本 1 型计算机的价格不到 2 000 美元，却捆绑了一整套商业软件，包括文字处理软件、数据库软件和电子表格软件。最重要的是，它还装有通信程序，该程序能够将计算机连接到一个叫作“调制解调器”（modem）的设备。调制解调器连接到电话网络，便能让个人计算机用户获取各种各样的信息、使用电子公告板服务。电子公告板服务为用户提供小规模的信息与软件共享平台，通常同一时间只能供一位用户使用。

从如今这个互联网世界的角度来看，凯普罗计算机中应用的技术含量低得可笑。但当时在布兰德看来，它不仅是强大的写作工具，而且为他打开了通往新兴在线服务世界的大门。

这是一个讲求理性、注重民主的世界，是布兰德的理想世界。1983 年春天，他在《协同进化季刊》中写道，尽管他承认文字处理软件早期的使用体验并不流畅，用起来就像在驾驶一辆每行驶大概 8 千米就会爆胎的 T 型车（Model T），但这仍然是他渴求已久的工具。[10]

布兰德是在成为拉霍亚①西部行为科学研究所的教员后开始接触计算机的。1981 年，研究所联合创始人兼心理学家理查德·法森（Richard Farson）发起了一系列项目，率先利用远程会议技术打造学者社区，涵盖教育、领导力培养及社会政策发展等领域。研究所还设立了远程学习项目，教员们将使用克莱纳在几年前发现的远程会议软件，即“电子信息交换系统”来授课。

① 拉霍亚是位于南加州圣迭戈市北部的一个社区。——译者注

课程持续一年，采用线上与线下相结合的授课方式。除在线交流外，布兰德还会与学员们在研究所内进行两次为期一周的面对面交流。这些学生形形色色，有企业的首席执行官和经理，也有正值中年危机、想要找到未来人生方向的人。

布兰德开设的其中一门课程叫作“良性体裁”。在他看来，《全球概览》属于一种体裁，新游戏锦标赛也属于一种体裁，实际上，他组织公共活动的方法本身也属于一种体裁。他试图向学生说明自己是如何拥有这些成就的，这迫使他更加深入地从自己游移不定的人生道路中探寻规律。

布兰德负责管理在线课程，作为回报，他每月可赚取少量酬劳，并且能够免费使用电子信息交换系统。他很快就爱上了虚拟世界的生活。那时，计算机网络和个人计算机的显示内容几乎仅限于文本。事实上，早期的文字互动游戏发行商 Infocom 采用的广告语便是“最美的画面，尽在想象之中”。

《全球软件概览》获得闻所未闻的超高报价

20 世纪 70 年代早期硅谷诞生之初，布兰德便离开了硅谷所在地。随着计算机技术的迅速发展并在更新迭代中的不断普及，硅谷地区呈现出爆炸式发展。1982 年底，《时代周刊》甚至将个人计算机评为“年度风云人物”。

布兰德的朋友兼代理人布罗克曼将媒体革命的第一缕曙光带回了墨守成规的纽约出版界。布罗克曼以 60 万美元的价格向西蒙与舒斯特公司（Simon & Schuster）出售了一套包含 10 本书的、专门面向 IBM 个人计算机用户的系列丛书。由此，布罗克曼引发了个人计算机书籍的出版热潮。由于当时这类计算机操作手册总是会迅速被超额订购，过于乐观的估计导致出版数量远超真实订购数量，所以这笔交易的最终收效并不尽如人意。尽管如此，其引起的轰动还是使对新技术往往持保守态度的出版业意识到，与个人计算机相关的书籍或许是有市场的。

1983 年春天，布罗克曼参加了一年一度的计算机爱好者展会——西海岸计算机节。在 1977 年的第一届展会上，22 岁的史蒂夫·乔布斯和他 26 岁的搭档史蒂夫·沃兹尼亚克曾展示了第二代苹果计算机。此前，布罗克曼的图书代理机构以科学家和科技作家为重心。现在，他开始改变战略，试图联系明星程序员并成为其代理人，将他们开发的软件卖给新兴的软件发行公司。不久前，他还给公司信纸上的公司标志加上了软盘图案。

布罗克曼还开始构想图书版权拍卖计划，按照该计划，作者只需要为少数能够竞标的出版商准备一份简单的提案，而无须再像从前那样提供样稿。在布罗克曼的敦促下，布兰德迅速以《全球概览》如蓝本，提出《全球软件概览》提案。他的计划是，《全球软件概览》将每年发行一次，其部分预付款将通过要点基金会转用于资助《全球软件评论》季刊，在新一期《全球软件概览》发行前，该季刊尽可能将层出不穷的最新软件囊括其中。接着，布罗克曼和他的妻子卡廷卡·马特森（Katinka Matson）将这份提案寄给了纽约最大的 8 家出版社。

或许有人会觉得布罗克曼厚颜无耻，因为他提出的许多合同条款，比如极高的版税率和完全的编辑控制权，通常不会被出版社接受。但道布尔迪出版社出价高达 130 万美元。用如此高的价格购买平装本的版权是闻所未闻的，这让其他参考竞标的出版社感到又惊又怒。

道布尔迪出版社告诉布罗克曼，布兰德有一天的时间考虑是否接受报价，过时他们将撤销报价。起初，布兰德对布罗克曼说，出价“太高了，可能会给我们惹来麻烦”。接着，他又说需要和自己的财务顾问谈谈。到了凌晨，他才给布罗克曼回电，说自己一直没能联系上财务顾问，还说自己需要再考虑一夜，用《易经》算一卦。布罗克曼不知道布兰德是不是在开玩笑。第二天早上，布兰德终于打来电话，说他接受报价。

“最糟糕的商业决策”，《全球软件概览》耗尽预付款

在凯文·凯利（Kevin Kelly）还在新泽西州的一个郊区小镇读高中时，他的母亲从《时代周刊》上读到了一篇关于《全球概览》的报道，觉得他或许会感兴趣，便提醒他留意这本杂志。一年后，凯利才终于在伍德斯托克的一家书店里找到了一本《全球概览》。和许多读过《全球概览》的同龄人一样，他的人生因为这本杂志而改变。

2005 年，在斯坦福大学的毕业典礼上，乔布斯将《全球概览》誉为“谷歌之前的谷歌”。而在凯利看来，《全球概览》列出的其实是各种各样的可能性。它就像一扇神奇的大门，为他瞬间连通了无数个世界的入口。凯利本来就热爱阅读目录类图书，而当他读到《全球概览》时，他觉得自己仿佛找到了目录类图书之王，《全球概览》好像在对他亲切地私语。

进入罗得岛大学后，他开始尝试向布兰德的两份杂志投稿，但运气都不太好。尽管如此，他还是将《全球概览》在无形中传达的价值观牢记于心，那就是“创造属于自己的生活”。在某种程度上，这是一种嬉皮士式的理想主义，但其本质还是一种实用主义，认为工具的存在是为了给人以自力更生的信心。

以此为信念，凯利在读完大学一年级后就辍学了。他成了一名经验丰富

的旅行家，在接下来10年的时间里，他大部分时间都在亚洲旅行，以独立摄影师兼旅行作家的身份游历了十多个国家。虽然他之前的投稿都没有成功，但现在他的运气变好了。布兰德刊登了他投给《协同进化季刊》的第一篇文章，这篇文章讲的是如何穷游喜马拉雅山。20世纪70年代，他曾在喜马拉雅地区待过几年。不仅如此，凯利拍摄的一张照片还登上了封面。这是凯利一生中最快乐的时刻之一，他感觉自己仿佛成了一名职业记者。他决定自己梦想的职业就是成为《全球概览》的编辑。

几年后，他去了索萨利托，但布兰德却不在那里。既然无法立即成为《全球概览》的一员，他决定先进入科学领域，就在佐治亚大学的微生物实验室里找了一份工作。他继续写旅游文章，还做起了小本生意，经营旅行类书籍的邮购业务。与此同时，通过大学实验室里的第二代苹果计算机，他和当时许多年轻作家一样，接触到了方兴未艾的在线网络。和克莱纳一样，凯利很快就沉浸在了不断壮大的虚拟社区、在线聊天室和网络论坛之中。这一时期，在为《新时代杂志》(*New Age Journal*)写的一篇题为《网络国家的诞生》(*The Birth of a Network Nation*)的文章中，他将网络世界描述为一个新的国度。

凯利持续与布兰德保持联系，他偶尔会向布兰德提出新项目甚至新杂志的建议，但都没有获得多少关注。后来，他得知新奥尔良即将举行软件技术大会，便立刻乘坐长途火车从佐治亚州来到了新奥尔良，想在大会上见到布兰德。

凯利果然找到了布兰德，他向布兰德提议制作《全球概览》精选版，名字就叫《全球概览精编》(*Essential Whole Earth Catalog*)。布兰德闪烁其词，因为当时他手上已经有两个十分耗费精力的项目，但他还是同意保持联系，并且最终也接受了凯利的这个提议。

此后不久，凯利收到了布兰德发来的一封电子邮件，在邮件中，布兰德问他是否愿意担任《协同进化季刊》的编辑，接替即将负责《全球软件评论》编辑工作的克莱纳。读完邮件后，凯利做的第一件事是给他所信任的《协同进化季刊》编辑赫伯特写了一封信，问她是否认为他能够融入这个团队。虽然他坚信自己适合《全球概览》类的杂志，但几年前，在耶路撒冷旅行时，他皈依了基督教。他不是美国南部那种极为虔诚的重生派浸礼宗基督徒，而是更倾向于信奉托马斯·默顿（Thomas Merton）所主张的神秘论，但他仍然担心自己会成为团队中的异类，给团队带来麻烦。

赫伯特认为这种事不会发生，但当凯利来到索萨利托时，他看起来就像一名阿米什农民。[①] 当布兰德得知自己雇用的是一名皈依了基督教的编辑时，他的内心是迟疑的。他很好奇，这位年轻的基督徒会与《协同进化季刊》的科学取向产生怎样的化学反应?

当得知凯利是信仰福音长老会的执事时，布兰德就直接问他：“你是宗教激进主义者吗？”凯利回答道：“我不太喜欢这个词，不如说是圣经布道者。”

搬到索萨利托后，凯利首先买了一辆老旧的丰田汽车，只花了 25 美元。每周日，凯利都会开着它去教堂做礼拜。[11]

凯利在考尔索普的船屋里租了一个房间，这里离布兰德的“米伦号”很近，只隔着几个泊位。房间位于甲板之下，里面什么也没有，就像一个地牢，但他并不介意。考尔索普觉得这位年轻的编辑有点像一只地精，每天早上都会从甲板下走出来，并在出发去上班前和自己寒暄几句。

① 阿米什人是基督新教的一个信徒分支，他们拒绝使用电力等现代设施，过着俭朴的生活。——译者注

布兰德几乎没有时间去担心这位新员工的表现。他需要在有限的时间内，用道布尔迪出版社提供的资金从零开始编写一本《全球概览》式的杂志。在《协同进化季刊》杂志社对面一栋不起眼的写字楼的二楼，他找到了适合这个新项目的办公场地。很快，新员工就把这里填得满满当当——编辑、设计、美术、员工助理、研究材料管理员、研究员、助理研究员、领域编辑、特约编辑、文稿编辑、校对员、办公室主任、文员、摄影师……职位多得数也数不清，而且大多数员工的薪酬远远高于《协同进化季刊》每小时 10 美元的薪水。

这样的团队运作起来极其昂贵。最终，安德烈娅·夏普（Andrea Sharp）不得不对布兰德说："斯图尔特，我们的钱快用完了。"于是，他开始绞尽脑汁，寻找能够创收的新方法，比如制作新版《全球概览》、写书、举办新的大型会议或者推出新的服务。

在刚刚接触电子表格时，他曾一度深陷其中，幻想利用电子表格做出各种大获成功的产品，这样他就能够拥有充足的资金去做更多、更酷的新项目。他憧憬地说："哇，有了这些电子表格，我就可以掌控未来。这简直梦幻！"

可惜，这一切只是幻想。电子表格的真正用途是通过真实的数据来让用户意识到自己陷入了多大的麻烦，但布兰德并不是这样利用电子表格的。相反，他自己填上了一些十分不切实际的数据。《全球软件概览》制作团队的运行成本大约每月 10 万美元，团队如履薄冰，且最终耗尽了预付款。

后来，克莱纳表示，接受道布尔迪出版社的报价是布兰德做出的最糟糕的商业决策。然而，从表面上看，这个决策不无道理。随着《全球概览》部分读者年纪渐长，他们变得更为富有，与数字世界的接触也越来越多。于是布兰德断定，《全球软件概览》还能像在先前的模拟计算时代里一样，为读者提供同样有用的参考。并且，他认为反主流文化一代会跟随他的领导投身网络世界。

他对《基督教科学箴言报》的记者说：“他们肯定无法抵抗个人计算机的魅力。”[12] 然而，事实恰恰相反。

合刊也拯救不了的《全球软件评论》

实际上，对于个人计算机和计算机网络的到来，不同年代的人对其态度大相径庭。分别位于 5 号门路两侧的两间杂志社所出现的收入差距也体现了这一点。虽然两社员工仍会为了日常两次的排球比赛聚在一起，但这两种文化正在悄然地分道扬镳。

麦克卢尔可以清楚地看到这种分化。他是《全球概览》早期的一名排版工。此前，他曾跟随车队从海特－阿什伯里街区前往斯蒂芬·加斯金（Stephen Gaskin）在田纳西州创办的农场公社，并担任公社出版业务的编辑。麦克卢尔与布兰德的背景相似，读过预科，并且也毕业于斯坦福大学。当得知《全球概览》有新的项目时，他便过来参加面试，并且最终成为其制作团队的一员。相似的背景使两人相处得十分融洽，麦克卢尔也成了新项目的一名得力助手。虽然布兰德是老板，但他向来喜欢放手让下属负责，而麦克卢尔也凭借其技术背景成为一名有价值的员工。不过，从公社回到西海岸后，他的确受到了一些文化冲击。《全球软件概览》的新编辑们都很喜欢在午餐时间喝酒，麦克卢尔偶尔也会在和他们共进午餐时喝上几杯，这就导致他无法在下午专心工作。

乔·凯恩是一位富有冒险精神的年轻作家，在纽约为《滚石》杂志工作了几年之后，他来到《协同进化季刊》担任审稿编辑。在去纽约之前，凯恩在硅谷长大。上初中时，麦克卢尔曾给年轻的史蒂夫·乔布斯的鼻子上来了一拳，因为他发现乔布斯和另一个男孩在学校里骚扰他的弟弟。

凯恩于20世纪80年代初加入《协同进化季刊》，与此同时，他还接手了布兰德在《旧金山纪事报》开设的一个专栏，因为开设不久后，布兰德便觉得这个专栏不适合自己。布兰德的文笔或许引人注目，但每周写出一篇800字的文章从来就不是他的强项。

尽管凯恩是土生土长的硅谷人，但他对正在广泛颠覆工作方式的个人计算机并不感兴趣。他住在旧金山，每天骑一辆12速的宫田自行车通勤到索萨利托。

早期，一次"约翰·亨利式"[①]的经历坚定了他对新兴网络世界持怀疑态度。当时，克莱纳和布兰德等人正在努力将便携式计算机Radio Shack Model 100连接至调制解调器，以便每周以电子形式向《旧金山纪事报》发送来自《全球概览》团队的专栏文章。不久后，凯恩将接手这个专栏。

凯恩嘲笑他们说："我敢打赌，我比你们快。"说完，他便拿起一份专栏文章稿件，骑上自行车，穿过金门大桥，沿着海滨骑行，来到了菲斯米申停车场附近的《旧金山纪事报》报社。结果，他确实更快。

布罗克曼在1983年为《全球软件概览》谈成的这笔交易帮助布兰德巩固了其未来主义者的形象。不过，对于数字世界的发展，布兰德向来颇有远

① 约翰·亨利（John Henry）是美国民谣中的一位英雄人物，他曾与自动气钻机竞赛打孔并取得了胜利。——译者注

见。毕竟，他可是“个人计算机”一词的创造者，自然有资格对世界未来的图景发表意见。他开始源源不断地收到有偿演讲的邀请，这些邀请通常来自企业，薪酬十分丰厚，还常常需要他出国参加活动。

有一次，布兰德应普莱姆计算机公司（Prime Computer）之邀，前往英属维尔京群岛，在该公司销售团队的集体活动上发表演讲。普莱姆计算机公司是一家小型计算机制造商，总部位于马萨诸塞州128号公路的高技术区。尽管当时该公司颇为成功，但它很快就要面临被个人计算机冲击的命运。他是来宣布坏消息的：“等个人计算机的性能追上小型计算机时，你们打算怎么办？”他以生物学家的身份告诉他们，物种之间的界限正在模糊，而从生态学视角来看，这预示着机遇。然而，对于像普莱姆计算机这样古老的“恐龙”来说，情况就不同了。

媒体对《全球软件概览》的评价呈现出明显的两极分化。意料之中的是，多家媒体纷纷报道，布兰德这位美国嬉皮偶像正在拥抱数字技术。对此，主流媒体的态度总体是欢迎的，都在利用布兰德的名声进行大幅报道。

但是，也有人表示质疑。当《全球软件评论》于1984年3月面世时，计算机行业专栏作家约翰·德沃夏克（John Dvorak）提出，这本杂志带有20世纪60年代反主流文化的色彩：“杂志中充斥着被遗忘已久的、来自20世纪60年代末的陈旧元素。”

言辞最直接的是《纽约时报》计算机专栏作家埃里克·桑德伯格－戴门特（Erik Sandberg-Diment）。他警告说：“这个季度，由于出版商仍然在追赶数字热潮，有太多计算机方面的平庸书籍占据了书店书架的空间。”与极富想象力的《全球概览》相比，这本关注数字技术的《全球软件概览》令人失望，只是“一本单调乏味、了无新意的评论合集”。

《全球软件概览》不再像《全球概览》那样使用粗糙的黑白新闻纸，而是采用了昂贵的光滑纸张，上面印着字体粗大、鲜红抢眼的标题，还有缤纷绚烂的彩色图片。考虑到《全球软件概览》和《全球软件评论》还需要与市面上的众多计算机杂志竞争，这样的用纸无疑使预算变得更加紧张。

据布兰德估计，截至 1984 年，关注特定领域的商业级与业余级期刊已经超过 200 份。[13] 而《全球软件概览》仍遵循《全球概览》的传统，将相当一部分的期刊囊括其中并给出好评。如今，读者往往渴望看到强有力的观点表达，布兰德却仍然坚持只刊登正面评论，这反倒显得有些做作。更糟糕的是，他还决定沿袭《全球概览》不刊登广告的传统，这让《全球软件概览》的经济状况雪上加霜。他曾一度这样想："现在进入计算机期刊市场，时机真是再糟糕不过了。" 但此时，他已经深陷其中。

上一年 11 月，布兰德第一次参加了拉斯维加斯盛大的计算机经销商博览会（COMDEX Trade Show）。在第一期《全球软件评论》中，布兰德描述了他当时的感受，他写道："作为消费者兼《全球概览》编辑，我感到既沮丧又欣喜，虽困惑不已，却又受益良多。" [14] 而《全球软件概览》为消除这种困惑做出了许多努力。

与之前的《全球概览》一样，它去粗存精，给出的建议不仅针对实际的产品，还关注无形的挑选过程。两本杂志的相似之处随处可见，这种相似一方面体现在具体细节上，比如，《全球概览终版》推荐了沃尔夫冈·朗格维舍（Wolfgang Langewiesche）的著作《操纵杆和方向舵》（*Stick and Rudder*），《全球软件概览》则推荐了微软的《模拟飞行》（*Flight Simulator*）游戏；另一方面又体现在整体风格上。《全球软件概览》分为 10 个部分：娱乐、写作、分析、组织、会计、管理、绘图、编程、学习以及其他，其他这一部分包含音乐、纺织、人工智能、营养学、健身、天文学、冥想、邮政、博彩等杂项，还包括布兰德永远心爱的幻灯片控制。

然而，布兰德是站在数字技术文化的温室之外，以旁观者的姿态对其进行审视，而这种独特的文化和20年前的反主流文化一样，十分排外。正如德沃夏克所暗示的那样，这两本杂志从头到尾都散发着一种《异乡异客》（*A Stranger in a Strange Land*）式的、令人目瞪神呆的天真。

尽管第二期《全球软件概览》在1985年底才发行，但其境况在一年前便已急转直下。在一篇关于布兰德和《全球软件概览》的长篇报道中，[15]《圣何塞信使报》（*San Jose Mercury*）记者迈克尔·马隆（Michael Malone）透露，《全球软件评论》将在发行仅仅3期后便与《协同进化季刊》合并。马隆在硅谷长大，当他第一次见到布兰德时，布兰德正处于极其推崇印第安文化的阶段。那时马隆还小，他在父亲的带领下，前去观看了布兰德的一次多媒体幻灯片展示，主题是“美国需要印第安人！”。

现实很快证明，布兰德的计划根本行不通。《全球软件概览》在美国销量平平，《全球软件评论》每季的订阅量也只有几百份，英国版的销量更是不值一提。最终，要点基金会财务官保罗·霍肯不得不向《全球软件评论》的编辑们宣布，他们的杂志将与《协同进化季刊》合并为一份新的杂志——阿特·克莱纳将其命名为《全球评论》。当时正在《协同进化季刊》担任编辑的凯利被派去担任其主编，但最终的合刊让两边的读者都不满意。

然而，最为辛辣的评论来自理查德·多尔顿（Richard Dalton），在克莱纳接手前，他是前两期《全球软件评论》的主编。在最后一期《全球软件评论》中，多尔顿在名为“内幕”的八卦专栏中写道，“劲爆消息：大多数人根本不关注计算机技术的发展”。

改变未来人生轨迹的一次相遇

在 1970 年 1 月的《全球概览》增刊中，布兰德曾赞扬“法外之地”这一概念。“我们需要更加优秀的法外之徒。”他写道。[16] 他反对由理性人创造的理性法，认为后者会扼杀创新。如今，为了冒险与探秘，许多年轻人都开始闯入由企业和军队主导的第一代计算机网络，由此便诞生了神秘而活跃的黑客文化，而布兰德在 10 多年前就率先提醒人们要对此保持警惕。然而，和几乎所有同代人一样，他自己也选择了无视这些警告，一头扎进了这个被科幻作家威廉·吉布森（William Gibson）比喻为“光怪陆离的魔术折纸”的诱人世界。[17]

激动人心的事确实有很多。第一届 TED 大会召开时，布兰德和麻省理工学院教授兼建筑师尼古拉斯·尼葛洛庞帝都在受邀出席者之列。他们的相遇改变了布兰德未来 10 年的人生轨迹。

1984 年 2 月，第一届 TED 大会在蒙特雷一家酒店的会议中心举行。与后来的 TED 大会相比，这一届大会并没有多少知名度，只有 250 人出席。他们之中有艺术家、作家、音乐家，还有企业高管和科学家，都是出于“对计算机的热忱”而聚在一起。[18]

IBM 数学家伯努瓦·曼德尔布罗特（Benoit Mandelbrot）和著有《大趋势》（*Megatrends*）的未来学家约翰·奈斯比特（John Naisbitt）都在大会上进行了发言，但最出风头的还是尼葛洛庞帝。他留着一头浓密的长发，穿着高级灰色西装，打着领带。在他的 TED 演讲中，尼葛洛庞帝展示了各种不可思议的计算机交互技术，比如要在 25 年后才随着 iPhone 的问世而普及的触屏技术。当时，“TED 演讲”这个词还没有成为固定词组，也没有成为某些地方的文件储存格名称。

尼葛洛庞帝对数字技术充满了乌托邦式的憧憬。他宣称："未来的冰箱将会自行检测牛奶存量，如果牛奶喝光了，它就会在电话答录机上留言通知你……烤面包机也会判断面包是否烤好。"[19] 费伦听得入了迷，她对布兰德感叹道："他太棒了！" 布兰德也表示同意。

稍后，布兰德便与尼葛洛庞帝进行了交流，两人一拍即合，后来也多次表达了对对方的欣赏。布兰德为尼葛洛庞帝探讨建筑设计未来发展的著作《建筑机械》（*Architecture Machines*）写了一篇充满赞美之词的评论，而这位麻省理工学院教授不仅表达了他对《全球概览》的欣赏，而且逐字逐句地将布兰德的评论背了下来。

尼葛洛庞帝准备在麻省理工学院成立一个名为"媒体实验室"（Media Lab）的跨学科研究中心，对新兴的数字世界展开探索。他提议布兰德来这里待上 3 个月，感受一下实验室的发展。他甚至愿意付费邀请布兰德来参观。布兰德听取了尼葛洛庞帝的提议，但并没有马上接受。

创建 WELL 社区，"计算机是毒药"吗？

布兰德参与的活动越来越多，比如担任几个非营利组织的董事，以及在西部行为科学研究所授课。1984 年底，他前往研究所与学生进行一年两次的面对面交流。正是在那里发生的一件事，让布兰德进一步投身于新兴的数字世界之中，乔布斯在其中发挥了间接作用。

布兰德是在费伦的陪同下前往研究所的。有一天，当他们正准备在午餐时间偷偷溜到僻静的布莱克海滩裸泳时，一个身材矮胖的男人拦住了他们，他就是布里连特。布兰德是在 1969 年认识布里连特的。当时，布里连特正在旧金山参加医学培训，而布兰德正在组织“饥饿秀”。后来，在印度，布里连特与年轻的计算机企业家乔布斯成了朋友。当时，乔布斯正在印度朝圣，而布里连特也在那里参加一个致力于根除天花的国际项目。

在尼泊尔从事医疗救援工作时，他开始接触计算机会议技术，乔布斯帮他购入了一个 300 波特的调制解调器，让他得以通过卫星与外界联系。后来，布里连特成立了致力于治疗失明的塞瓦基金会。1983 年，乔布斯来到塞瓦总部拜访布里连特。当时，布里连特开发了一个简单的通信软件程序，叫作“塞瓦会议”，用于与遍布世界各地的基金会成员联系。

布里连特请求乔布斯资助塞瓦，乔布斯却傲慢地回答道：“做你自己的产品！开你自己的公司！自己赚钱！自己资助自己的非营利组织！跟塞瓦的人这么说！”接着，他停顿了一下，脸上浮现出微笑，说道：“我会提供协助。”

乔布斯给了布里连特 5 000 美元的启动资金，帮助布里连特成立了一家名为“网络技术国际”（Network Technologies International）的计算机软件公司。该公司在一家加拿大证券交易所上市。尽管他们并没有宣布要将其开发的会议系统用于任何一项业务，但他们还是获得了 600 万美元的融资。不过很快，他们就宣布与美国电话电报公司及通用电气公司达成合作。

尽管公司势头强劲，但布里连特根本不知道应该如何发展企业与技术。这位来自密歇根州的医学副教授刚刚踏入肮脏的商界，心中满是迷茫。他来到加州，是为了参加一个为期 3 天的会议，探讨与电子信息交换系统及计算机会议技术有关的议题。结果，他却在加州大学圣迭戈分校公共卫生学院的院长办公室里沮丧地哭了起来。

此时，布里连特手头的资金十分充裕，他来找布兰德，就是为了建议他以某种交互形式将《全球概览》数字化。他们很快便达成了协议。根据协议，网络技术国际公司需要为这个新的合资项目出资 25 万美元，其中包括购买一台冰箱大小的小型计算机。这台小型计算机便是由美国数据装备设备（Digital Equipment）公司发明的 VAX 计算机。布兰德则负责从他的团队中抽调员工。

布兰德没有兴趣对《全球概览》进行数字化改造，所以对于布里连特的提议，他几乎听完就置之脑后了。根据他从西部行为科学研究所与电子信息交换系统项目得来的经验，他知道网络世界是与图书、杂志截然不同的媒介。除此之外，他还从最初的《全球概览》的出版经历中体会到，杂志与读者形成的"反馈回路"及他们制作的增刊才是他想要在数字世界中重建的东西。

阿特·克莱纳被派往密歇根州商讨合资项目的细节。与此同时，布兰德展开了一场头脑风暴。向来对打造社区充满热情的他开始幻想这个从零开始的虚拟社区的各种细节。他拿出纸笔，列出了一些可能合适的社区名字，其中一个名字感觉恰如其分，那就是 WELL，即"全球电子链接"的简称。[20]

接着，他便做出了一系列设计决策，而此时，他甚至还没有将该项目的第一名员工麦克卢尔雇用过来。他决定，WELL 社区的注册费用将相对低廉，完全通过信用卡收费。用户拥有自己创造的内容的所有权，即"你的文字由你拥有"。他还做出了一个绝妙的营销决策，那就是给一群科技记者赠送账号，好让 WELL 社区在新兴的数字世界中名声大噪。

然而，与布兰德之前的尝试不同的是，WELL 社区既不是第一个，也不是唯一一个。此时，大型在线服务提供商已有很多，WELL 社区只是收费更为低廉。计算机服务（Compuserve）网站成立于 1969 年；源头（the Source）网站成立于 1978 年；旧金山湾区的社区记忆（Community Memory）网站则诞生于 1973 年，这是一家地方性的电子公告板服务商，特色是在公共场所放置终端计算机。当时，不仅电子公告板服务商如雨后春笋般涌现，还有一个叫作“惠多网”（FidoNet）的网站于 1983 年问世，将全国各地的电子公告板连接在一起，形成了一个全国性的电子邮件服务系统。

不仅如此，WELL 社区后来作为象征的网络文化，实际上自 1980 年以来便以新闻组（Usenet）的形式在全国蓬勃发展。新闻组系统没有中央服务器，由众多计算机会议系统组成，全国各地有许多学术机构和企业都是新闻组的用户。很多概念都出自它们，如常见问题（FAQ）、网络论战（flame）、马甲（sock puppet）和垃圾消息（spam）等。

在某种程度上，WELL 社区体现的其实是一种复古文化。尽管 WELL 社区使用的是最先进的小型计算机，但用户似乎认为，它在迈向未来的同时，也向 19 世纪的沙龙文化倒退了一步。

霍华德·莱茵戈尔德（Howard Rheingold）曾对《纽约时报》记者说：“人们过去总是写信，现在，这种交流方式又开始流行了。它并不适合每个人，只适合那些喜欢通过文字交流的人。”[21] 莱茵戈尔德是《全球评论》的编辑，也是 WELL 社区的资深成员。

此外，让 WELL 社区保持生机的群体并不仅限于线上交流。这是一个多元化的、富有创造力的群体，会在线下举办各种社交活动，布兰德也经常参与其中。事实上，WELL 社区早期的成功或许在很大程度上要归功于美国一个构成极其多元的反主流文化群体，那就是“感恩而死”乐队的乐迷。这支摇滚乐队的乐迷有的是现代嬉皮士，有的是专业人士，还有的是计算机爱好者。他们构成了一个流动的社区，既会在乐队每年数十场的演唱会上见面，又会在平时通过 WELL 社区保持线上联系。

早期，在与西部行为科学研究所的学生通过电子信息交换系统交流时，布兰德便明白了一个重要的道理。他曾与学生进行过一次匿名的在线会议，结果场面瞬间就失控了。他意识到匿名状态会让人迅速暴露出最为卑劣的一面。人们会冒充他人，行事也会变得恶毒，而受到攻击的人会以同样的方式实施报复。因此，他禁止人们在 WELL 社区上发表匿名言论。每名用户都必须关联到一个可识别的账号，且需要绑定信用卡。

然而，尽管用户无法完全匿名，他们也不需要使用自己的真名，反而可以给自己起好几个昵称。多年后，布兰德将这一规则视为 WELL 社区的一个重大设计缺陷，也正是这个缺陷驱使他最终离开了这个由他打造的社区。这也为他提供了一个独特的视角，让他看到了将来困扰全球的威胁，那就是假身份以及无法核实、无法追踪的言论在网络世界造成的威胁。

尽管布兰德很早就对虚拟社区感到担忧，并且相对较早地离开了他所创建的虚拟社区，但在公众面前，他仍然表现得相当乐观。虽然第一期《全球评论》的主题是“计算机是毒药”，但从表面上看，布兰德仍是满怀信心的。“计算机抑制了我们的动物性，”他对《旧金山焦点》杂志（*San Francisco Focus*）的记者说，“通过计算机交流时，我们就像天使一样高尚。”[22]

短短几年后，他便意识到自己从前是多么天真。

“信息渴望自由”，黑客大会推动开源软件发展

搬到索萨利托不久，凯文·凯利就读了史蒂文·利维（Steven Levy）的《黑客》（*Hackers*）。这本书讲述了三代“白帽黑客”，即正义的黑客的故事，从几十年前麻省理工学院人工智能实验室里的那些年轻程序员，一

直讲到了家酿计算机俱乐部，以及当时刚刚兴起的电子游戏设计产业。此时，“黑客”一词才刚刚诞生不久。一年前，美国民众才从电影《战争游戏》（*WarGames*）中见识到了能够访问网络的计算机，了解到那些年轻的计算机巫师们的存在。利维在书中展示了何为他所说的黑客伦理——从 20 世纪 50 年代起，麻省理工学院的学生便开始“黑”进各种计算机项目，但纯粹是为了享受计算机与软件设计本身的简单乐趣，这便是黑客伦理的典范。利维认为，黑客伦理以这样一套理想主义的价值观为土壤，即：人人都应有权使用计算机；所有信息都应该可以自由获取；不迷信权威；技术才是硬道理；计算机能够创造出艺术与美；计算机能让生活变得更美好。[23]

读完这本书后，凯利找到布兰德，对他说：“有趣的是，据我所知，这三代黑客从来没有见过面。让我们把他们聚在一起吧！”布兰德很喜欢这个想法，于是，他说服凯利与费伦，三人一起组织一场黑客大会。

他们召集了一群来自旧金山湾区的精英程序员和硬件设计师，让他们每周来“米伦号”开晚间会议。许多著名的计算机设计师来到了索萨利托，协助布兰德进行准备工作，其中包括奥斯本 1 型计算机的设计师李·费尔森斯坦（Lee Felsenstein），以及麦金塔计算机的主设计师之一安迪·赫茨菲尔德（Andy Hertzfeld）。

1984 年 11 月的一个周末，黑客大会在克龙基特堡一处时髦的静修中心举行。克龙基特堡曾是陆军基地，位于格博德山谷附近的马林海岬。最终，在他们邀请的大约 400 人中，约有 150 名黑客和一些科技记者到场。他们都是像特德·克勒（Ted Kaehler）一样的《全球概览》或《协同进化季刊》的忠实读者。20 世纪 60 年代，克勒上中学时便是学校科学俱乐部的成员，他的父亲则是洛克希德导弹与航天公司（Lockheed Missiles & Space Company）的一名工程师。在斯坦福大学就读期间，克勒迷上了计算机，于是攻读了卡内基梅隆大学计算机科学专业的硕士学位。在那里，他在众多人工智能领域的先驱研究人员的指导下迅速成长。这些研究人员包括拉杰·雷迪（Raj Reddy）和乔治·怀特（George White），两人后来都在 20 世纪 70 年代初进入了施乐公司的帕洛阿尔托研究中心。克勒协助教授们开发了 Smalltalk 程序环境，后来，该程序环境成为苹果公司 Macintosh 和微软公司 Windows 操作系统的模型。

克勒也读过《黑客》这本书。当他听说凯利、布兰德及费伦正在筹办黑客大会时，他便打电话给凯利，询问他是否可以邀请自己的黑客朋友出席。凯利给他开了绿灯。结果，几名来自帕洛阿尔托研究中心的研究人员也混进了第一届黑客大会。

克勒全身心地投入了黑客大会中。他主持了两次小组讨论，还常常站在记录首届黑客大会的摄影师们的身后，提醒他们应该将镜头对准谁。然而，在大会召开的第一天晚上，在他与布兰德共同前往晚餐地点的途中，他撞上了布兰德令他意想不到的一面。走下会议中心附近的一座小山时，布兰德问克勒，走在他们前面的人中，他认识多少人。克勒回答说："哎呀，一个也不认识！"他和施乐公司的人很熟，但并不熟悉黑客群体，包括游戏开发者，还有那些来自麻省理工学院和贝尔实验室的"灰胡子"们（graybeards）。[①] 而克勒感觉到，听到他的回答后，布兰德就冷淡了下来，再也没有在会议期间和他说过话。克勒觉得自己受到了轻视，于是他决定，自己绝不会成为精英黑客群体的一员。

尽管布兰德当时可能只是受到了这些技术人员明星光环的震慑，但有一点是可以肯定的，他总是不由自主地想要接近那些身处聚光灯之下的人，无

① 在信息技术行业，"灰胡子"指的是年龄较大且经验丰富的技术人员。——译者注

论他们是著名的知识分子、企业高管还是政府官员。克西注意到了这一点，因此，在为《华盛顿邮报》撰写布兰德的专题报道时[24]，他用了“慕权”一词形容布兰德。尽管这篇报道总体而言是积极的，这个词还是刺痛了布兰德。

黑客大会成为一年一度的固定活动，一个数字亚文化群体也因此逐渐形成，该群体对大会成员所设计的设备和软件都充满热情。第一届黑客大会出现了几场激烈的辩论，这些辩论甚至在大会结束后的很长一段时间里仍在继续。苹果公司的联合创始人史蒂夫·沃兹尼亚克认为，“黑客”一词代表了每个人童真的一面；著名程序员布赖恩·哈维（Brian Harvey）却警告说，黑客也有黑暗的一面。公众很快就会把这个词理解成为了娱乐和利益而侵入他人计算机的不法分子。

另一场重要的辩论探讨了计算机软件的经济价值。来自麻省理工学院的年轻程序员理查德·斯托尔曼（Richard Stallman）开发了几种关键编程语言的免费共享版本，他表示，他的目标是让所有软件都可以免费使用。这激怒了其他与会者，比如苹果公司麦金塔计算机设计师比尔·阿特金森（Bill Atkinson）就回应说：“黑客想让我公开 Quickdraw 的代码，但别忘了，还有国际商业机器公司的存在。如果我这样做，苹果公司活不了 20 年。”[25] 另一些人，比如创造了“免费软件”（freeware）一词的《协同进化季刊》前编辑弗吕格尔曼，以及创造了“共享软件”（shareware）一词的前微软程序员鲍勃·华莱士（Bob Wallace），则支持采取折中做法，那就是免费共享软件并鼓励用户捐款。

然而，最敏锐的还是布兰德，他准确地把握了辩论的关键，由此推动了开源软件运动的诞生，为计算机行业带来巨变。

沃兹尼亚克表示，私人企业不向公众开放其软件的使用权，“就是在隐藏信息，而这是不对的”[26]。这时，一直保持沉默的布兰德突然站起来说：

> 我们的辩论似乎都在围绕同一对矛盾。正因如此，我对华莱士开发的 PC-WRITE① 以及弗吕格尔曼之前开发的 PC-TALK② 特别感兴趣。一方面，信息渴望变得昂贵，因为它太珍贵了。在恰当的地点得到恰当的信息，能够改变人生。另一方面，信息渴望自由，因为其获取成本一直在降低。正是这对矛盾在相互斗争。[27]

布兰德清楚地意识到这对矛盾便是典型的“双重束缚”（double bind）。他是从贝特森的理论中学习到这个概念的。这个概念指的是两个相互冲突的信息所造成的两难困境。借“双重束缚”一词，他精准地捕捉了这场重要辩论的本质。这场辩论推动了一系列数字产品的诞生，并且最终造就了价值数十亿美元的信息产业的繁荣发展；同时，这场辩论也吹响了一个新兴数字文化群体的集结号，这个群体坚定地将封锁数字资产视为盗窃行为。

名言警句“信息渴望自由”迅速成为数字时代的准确注脚。各行各业，尤其是报纸行业，将布兰德名言的后半部分“信息渴望自由”奉为圭臬，纷纷推出其业务的数字版本，向公众提供免费的数字产品，并试图最终通过广告业务赚回成本，但大部分企业都失败了。更具变革性的是，这个理念成为一大批硅谷公司的文化与商业基础，而且，这些公司最终将以此为基础，跻身全球最成功的企业之列。

和布兰德几乎所有的想法一样，这个理念的背后是有故事的。那年夏天，在他和凯利收到利维著作的校样后不久，他便在西部行为科学研究所的

① PC-WRITE 是一个文字处理类的共享软件。——译者注
② PC-TALK 是一个通信类的共享软件。——译者注

一次演讲中阐述了这个理念。而在7月底，他的一名学生在课后对他说："我发现你提出的'信息渴望自由'的观点比我想象中更有争议，尤其是当它与黑客伦理这个概念结合在一起时。好几个人都对我说，他们认为你是在鼓励盗窃。"

最终，这个理念促使一群软件活动家联合起来，推动开源软件的发展。这从根本上改变了一个行业的竞争方式，同时也释放出了巨大的合作力量，孕育出像维基百科这样的免费的公共网络服务。一批极具颠覆性的硅谷初创企业还将这句话作为口号，但有时，这些企业会将其曲解，使其与布兰德所暗示的开放性背道而驰。后来，一些新兴的互联网产业还将"信息渴望自由"作为其反对监管的武器。这些产业辩称，其"创新"对社会大有裨益，不应该像传统行业的创新那样受到约束。

布兰德当初所说的那对矛盾，人们早已遗忘，他们记住的只有"信息渴望自由"这句话。但无论如何，布兰德精准地把握住了新兴数字时代的本质与矛盾，正如他精准地定义了20世纪70年代的反主流文化和环境运动一样。

厌倦与抽离，一次偶遇改变了这一切

1985年初，WELL社区上线后不久，布兰德再次感到筋疲力尽。一天晚上，在与布罗德邦德（Broderbund）软件公司的联合创始人兼要点基金会成员道格·卡尔斯顿（Doug Carlston）坐在一起时，他吐露了自己的心声。他厌倦了为《协同进化季刊》撰稿，也厌倦了"《全球概览》创始人"这个长达10年之久的标签，他需要想办法从他所创建的组织中抽离出来。

他给自己安排了带薪休假。他原以为这只会持续一个夏天，但结果是，他再也没有积极参与过《协同进化季刊》或后来的《全球评论》的管理，基本上只扮演象征性的领导角色。决定休假后，他便将自己的东西从 5 号门路的办公室里搬了出来。在休伊 • 约翰逊的帮助下，布兰德和费伦与一位非洲友人交换了住处。他们用停泊在索萨利托的 19 米长的“米伦号”拖船，换来了肯尼亚南部靠近马赛马拉野生动物保护区（Masai Mara Game Reserve）的一个约 4 000 万平方米的农场。

他们显然是更占便宜的一方。那位非洲友人身高约 1.97 米，他们在拖船上住了没多久，便搬到了贝尔维迪尔的一间出租屋里。相比之下，那几个月在农场里，在两名佣人和一只家养宠物猎豹的陪伴下，布兰德和费伦过得快活极了，还与另一对住在农场里的夫妇成了朋友。

费伦之所以劝布兰德去非洲旅行，一定程度上是因为他们都很喜欢柏瑞尔 • 马卡姆（Beryl Markham）的回忆录《夜航西飞》（*West with the Night*）。这本书早已绝版，直到 1983 年才被伯克利的一家小型出版社选中并再版。马卡姆是丛林飞行员、冒险家、赛马驯马师，也是首个完成从东到西横越大西洋单机飞行的人。晚年的她时运不济，如今住在肯尼亚内罗毕的一个赛马场附近。

虽然布兰德很喜欢这本书，但对于即将到来的肯尼亚之旅，他还是提不起多大的兴趣。费伦却兴致勃勃，准备去肯尼亚找到马卡姆。然而，在出发前不久，布兰德在码头的一个船屋聚会上认识了作家彼得 • 马西森（Peter Matthiessen）。从此，他的态度便发生了改变。

马西森的人生极富传奇色彩，他是小说家、荒野作家、禅修者，是美国前中央情报局官员，还是像西奥多 • 罗斯福、欧内斯特 • 海明威那样的西方冒险家。布兰德对马西森充满敬畏，但当费伦向马西森透露他们正准备去非洲旅行时，布兰德却唱起了反调，说了些类似于“我看过那里的明信片”的话。

“别犯傻了，”马西森大喊道，“除非你真正嗅到过、亲眼看到过非洲的黎明，否则你根本就不了解非洲。”

在去往非洲之前，他们先到麻省理工学院拜访了尼葛洛庞帝。此时，尼葛洛庞帝再次邀请布兰德到麻省理工学院的媒体实验室，有偿担任访问科学家。尼葛洛庞帝与电气工程师兼前麻省理工学院校长杰尔姆·威斯纳（Jerome Wiesner）用了 7 年时间来为实验室筹集资金，他们的目的是建立一个将工程学、社会科学与艺术学融合的跨学科研究中心。如今，尼葛洛庞帝马上就要在一栋价值 4 500 万美元的大楼里启动这个实验室。这栋大楼由贝聿铭设计，采用金属与玻璃构建，充满未来感。

布兰德从尼葛洛庞帝那里了解到，这座新的媒体实验室的前身是电子科研实验室。这座早期的跨学科实验室由威斯纳领导，而在第二次世界大战时期，威斯纳曾是麻省理工学院传奇的辐射实验室的资深成员。麻省理工学院的人工智能实验室同样是从电子科研实验室发展而来，而当该实验室的联合创始人约翰·麦卡锡来到斯坦福大学后，又参与组建了斯坦福人工智能实验室。布兰德正是在这里接触到了黑客文化。同样衍生于电子科研实验室的还有尼葛洛庞帝早期成立的建筑机械小组，其宗旨是开发一个先进的人机交互系统原型。

媒体实验室提倡的思想观念让布兰德想起了他在大学时首次接触到的理论，即诺伯特·维纳和沃伦·麦卡洛克的控制论，以及克劳德·香农和罗伯特·法诺的信息论。

在麻省理工学院，宾主双方讨论了共同著书的可行性，但布兰德已经对尼葛洛庞帝有了足够的了解，他知道，尼葛洛庞帝的自我意识与个性都很强烈，如果他们达成合作，这在将来会是一个问题。因此，布兰德没有同意与他共同著书，而是和他协商签订了一份合同，获得了媒体实验室的访问权。作为回报，布兰德同意多关注尼葛洛庞帝的研究。

接着，他与费伦便去了英国，在彼得·施瓦茨的家里住了一段时间。布兰德在斯坦福研究所偶然结识施瓦茨。施瓦茨当时是斯坦福研究所的未来学家以及波托拉研究院的董事会成员。

施瓦茨总喜欢说自己其实是一名“火箭科学家”，因为在伦斯勒理工学院（Rensselaer Polytechnic Institute）读本科时，他学的是航空工程学。在斯坦福研究所工作时，他是由威利斯·哈曼领导的未来小组的一员。1962 年，在门洛帕克，布兰德曾加入过一个药物实验小组，哈曼便是该小组的发起人之一。施瓦茨来到研究所的时机刚刚好，被分到了之前由神秘的阿尔·哈伯德使用的办公室。在斯坦福研究所工作期间，施瓦茨很早便预见到了新兴数字技术将会带来的影响。他曾担任《战争游戏》的编剧顾问，那时他便提醒他们，要注意计算机黑客亚文化的兴起。他还对情景规划特别感兴趣。

情景规划方法发端于两个知识遗产：一是 20 世纪 50 年代由兰德公司（RAND Corporation）的赫尔曼·卡恩就核战争进行的博弈论分析，其主题是“设想不可设想之事”；二是荷兰皇家壳牌（Royal Dutch Shell）公司的规划师皮埃尔·瓦克（Pierre Wack）的思想，他在学习法国神秘主义者兼哲学家乔治·伊凡诺维奇·葛吉夫（George Ivanovitch Gurdjieff）的思想时体会到，应该把重点放在叙事上，而不是定量的图表和数据上。

尽管施瓦茨在大学期间是反战积极分子兼民主社会学生会的成员，但在 1982 年，他加入了荷兰皇家壳牌公司，领导公司的情景规划小组。当时，壳牌在能源行业是一家不同寻常的公司。它不像埃克森、美孚之类的公司那样保守，而且它能够雇用施瓦茨这样的加州人，就表明它对创意更为开放，即使是与环保有关的创意也不例外。

壳牌的首席战略规划师阿里·德赫斯（Arie de Geus），在加州北部找寻新灵感时，曾见过布兰德。此前，德赫斯曾说过，为了改进壳牌的规划流程，他打算研究如何学习新的事物。而在伦敦期间，布兰德对施瓦茨说，他一直在思考如何学习复杂系统。施瓦茨则回答说，德赫斯也在思考同样的问题。

离开伦敦后，布兰德和费伦来到了意大利威尼斯，《旧金山纪事报》出版商理查德·泰瑞奥和他的妻子安吉在那里租了一栋豪华别墅。这座小小的城市曾经竟是一座城邦，并且依靠智慧生存了 8 个世纪之久，这让布兰德折服。他或徒步或坐船，在城市中穿行，探索威尼斯作为曾经的商业帝国所留下的遗产。在圣马可广场东端的圣马可大教堂里，他抬头望着这座大教堂的金色穹顶，深感震撼。在此之前，他看到的都是欧洲、欧洲、欧洲，罗马、罗马、罗马，意大利、意大利、意大利。但这一抬头，他却看到了君士坦丁堡。那夺目的马赛克元素显然受到了亚洲文化的影响。“跨过几道门，我就从欧洲来到了亚洲？这怎么可能呢？到底是怎么回事？”他惊叹不已。

布兰德在教堂里待了一个下午，看着游客蜂拥而至。游客们张大着嘴仰望，脸上的神色更多的还是麻木。让他感到震惊的是，竟然没有一个人的脸上露出笑容。而布兰德流连于此，掩盖不住脸上的笑意。沐浴在教堂的金光之中，他开始用一种无限的、系统的视角审视万物。

长年累月的深入阅读让他逐渐领悟到，虽然威尼斯的广度有限，但其历史深度无限。威尼斯正是他与施瓦茨谈到的、能够学习与进化的复杂系统的完美典范。

他的第一个想法是要搬到威尼斯展开深入研究，为这座城市书写一部详尽的系统发展史。这个想法又迅速演变为创作一部三部曲小说，其主角将会是一名在现代威尼斯能解开各种谜团的物理学家。但若真要这样做，布兰德夫妇便需要在威尼斯住上几年。

到达肯尼亚后，布兰德仍然对自己作为小说家的新生活充满幻想，无法自拔。

陷入身份认同危机，48 岁重新出发

1985 年 7 月初抵达非洲后，布兰德与费伦开始过上童话般的生活。他们住的农场属于戴维·霍普克罗夫特（David Hopcroft），他是肯尼亚的第 4 代白人，拥有康奈尔大学野生动物生态学的博士学位。住在农场里的还有猎人菲利普·蒂利（Phillip Tilley）和他的妻子。费伦在蒂利妻子的带领下四处漫步、奔跑、游览，快活极了。

费伦完全迷上了那些在马赛马拉野生动物保护区里悠然漫步的大型动物，尤其是猫科动物。她还与布兰德踏上了自驾游猎之旅，驱车数百千米，在丛林中露营。有时，他们会在车里坐上一整天，观察狮子沉睡的模样。布兰德决定，如果将来要写非洲，那么他一定会把题目定为《与狮共眠》（*Sleeping with Lions*）。

他们还找到了马卡姆，并且拜访了她几次。但在没过多久的 1986 年 6 月，马卡姆便与世长辞了。关于《夜航西飞》在美国的热销，她

只听说过只言片语。至于她是否从中获益，布兰德和费伦并没有看到她经济状况好转的迹象。

与此同时，布兰德的威尼斯计划正在成为一个需要他放弃一切的项目。他曾想过要在没有预付款的情况下写书，为此，他或许需要卖掉自己的帆船，以及他在加拿大新斯科舍省的房子。某天清晨晨跑时，费伦向布兰德提出，威尼斯是布兰德在10年前迷恋的太空殖民地的完美对立面——人类设计师对太空殖民地的规划仅是数以年计，而威尼斯这座有着独特生态的岛屿却是数个世纪的有机设计的结晶。

他的威尼斯美梦很快就被安德烈娅·夏普的一封来信打破了，夏普告诉他，杂志社的经济状况岌岌可危。她尽可能委婉地提出，凯利已经在无薪工作，而他的带薪休假也不得不变成无薪休假。夏普写道："我想让你知道，你的账户现在已经没有额外的进账了。"她还补充说，WELL社区6月的营收大约是2 000美元。

这封信让布兰德陷入了身份认同危机。离开美国时，他还认为，对于他所创建的组织来说，自己是不可或缺的存在。现在，他感到不知所措。他似乎觉得要点基金会的董事会已经决定将远隔重洋、失去联系的他抛弃。他们似乎认为，他已经志不在此，且筋疲力尽，不能再为基金会创造价值了。

他已经是一名受人尊敬的编辑和出版人，但现在，48岁的他需要重新开始，自力更生，在欧洲过上波希米亚式的作家生活的梦想只能以后再实现了。

他来到了人生的岔路口。过去17年里，他一直都在经营非营利性事业，几乎没有停歇。现在，他似乎感觉自己厌倦了掌管一切，他厌倦了给员工支付工资，也厌倦了每周一到周五，至少朝十晚六地在办公室工作，被迫与他没有兴趣认识的人共处一室。

是时候做出改变了。

《媒体实验室》，在麻省理工学院创造未来

回到索萨利托后，布兰德把办公室搬到了“玛丽·哈特莱恩号”（Mary Hartline）上。那是一艘停泊在旱坞里、破破烂烂的渔船，仿佛随时会散架。渔船后来更名为“涨潮号”，隐蔽在一个院子里的一片篱笆后面。院子对面便是《全球概览》杂志社，直线距离只有约 182 米，通勤十分方便。

现在，《全球评论》由凯利负责，WELL 社区的用户数量也在缓慢增长，到 1986 年夏天已经超过了 600 名。而布兰德为了重塑自我，参加了两个新的项目。

1986 年冬天，当布兰德还在非洲时，尼葛洛庞帝寄来了一封信，告诉他，麻省理工学院媒体实验室已正式接收他为访问学者。在从非洲回来的路上，他再次到伦敦拜访了施瓦茨，并认识了施瓦茨在壳牌公司的情景规划搭档内皮尔·科林斯（Napier Collyns）。他们建议布兰德来壳牌公司担任一段时间的顾问，公司也会赞助他举办一系列关于组织学习的会议。

他们一拍即合。进入斯坦福大学后不久，布兰德便成了自力更生的推崇者，认为自下而上的独立学习更加有效。他对此早有感悟，而这些年来，通过“美国需要印第安人！”项目、《全球概览》杂志以及软件和个人计算机方面的项目，他的感悟也转化为了实践经验。布兰德写信给罗代尔出版社（Rodale Press）的出版商罗伯特·罗代尔（Robert Rodale），试探性地向他

请求资助。罗代尔很欣赏《全球概览》，而在信中，布兰德利用了罗代尔“持续不断的好奇心”，写道：“说不定我们能从系统的学习方式中得到一些启发呢！”

几十年来，布兰德一直对这个问题感到着迷，他为第一期《全球概览》拟订的主题“理解整体系统”也体现了这一点。贝特森的最后一本书《心灵与自然》（*Mind and Nature*）将个人学习、文化群体学习与物种的进化学习进行比较。关注系统学习也是延续贝特森的探讨的一种方式。

1986 年的前 3 个月，布兰德计划在麻省理工学院，与那里一些关注非常规学习理论的顶尖人物进行交流。这些顶尖人物便是艾伦·凯、人工智能先驱马文·明斯基（Marvin Minsky）及西摩·佩珀特（Seymour Papert）。他继续参与《全球概览》事务，但仅仅是为了“研究系统的学习方式”，创造与有效学习策略相关的词汇，以期促成初步分类，并最终形成系统学习的普遍理论。

他向罗代尔提议，设立一个类似于“罗代尔学者”的称号，但他的提议并没有得到回应。最后，他只能依靠自己挣来的咨询费及母亲一如既往的慷慨解囊将就过日子。

布兰德曾写道，只有白痴才会想在马萨诸塞州的剑桥度过 1 月，但当凯提出让他住在自己位于哈佛广场[①]附近的公寓时，他感到难以拒绝。于是，在 1 月一个阴冷多云的清晨，他穿过哈佛广场，走向车站，快乐得像个孩子，心里想着：“这就是我……一名正在研究如何拯救世界的智慧学者。”

① 哈佛广场位于马萨诸塞州剑桥市，哈佛大学和麻省理工学院都在其附近。——译者注

他完全爱上了剑桥浓厚的学术氛围，爱上了这里的报刊亭与书店、哈佛大学与麻省理工学院的校园，以及在这两所大学内随处可见的知识分子。在麻省理工学院的第一个月里，他开设了一系列讲座，讲述他出版《全球概览》的经历。他会频繁地改变话题，通过一些奇闻轶事来吸引学生的注意力，然后又突然回到正题，以出其不意的角度切入论点。

结束 1 月的讲座后，他便投身到媒体实验室的两个研究项目中去。第一个项目专注于电子出版的未来，这是尼葛洛庞帝最关心的；第二个项目是凯的生态缸项目（Vivarium），关注计算机学习模拟，由苹果计算机公司资助。

起初，当凯还在雅达利（Atari）公司工作时，生态缸项目研究的还是如何用计算机进行生态模拟。提出生态缸概念的研究人员安・玛丽昂（Ann Marion）告诉凯，她的目标是创造出能够自己操控自己的木偶。在加入该项目后，凯吸引了一个庞大的智囊团，包括马文・明斯基、创造了小鹿斑比的迪士尼动画师弗兰克・托马斯（Frank Thomas）、《布偶大电影》（*The Muppets*）之父吉姆・亨森（Jim Henson）、《身心合一的奇迹力量》（*The Inner Game of Tennis*）的作者蒂姆・加尔韦（Tim Gallwey），以及阿克塞斯出版社（Access Press）与 TED 大会创始人理查德・沃尔曼（Richard Wurman）。布兰德加入后，他和沃尔曼分到了一项任务，那就是建造“知识洞穴”，即一个供生态缸的年轻设计师们使用的信息库。然而，在媒体实验室担任访问学者的这段时间里，布兰德在很大程度上扮演的仍然是观察者的角色，主要任务是录制采访，为他计划撰写的实验室相关书籍打基础。

在媒体实验室里，尼葛洛庞帝培养了一种“展示至上”的文化，导致成员往往会夸大自己的实际成果，实验室也因此受到诟病。然而，批评者没有意识到的是，这座实验室真正成功的产品其实是一群优秀的设计师，世界各地的科技企业的思维方式都将由他们塑造。从媒体实验室出来的麻省理工学院的毕业生将涌进硅谷的各家企业，有的还成为好莱坞电影的顾问，给美国流行文化带来巨大的影响。

对于尼葛洛庞帝的未来愿景，布兰德总体上是支持的。伊锡尔·德索拉·普尔（Ithiel de Sola Pool）于 1983 年出版的《自由的科技》（*Technologies of Freedom*）给布兰德带来了关键性启发，该书预见了印刷时代向电子时代的过渡，探讨了网络空间治理将面临的挑战。布兰德借由普尔的视角去解读他在媒体实验室的见闻。

20 世纪 60 年代末至 70 年代初，布兰德曾在斯坦福人工智能实验室、帕洛阿尔托研究中心及恩格尔巴特的增智研究中心找到了个人计算机的早期源泉。而如今，他正身处一群技术专家之中，看着他们构建数字世界，未来的万维网与物联网正是这个数字世界的产物。个性化媒体是深深根植于媒体实验室的一个关键概念，尼葛洛庞帝称其为“我的日报”（the Daily Me），意思是在将来，每个人都会收到个性化的新闻推送。实验室预见到了个性化媒体的出现，却没有预见到将会在几十年后出现的、更为黑暗的“过滤气泡”（filter bubbles）。

在这 3 个月里，布兰德结识了丹尼·希利斯，他是一位年轻且聪明的超级计算机设计师，也是明斯基的门生。几年前，希利斯创立了一家激进的超级计算机公司——思维机器公司（Thinking Machines），其理念是要将数万个微处理器芯片连接起来同时处理问题，它是如今以互联网为中心的计算，即云计算的先驱。

一天，希利斯来到媒体实验室吃午饭。当时，他的公司正在交付第一批计算机，实验室也已经收到了一台早期的原型机。希利斯邀请布兰德到他的办公室坐坐，就在肯德尔广场旁边，离麻省理工学院很近。两人聊得十分投机。

“我对个体学习与生态系统在进化过程中的学习之间的联系很感兴趣。”希利斯对布兰德说。“太好了，那也是我的兴趣所在，请再多说一些吧。”布兰德回应道。[28] 于是，一段有着亲密友谊的伙伴关系开始生根发芽，并且将会蔓延至多个领域。

对布兰德来说是幸运的，因为希利斯后来也搬到了加州；但对希利斯来说有些不幸，他之所以搬到加州，是因为思维机器公司倒闭了。思维机器公司设计的一款超级计算机，曾一度是世界上运算速度最快的计算机，但在与一家更大的计算机公司谈判收购事宜时，该公司由于处理不当而陷入破产。之后，希利斯便搬到了西海岸，在迪士尼的蓝天工作室里担任一名幻想工程师。不久后，他也在索萨利托买了一艘船屋，他偶尔会住在这里，与布兰德和费伦为邻。

布罗克曼为布兰德的《媒体实验室》拿到了可观的预付款。于是，在剑桥待了 3 个月后，布兰德回到索萨利托写了几个月的书，然后才前往伦敦，到荷兰皇家壳牌公司担任商业顾问。

此书在一年多后的 1987 年 9 月出版，并登上了旧金山湾区的畅销书排行榜，却没有在全国范围内畅销。然而，此书出版的时机无懈可击。那时，大多数美国人还没有意识到计算机网络已经诞生，但个人计算机已然在美国文化中深深扎根，越来越多的人意识到个人计算机与计算机技术正在改变世界。于是，这本书巩固了布兰德作为一名未来学家的地位。他开始接连不断地收到演讲邀请，每次演讲的报酬高达 5 000 美元。

一些评论家提出，布兰德似乎对技术有着过分的崇拜，甚至不愿意退一步考虑技术可能会带来哪些问题。一位《纽约时报》评论家说道：“在谈到新技术的潜在问题时，布兰德先生往往担心人们容易过度忧虑。但是，其他人担心的或许是，人们同样容易过度自满。”他还补充说：“有时，布兰德似乎会沉浸在他认为即将到来的乌托邦之中不可自拔。”[29]

这些评论并非没有根据。

在媒体实验室研究人员的帮助下，该书仅凭封面就引起了小范围的轰动。封面的中间是一幅布满了三维字母的全息图，全息图左右两边的轮廓又构成了两张相对而视的人脸，极具埃舍尔风格①，赋予此书一种“未来已来”的炫目感。此书取得了商业成功，但其问世却来之不易。与尼葛洛庞帝这样个性强烈的人合作，冲突不可避免。当布兰德把手稿拿给这位媒体实验室主任过目时，尼葛洛庞帝对书中关于荷兰皇家壳牌公司场景规划师施瓦茨参观媒体实验室的部分十分不满，他要求布兰德删除这一部分，还威胁说要取消合作。如果取消合作，实验室此前许诺提供的图片素材便无法使用了。

尼葛洛庞帝的震怒让布兰德消沉了好一段时间。一年的努力眼看就要化为乌有，而为了这本书，布兰德几乎一年没有过过周末。他向霍肯寻求建议，这位朋友鼓励他保持镇定。最后，与布兰德成了朋友的麻省理工学院物理学家菲利普·莫里森成功说服了布兰德坚持自己的立场。

他对布兰德说：“你不需要他的照片。你觉得这本书应该怎么写，就怎么写。这是你的书，不是他的书。”

布兰德坚持了自己的立场，并且取得了胜利。尼葛洛庞帝最终做出了让步，同意提供照片。后来，在看到这本书给媒体实验室赋予的神秘光环后，他承认道：“有时候做错事也是好事。”

① 埃舍尔是荷兰著名版画艺术家，以其视错觉艺术作品而闻名。——译者注

在书中，布兰德多次提出，社会面临着许多重大决定。然而，一旦触及未来更为黑暗的一面，他就会保持沉默。在 2 月的一个夜晚，在凯提供的公寓里，他和费伦讨论了媒体实验室计划给现代生活带来的超级便利会造成哪些不良影响。费伦认为，这些便利会让人们变得堕落，就像西方文明让非洲传统部落变得堕落一样，更糟糕的是，“人们会变成手机的奴隶”。布兰德默默地想，也许，“手机奴隶”才是实验室研发内容的准确名称。不过，此时距离苹果手机问世还有 20 年，所以，布兰德并没有将这个想法记录在自己的书中。

春天，在回到旧金山后的一个清晨，布兰德坐在“米伦号”上，读到了切尔诺贝利的核灾难。“不知道在通信技术领域，等待着我们的会是怎样的灾难呢？”他在日记中写道，“或许是金融恐慌，还有虚假报道的广泛传播，其他的我就不知道了。或许，世界会变得像《大机器停止》（*The Machine Stops*）中所写的那样。”E.M. 福斯特（E.M. Forster）在这篇短篇小说中描写了技术失灵时文明的崩溃。

然而，这些不祥的预感，他几乎只是埋在了心底。

第 9 章

学习是终身的事业，“像神那样改变世界”

WHOLE
EARTH

布兰德语录

WHOLE EARTH

评价建筑物就像人一样，漂亮的时候还不够聪明，等它变聪明的时候就不再漂亮了。

——摘自 1991 年 6 月日记

你更愿意当谁，是向导还是腰缠万贯的顾客？他们都宁愿变成对方。

——摘自 1992 年 7 月在“涨潮号”上的日记

信息环境会稳定下来吗？目前还没有那个迹象。

——摘自 1993 年 6 月日记

假如让我写自传，那书名一定是《逆流而上》。据说，按照莫利家族的观察，“随便把布兰德家族的哪个人扔进河里，他们都会逆流而上”。

——摘自 1993 年 7 月在“涨潮号”上的日记

为什么要让研究生物技术的人探讨未来如此之难，而要让研究计算机的人在这件事上闭嘴却毫无办法？

——摘自 1993 年 12 月日记

逐步演变式的设计，比起靠远见去设计更健康。

——摘自 1994 年《建筑养成记》(*How Buildings Learn*)

从直升机上鸟瞰，位于布伦特油田上的钻井平台并不大，看起来仿佛一颗遗落在茫茫大海中的粟粒。从苏格兰的阿伯丁一下子登上位于北海的东设得兰盆地的鸬鹚阿尔法（Cormorant Alpha）号钻井平台后，布兰德便持续地感到轻微的晕动，让他感到颇为不适和心慌。布兰德一开始只是觉得有点摇晃，后来发展到站不稳脚跟。他虽然有过航海经验，但此番还是费了一番功夫才克服了眩晕。这次他登上的显然是一艘要大得多的“游艇”。

1986 年 9 月，在荷兰皇家壳牌公司做了 3 个月的顾问后，布兰德被公司派至北海，实地考察油田作业的运作情况。在从伦敦飞往阿伯丁的航班上，布兰德俯瞰着苏格兰的乡村风貌。在他眼中，绿茵茵的地景宛如一片无边无际的高尔夫球场，从飞机的机翼下方向后缓缓退去。当他的目光从下方的景致移开的时候，他就会不由自主地陷入沉思，思索着自己的追求——找到一种关于学习的通用理论。如果幸运的话，这次旅行或许可以给他带来新的思路，从而使他明白该如何去变革各类组织和机构。

7 月，布兰德来到伦敦，一边从事着商务顾问的新角色，一边兼顾着他的新书《媒体实验室》的写作。而此刻，他发现自己正置身于一座高科技建筑之上，其规模堪比一座城市，矗立在 120 多米深的深渊之中，在波涛翻滚的大海之上。而这一次，他没有10年前在南加州第一次看到航天飞机时那种反胃不止的异常反应了。

海上石油钻井平台同样与他在《全球概览》中所颂扬的、所有人都可以亲自动手制作的技术相去甚远。但和航天飞机不同的是，它更接地气。布兰德可以把海上石油钻井平台想象成《全球概览》宗旨的一种延伸，但他无法理解航天飞机。坦率地说，这是他见过的最酷的东西之一。能接触到原本那么难以触及，同时又意义重大的事物，布兰德兴奋不已。那铿锵声、巨响声和那历历在目的机器，这一切都仿佛是为老派守旧的研究专家设计的，就像早期的美国国家航空航天局那样。

世界上最具代表性的环保主义者之一，竟然要在化石燃料行业的核心地带工作，这个念头所蕴含的讽刺意味并未让布兰德感到不安。参观北海的石油钻井平台给了他一个良机，他可以去看世界性的基础设施是如何运作的。他的使命是帮助一家大公司学会“学习之道”，为此他需要深入内部进行考察。他和施瓦茨都不担心会出现那样一种可能，即自己会被笼络而违背了初心；相反，他们将此视为一个难得的机会，让他们得以深入内部，开展一场面向环境的可持续运动。此刻，他感觉这是他一生中最精彩的一个时刻。

在参观能够储存100万桶原油的鸬鹚阿尔法号海上石油钻井平台时，布兰德并未重点关注它对环境造成的影响。相反，他积极投身于公司的目标——将钻井平台上的200多名员工重组为一个能同时兼顾原油开采和平台维护的团队，但这遭到了工会的阻挠。接待他的是壳牌石油公司的工程部经理，而他则跟在工程部经理身后，详尽地做着笔记。

考察结束后，布兰德很快就回到了直升机上。他戴上耳机，飞机腾空而起，一切都显得风平浪静。唯一美中不足的是，每当飞机驾驶员开口说话时，耳机里总会先突如其来地传出一声吓人又震耳欲聋的“哔”！

贯穿始终的递归式好奇心

3 个月前，布兰德刚到伦敦时，他对于自己能否胜任顾问一职心里很没底，更谈不上当好一名企业导师。而施瓦茨偏偏选在布兰德落地的那周开始休了 3 周的假，撇下他一个人。在没有任何向导的情况下，布兰德自行去了解眼前这个行业巨头的里里外外。布兰德想，这感觉有点像他刚要在一根高悬的钢丝上表演花式翻筋斗时，忽然发现身下没有安全网防护一样。

上任第一天，布兰德穿着体面的三件套西装，就像当年他在萨克拉门托为州长布朗工作时穿的那样；他坐在壳牌石油公司的总部办公室里，看到日程安排表上空空如也，也没见有什么特殊的议程。他问自己：“我来这里是干什么的？”

终于，电话铃响了。但他接到的两个电话都只是来问候他的，而不是给他指派工作任务的。他决定在午饭时间前把门关上，不声不响地先看会儿资料。他考虑着周二就在家里办公算了。

不过，见到阿里·德赫斯后，事情终于明朗起来。身材高大、魅力十足的德赫斯对布兰德大加欢迎，他对布兰德说道：“我们这儿能来个‘海盗’真是太好了。我们喜欢有创业精神的人，但那样的人在我们这儿并不多见。不管怎么说，欢迎你的到来，我们期待与你合作。”

几周之后，布兰德开始适应壳牌石油公司那种秘书遍地的企业文化。似乎每次试图与公司的高管接触时，都会遇上一个又一个傲慢的秘书，并质问道：“你效力的是谁？”

布兰德进入这家全球化石燃料巨头总部的时机，有些耐人寻味。1985 年底，沙特阿拉伯取消了价格补贴，并开始增加原油开采量，以抢占市场份额。当布兰德抵达伦敦时，一桶原油的价格已下跌了 58%，石油和天然气行业在全球范围内的裁员人数高达 10 多万。[1]

德赫斯是一名荷兰籍的会计师，于 1951 年入职壳牌石油公司。他对哲学和心理学都有着浓厚的兴趣，也是卡恩战略性情景规划方法的拥趸。他向布兰德介绍了自己“计划即学习”的哲学，以及实现这一哲学的若干简单易行的想法，比如定期对企业高管进行工作轮换。

施瓦茨休假回来后，给布兰德提供了一份壳牌石油公司主要高管的名单，供布兰德与他们会面并汇报工作。布兰德便按照公司的等级制度，在公司里到处抛头露面。施瓦茨的女友凯瑟琳·格罗斯（Cathleen Gross）则为布兰德和费伦找到了住处，这两对儿便成了好朋友，周末经常一起在伦敦一带找乐子。有时，布兰德会和住在附近的施瓦茨拼车去壳牌石油公司的总部上班。

不出门的时候，布兰德就会找时间继续《媒体实验室》的写作。写完两章之后，他发现自己写的东西连他自己都嫌弃，甚至不愿再看第二遍。但他别无选择，只能硬着头皮写下去。他的书以“亲爱的保罗”式的对话展开，以一种散漫的笔记形式对好友霍肯说话，他打算在往后的草稿中再做修改。

壳牌石油公司曾委派布兰德组织了一系列国际性的学习大会，让公司的高管小组同外界的思想家聚在一起。这群人每年举行两次大会，而这一会议效仿的正是传奇的梅西会议——自 20 世纪 40 年代初开始举办的一系列跨学科学术会议。

1986 年 8 月，凯利写信告诉布兰德一系列全球项目的现状。他们已经编撰完《全球概览精编》，并计划于 9 月出版。他还告诉布兰德，他们至少得卖出 13.6 万册，才能挣回预支的资金。

凯利坦言，网络社区全球电子链接仍在以不太显著的速度缓慢壮大，但是“它的网络正慢慢变得淤塞，逐渐陷于瘫痪”。曾有一家位于新英格兰地区的互联网服务提供商提出了收购要约，结果那家小公司根本无法筹集到任何资金。全体员工仍领着 10 美元的时薪，“没有加班费，没有付薪福利，没有带薪午餐时间，没有带薪排球活动，也没有带薪休假”。尽管财政紧张，凯利还是决定给每个员工涨 1 美元时薪，并补充道：“对此我们负担不起，且我们永远也不会有负担得起的一天。先加薪，再考虑营收，不然大家都要另攀高枝了。”

9 月底，从北海考察回来后，公司让布兰德接待了前来壳牌石油公司总部参观的尼葛洛庞帝，并向后者介绍了他对于数字化未来的看法，但过程进展得并不顺利。一向魅力四射的尼葛洛庞帝一反常态地兴致索然，而作为回应，公司高管们也十分客套、不冷不热，结果这位从麻省理工学院远道而来的未来学家把东道主贬为一群愚蠢的高管班子。

尼葛洛庞帝对壳牌石油公司表现出一副傲慢的态度，对布兰德也颇为不屑一顾，这让夹在中间的布兰德沮丧不已。布兰德想知道，自己利用工作之余的每一个夜晚和周末呕心沥血写成的书，到头来这本书对于尼葛洛庞帝产生的帮助比对他自己的还大，这一切都是为了什么？有一段时间，他甚至考虑过放弃整个项目，或者迅速砍掉这本书，收回预支的资金，用在真正有意义的工作上。

当达妮卡·里米（Danica Remy）正坐在家里阅读马林县当地的《太平洋太阳报》（*Pacific Sun*）时，她无意间在一个隐藏的版面里发现了一则有趣的分类广告，广告中写道："您好！我正在寻找住在马林县南部的你，希望你会计算机，想环游世界，想结识有趣的人，并且愿意居家工作。有意者请联系安。"

从电话号码来看，她立刻猜到这则广告是布兰德刊登的，她也确信自己是这份工作的不二人选。她曾和拥有统计学与社会福利学双博士学位的母亲一起开发过一套早期的个人计算机工具包；《全球概览》也是她童年生活的一部分；她还曾为彼得·科约特工作过，后者是布兰德接触个人计算机的引路人。

里米从大学辍学后，靠在滑雪场干着低薪的活儿和教电影制片人使用个人计算机（囊括从编剧到制作计划相关的各种工作）来养活自己。她坐下来给布兰德写了一封崇拜信，然后拿起电话打给科约特说："请给斯图尔特打电话，告诉他，他应该雇用我。"

几天过后，那是一个周五的下午五点半，布兰德给她回了电话，说道："我读了你的信，科约特也给我打了电话，他说我应该找你谈谈。"

"太好了，我很高兴能过去见您。"她回答说。"那明早见怎么样？"他问道。

她计划当晚就大办一场派对，邀请三五个好友庆祝一番。"好的，我应该几点到呢？”她问。

第二天一早，她干的第一件事就是摇摇晃晃地去“米伦号”上会见布兰德。总共有 75 个人申请了这份工作，布兰德把选择范围缩小到了里米和另外一名候选人身上。当天晚上，布兰德给她回了电话，通知她得到了主持学习大会的工作。布兰德计划要开 6 场大会，第一场将在 4 个月后举办，也就是 1987 年 5 月。

去年夏天，布兰德在壳牌石油公司就设定好了大会的目标：扩大所谓的学习广度和深度。一开始，他们的关注点会比较集中，随后再逐渐扩大关注面。“让人们从小处着眼、有选择性地开始，”他写道，“其中的理念是，让后面的每一场大会依次从前面的会议中衍生而来，而一系列的大会本身就是一个学习过程不断深入、不断自我开拓进取的形式。”

除了壳牌石油公司，沃尔沃集团和美国电话电报公司也签了约，成为大会的赞助商。1987—1989 年，里米和布兰德组织了 6 场大会，召集了一小群科学家和工程师与企业高管会面。按照大会的组织方式，各企业赞助商坐在圈外，充当讨论会的观察员。

每一次大会都选在不同的地点举行。第一次大会选在了“生物圈 2 号”。这是一个精心打造的密闭环境，旨在探索人类在外太空生活的情境，当时正在图森市外建造；甚至希利斯位于坎布里奇市的思维机器公司也成了会议地址。其余大会还选在了瑞典、大瑟尔和哥斯达黎加等地举行。每一次大会都是围绕着布兰德和里米之前制订的若干学习之旅来组织的，而这实质上就是对一些有趣的地点和机构进行短暂的实地参观考察。此外，他们还为与会者安排了一些活动，比如彩弹射击游戏、即兴表演戏剧等。从机票到住宿，一切都按最高的档次安排。

会议主题仍然是加深对于企业学习方式的理解。在休会期间，与会者们则通过全球电子链接上的专用在线会议保持联系。此外，布兰德还会时常上传一些书籍，并附上自己的评论。这些书籍都是他认为能够阐明“组织和机构如何学习”这一问题的，他用这样一个即兴创办的读书俱乐部和与会者共飨。

有 16 位接到邀请的成员出席了第一次大会，其中包括：德赫斯；来自沃尔沃集团的博·埃克曼（Bo Ekman）；来自麻省理工学院的希利斯、明斯基和佩珀特；刚离开壳牌石油公司并搬回加州不久的施瓦茨和他的妻子凯瑟琳；格雷戈里之女、人类学家玛丽·凯瑟琳·贝特森（Mary Catherine Bateson）；还有博物学家、后来成为《全球评论》编辑的彼得·沃肖尔（Peter Warshall）。包括艾伦·凯在内的其他几人也收到了邀请，但未能出席本次大会。

布兰德将这次大会形容为一次尝试性探索。他们并未致力于干出一番学习上的壮举，至少在一开始的时候没有。“我们在追寻一些真知灼见”，而搜索范围仅聚焦于大家目前从事的工作和各自的兴趣爱好。

1987 年初，布兰德提交了《媒体实验室》的手稿。随后他决定打破坚冰，直面尼葛洛庞帝，并给后者发了一封简短的邮件，直截了当地说：“我需要您的鼓励和支持。”一切终于有了转机。

当年晚些时候，布兰德的书大获成功，他也由此收到一连串邀请，要他作为特邀嘉宾发表公开演讲，向公众阐述即将席卷而来的数字革命，因为整个世界都日益为之着迷。虽然当时他实际上就住在《协同进化季刊》杂志社的对面，同时也仍是要点基金会的董事，前后从事了近 20 年的编辑和管理工作。但他意识到是时候迈出下一步了。现在，他有了思考下一步该怎么走的自由，也有时间陪伴当时才10岁的儿子诺亚了。那年夏天，他就开车载着儿子从底特律机场来到了希金斯湖，一起在温暖、清澈的湖水中畅游。这是父子俩在那儿一起游泳的第一个夏天。那儿也是布兰德小时候特别喜欢去的地方。儿子能够喜欢自己土生土长的地方，这让他很感动。但他还是觉得离开那个地方是件值得高兴的事。

在马林海岬进行长途徒步旅行时，他手里拿着日记本，幻想着如何重塑自己。费伦告诉他，他的小焦虑只不过是他出书后的“产后”情绪，是很正常的现象。他承认她是对的，但他发现，他对于尼葛洛庞帝的恼怒总是挥之不去。

“我该怎么做一项长久的事业呢？”他问自己。

再有两年他就50岁了，他认为自己还有30多年的有效工作时间，尽管在那最后10年甚至15年有效工作时间会日益减少。他最关心的是他那渴望理解学习行为的热情，其次是自己对于通信技术或生态学的兴趣。他粗略地记下了一份简明的清单，列举出各种可能性，比如发现更多好的创作体裁、发明实用的技术、创作有长久影响力的艺术作品、过一种堪称典范的生活方式、阻止或标记不好的事物、寻找有价值的原理、发明好玩的游戏、发起各种对话和建设一种新型的公共图书馆等。在这一切的背后，是一种贯穿布兰德所有事业的递归式好奇心：**我们应该提出什么问题，才能让问题本身不断地去提出有用的新问题？**

与霍肯一起写一本关于“企业如何学习”的书，这个念头曾在他的脑海中一闪而过。但更多时候，他总是在思索自己考察媒体实验室时观察到的事物。尽管崭新的媒体实验室大楼看起来十分诱人，但事实证明，那里算不上一个令人满意的工作场所。相反，布兰德从希利斯和明斯基等人那里了解到，麻省理工学院校内最受欢迎的一栋建筑是20号楼。它是那么不起眼，连个名字都没有，只有一个编号。然而，20号楼那样吸引人，是因为人们永远可以随心所欲地改造它，从而使其满足新的用途。它是一栋在第二次世界大战期间临时搭建的建筑，那木制的房梁、板条铺就的地板、漏风的窗户和底楼的混凝土地面，一切都和优雅沾不上边。然而，它类似于仓库，而且一直以来，它在麻省理工学院里都被当作一个临时场所。这就意味着居住在里面的人可以无所顾忌地改移墙壁、按需重新布线接电、重新设计办公空间，人们多多少少都可以因时制宜、随心所欲地改造其中的空间，让它更适合办公。

紧随而来的是布兰德对于所谓的低端建筑的颂扬。“我们塑造了建筑物，建筑物又反过来塑造了我们。”他在5月的日记中引用温斯顿·丘吉尔（Winston Churchill）的话写道。然后他用自己的话作为结尾：“我们又再次塑造了建筑物。”这与贝聿铭设计的媒体实验室大楼截然不同，不同之处在于布兰德将媒体实验室大楼形容为“由资金决定的建筑样式”。

经过多年的研究和写作，从这些想法中诞生了他那本著作《建筑养成记》。该书受到了广泛的赞誉，人们既赞扬它是对建筑行业的批评，也赞扬它蕴含着深刻的理论，揭示了文化和社会的不同方面如何以不同的速度演变，后来布兰德将此命名为“速度分层”（pace layering）。

在布兰德构想未来的同一时期，费伦也创办了一家公司，经营《费伦的马术概览》（*Phelan's Equestrian Catalog*）。费伦作为布兰德的家人，给杂志起名字也是如出一辙。她打算在史密斯与霍肯（Smith & Hawken）公司和户外用品制造商巴塔哥尼亚（Patagonia）之间找到某种交叉点。费伦的产品概览做得很好，也赢得了设计类奖项，但最终，由于经济衰退和董事会运转失灵，她的努力被打了折扣。5年后她便以“白菜价”卖掉了这家公司。

对于布兰德来说，学习大会是一个让他走近企业界的良机，而他早在20 世纪六七十年代便与企业界疏远了。虽然从这些会议中并未产生跨学科学习的通用理论，但它们确实促成了全球商业网络的诞生，那是布兰德和施瓦茨等人共同创办的，也为施瓦茨写作《前瞻的艺术》（*The Art of the Long View*）一书提供了跳板。

全球商业网络的筹办始于学习大会的第一次会议。在会上，施瓦茨探讨了高管们给自己支付多少年薪合适，他认为每人 25 万美元就差不多了。布兰德的反应是：“嗯，那简直太多了。”施瓦茨回答说：“嗯，我有一个花钱大手大脚的妻子。”

虽然布兰德没有一个挥金如土的妻子，但他考虑了一会儿后，便认为“能拿到那么多钱，听起来是很不错”。

可是后来，等施瓦茨真的给他分配了一个职位，让他每天都得通勤上班，每天都得在办公室的小隔间里协调人员和项目的时候，他很反感。

虚拟现实技术，杰伦·拉尼尔预言“最伟大的事物”

1988 年 4 月，《媒体实验室》在日本出版，这让布兰德和尼葛洛庞帝造访了一回东京。出于某种奇怪的安排，在布兰德与日本出版商的合同里，版税的大头被分给了尼葛洛庞帝，两人的分成是 65% ∶ 35%，尼葛洛庞帝促成了这桩交易，而布兰德也默许了，因为在布兰德看来，尼葛洛庞帝有着深厚的人脉，“拥有”着日本的市场。

这是一次仓促的旅行，但它重新点燃了布兰德对于日本文化和建筑的迷恋。在这次行程中，他入住的是赤坂王子酒店，那是一座极其现代化的、用铝材和玻璃构筑的堡垒，毗邻古色古香的北白川宫酒店。登记入住后，他在附近散步了一小时，时而肃然起敬，时而紧张不安。他敬畏日本的物质文化：似乎一切都搭配得尽善尽美，哪怕是在寻常不过的现代建筑上，也能清楚地看出日本工艺的精致。日本似乎成功地让威尼斯的贸易和工艺两大优势实现了结合。

布兰德虽然已经离开了《全球软件概览》，但仍然沉浸在计算机的世界里。苹果公司与要点基金会达成了一项协议，要开发 CD-ROM 光盘版的《全球概览》。苹果公司资助了该项目的开发，项目于 1987 年 7 月正式启动，基于 HyperCard 技术，这项技术是为实现恩格尔巴特和纳尔逊提出的超文本概念而取得的早期成果。纳尔逊是一位不甘于墨守成规的计算机哲学家，当时他和布兰德都住在南 40 号码头，两人是邻居，而他所提出的超文本概念，催生了后来的万维网。数字版的《全球概览》将录入当时还让人耳目一新的 CD-ROM 光盘交付给个人计算机用户。计算机游戏发行商 Broderbund 软件公司曾有意发行数字版的《全球概览》，但很显然，那势必会成为一桩赔本的买卖，在很大程度上是因为当时 CD-ROM 播放器的售价高达 500 美元，这个定价就注定了数字化内容的市场仍然小得可怜。

布兰德的办公地点和软件公司欧特克（Autodesk）就在同一条街上，而欧特克的主打产品便是家喻户晓的个人计算机绘图软件，即 AutoCAD。这家公司有着丰厚的营收，还有一位性格古怪的创始人约翰·沃克（John Walker）。同时，公司也正在赞助新技术的开发，包括纳尔逊的超文本技术和虚拟现实技术。布兰德是这家公司的常客。1989 年初，他在那儿听取了来自劳伦斯利弗莫尔国家实验室（Lawrence Livermore National Laboratory）的罗素·布兰德（Russell Brand）发表的一场演讲。后者是一位身材瘦削、头发蓬乱的计算机黑客，也是人工智能研究专家。数月之前，罗素曾作为计算机系统操作专家中的佼佼者，击退了世界上第一个互联网蠕虫病毒。该病毒的制造者是美国国家安全局国家计算机安全中心的首席科学家之子罗伯特·塔潘·莫里斯（Robert Tappan Morris）。

这是美国第一次意识到计算机网络兼具强大的力量和潜在的威胁。莫里斯蠕虫病毒原本只是一个毫无恶意的、写着“基尔罗伊到此一游”的电子涂鸦，但由于一个小小的编程错误，莫里斯蠕虫病毒便撕裂了当时美国新兴的互联网，引起了人们对于网络入侵和攻击的担忧，尽管当时人们还未发明出“网络攻击”这个词。

罗素警告说，莫里斯蠕虫病毒还只是冰山一角。演讲结束后，欧特克的首席执行官沃克表示，自莫里斯蠕虫病毒事件带来第一次预警之后，世界正处于真正灾难降临前的一个短暂的黄金期。但布兰德认为，虽然法律体系正在发展，但技术却在日新月异地飞速发展，“怪客”们（crackers）是无法轻易占据上风的。布兰德用这个字眼来称呼坏蛋黑客，以区别于好的“白帽”黑客。

他并不是唯一一个藐视这类威胁的人。虽然警示标语随处可见，一个个都揭露着崭新的互联网世界的阴暗面，但人们也抱着一种淘金般的心态，就像过去名副其实的淘金热上演时那样，人们眼里只有金矿，而罔顾淘金过程的危险。在一次造访中，一位欧特克的技术专家心潮澎湃地对布兰德说：“那里遍地是黄金，它还完全是一片处女地。”

不久之后，布兰德又在欧特克听了一位名叫杰伦·拉尼尔（Jaron Lanier）的年轻黑客的演讲。在举办于生物圈 2 号的第一次学习大会上，布兰德认识了拉尼尔，后者是一位计算机科学家，正在积极探索这项技术的潜力。几年前，阿特·克莱纳曾对《全球软件概览》收录的一款拉尼尔编写的游戏评价道：“假如今天还是迷幻时代，那么他编写的每一款游戏都堪比《月尘》

（*Moondust*）。”拉尼尔的发明足以使他跻身于虚拟现实技术的先驱者行列，该技术旨在通过计算机化的头戴式视图器，打造出一个美轮美奂的计算机模拟世界。

距离布兰德在斯坦福大学的计算机中心观看两个年轻黑客玩《太空大战！》已经过去30年了，也正是在那里，他第一次听到了后来被威廉·吉布森称为“网络空间”的概念。而此刻，拉尼尔正在教导他那个崭新的网络世界真正到来时所赋予的意义。

在读着《全球概览》长大的拉尼尔看来，虚拟现实技术将会是自人类首次登月以来最伟大的事物。他借鉴布兰德在《全球概览》原书中的开篇寄语说道：“无法像神那样改变世界让我们大为沮丧，这是生而为人一个根深蒂固的无奈。而在某种程度上，虚拟现实技术就是来改变这种状况的。”

凡此种种都给布兰德留下了深刻的印象，但他也有一些小的担忧，就是这些狂热分子过于超前了。“看啊！我们可以拿起书！”一位刚接触虚拟现实世界的新人惊呼道。对此，纳尔逊回答道：“这很好，但是你能读那些书吗？”

全球商业网络，创造性思想家的聚集地

在施瓦茨位于伯克利的家中，坐在客厅里的布罗克曼仿佛看到了一个完全不一样的布兰德。

尽管《全球软件概览》在商业上失败了，但是布罗克曼的文稿代理业务却蒸蒸日上。除了经营图书交易，布罗克曼长期以来也一直扮演着经理人的角色，而且在他成为图书代理商之后，仍然保留着这一身份。1981年，他

创立了现实俱乐部（Reality Club），举办了沙龙，借此主持一些非正式讲座，出席者主要是纽约市的作家、科学家和知识分子。

有时，他也会在马路边举办现实俱乐部的讲座。1988 年秋天，他和他的客户，即写了《物理学之道》（*The Tao of Physics*）的物理学家弗里乔夫·卡普拉（Fritjof Capra）一道组织了一场讲座。演讲者正是著名的女性主义学者苏珊·格里芬（Susan Griffin），而这次讲座的地点选在了施瓦茨的家里。

布兰德和全球商业网络的核心会员一起出席了这次讲座。由于刚刚成立不久，全球商业网络的企业客户群规模还很小，每位客户每年还得缴纳 3.5 万美元的会员费。

全球商业网络的基本理念是，将各种各样有着创造性思维的思想家群体聚集在一起，与企业和政府进行合作，而这些合作的客户得付费才能加入全球商业网络。施瓦茨曾劝杰伊·奥格尔维（Jay Ogilvy）入伙，与布兰德、内皮尔·科林斯和身为电视制片人兼媒体执行人的劳伦斯·威尔金森（Lawrence Wilkinson）等人一起运作全球商业网络。奥格尔维此前负责“价值观与生活方式”计划，那是斯坦福研究所设立的一个市场调研小组。该研究所是在 1970 年的反战运动中从斯坦福大学独立而来的，1977 年更名为斯坦福国际咨询研究所。

一天晚上，施瓦茨邀请了 4 位朋友到家里，他们围坐在地下室的台球桌旁，施瓦茨在挂图上勾勒了自己的理念。他前一天才想出了全球商业网络这个名字，而他的想法是，他们将运作 3 个环环相扣的业务来传递商业理念，分别是咨询顾问、专家人脉网以及制作媒体。前两个理念会很奏效，而第三个理念在随着互联网涌现的大量免费内容面前彻底失败了。

虽然全球商业网络的口碑是一家推崇情景规划方法的咨询公司，但它的崛起是基于几大理念：**全球化将改变一切，计算机网络将改变一切以及全球互联网将改变一切。**

随着互联网逐渐渗透到现代生活的每一个角落和缝隙，全球商业网络作为一个网络论坛而发展壮大，它服务的是那些正在努力适应经济网络化所带来变革的客户。最终，这个顾问小组将组建一个由杰出人物组成的人脉网，成员大约有 100 人，囊括知名学者、诗人、顾问、音乐家、技术专家、活动家和科幻作家，他们被召集起来，为客户推测各种可能的未来。

1988—2000 年，该公司迅速发展，并成为一种新兴的硅谷观点的代名词，即世界性的问题都可以通过以技术为核心的方案来解决。施瓦茨自豪地说，他不做预测，而是推动一些情景的发展，使得企业和政府决策者在制订计划时思路可以更宽。不仅如此，他还因为提出了一种让经济长期繁荣的理念而闻名遐迩，其理念是，通过将计算技术、通信技术、生物技术和纳米技术这四大强劲的技术趋势融合起来，缔造经济的长期繁荣。当时就推测，这四大趋势的劲头会持续到 2020 年。这一经济长期繁荣的理念，最初出现于 1997 年施瓦茨与彼得·莱登（Peter Leyden）在《连线》杂志上合著的一篇文章[2]，而它被著书立说则是在 1999 年。没过几个月，就爆发了 2000 年初的互联网泡沫破裂危机。

这次危机直击要害。全球商业网络的高管们没有考虑到发生各种“黑天鹅事件”的可能性，不仅低估了全球投资泡沫和杠杆债务的可能性，还低估了自身业务稳定性所面临的风险。尽管全球商业网络发展迅速，但在随后的经济衰退期中，它被迫投入了竞争对手——摩立特咨询公司（Monitor）的怀抱。

在接下来的几年里，布兰德与全球商业网络一直保持着兼职合作的关系。他只能领到正常年薪的一半，约为 12.5 万美元。他当起了咨询业务的资深前辈，并策划了一个读书俱乐部。该俱乐部的模式与他为学习大会创建的读书俱乐部一样，并且每月向全球商业网络的“世界观”会员推荐两本书。

他经常参加情景规划会议，但不用每天都跑去全球商业网络位于埃默里维尔的办公室上班。他从不用亲自插手全球商业网络的日常经营活动，但有需要的时候会参加各种会议和演讲。这样的待遇十分理想，他可以自由地涉猎自己感兴趣的书籍和其他项目。

布罗克曼认识布兰德时，布兰德已然是反主流文化运动的代表。然而，在 1988 年的那个傍晚，布罗克曼感觉自己看到的布兰德和以往判若两人。格里芬是反公司运动的激进分子，卡普拉是根深蒂固的生态保护论者。另外，全球商业网络的顾问非常随和地和客户一起讨论着诸如“蓝色巨人”（Big Blue）和“曼尼锦兴”（Manny Hanny）之类的公司绰号。全球商业网络的成员使用棒球运动的术语交谈。布罗克曼看到布兰德温和地笑着，十分享受这一切。布罗克曼对布兰德表现出的家人般的温和感到困惑，他本以为，在布兰德的眼里，企业界是个千篇一律、毫无人性的世界。在布罗克曼看来，布兰德仍然能够带来一种不入流的氛围：不管他走到哪里，屁股上都挂着那把定制的鞘刀，那当然不是全球商业网络人士的惯常装饰。但是，猛地一看，与其说那把鞘刀是某种象征，不如说像个藤壶。

随着全球商业网络的壮大，布兰德的这一转变也日益明显，许多曾经见识过他出入印第安人的圆锥形帐篷和加纳维尔的人们一眼就看出来了。虽然科约特如今已是成功的电影演员、剧作家和纪录片配音员，但他依旧是个坚定的活动家，对于技术和公司的权力都持怀疑态度。被列入全球商业网络的杰出人物人脉网不久后，他就要求退出。尽管这一人脉网的成员每人都有一个挂名职务，而且每年都能领到 2 500 美元的薪水，但科约特认为，自己只是被拿来装饰门面的，以此向企业客户兜售昂贵的高概念创意。

对于他们的争论，布兰德持有另一种看法。他得出的结论是，20 世纪 60 年代反主流文化运动所倡导的大部分东西是错误的，而且至今仍是错误的。他在日记中盘点了他认为已经失败的东西："成瘾类药物、公社、修行、新左派政治、太阳能热水器、圆顶建筑、小农场和免费学校等。也有几样东西是对的，我们提出它们是对的，但我也有错。"布兰德陷入新的困境。

幸好，布兰德又找到了新的前进方向，并让他在 7 年后荣登《财富》，其中有一篇题为《令人振奋的兴奋剂管理顾问》（*The Electric Kool-Aid Management Consultant*）的人物传记专门介绍了他。

有时他会觉得自己是个奇怪的伙伴。当有着网络公司创业经验的年轻历史学家尼尔斯・吉尔曼（Nils Gilman）加入全球商业网络时，他的第一次情景规划演习是在旧金山与一小群中央情报局官员一起进行的。领导他们的人只介绍说自己叫乔治，吉尔曼猜测，那不是他的真名。而布兰德和施瓦茨都参与了那次演习，布兰德介绍自己时说，他曾在 20 世纪 60 年代组织过旅游节。然后，乔治说，在参与禁毒计划的机构雇员之中，他算是最长寿的一个。他已精疲力竭，遭受着他所谓的"政策疲劳"的折磨。布兰德听完，马上纠正了自己的经历，他说，虽然他曾有过很多服用成瘾类药物的经历，但自 1969 年之后就没有再服用过这类药物了。施瓦茨幸灾乐祸地插话道，他可不会做出类似的声明。

写一本关于数字化信息世界的书

1989 年 9 月，全球商业网络的人脉网在欧特克举行了第四次会议。这次持续了一整天的会议的主题是“90 年代的人”。值得一提的是，网络空间不再是这次会议的核心话题，而是成了一个附加的“学习之旅”，承袭了布兰德为每次学习大会准备的实地考察传统。

一天早上，在欧特克的一间大会议室里，施瓦茨以这样的说辞开启了一天的会议：“在这个充满了思想火花的地方，我们把卓越的各位齐聚一堂，并就新生事物向各位展示一些具有启发性的观点，且看会碰撞出什么样的真知灼见。到目前为止，我们的系列会议似乎成绩喜人。”[3]

然后他引介了布兰德，而后者立马从学生一跃而成导师，描述了白天时可供大家探索的虚拟现实技术。“不要忘了，我们看到的是一项日新月异的技术，”布兰德提醒道，“需要记住的一点是，我们使用通信技术的方式，很快就会发生翻天覆地的转变。你将可以驾驶莱特兄弟发明的精巧装置飞行。再试想一下，驾驶一架波音 747 飞机会是什么情景。”[4]

然而，令人惊讶的是，在当天余下的时间里，网络空间完全没有被当成重塑全球文化和政治的重要因素。相反，大家的讨论完全停留在了前数字化时代。“世界观”的成员受邀探索了全球政治和文化，而带领他们的是全球商业网络的人脉网成员，比如几年前曾批评过布兰德的“屠杀”游戏的作家兼活动家哈里斯、布兰德的老熟人霍肯和谢尔。当天的会议结束后，布兰德和施韦卡特带领着全球商业网络的成员到索萨利托小镇的船屋社区进行一次现实世界的参观之旅。

针对数字化信息的崭新世界写一本书的念头在布兰德的脑海里挥之不去。1971 年，霍夫曼写了《偷走这本书》(*Steal This Book*)，毫不客气地对资本主义制度进行了反主流文化主义的抨击。霍夫曼于 1989 年 4 月去世。那年秋天，布兰德考虑过把自己那本探索数字化信息世界的新书命名为《复制这本书》，以此纪念霍夫曼。但最后，他选择了《亡命之徒、音乐家、情人和间谍》(*Outlaws, Musicians, Lovers & Spies*)。

把写书的想法拱手让出，成就凯文·凯利的《失控》

布罗克曼精于高价拍卖图书之道，他把布兰德的写书计划传阅给了纽约的22家出版社，但只收到了两家出版社的要约，最终收到了10万美元的预付款。虽然这听起来是一笔可观的数目，但是按照出版行业的标准，签合同时只需预付10万美元的一半，剩下一半是在图书出版之后才支付。再扣除布罗克曼收取的代理费、税金和基本开支，这意味着在布兰德进行写作和调研的那一两年，他的收入可能不足2.5万美元。

然而，这个写书项目还是很诱人的。"信息渴望自由"作为新一代计算机网络行家的战斗口号，其影响力正日益高涨。此外，不管在哪里，从虚拟现实到"怪客"和"白帽"黑客，再到新兴的互联网，数字化信息正在成为一种决定性的力量，所以他接受了这个出书要约。

但是很快，他就意识到自己犯了一个巨大的错误。以往他之所以总能独领风骚，是因为他能够站在最前沿的地方，探索其他人还没发现的东西。而现在他发现，虽然自己很早就预见了数字化世界的到来，但他不再坐拥得天独厚的先机，因为他认识的很多人都已经在写这个主题的书了。

更糟糕的是，他的惊恐症复发了。他再次发现自己恐高，开车过桥时吓得发抖。这分明显示出了哪里不对劲。他的纽约之行十分艰难，他在奥尔巴尼的一个多媒体会议上做了一整天的报告。布兰德因旅途的疲惫而备受困扰，更加糟糕的是，他也被自己研究的专题所累：他对于计算机技术的兴趣正日渐消退。

第二天，当他前往纽约为全球商业网络发表一场以“全球金融”为主题的演讲时，他感到了同样的乏趣，并且旅途的焦虑仍旧困扰着他。在进城的火车上，他盘算着自己的未来。他曾听到传言说，麦克阿瑟天才奖正在考虑把他选为获奖者。可实际颁奖的时候，他却榜上无名，这让他十分沮丧。于是他开始思考：“好吧，如果我真的拿到了麦克阿瑟奖，我该怎么支配那笔奖金呢？我可不想再写一本由布罗克曼提议的科技类的书。我要写一本关于建筑的书，书中是那些能真正点燃我的激情的建筑。”然后他打电话给布罗克曼，他打算退还预付款，然后去写建筑方面的书。

最后，在 1990 年的夏天，他当初的提议以一篇文章的形式出现在了《全球评论》上。文中，他开篇就承认自己在这个项目上“临阵退缩”了，并补充道，即使那本书最后出版了，也不会产生什么影响。他还表示，他将把这个写书的想法拱手让给凯利，后者于 1994 年出版《失控》（*Out of Control*）。同年，布兰德终于出版了一本更合他心意的书。

放弃《亡命之徒、音乐家、情人和间谍》之后，布兰德发现那种让他逃避工作的神经症也随之消失了，由此他勇往直前。这让他想起了自己在 1960 年的一段经历：当时他退出了陆军游骑兵的训练，很快转头争取陆军空降学校的徽章。这让他欣喜若狂，并提笔为《建筑养成记》写下了一系列开篇的第一句：**“在建筑物的一生中，永久即暂时，暂时即永久。”**

《建筑养成记》，“永久即暂时，暂时即永久”

全球商业网络创立后不久，威尔金森与布兰德在索萨利托共进了一次午餐，并了解到布兰德将新书计划重点放在了低端建筑与高端建筑的区别上。

布兰德已经在根据其“让问题提出问题”的学习隐喻来构思自己的研究。他在 1987 年夏天写给西姆·范德赖恩的一封信中概述了自己的书。一开始，他暂定的书名是《建筑物学习的成败》(*How Buildings Learn or Fail to Learn*)。他写道，这一书名反映出了他更宏大的计划，即在复杂的系统中探索学习行为，而这本书也只是他那更宏伟、更理论化的探索的一部分。

布兰德最初冒出写书的想法时，他当即便意识到，关于他无意中发现的“建筑物随时间推移而变化”的概念必定是他独领风骚。的确，希利斯也让布兰德确信，虽然其他人也可以就环境或新兴数字世界的题材写书，但这个有关建筑物的想法，如果布兰德不提笔著书的话，就没有其他人能写了。

不过，有一段时间，他在是否要投入这个项目上犹豫不决。他打算把《建筑养成记》缩减成一篇文章，然后继续新的事业。其他潜在的好项目不断分散着他的注意力。并非他原创的“信息渴望自由”这句话迅速成为一个“模因”(meme)，因此他也在考虑写一本关于信息经济学的书。与此同时，他还在寻思着写另一本书《修复》(*The Restoration*)，该书关注的是如何修复现实中的破损之处，同时列出环保运动的是非曲直。另外，他虚构的威尼斯三部曲也一直萦绕于心。

希利斯的建议是，与其给这个项目打折扣，不如用一些艺术性的东西来给它锦上添花，就像他之前对于地球全景照片的追求；或者举办一个摄影展，在风格上可以效仿纽约现代艺术博物馆在 1964 年举办的“没有建筑师的建筑”摄影展。

相反，布兰德决定在加州大学伯克利分校以研讨课的形式教授这门课，并取名为“建筑养成记”。他只有 8 位学生。尽管有世界一流的嘉宾来弥补他的不足，但他很快意识到自己并不是一个吸引人的老师。克里斯托弗·亚历山大（Christopher Alexander）、考尔索普和西姆·范德赖恩都曾做过讲座。一开始，他以为这一研讨课有可能会发展成加州大学伯克利分校环境设计学院的一门课程，但这并没有成为现实。不过这至少给他腾出了更多的时间来写书。

“你想看看我要在哪里写这本书吗？”午餐结束时，布兰德问威尔金森。两人往 5 号门路走去。威尔金森本以为能在“米伦号”上看到小屋似的办公室，结果，还没到达码头他们就停了下来，停在了一个垫在煤渣砖上的、长长的白色集装箱前。布兰德的房东曾经对集装箱有过一些大胆的想法，并购置了大量的集装箱。当时房东想着可以围绕某种前卫建筑做一个项目，但后来房东放弃了这个项目，并将集装箱排成一排，用作公共的储藏设施。

而布兰德对此有新的想法。威尔金森向这个 2.4 米 ×2.4 米 ×12 米的集装箱里窥视，发现它俨然被改造成了一间工作室。房间里到处都是胶合板架子，还有一张旧沙发，以及一张书桌高度的工作台用于摆放图片，天花板上悬着电灯和布置得恰到好处的工作灯。天花板上还开了一个洞，上面接着一根烟囱管，木地板上锯开了一个通风口作为一个简单的通风系统。屋顶被漆成白色，以保持屋内的凉爽。

布兰德构思中的书是有插图的，因此他打造了这样一间工作室，可以把图片贴在墙上，用磁铁固定住。这样一来，在视觉上就可以把每一个章节连缀起来形成一个整体，还能附上卡片，写上一些相关的文字内容。在这样一间工作室里，他把东西摆好后，即便离开两个月后再回来，所有的东西都还能原封不动，除了蒙上一层薄薄的灰尘。整间工作室都延续着他编制《全球概览》时的做法。他想打造一个随时准备好迎接拍摄的产品，而且这一产品的外观和内在完全由他说了算，只需将成品交付给出版商即可。等他的工作完成时，他只要给集装箱挂上一把挂锁，就拥有了这个项目的完整档案。

当布兰德向他的代理人布罗克曼描述这间新工作室时，后者认为这个想法令人毛骨悚然，他无法想象在一个连窗户都没有的书房里工作。对此，布兰德回答道：**“这间书房本身就是一扇窗户。”**

亲历地震现场，发文抨击灾后救援

1989年10月17日，布兰德正行驶在从旧金山返回索萨利托的路上。当他开车经过玛丽娜社区的西夫韦超市时，他感到似乎4个车轮都同时瘪了。他放慢车速，听到四处响起了汽车警报声，看到泥浆从地面喷涌而出，然后一大片灰尘笼罩着玛丽娜社区。

他当时正置身于6.9级的洛马·普雷塔大地震之中。玛丽娜社区作为新落成的富裕社区，是旧金山受灾最严重的社区，有60多栋建筑受损，4栋建筑毁于大火，7栋建筑倒塌，4人死亡。

事后，布兰德在《旧金山纪事报》的系列报道中讲述了事件的经过[5]，并在《全球评论》上发表了一篇更长的文章[6]。两篇文章都聚焦于救援人员所犯的错误以及人们需要吸取的教训。他在文章中提到，震后救援需要借助合适的工具，并尖锐地提出，需要大批的志愿者随时准备为专业人士提供帮助。

地震发生后不久，他停好车，朝着滚滚翻腾的灰尘柱走去。他发现自己怀有3种念头：第一种是猫一般的纯粹好奇心，第二种是寻常的利他主义，而在他的内心深处的第三种思绪，是演员吉米·斯图尔特出演的一部电影中的一个场景——他是“一个警惕的好人，正走在街上，迈向麻烦”[7]。

很快，布兰德走近两栋公寓楼。那两栋公寓楼原本有4层高，现在倒塌得只剩下一半高度了。他和一名本已下班的警官一起搜救其中一栋公寓楼。他们翻过断壁残垣，嗅到了煤气泄漏的臭味。布兰德探进倒塌的房间，顿觉寂静得可怕。事后，他为没有试着呼唤待搜救的灾民而自责。当时，一位女士就困在他下方 3 米深的地方，如果她知道上面有人在搜救的话，她当时就可以被找到了。

在讲述这件事的时候，布兰德写到了一栋大楼被熊熊大火包围，而灾民还被困在里面的可怕场景。他还采访了未能幸免于难的珍妮特·雷（Janet Ray）的丈夫威廉·雷（William Ray），这名丈夫确信，是救援行动的混乱和灭火过程中的缺水导致了他妻子的死亡。

在他的两篇文章中，布兰德对什么是对的、什么是错的进行了切实的分析。但他也承认，充当志愿搜救者的经历给他留下了另一种感受。他本是爱冒险的人，但在平静的日常生活中，他赶不上这样的“好戏”。

受邀加入圣塔菲研究所，与布莱恩·伊诺的通信多达几千页

那年秋天，有人邀请布兰德加入圣塔菲研究所的管理委员会。该研究所扎根于物理学，由洛斯阿拉莫斯国家实验室（Los Alamos National Laboratory）的一群科学家创立，其触角和利害遍布自然科学和社会科学，并因走在若干新兴学科的前沿，如复杂理论之类的而名望日盛。

邀请布兰德的是乔治·考恩（George Cowan），他是一名化学家，曾参与曼哈顿计划，也参与了该研究所的创立。考恩看中了布兰德，并亲自来到索萨利托进行游说。早就对研究所肃然起敬的布兰德立即回复说，假如他必

须在英国骑士头衔和研究所的管委会成员之间做出抉择，他会很纠结，但骑士头衔早已不复存在，此刻他只感到无比荣幸。

布兰德的精力仍然放在《建筑养成记》上。他读了汤姆·沃尔夫对现代建筑的评论《从包豪斯到我们的豪斯》(*From Bauhaus to Our House*)，并为之折服。他在日记中写道："汤姆·沃尔夫拿起他惯用的织针，把它塞进风雅建筑的鼻孔里，希望能找出它的大脑。结果发现它根本没有大脑，只是徒有其表。"

在频繁出差发表演讲和担任全球商业网络顾问期间，他也在不断梳理着自己的研究。他的目标是，即使不能颠覆现有的建筑行业，至少也要撼动它。他认为，建筑设计应该是能够跨越时间的，而不只是定格在时间里的艺术快照。从一开始，他便瞄准了建筑师及其职业。"弗兰克·劳埃德·赖特(Frank Lloyd Wright)风格的房子在美学上已经永远瘫痪了，"有一天，布兰德在日记中写道，"他的商业建筑已经被拆除了。"他采访了考尔索普、范德赖恩及亚历山大和简·雅各布斯(Jane Jacobs)；他还向《全球概览》寻根，采访了鲍德温和卡恩；他甚至回溯过往，拜访了他最初的导师兼老板戈登·阿什比。

布兰德还组建了一个小型的智囊团，在他构想有关建筑物的想法和新书的内容时，给他当参谋。后来他将其正式化，形成一个由知识分子、同道人士组成的小圈子，他称之为自己的"行会"。希利斯和专长于改造设计的波士顿建筑师威廉·罗恩(William Rawn)等人都和他进行了深入的交谈，对话主要是通过电子邮件进行的。不过，没有人能比布莱恩·伊诺(Brian Eno)对布兰德而言更具价值。

布兰德第一次见到伊诺是在1988年，当时这位音乐家正现身于旧金山探索博物馆。在演讲当中，伊诺提到，亚历山大的《模式语言》（*A Pattern Language*）对他的思想产生了极为重要的影响。随后，布兰德试图到后台和伊诺接触，并想告诉后者，他不仅对亚历山大有同样的喜爱，还可以介绍伊诺和亚历山大认识。

然而，警卫将他拦了下来。直到一年后，他们才在全球商业网络的一次会议上见了面，两人很快就建立了深厚的友谊。除了这层私交，伊诺还成了布兰德的榜样。

伊诺的职业生涯几乎和布兰德一样风云变幻。他的职业生涯始于为英国的华丽摇滚乐队“洛克西音乐团”（Roxy Music）演奏合成乐器，但后来他成了氛围音乐的先驱，并为其他艺术家制作了几张具有里程碑意义的专辑，其中最传奇的可能要数“传声头像”（Talking Heads）乐队的《于光之中》（*Remain in Light*）。伊诺也一直对多媒体技术兴趣浓厚，并配备了结合电影、文字和音乐的设备。

建立起友谊后，双方进行了大量的电子邮件通信，因为他们俩身处不同的大陆，所以这种方式更方便。而且双方的交流最初是在 WELL 上进行的。多年后，伊诺选取了双方一年时间里的通信内容，从自己发出的邮件中摘录了 10 多万字，写成了回忆录《附件膨胀的一年》（*A Year with Swollen Appendices*）。[8] 然而，这还只是九牛一毛。布兰德在 20 世纪 90 年代存档他们之间的通信邮件时，打印出来的内容总共多达几千页。

在旧金山湾区共进过一次晚餐后，布兰德决心效仿伊诺的工作风格，即“如饥似渴且无比巧妙”，尤其他们还有着共同的审美观。伊诺提出，在英国的乡村住宅中，佣人的宿舍比那些令人印象深刻但过度精心建造的庄园本身更具适应力，也更人性化。

在下笔写他的建筑之书时，布兰德决定采用一种生物学家的口吻。他想要传达这样一种理念，即建筑物好比生物。在他看来，好的建筑设计应该在建筑物落成之后传达出其乡土生命。建筑设计要能让人联想到蚁群或白蚁巢，从下往上建造，并不断演变。而这一理念正是源于他几十年前创办《全球概览》时的“自己动手、从无到有”的哲学。

他的邻居考尔索普让他相信，伟大的建筑设计不是艺术，这倒不是说其成品不需要美观。坐落于洛杉矶的布拉德伯里大楼始建于 1893 年，其设计结合了壮观的工艺，特别是其铁艺结构，还有围绕着灯火通明的中庭建造的直观楼梯井。这与布兰德从贝聿铭设计的媒体实验室大楼上所看到的完全相反，后者在开放空间的布局上阻隔了随意的互动，同时把隐私性放在了首位，造成了相互隔绝和空洞乏趣。布拉德伯里大楼对于透明度的追求也与贝聿铭的追求截然不同：后者的建筑结构是隐蔽的，却正因为隐蔽而被忽视，所以往往更容易失败。布拉德伯里大楼是一个活的有机体，而媒体实验室大楼则毫无生机可言。布拉德伯里大楼也已多次“重获新生”，包括在电影《银翼杀手》（*Blade Runner*）中设定于未来背景的神秘出镜。

布兰德所钟情的是那种随着时间的推移而自我重塑的建筑物，就像麻省理工学院的 20 号楼。布兰德到处都能见到那种建筑物，但不是在现代主义建筑师交付给客户的作品中。因为在他们那里，其他一切凌驾于人性之上。建筑师和规划者未能超越眼前的局限性，进而考虑今后会发生什么。比如，在赖特的范例中，就没有考虑到屋顶积雪之后会怎样。布兰德从军队中、从美国政府对待自然界的政策中、从索萨利托的拆迁事件中等，都看到了类似的东西：**无能成功地伪装成了精通，牺牲自主性换取坐享其成。**现代主义把建筑物摆在了第一位，而把居住者摆在了末位。

虽然在书中只是顺带提到了一下，但布兰德所处的 5 号门路社区便是他的试金石。当拜访朋友们所谓更好的家时，他会发现那些房子由于分区限制被深锁在围墙之中，宛如贫瘠的沙漠，“囿于一成不变的境地”[9]。紧挨着他的工作室的街区就有很多再利用的建筑物，因为那儿地处县、市辖区的过渡地带，也是规划法规管理模糊的地带。当然，这很符合考尔索普的“新城市主义者”世界观：从布兰德的船屋出发，只需步行很短的距离，便可以走到他的工作室。不仅如此，走到他生活所需的一切设施也都只需几步路：从超市到健身房，再到所有你能想到的供给设施，一切都是散乱的、邻近的、步行可及的。

为 WELL 社区设定准则，“管好你的言论”

在创立 WELL 之初，布兰德就制定了几条规则，想让每个人都承担起责任，对自己的每一个言行负责，从而营造一个更为友好的在线社区。他规定“管好你的言论”，WELL 用户称之为“YOYOW”。此举的初衷是避免给 WELL 招来毁谤性的诉讼，让它在招惹是非的内容面前能够免除法律责任。不幸的是，“管好你的言论”这句话产生的影响严重偏离了其初衷，很快就演变成了布兰德后来所说的“版权狂热，人们对自己的文字视若珍宝，不容其他地方复制”[10]。他试图扭转这一影响，并将最初的格言修改为“你得对自己的言论承担责任”，但收效甚微。

1990 年，WELL 的用户迈克・戈德温（Mike Godwin）提出了著名的戈德温定律：“无论讨论的是什么主题或范畴，如果在线讨论持续的时间足够长，迟早会有人将某人或某事与阿道夫・希特勒或其纳粹行径进行比较，而讨论或跟帖往往到此便极为奏效地画上句号。”用户可以用假名发帖，有时候他们只是稍微掩饰了一下真实姓名。通过此举，布兰德为用户打开了一扇大门，让他们可以写一些从来不敢和别人面对面说的话。个人的争吵也被搬到了网上，很多时候，WELL 的网管不得不介入，就像老师管教学生一样。

就像早期涉足网络世界的很多人一样，布兰德在这里看到了反乌托邦文化的苗头，且正如让他如痴如醉的赛博朋克科幻小说所揭示的那样，但总体上他对数字革命仍持乐观态度。令人遗憾的是，与现实世界中的传统社群相比，虚拟社群有着本质上的不同，通常它更乏味、更匿名、更缺乏同理心。虚拟世界有一些美妙的属性，但同时它也有着更黑暗的一面，而且刚刚进入人们的视野。布兰德很早就预见了一些不寻常的力量，30 年后那些力量将彻底重塑世界，彼时 WELL 所预示的网络世界将成为全世界的主流通信渠道。而驱使布兰德离开 WELL 的因素则在微观层面上预示着喷子、过滤气泡、虚假信息、监视和审查等网络文化。这类文化在过去 10 年间一直深深地困扰着整个世界。

让布兰德的离去显得费解的是，WELL 的用户增长一直都很强劲，直到 1991 年后才明显放缓。放缓是由于全国经济衰退还是其他原因，不得而知。但是很清楚的一点是，尽管 WELL 有着宏大的扩张愿景，但 WELL 在国内也有竞争对手，而且他们的财力要雄厚得多，比如美国在线服务公司。该公司早已提供电子邮件、在线会议服务等，远远超过布兰德团队所能提供的服务，此外其在线社区也更庞大。

与此同时，无可争议的是，WELL 的发展开始陷入举步维艰的境地。该系统最初是在数字设备公司的 VAX 小型计算机上发布的，但是这类机器已无法适应壮大后的系统。然而，即便是替代设备也很快不堪重负。落后的系统性能让用户的抱怨声不绝于耳。

负责管理 WELL 的约翰·科特（John Coate）带着深思熟虑后的发展计划来到董事会。他的设想是与美国在线服务公司竞争，但他的策略不是打造集中化的服务，而是联合大量面向社区的系统来实现这一点，每个系统都代表各自的本地社区。但董事会很快否决了这个提议，因为若要发展成规模，需要注入大量的资金。

1991 年底，在一次名为“后台”的 WELL 讨论上，争执和客户的不满双双爆发了。这次讨论旨在探讨 WELL 的内部运作。但受邀参加讨论的布兰德和凯利现身后，立即遭到了一群愤怒的 WELL 网民的攻击，很多人将系统的缺陷归咎于董事会。

几周后，到了 1 月，布兰德仍对当时被攻击的语气和恶意感到难过，后来他将其定性为公然行凶抢劫。当他坐在计算机前登录 WELL 时，他发觉自己的双手在颤抖。他创建了一个新话题，名为“系统替罪羊——WELL 总要找替罪羊吗？”，他首先描述了自己眼中的事件经过：

> 那是一群滥用私刑的暴民寻找作恶者的故事。我发言了，被人误解了，被打趴下了，然后暴民一拥而上。董事会显然在试图扼杀自己的 WELL，这明显就是瞎想出来的。而我则成了一个需要尽快改正自己的可怜的傻瓜。我学会了不要用反面的事实来打断暴民的错觉，因为那只会让他们更加疯狂……我待了几天，然后领悟了 e.e. 肯明斯（e.e.cummings）的诗句，有些气我咽不下……

在接下来的 3 天里，WELL 社区颠来倒去地议论着布兰德：他是否应该受到指责，以及应该怎么做。对话的基调朝着虚拟圈子所谓的网络空间之现状而发展，十分尖刻，经常带着笃信不疑的尖刻声。即便是显而易见的同理心也让人觉得虚伪。

包括霍华德·莱茵戈尔德和凯利在内的许多人都发表了很长的文章，描述布兰德是何等地想发布“WELL 2.0 版”，以此为布兰德辩护，但一名化名为 Axon 的用户最能体现出会话的实质：

> 谢天谢地我没有欺凌布兰德。恐怕近来那些混淆视听的行径没法引起我的兴趣，那只不过是不实之论。既然我已被打上了施虐者的烙印，我想我宁肯死去。我的本意只是帮忙。

又过去了 3 天，其间布兰德一直在阅读网上的评论，偶尔也会回复几句。布兰德认为这不是人性的问题，而是媒体本身的问题——网络交流存在着缺陷，而他一直无法找到解决问题的方法。

他日复一日地想专心完成《建筑养成记》的写作，而 WELL 已经大大分了他的心。

1992 年 1 月 16 日，他发布了告别帖：

> 不管怎样，呃哼，（碰杯，碰杯）谢谢大家！嗯……这些天的讨论让我相信，我不能再留在 WELL 的董事会了，我要追求自己的生活了。要做出抉择也很轻松。我很乐意参与这些迷人的问题，从而教化电子技术这一前沿地带，但我还有其他承诺必须先去完成。喧嚣的在线论战十分有趣，但这太花时间了，作用也不太大……

4 小时后，他又加了一个简短的补充：

> 简短地评论几句，然后就真正离去。谢谢各种善意的想法。我会来参加有趣的、与工作有关的会议。但任何有关 WELL 的做法或业务的讨论，都只会招惹是非，所以我最好把我的耳朵和大嘴巴都

收起来。我要开心地离开这里了……祝我的同事们顺利……

发完最后一条信息后，他为自己的决定感到沮丧。他与莱茵戈尔德谈话，莱茵戈尔德提出了一些建议，好让他以更受限制的方式继续留任董事会，也提出了应对暴民的办法。有一段时间，他感觉好多了，因为莱茵戈尔德正在写一本有关在线社区的书，而那本书似乎和他有着某种本质的共鸣。

然后，他重读了发过的言论，再次感到沮丧，也感到左右为难：是该放弃自己在乎的事情呢，还是该让自己创造的东西把他扫地出门呢？最后，他意识到自己已经无法继续留任董事会了。

在敲定最终的决定后，他感到如释重负。但至少有那么一瞬间，他感到孤独。于是他更为频繁地邀请朋友共进晚餐。他在日记中写道，他已经很长时间不曾记录自己的情绪了。后来，他告诉《纽约客》的作家约翰·西布鲁克（John Seabrook）：“我再也不会钟情 WELL 了，也不会再完全信任它的发展过程了。”[11]

1992 年 11 月，布兰德去华盛顿特区参加全球商业网络的一次会议，由于事先没有查证会议开始的确切时间，早到了几天。他被困在五角大楼附近的一个酒店房间里，阅读着一本达尔文的传记。而费伦则回到位于西海岸的父母家里，背部痉挛剧烈发作让她痛苦不堪，假如此时他在家，就可以照顾妻子了。想到这，布兰德就越发觉得自己愚蠢，也因此感到内疚。

对于费伦来说，这是非常糟糕的一年，他们的婚姻也出现了新的危机。她那家经营着《费伦的马术概览》且屡获殊荣的公司正被董事会解散，他们不愿意投入资金来帮助公司度过衰退期。虽然该公司的收入从第一年的 5 万美元增长到了最后的 320 万美元，但这还不足以挽救它的命运。终于，在 1993 年初，她搬离了索萨利托那间居住了 5 年的仓库，锁上了它的大门。布兰德在《建筑养成记》一书中提到了这间仓库，作为企业在建筑物中有机发展起来的一个例证，而那个建筑本是第二次世界大战期间用于建造自由轮的。

费伦备孕失败让这一年雪上加霜，她为此心烦意乱。关于收养孩子的讨论，也让他们的关系陷入了最紧张的时期。尤其是有了诺亚后，布兰德似乎不太愿意再养一个孩子了。费伦曾考虑过放弃这段婚姻，但最终，她认为自己对布兰德的感情深到足以让她放弃做母亲的想法。后来，他们了解到，费伦备孕失败是由于基因方面的问题。

与丹尼·希利斯一拍即合

长期以来，布兰德一直在与无聊做斗争，对他来说，开始一件事情很容易，但要持之以恒挺难。在写作《建筑养成记》期间，他就经常畅想着自己的下一桩事业会是什么。

一天，布兰德正躺在牙医的椅子上，戴着耳机聚精会神地听着收音机，而牙医正在上方给他钻牙。这时，他开始思考世界末日。刚刚爆发了围绕罗德尼·金（Rodney King）的洛杉矶暴动事件，让他对于文明社会和自己都感到不耐烦。什么事物会持久呢？而什么不会呢？

布兰德一直都为图书馆着迷，因为它扮演着文明传承中流砥柱的角色。图书馆也是《全球概览》和《协同进化季刊》频繁涉猎的题材，布兰德对它的钟情也收到了回报：如今，他时常受邀到图书馆为图书管理员们做演讲。

事实上，他开的小差常常是对图书馆的幻想。有一次，在加勒比海地区的尼维斯岛度假时，他看到了一座古老的石砌教堂。它有着巨大的屋梁，整个建筑已被改造成一座公共图书馆。于是，他也将自己的私人图书馆构想成类似的石砌建筑物，其中有多间宽敞的开间，天花板要很高，屋顶要有天窗；还要有一间朴实无华的写作间，类似马基雅弗利时代的风格。1990 年夏天，母亲告诉布兰德，她打算把自己的所有藏书都遗赠给他。他立即着手画了一幅详尽的草图，勾勒出他理想中的空间来存放母亲的书。他相信母亲的赠书中包括了过去半个世纪以来诸多卓越的当代作品。费伦的公司倒闭后，布兰德考虑过当客栈老板，经营一家知识分子汽车旅馆，招待全球商业网络的成员和他的朋友，让大家可以接触到他日益丰富的藏书。他思考着，如何才能复制贝克禅师在禅修中心说的话呢？或者如何才能重新感受一次他留宿伯利兹的禅奇山林小屋时享受到的体验呢？毕竟这个小屋是一个让他迷恋不已的生态旅游隐居胜地。

他认为，一座伟大的图书馆应该包括一间同样引人入胜的酒吧。可是，这样一来，他的图书馆与游艇俱乐部或共济会会所有什么区别呢？他力图搞清楚，但一时间茫然不知所措。

要不是看完牙医几个月后，布兰德收到了一封意想不到的电子邮件，他的沉思很可能只是停留于幻想。在那封邮件中，希利斯勾勒了一个愿景，那就是设计一座可以运行一万年的机械钟。希利斯仍在制造世界上最快的超级计算机，但整个社会的眼光似乎正日复一日地变得短浅，这让他越发感到失望。因此，他在寻求某种方法来鼓励人们把眼光放长远。最后，他选中了机械钟。他兴奋不已地给朋友们发了邮件：

> 我想，是时候让我们开启一个长期项目，鼓励人们放眼千年了。我提议建造一座大型的类似巨石阵的机械钟，它由不同季节的

温差来驱动。秒针一年才走一格，时针一百年才走一格，里面的布谷鸟一千年才出来报时一次。

希利斯说，这将是世界上最慢的计算机。

他还走出了自己的交际圈，引领着满脸困惑的记者进行了长时间的畅想，勾勒出自己的蓝图。结果，只有布兰德积极响应了他的计划。

希利斯意识到，他的计划只考虑到了牛顿物理学上的时间概念。但他知道，还有另一种时间概念，他将之描绘为“不断演化的信息”的时间，而他的时钟作为一个独立的装置无法捕捉到这层更宽泛的含义。“你有什么点子吗？”他写道，“我该怎样兼顾这两个方面的时间概念？”

“图书馆。”布兰德回答。

这就是时钟图书馆项目的开端。这一项目就是后来的万年钟项目，也多亏了伊诺起了这个别出心裁的名字。万年钟项目也成为布兰德一生中备受关注的焦点，直至今日。

说起这个名字的渊源，伊诺效仿了当初布兰德提出的“为什么我们还没有看到一张整个地球的照片？”的问题。正是这个问题让我们看到了“生活之地的全貌”，也产生了深远的影响。他思索着怎样才能传递出“放眼万年”的意味，并对后代产生类似的深远影响呢？

值得一提的是，正当希利斯思索着万年钟的设计时，布兰德意识到，设立一个能够服务一万年的组织来维护万年钟同样是一个十分棘手的工程学挑战。

在开始考虑万年钟项目的同时，布兰德的一只脚已踏进了未来世界。1993 年 11 月，布兰德参加了全球商业网络在科学应用国际公司举行的一场会议。该公司位于弗吉尼亚州的雷斯顿市，与五角大楼和情报机构有着密切的联系。

在接下来的一个月里，《纽约时报》将发表第一篇描述万维网的新闻报道[12]。但在那之前，关于互联网潜在影响的讨论早已甚嚣尘上。前一年，凯利就致力于帮助 WELL 连入互联网，使其更便于面向全球发送电子邮件，也能让 WELL 的用户不必支付昂贵的电话费就能访问该系统。全球商业网络的这次研讨会有一个平平无奇的标题——“信息系统研讨会议程”，由安迪・马歇尔（Andy Marshall）组织。他是五角大楼的战略家，也是净评估办公室的主任。在庞大的官僚机构中，净评估办公室是一个小智库，负责制定未来的军事战略。马歇尔最初是在尼克松执政时期由亨利・基辛格招入国家安全委员会的。马歇尔是一位传奇人物，以战略思维著称，他很早就洞察了计算机技术和计算机网络对军事的巨大影响。研讨会聚集了一批军事策划人员，他们正思索着“信息战”的概念；也聚集了一批全球商业网络的顾问，其中包括布兰德、希利斯、施瓦茨、律师兼地质学家保罗・萨福，不过他已经离开了律师行业，在未来研究所当起了预测员；还有计算机行业知名专家埃丝特・戴森（Esther Dyson）、计算机科学家约瑟夫・特劳布（Joseph Traub）和汤姆・马隆（Tom Malone）。

第一次伊拉克战争仍令人记忆犹新，当时美国在信息技术领域拥有着无可撼动的领先地位。人们一致认为，掌握了信息技术的主导权就能在下一场战争中掌握战略优势。五角大楼的官员谈到了即将到来的全球态势感知和全球目标网格的发展。当时的设想是，通过制信息权来确保美国的优势。

萨福是一个惯于在会议上认真记笔记的人，第二天他也听了布兰德的演讲。布兰德在讲话中引用了赛博朋克作家的话，比如威廉·吉布森和弗诺·文奇（Vernor Vinge）的话。前者提出，技术经常以人们不可预见的方式发挥作用，他声称“技术会为自身找到用途”；而后者曾预测，数十年后将出现一个“奇点”，届时机器的智力将超过人类。布兰德警告说，**我们正在从公民有着诸多隐私的全球化城市，迈入没有任何隐私可言的线上地球村。**

会议结束后，布兰德反思了自己在研讨会上如此精力充沛的原因。他意识到，在过去的一年里，由于忙着写作建筑方面的书，自己并没有怎么出门。现在，他又感受到了一股重新燃起的热情，吸引着他去关注软件、计算机技术和全新的互联网。

后来，布兰德带着当时 13 岁的诺亚到布鲁克林拜访了希利斯。这位超级计算机设计师住在一栋形状不规则的老房子里，房子经过他的翻修，颇有一种 19 世纪的风格。诺亚正处于一种早熟的单口相声式发育阶段，所以，每当布兰德和希利斯试图严肃地讨论如何设立一个组织去维护一座设计运行一万年的机械钟时，诺亚常常用幼稚的玩笑打断他们。

希利斯满脑子都是他所热衷的项目，而牛津大学新学院礼堂更换朽坏房梁的故事却迷住了两人。18 世纪，当礼堂需要更换横梁时，人们发现，一位 14 世纪的礼堂建造工早就很有先见之明地种下了树木，以备数个世纪之后用来修缮房梁。

他们认定，万年钟应该建在一个偏远的地方，还需要建造某种设施，好让看守万年钟的人员有容身之处。希利斯想，也许可以建造一座类似于修道院的设施，其中的建筑可以使用 1 000 多年。两人甚至还幻想着围绕万年钟以及放眼千年的理念创立一种宗教，以确保世世代代都有人来维护这个装置。按照布兰德的设想，一开始可以把它变成一种修行，也许类似于禅宗，旨在进行形形色色的长期生态学研究项目，并使之超越一代人的时间跨度。很快，布兰德重新考虑了将万年钟转变为崇拜对象的价值之后，这个宗教奇想就被弃置不用了。

布兰德和希利斯继续探讨各种可能的设计，万年钟项目也慢慢演变成了一个埋在山体中的大型机械装置，用来追踪“深层时间”。他们希望万年钟能成为一个积极的象征、一个引发社会深思的象征，因此他们希望人们参观这座万年钟的时候能怀着朝圣的心情。

差不多 4 年之后，希利斯才在洛杉矶盖蒂博物馆（Getty Museum）的一个研讨会上公开陈述这个万年钟项目。又过了两年，他们才完成了最初的万年钟原型。2009 年，第一座万年钟开始在得克萨斯州的一片山顶上钻山建造。

简·雅各布斯惊叹为“天才之作”

费伦提议布兰德利用一个月的时间，在不受打扰的情况下，完成《建筑养成记》的写作。于是，布兰德在威利茨郊外的群山之间租了一间小木屋。威利茨是加州北部的一座小镇，从索萨利托北上有两小时的车程。但即使是孤身一人，似乎也总有无穷无尽的想法让他分心，让他从痛苦的写作任务中解脱出来。一天下午，他沿着一条因春季径流而涨水的小溪散步。回到小屋后，他泡了杯果茶，抽了一支雪茄，然后打电话给施瓦茨聊了很长时间。那天晚上，他热熟食快餐的时候不小心将食物烧煳了，只能重新煎了一份牛排。吃完晚饭之后，他坐下来，花了一些时间研究苹果公司为计算机设计的最新版本的操作系统 System 7。直到几周后搬回了索萨利托，他才终于完成了写作。

这次他没有像装订《全球概览》时那样使用透写台、胶水和剪刀，而是用了软件，这样一来，新书在设计和内容的方方面面都尽在他的掌握之中。成品书包含350幅不断演进的建筑照片，以此阐明他的观点。他将自己在摄影新闻报道方面的工作经验用在了照片的构图和优雅的排版上。《建筑养成记》一书还包括了一些布兰德式的特色，如作者的地址处写着“出版商不会转发邮件，还需要读者与作者取得联系，以便为后续的印刷牵线搭桥，以及落实各项事务”。

经过7年的研究和写作，《建筑养成记》于1994年出版。正如亚历山大的《模式语言》和雅各布斯的《美国大城市的死与生》（*The Death and Life of Great American Cities*）为他们自身带来的成就一样，本书将布兰德确立为一位在设计、城市主义和独创性方面均有建树的独立思想家。在他的全部5本著作中，这是他最引以为豪的一本。

话虽这么说，但这本书出版之后，远没有《媒体实验室》那样受人瞩目。《旧金山纪事报》为它刊发了一篇排版在显眼位置的评论，但总体而言，这本书收到的反响远不如他的上一本书。然而，那些懂得欣赏的人却对它推崇有加。该书出版后不久，雅各布斯就写信给记者凯瑟琳·富尔顿（Katherine Fulton），并为《洛杉矶时报》撰写了一篇关于布兰德的简介：

> 我在这封信的开头使用了“无比敬畏”这个词，这是因为我十分惊叹于斯图尔特·布兰德的独创思维，惊叹于他那堪称智慧的常识，以及他那在特定领域中渊博的学识。当我合上这本书的时候，我知道我正在拜读的是一部经典，也许堪称天才之作。[13]

不管是不是天才，布兰德很快就发现，建筑界在演讲费上并不慷慨，这与科技界截然不同。事实证明，建筑师是一个吝啬的群体。又或者是因为不同于前一本书，他不是在颂赞这个行业，而是在指手画脚。事实上，城市规划师群体对《建筑养成记》的青睐程度远远高于建筑师。这本书出版的时候，新城市主义大会刚成立一年。新城市主义大会由一群进步的城市规划师创立，其中包括布兰德的朋友考尔索普。这本书引发了一场讨论，并在规划界中产生了所谓的形态准则（form-based codes）理念——与其针对土地用途去设计规划准则，不如将法规的关注点放在建筑物的立面、规模和公共空间等方面的相互关系上，从而营造出更宜居的社区。

追根溯源，这一理念最初是布兰德在采访建筑师弗兰克·达菲（Frank Duffy）的过程中发现的。达菲在描述建筑物的时候，提到了有着不同变化速率的“剪切层”，后来布兰德将之归纳成“速度分层”概念。

1990 年，布兰德到访伦敦并采访了达菲。这位建筑师曾系统地思考建筑物的变化速度。布兰德知道，在过去的半个多世纪里，一栋建筑物通常只有 1/3 的成本花在了最初的建造上，而大部分的开销都花在了改建、维护和运营上。达菲发现，建筑设计的 4 个方面——服务、外观、结构和选址，会在建筑物老化的过程中以不同的速度发生变化。

该书出版后，布兰德收到的很多回复表明，可以将速度分层的概念推而广之。例如，它还可以巧妙地应用于软件和计算机系统，人们通常把硬件理解为“冻结”了的软件，由此产生的区别是，随着时间的推移，计算机系统的各部分组件会以不同的速度老化。

两年后，布兰德与伊诺一起到访了伦敦，这次他将对“速度分层”的概念稍加改进，用于理解文明的演化过程，或者说学习过程。这将是一个以不同速度变化着的分层体系，先从最慢的层次，即自然界的生物系统开始变化，再到文化、社会治理、基础设施和商业等层次，直到变化最快的层次，即时尚潮流。布兰德认为，在快速变化的层次中出现的特征有助于建筑物随着时间的推移变得“聪明”并最终受到人们的喜爱。而伊诺则认为，每一个层次都会牵制变化更快的相邻层次，减缓变化的速度，创造出健康的文明。在理解“速度分层”的概念如何更普遍地与各类系统联系起来的过程中，布兰德创造了一种分析工具，后来被各界广泛采用。

不出所料，《建筑养成记》在建筑界遇到了反对者，这些反对者先是阻止该书在英国出版。除了贝聿铭，布兰德还批评过其他世界著名建筑师所设计的建筑，比如弗兰克·劳埃德·赖特和理查德·罗杰斯（Richard Rogers）。罗杰斯是巴黎蓬皮杜中心（Pompidou Centre）的联合设计师，当时刚被授予爵士头衔。尽管布兰德对罗杰斯有一些积极的评价，但他也提出，把管道放在建筑物的外面，无论它多么具有象征意义，都会造成昂贵的维护“噩梦”。

罗杰斯威胁要在美国和英国以诽谤罪起诉布兰德。在美国，出版商为布兰德挡下了罗杰斯的律师，但英国的诽谤法给他们带来的挑战要大得多。布兰德首先试着联系了罗杰斯并向之妥协，提出修改书中的措辞来安抚这位自负的建筑师，但罗杰斯对他破口大骂，电话沟通被证明是徒劳的。随后，作为罗杰斯友人的伊诺试图代表布兰德进行谈判，但毫无效果。

最后，罗杰斯胜诉，企鹅出版集团取消了该书的出版。但在这之前，英国媒体早已一片哗然，当时布兰德也坚持了自己的立场：“我说的是，我喜欢他设计的建筑物外观，因为我对高科技有怪癖，但把内部构件放到室外终究是错误的。”《标准晚报》（*Evening Standard*）引用布兰德的话如是说。[14]

布兰德还是取得了最终的胜利。1997 年，他主持、撰写并解说了一部 6 集的 BBC 纪录片，片名还是《建筑养成记》，并由伊诺配乐。他在这部纪录片中对罗杰斯只字未提。

第 10 章

永远逆流而上，从追求技术进步到建立万年钟

WHOLE
EARTH

布兰德语录
WHOLE EARTH

用一句话来概括 20 世纪 60 年代就是：我们都是自己动手卷烟。

——摘自 2004 年 5 月 21 日日记

能够轻易解开的结才是最好用的结。

——摘自 2005 年 9 月 6 日日记

既然吾辈皆神，那就必须好好做神。

——摘自 2009 年《地球的法则》的题词
布兰德在书中公开支持核能和转基因食品

住在船屋上会强迫你适应住小地方，这又反过来驱使你向着大的住处努力。

——摘自 2016 年 6 月 21 日在加州索萨利托的一次采访

我喜欢这种不紧迫的感觉——要把事情做好需要花时间，而我们也有充裕的时间。只管像生孩子一样坚持下去。

——摘自 2019 年 9 月 20 日致恒今基金会董事会的电子邮件

1994 年春天，布兰德又回到了斯坦福大学旁边，在微软联合创始人保罗·艾伦（Paul Allen）的一间办公室里“露营”。他能够待在那儿，还得感谢圣塔菲研究所的管委会主席戴维·利德尔（David Liddle）。在协同一个小组为研究所制定新的宗旨时，两人成了至交。当时，布兰德还是圣塔菲研究所管委会的新成员，他说：**“根据我的经验，宗旨被人们视为领导力的替代品，而领导力是无可替代的。”**利德尔看着布兰德，眼中闪着惊奇的光。随后，利德尔很快便开始让布兰德承担起更大的责任。

两年前，在艾伦的支持下，施乐公司帕洛阿尔托研究中心的老员工利德尔成立了间隔研究公司，其愿景是重塑计算机技术的未来，并希望新公司产生的影响力能够媲美帕洛阿尔托研究中心在 20 世纪 70 年代所产生的影响力。间隔研究公司位于斯坦福工业园内，其旁边的建筑群曾经是惠普公司的办公楼。斯坦福工业园坐落在一片山麓小丘上，从那里可以俯瞰整个硅谷。新公司距离施乐公司的实验室也只有不到 500 米。帕洛阿尔托研究中心会成为典范，这并不奇怪，到 20 世纪 90 年代中期，它已成为硅谷的一个标志性传奇。这在很大程度上要归功于布兰德于 1972 年在《滚石》杂志上发表的一篇题为《太空大战》的文章，其中重点写到了帕洛阿尔托研究中心的研究人员，比如罗伯特·泰勒和艾伦·凯等。

身材高大的利德尔曾是大学篮球队队员，在密歇根大学修读电气工程。在创立间隔研究公司之前，他曾将一个面向企业员工，但价格过于昂贵的早期个人工作站 Star 进行了商业化改造。随后他离开了施乐公司，并与人合伙创办了隐喻（Metaphor）公司，该公司面向企业营销部门的专业人士开发类似的计算机。1991 年，他将该公司出售给了 IBM。

利德尔总是不遗余力地保护自己的研究人员免受硅谷科技作家的窥探，但他相信布兰德会是一个友好的观察者，这多亏了布兰德围绕媒体实验室撰写的著作。他给了布兰德一个顾问身份，布兰德每周造访公司一次。这让布兰德有了从内部进行观察的机会，并可以不受限制地同研究人员接触。

布兰德刚在《连线》杂志上发表了一篇采访女权主义作家卡米尔·帕利亚（Camille Paglia）的文章，而刚担任该杂志第一任执行主编的凯利也委任布兰德对间隔研究公司进行一次采访。这本杂志很快将以绰号“互联网时代的传声筒”闻名遐迩。后来，布兰德承认，让一个领着公司薪水的顾问来撰写这篇采访文章“很尴尬”，但他还是花了几个月的时间奔波于硅谷，对那些渴望“跨越”台式个人计算机的高科技人才进行采访和拍照。

利德尔的策略是，把硅谷最优秀、最聪明的技术专家请来，让他们自由地提出创新的点子。他管处于自己职业生涯中期的这些技术专家叫后管理时代的人才。他还建立了一个实验室，让近 50 名工程师和科学家的研究成果在此交融。在那几个月里，布兰德置身于这间实验室，旁听会议，然后与利德尔会面。然而，布兰德很快就发现，那些与他利益攸关的独家采访情境正面临着日益复杂的潜在冲突，因为间隔研究公司与富于创新精神的 CD-ROM 出版公司旅行者（Voyager）以及《连线》杂志一起举办了一场名为“新声音和新视野”的多媒体大赛。

到了 1994 年 8 月，他仍定期露面，拍摄和采访研究人员。不久，他发现，发起另一场计算机革命，可能不像把一群聪明人聚集到一间实验室那么简单，这让他感到茫然无措，不知道该写些什么。他也开始厌烦往返于索萨利托和公司的长时间通勤，一路上都是互联网公司的上下班人员，车内拥挤不堪。

间隔研究公司的最高目标是要成为下一个帕洛阿尔托研究中心。这一目标变得更加复杂，因为研究人员脚下的土地正在悄然发生变化。1993 年底，网络浏览器横空出世；1994—1995 年，日益明显的一点是，商业互联网将重塑技术界，并最终颠覆整个行业。

当年 8 月，布兰德进退维谷的窘境就豁然冰释了。这源于《连线》杂志刊登了一篇剖析艾伦的刻薄传略，文中调侃着这位亿万富翁，称他从微软获得的财富是偶然的，并将间隔研究公司称为“富人的玩具”[1]。艾伦没有对此表态，但怒不可遏的利德尔终止了与《连线》杂志的合作，其中也包括与布兰德的合作。

布兰德对此没有意见。放弃一篇无从下手的文章，让他如释重负。结束了在间隔研究公司工作的同时，他也得以从弥漫在整个硅谷中的互联网热潮中抽身出来。

作为全球商业网络的顾问，布兰德可谓站在了见证商业互联网繁荣的最前沿。不过，尽管他在企业客户面前扮演着未来主义者的角色，他的心思却越来越多地放在了别处。他在日记中写道：“即便是计算机技术和通信技术这样日新月异的领域，也让人感到特别乏味。”

当他周围的朋友和同事都痴迷于每秒运算数十亿次的硅芯片时，布兰德的注意力却逐渐转向了万年钟。他写道:“过去几年来,我对历史越发感兴趣,这让当前的种种大事都变得越来越不重要了。”他在寻找一些值得去做,又能让他从互联网淘金热中脱身的事情。这与他之前的人生经历十分相似,**他很早就开始追求一些新奇的想法,而后变得厌倦,并在大众都熙熙攘攘地来赶这趟潮流的时候抽身离开。**

探究一些设计作品让他发现了特别的乐趣。他年轻时,在旧金山艺术学院读书那会儿,就曾对这些作品着迷不已。在他为《建筑养成记》一书进行研究和写作时,他曾负责为全球商业网络的新办公楼进行室内设计方面的指导。新办公楼位于埃默里维尔,与旧金山隔着海湾相望。为了营造一个欢乐友好、富有成效的办公环境,他大量借鉴了自己在麻省理工学院学到的、早就非常熟悉的理念。在麻省理工学院时,明斯基向他介绍了“洞穴和公共空间”的概念——诸多小型的私人办公室,环绕一个共享的公共区域,用于进行非正式的思想交流。

第二次让布兰德扮演建筑师角色的机会来自圣塔菲研究所。利德尔与布兰德自从上次的咨询工作后仍保持着友谊,利德尔也对《建筑养成记》一书赞赏有加。受益于一位富有的捐赠者,研究所得以有机会请来一位著名的芝加哥建筑师对赫尔利庄园进行改造,作为研究所的新宿舍。那里曾经是第一次世界大战的英雄帕特里克·赫尔利将军(General Patrick Hurley)占地1 115平方米的豪宅。但利德尔却与布兰德签了约,并将布兰德在书中提出的一些想法变成了现实。

布兰德再次运用了洞穴和公共空间的想法,将赫尔利庄园改造成了供大约90人居住的住宅。他主要围绕4个要点进行设计,即交谈、社区、集中和适应性。这一新园区可谓是一次巨大的成功,但这也是他作为建筑师的最后一次尝试。

再次走一条其他人都不愿意走的路

到了 57 岁后，布兰德越发习惯于久坐不动。在三四十岁的时候，他还尝试过悬挂式滑翔运动和帆板运动。但随着年龄的增长，他放弃了跑步和其他健身活动。有一天，他和费伦外出徒步远足时，突然发现自己跟不上了。羞愧难当的他决心解决这个问题，并加入一群狂热的健身爱好者之中，在 41 岁的前陆军空降学校老兵吉姆·迪鲁肖（Jim DiRuscio）的摆布下折磨自己。每周 3 次，迪鲁肖会在早上 5 点天还没亮时就问候顾客们，然后带领大家进行高强度的锻炼。这项名为"跑山"的锻炼包括 3 小时的高强度训练项目，有时候要背上塞满水瓶、重达 45 斤的背袋在塔马尔派斯山上跑步，有时则要进行十分艰苦的户外举重训练。打那之后，布兰德经常在全球商业网络的会议上打瞌睡，但他决心将这一新的健身养生法坚持一辈子。到了 80 岁时，他仍每周参加几次健身训练课程。

虽然布兰德偶尔也会考虑，从全球商业网络中那些被他冠以"未来"的会议成果中挑一些来写本新书，但他最关心的还是万年钟项目以及设立一个组织来建造它。为了这个目的，布兰德慢慢汇聚起一群同行，其中包括道格·卡尔森（Doug Carlson）、凯利、施瓦茨、萨福、伊诺、戴森和莲花软件开发公司的创始人、电子制表软件制造商米切尔·卡普尔（Mitchell Kapor）。

再早几年，卡普尔和约翰·佩里·巴洛（John Perry Barlow）便已成为朋友，起因是一群青少年入侵计算机而与美国特勤局发生了冲突，身陷困境。后者不仅是"感恩而死"乐队的作词人和 WELL 成员，还是一名住在怀俄明州派恩代尔镇（Pinedale, Wyoming）的牧场主。几个月后，他们与杰伦·拉尼尔、萨福、技术专家兼隐私激进人士约翰·吉尔摩（John Gilmore）和布兰德一道共进晚餐。晚宴上，他们成立了电子前线基金会，致力于捍卫网络空间的公民自由。布兰德受邀加入其董事会，与吉尔摩、戴森和史蒂夫·沃兹尼亚克一道担任董事。布兰德在董事会待了几年，但到了 1994 年秋天，他给卡普尔发了一封电子邮件，说时钟图书馆是一个十分脆弱的初创项目，需要他投入全部的精力，然后便礼貌地离开了董事会。

1995 年 7 月，布兰德与希利斯见面，后者当时正在叙利亚瑞士银行（Syrian Swiss）的家族继承人雅基·萨弗拉（Jacqui Safra）位于纳帕谷的葡萄园度假。他们坐在泳池边进行头脑风暴。希利斯担心，万一人类在下个世纪因为某种原因毁灭了自己，万年钟就成了一场徒劳了。当时，许多计算机技术专家担心，计算机技术的加速发展很可能会带来一个叫作“奇点”的时刻，届时机器代表的超级智能将超过人类的智力。

布兰德回答道，他相信万年钟会成为一种抗衡力量，抗衡着半导体芯片和纳米技术等飞速发展的技术。尽管情况总体上很乐观，但那年夏天晚些时候，他回到了其家族在希金斯湖边的营地，在那里直面了随着时间的推移而变得停滞不前的制度短板。沉浸在布兰德家族的生活之中，面对着带着怨恨和不堪的历史，布兰德深思着，其历史超过一代人的制度是如何变得“功能失调、复杂费解、极度内向，对世界其他地方漠不关心，同时也变得无关紧要的”。

其中一些是他与家人的关系，但还有另一层担忧。黑客大会自创立 10 年后，仍旧是一年举行一次。11 月，当他与凯利在黑客大会的一次即兴会议上讨论时钟图书馆项目时，事实证明万年钟的想法很难被人们接受。许多黑客认为，沉湎于过去是极为愚蠢的。“所有需要记住的东西都被收集和储藏起来了，以方便我们取用”，这是人们的共识，“我们可以自由地创新”。

计算机高手们的不屑并没有吓退布兰德，反而让他再次决心走一条其他人都不愿意走的路。

正当布兰德充分享受着专注于做其他事情的自由，而把目光从 1995 年席卷全国的互联网狂潮上移开时，费伦的反应却完全不同。经营《费伦的马术概览》的公司倒闭后，她的第一个念头就是不再尝试新路子了。随后，她看到了网络浏览器，并很快意识到互联网将变革消费者医疗信息的市场。她从《协同进化季刊》离职后任职的天伦之乐（Planetree）公司，创建了美国第一个免费的公共医学图书馆。现在，费伦确信互联网将变革医疗保健行业。她在该公司的董事会上提醒大家：未来，医疗信息将被放到网上。随后，她立即创立了名为“医疗知识直达”（Direct Medical Knowledge）的在线消费者医疗卫生服务公司，布兰德则成为无投票权的董事会成员。仅仅 4 年后，她就将该公司卖给了美国互联网医疗健康信息服务平台 WebMD，几个月后互联网泡沫便达到了顶峰。此举让这对夫妇拥有了数百万美元的资产，并考虑未来当慈善家，但事实很快证明，这只是暂时的好光景。

万年钟势在必行，“最重要的就是把眼光放长远”

父亲的俄式皮帽差点毁了布兰德的大本钟之旅。

1995 年 1 月，在一个刮着大风的早晨，布兰德和伊诺现身于威斯敏斯特宫的钟楼，接受当时英国新任首相托尼·布莱尔（Tony Blair）安排的后台访问。

他们都戴着皮帽。布兰德穿着一件令他看起来很阴险的黑色披风，以搭配他父亲的帽子。他继承了父亲对帽子的钟爱，父亲在希金斯湖就收藏了大量五颜六色的帽子。父亲过世后，布兰德得到了父亲的俄式皮帽和带兜帽的僧袍。布兰德在解散派对上就穿戴过这些。

结果，多疑的威斯敏斯特警卫逮住这两人盘问一番后，才让他们随同一群阿根廷学生爬了334级台阶登顶钟楼。伊诺发现，布兰德比导游更了解大本钟。导游只是擅长于讲一些诙谐的奇闻轶事，却不够了解大本钟在1859年落成的时候，是世界上走时最准的四面钟。

快到整点的时候，导游提醒大家不要把头贴近墙壁，因为钟声敲响的时候，若没有提前做好心理准备，人会被吓一跳的。上午11点，大本钟准时敲响了。钟声产生的全部力量切身可感，甚至让人陶醉。布兰德把大本钟敲响时的力量比作火箭发射时带给人们的震撼力。

在19世纪，大本钟是一个技术奇迹。当时，人们原本以为要让塔钟精确到秒是不可能实现的。因此，当希利斯和布兰德投身于复杂的时钟设计时，大本钟便成了他们的参考。

到了1995年秋，时钟图书馆在普雷西迪奥设立了办事处。普雷西迪奥曾是一个具有历史意义的陆军基地，有着一排排整齐的白色营房和军官宿舍，风景如画。它还有一个银行账户及一个非营利组织的身份。最近，它被移交给了国家公园管理局。多年前，布兰德获准提前退伍去就读旧金山艺术学院和旧金山州立大学时，他也是被安排在此地进行预备役训练的。

很快，他们开始收获第一批财务上的支持者，其中包括微软的内森·梅尔沃德（Nathan Myhrvold）、亚马逊公司的创始人贝佐斯、亚马逊公司的第一位员工兼全球卡车商店前员工谢尔·卡潘、雅基·萨弗拉及Priceline网站的创始人杰伊·沃克（Jay Walker）。

时钟图书馆项目启动不久后，布兰德回到黑石沙漠参加了一年一度的火人节。自1990年以来，该节日每年都会在黑石沙漠举行。布兰德第一次参加火人节是在 20 世纪 60 年代初。不过这次他很快就走了，离开的时候他确信，那儿附近有一座山将来会成为图书馆和万年钟的选址。大约在同一时期，希利斯劝他说，虽然建造时钟的时候他们可能会用到 21 世纪的工具，比如计算机和先进的机床，但维护的时候不应该用到任何先进技术。

到了第二年夏天，项目势头已经足够强劲，团队决定，除了在沙漠里的某处建造一座时钟，还应该在旧金山的城市里设立一个辅助性的组织，好让这个项目拥有更高的知名度。最后他们将总部从普雷西迪奥搬到了附近的梅森堡，这是另一处由军事前哨改造而来的地方。最终他们还是敲定了“恒今基金会”这个名字。他们曾担心，如果管它叫恒今基金会，人们可能会以为那是某位中国绅士的家族基金会。

早些时候，恒今基金会的董事们在道格·卡尔斯顿位于阿斯彭的家中召开了几次会议。亚历山大·罗斯（Alexander Rose）是在索萨利托的海滨长大的，从小就认识布兰德。他毕业于卡内基梅隆大学，获得工业设计学位，后来回到旧金山湾区工作。布兰德曾向罗斯描述过时钟图书馆的想法，也为罗斯争取到了一些网络初创公司的面试机会。罗斯参加了面试，也一直不忘建造万年钟的想法。他下定决心，既要设计更多的塑料烤面包机来糊口，也要找点别的事情做。于是他回去找布兰德，并告诉布兰德他想参与建造万年钟的事业。

在卡尔斯顿家召开的第一次董事研讨会按计划于几周后开始，布兰德邀请罗斯加入小组。罗斯在那里遇到了希利斯，并在接下来的 4 天里开始设计万年钟的零件。罗斯在研讨会上与希利斯结下了不解之缘，并且很快就担任了项目经理的职位。

1998 年初，时钟图书馆项目在洛杉矶的盖蒂博物馆正式公开亮相。布兰德主持了一个为期两天的活动，名为“时间和比特：管理数字连续性”，旨在探讨数字化转型对于人类知识的存储和利用具有什么样的意义。

为了给万年钟寻找一个可以永久安置的偏远地点，布兰德在索萨利托5号门路工作室的密室里设立了一个作战室。作战室的中央有一张大桌子，他还用磁铁把地图固定在有金属包层的墙上。有一段时间，希利斯热衷于将万年钟选址在夏延山，或许是因为北美防空司令部的总部也在那儿。而布兰德一直思索着在黑石沙漠以南的山地为万年钟找一个安身之处。

有一天，布兰德在忙着向罗杰·肯尼迪（Roger Kennedy）介绍内华达沙漠的情况，肯尼迪不久后成为恒今基金会的一名董事。布兰德通过一个共同的熟人认识了肯尼迪，他是一位博学的人，在克林顿执政期间曾是国家公园管理局一位受欢迎的局长。他还当过司法部律师、NBC新闻记者、银行家、国会落选候选人及作家。

肯尼迪一边听着布兰德描述他选择黑石沙漠的原因，一边研究着布兰德放在桌上的内华达州地图的东侧。

最后，他打断布兰德，指着一处偏远的山脉，它就在号称“全美国最孤独的公路”50号高速公路与犹他州州界相交处的南侧。

“你去过这儿吗？”他问道，“这里有个新设立的国家公园——大盆地国家公园。那里十分偏僻，我想要是把万年钟安置在那儿，他们一定会欣喜若狂的。”

肯尼迪指的正是斯内克岭，它是美国最偏远的地方之一。它坐落于落基山脉和内华达山脉之间，满足布兰德需要的一切条件：有一棵4 900年树龄的大树，有深深的溶洞，还有可以保护机械钟上千年的岩石。离那儿最近的城镇是内华达州的伊利镇，距离大盆地国家公园 64 千米。

“我迫不及待地想跳上车，去那儿实地考察一番。”布兰德在给董事会的信中写道。

1998 年 9 月底，布兰德开着他的路虎揽胜，穿越内华达州，来到了伊利镇。在那儿和他碰头的有希利斯和他当时的妻子帕蒂、罗斯、肯尼迪、萨福及布鲁斯特・卡尔（Brewster Kahle）。

卡尔是纽约人，曾在麻省理工学院修读计算机科学，随后在思维机器公司为希利斯效力。后来他又到西海岸成立了 Alexa 公司，开发了一款早期的搜索引擎，最后将公司卖给贝佐斯，换得了价值 2.5 亿美元的亚马逊股份。因担心构成万维网的数字信息容易丢失，卡尔于 1996 年创立了互联网档案馆——一个用于存储全球数字信息的非营利性存储库。鉴于其保护主义倾向，他看起来很适合这项新的使命。

当地的一位房地产经纪人开车带他们到了斯普林瓦利，这是一个偏远的农业区，位于华盛顿山的背阴一侧。华盛顿山是斯内克岭中的一座 3 586 米高的山峰，包括它在内，公园里高超过 3 353 米的山峰总共有 14 座。在布兰德看来，华盛顿山应该叫“旗山”，因为从谷底看上去，它就像一面漂亮的、白绿相间的三角旗，向着南方飘扬。一行人深入探究了一处位于华盛顿山脚下的矿井。

第二天，公园管理员的头目贝基・米尔斯（Becky Mills）带领一行人沿着小径往惠勒峰的方向徒步而去。惠勒峰是斯内克岭的最高峰。当他们穿过狐尾松林时，布兰德醉心不已。这些顽强的幸存树种与万年钟项目试图捕捉的时间尺度很相配。

“每一棵大树都有几千年的历史了，”后来布兰德在旅行报告中写道，**“凝视一棵狐尾松，就瞥见了另一个时空，那是我们想要捕捉的漫长岁月。”**

周一，除了布兰德和罗斯，所有人都飞回了家。他们继续寻找下一处地点，然后才开车回加州。在回程的路上，他们在斯潘塞温泉歇脚，那也是布兰德过去常去的地方之一。他们在那儿碰巧和几十名参加火人节的老“火人”一块儿泡澡。事后，布兰德写道，他们“找对了地方”。

第二年，他们买下了这次考察过程中发现的那处废弃矿井。杰伊·沃克、太阳微系统公司的联合创始人比尔·乔伊（Bill Joy）和米切尔·卡普尔捐了一笔钱，用于购置占地面积约 73 万平方米、人迹罕至的采矿用地，矿区非常应景地长着狐尾松。萨弗拉的捐款将用于资助第一座万年钟原型的建造，梅尔沃德则要在经济上承担第二座万年钟模型的建造，这个开发项目将持续到 2005 年。

最终，将由贝佐斯为万年钟项目提供必要的资金，建造全尺寸的万年钟。贝佐斯早就对《建筑养成记》一书深感兴趣，布兰德则是通过卡潘认识的贝佐斯。卡潘刚于 1999 年离开了亚马逊公司，贝佐斯曾在夏威夷开了一个派对，既给卡潘庆生，也为其即将离去而饯别。贝佐斯和布兰德就是在那次派对上认识的。听完布兰德描述万年钟项目后，贝佐斯当即就被吸引住了。一部分原因是贝佐斯觉得自己的经营理念和该项目有共鸣之处，即**“最重要的就是把眼光放长远”**。他在 1997 年写给亚马逊公司股东的第一封信中写道，“我们认为，要衡量我们的成功，一个基本的标准将是我们为股东创造的长远价值”。[2] 2003 年，贝佐斯以赞助人的身份加入了万年钟项目。

几年后，在为其太空公司蓝色起源（Blue Origin）选址时，贝佐斯曾多次与布兰德前往位于内华达州的万年钟所在地选址。这位亚马逊公司的创始人认为，这样一个被国家森林公园和土地管理局的地产包围的地方，对于建造万年钟这样一个标新立异的项目来说，免不了政治上的麻烦。更好的主意是，把第一座时钟安装在他在得克萨斯州购买的一块占地面积约 7 亿平方米的地产上，该地以谢拉－代阿布洛山脉为界，是全美国人口最稀少的地区之一。

自 2005 年起，贝佐斯开始向恒今基金会提供用地并资助万年钟的建造。位于贝佐斯在得克萨斯州西部的大牧场和航天基地边缘，有一座 1 829 米高的山体。2009 年，大型号的万年钟就在这里动工建造。

布兰德还是和以前一样热情不减、兴致勃勃。想象一下，要建造一座坚固无比的装置，配以一个稳固到足以持续 300 多代人的组织，这多么令人振奋。不过，他的梦想也不时被疑虑搅扰。1999 年 12 月，他在摩洛哥度假时，入住了菲斯市豪华的蔚蓝庄园酒店，但现实令他的万年钟项目蒙上了阴影。虽然整座城市到处散发着历史气息，但在蓝门边上的一座破旧宫殿里，一间阴暗的工艺美术博物馆却给人更为古老的感觉。馆中陈列了工具、乐器、刺绣品和木雕摆件，一切都显得破旧不堪，无人问津。

布兰德参观博物馆时正下着小雨，博物馆的屋顶还漏着雨。这些文物仿佛已经在地下室存放了几十年。它们“褪色、粗糙、肮脏、不值得留存”，他在日记中写道，而对他来说，“要维持一样东西一万年之久的漫长负担”变成了一种更令人担忧的新的现实问题。“我理解，人们宁肯重新开始，”费伦说，“要是我也会的。”

布兰德摒除了疑虑，一往无前。

钟声响起，万年钟的第一座原型

2000年就要到来了，新千年之交的午夜钟声就要敲响了，30个人聚集在了恒今基金会和布鲁斯特·卡尔所创立的互联网档案馆的联合办事处。当时，普雷西迪奥已被改造成供网络公司员工租用的高档住宅。有几年，这里也是布兰德和费伦及霍肯的家，当时他们租住的房子是以前的军官宿舍。卡尔也曾住在普雷西迪奥。

希利斯和罗斯组装了万年钟的第一座原型。在庆祝世纪尾声的派对上，它作为一件优雅的前数字时代艺术品，高高耸立在齐聚一堂的客人面前。希利斯曾承诺，按设计，万年钟的钟声一百年响一次，将在2000年首次敲响。在仓促赶制之间，他们几乎是掐着最后一刻把它组装完的，以至于在新千年来临之前都没有时间测试一下。所以随着那一刻的临近，大家都极为紧张。

没有倒计时，只有一位名为希利斯的年轻钟表匠平静地宣布："还有一分钟……""钟摆摆过来，摆过去，擒纵机构滴答作响。而后在右侧发条上方的离心调速球体加速旋转了起来，"布兰德在给霍肯的一封电子邮件中写道，"环式加法器也旋转了起来！咔哒咔哒，咔哒咔哒，然后两个日内瓦六边形也旋转了起来。在钟面的黄铜指示框里，'99'变成了'00'，'019'变成了'020'——然后……"

有人欢呼了一声，然后安静了下来。在令人煎熬的沉默中，有微弱的马达声传来。接着时钟发出了一声悠长的"当当"声，沉默了一会儿后，接着是更悠长的"当当"声。

在希利斯向朋友们发出那封电子邮件的第10年，这座时钟变成了现实。

毁灭性打击，千万富翁夫妇落入骗局

在原型钟敲响几个月之后，又有不同的钟声响起。蓬勃发展的互联网热潮在快速渗透到旧金山湾区生活的方方面面之后，于 2000 年 3 月戛然而止。虽然布兰德力图远离伴随着这场繁荣而来的贪婪和占有欲，但不管是在工作上还是个人方面，他都不可避免地深陷其中。

在把医疗知识直达公司卖给 WebMD 之后，费伦暂时成为互联网千万富翁。暴富之后，她和布兰德开始计划着以慈善家的身份开始下一个阶段的人生。他们成立了一个基金会，并考虑设立一个和要点基金会类似的组织。要点基金会的问世正是源于《全球概览》给布兰德带来的第一次发迹。但那些梦想也将戛然而止。

通过霍肯，他们认识了里德·斯拉特金（Reed Slatkin），后者是地球连线（EarthLink）公司的初创投资人兼联合创始人，这是一家抱负远大的互联网服务提供商。斯拉特金曾是一位牧师，其于 1986—2001 年，以一个庞氏骗局诈骗了大约 800 名投资者，数量仅次于伯纳德·麦道夫（Bernie Madoff）。

布兰德和费伦不幸地成了最后一批与斯拉特金合伙投资的人。2000 年底，他与这对夫妇在“米伦号”的甲板上共进晚餐，装模作样地权衡着要不要让这对夫妇参与他那不同凡响的投资组合。他告诉这对夫妇，他是不让一般人参与的，但鉴于这两人是其他几位投资人的密友，他可以破例一次。

费伦对此表示怀疑，但布兰德觉得错过这个良机就太愚蠢了。在当年年底前，夫妇俩将 160 多万美元转到了斯拉特金的账户上，那几乎是他俩股票投资组合的半数。随后，他俩的资金立即被转到了斯拉特金的另一个账户上，用于偿还之前的投资者。2001 年 5 月，该骗局被美国证券交易委员会叫停。但最后，布兰德和费伦只收回了不到 10% 的资金。这是一次毁灭性的打击，深深地伤害了夫妇俩。布兰德为自己如此轻易上当受骗感到羞愧不已，他竟然毫无道理地相信有人能钻制度的空子，并要求“搭车”一起赚钱。他们没把这次受骗经历告诉朋友们，这件事也让他们与霍肯之间的友谊降到了冰点。一年之后，斯拉特金被捕，最后将吃上十多年的牢饭，但这样也无法让人感到有多高兴。

贝佐斯：万年钟项目的第一位赞助人

在互联网泡沫的顶峰，硅谷趁着多媒体技术和电子商务活动的爆发扩张到了旧金山，同时对于以技术为核心改变世界的理念充满了热情。这种热情也反映在恒今基金会不断扩大的关注面上。其中的挑战在于如何摆脱对慈善扶持的依赖，想出独特的点子自己创收。

起初，布兰德认为他想出了一个绝妙的赚钱方案来支持恒今基金会。长期赌注（Long Bets）项目是施瓦茨和艾默里·洛文斯的妻子亨特在研讨会上就人们多快会接受电动汽车而展开的一场即兴辩论的结果。听了他们的辩论，布兰德认定，需要有一种方式来容纳这类才智上的分歧，意见相左的人要为自己的观点押上一笔真金白银，还要准备好后续落实观点所需的行动。

凯利仍然担任着《连线》杂志的执行主编，他让杂志报道了这一项目。此举惹来了律师，他们提出，如果非营利组织恒今基金会通过从赌注中抽成而成为博彩公司，美国国税局肯定是不赞成这个主意的。最终，长期赌注项目通过建立一个慈善基金来分配赌注，绕开了法律问题。

尽管这个项目存在缺陷，但有了贝佐斯担当第一位赞助人，这个项目还是得以启动了。卡普尔和雷·库兹韦尔（Ray Kurzweil），后者是一位知名的发明家，他相信奇点必然会到来，这一观点也得到了越来越多的认可。他就计算机程序何时能顺利通过图灵测试下了第一个赌注。图灵测试由英国数学家艾伦·图灵（Alan Turing）最先提出，目的是确认计算机是否可以通过编程表现出与人类相似的智能，以至于观察者无法将其给出的答案与真人给出的答案区分开来。还有其他若干项目，包括为所有现存物种和所有语种编纂目录的尝试，大约也在同一时期启动，并取得了不同程度的成功。

然而，恒今基金会的重点还是为万年钟找到一个安身之所，毕竟那座时钟会对布兰德产生最为重大的影响。2002 年，他到尤卡山进行了实地考察，美国政府耗资数十亿美元在当地建造储存设施，存放国内核电站产生的废料。他于次年参加了一次旨在为五角大楼研究气候突变可能性的全球商业网络研讨会。这次考察与研讨会重塑了他对于技术和环境的看法。

布兰德同希利斯、施瓦茨、凯利、罗斯和 eBay 网的创始人皮埃尔·奥米戴尔（Pierre Omidyar）一起参观了尤卡山。在那之前，他认为自己是温和的反核人士。伊诺也来到内华达州，但由于没能及时申请到安全许可，无法与大家同行参观。事后，伊诺才与大家在拉斯维加斯共进了晚餐。

他们曾想过，在尤卡山用到的隧道掘进机也许可用于万年钟的建造。但当参观结束后，一行人发现，把这种规划加诸一万年的漫长岁月是多么愚蠢，那是政府为保存核废料所设定的时间跨度。哪怕只是短暂地参观了一番，大家也能清楚地看出来，尤卡山项目遭受着技术、地质和政治问题的困扰。这对怀揣着数千年雄心的万年钟缔造者们来说，也是一个明确的警告。

随后，一行人前往拉斯维加斯。大家都对政府花费 160 亿美元在地上挖一个注定要失败的大洞感到震惊。

“这是一笔荒唐的支出，”布兰德写道，“它基于20世纪50年代的观念，基于一系列强烈的政治表态，旨在安抚那些几乎对科学不感兴趣，同时对什么都持怀疑态度的批评者。”然而，当天晚上，一行人便重新振作了起来。他们相信自己是足够聪明的，是可以规避刚刚看到的陷阱的。

布兰德没有考虑到的一个问题是，对于在那一带生活了上千年的部落来说，尤卡山是一块圣地，这也将成为反对该设施的一个重要因素。但是，后来他还是认可了当地人的智慧。他与环保运动公开决裂时，引用了朋友斯奈德的话说道：“对于我们所去的地方，美洲原住民那里有一些东西值得我们学习。那是从别处都学不到的。”

因为有着在壳牌石油公司工作的经历，施瓦茨对于重大的能源经济学有着最好的领悟力。他确信，最快半个世纪后，今天被视为废料的东西，届时将成为可回收的宝贵能源。在希利斯看来，开挖那样的洞只需花费数亿美元。他的想法是，先将那些废料安全保存100年，同时骑驴找马，进一步思考如何长期保存那些有着长达上万年放射性的物质。

布兰德认为，这个问题完全有赖于长期的规划。他写道：“恒今基金会所推崇的正是几乎相反的长远思考——**启动一个事件框架，使一个过程具有强大的适应性，随着时间的推移保留并增加可行的选项。”**[3]

参观结束后，布兰德和施瓦茨都确信，核废料并没有环保运动者所描绘的那样可怕。在布兰德看来，核废料一直是个重大问题。编撰《协同进化季刊》时，他收录过反核文章。现在，他意识到自己可能错怪了核能。

发表《环保异端》，支持核能与转基因生物

一天晚上，布兰德正仰躺在床上睡觉，他向右翻了个身。在这猛地一倾之间，他觉得整个世界都陷入了可怕的旋转，停也停不下来。

惊恐之余，他大声地叫喊着："救命！"费伦醒了过来，很快就将惊恐不安的布兰德送到了马林综合医院的急诊室。

医生检查后告诉他，这是犯眩晕了。这对于 60 岁出头的人来说很常见，不足为怪。医生教了他埃普利手法（Epley maneuver），让他通过这种疗法自己控制眩晕症，然后就打发他回家了。

但他并没有痊愈。他再次发现自己被可怕的情绪波动困扰着，这种情绪波动有时会转变为恐惧，这种转变背后也没有什么能让他看得出来的原因。开车过金门大桥时，他的场所恐惧症会发作。在公共场合露面让他感到不适，机场排起的长队会让他突然感到害怕。他心里有一种挥之不去的恐惧感，总害怕自己会突然犯眩晕，一不留神就昏倒了。

布兰德越来越害怕自己发病，但很快他发现，自己的抑郁症又复发了。自 20 世纪 60 年代末、70 年代初以来，他再也没有经历过这样黯淡无光的时候。当时他接受了治疗，离开了第一任妻子，又开始了一段新的感情，让自己从深陷其中的灰色世界中解脱了出来。2002 年底，一团类似的乌云再次笼罩着他。此刻，他刚满 64 岁，他觉得自己似乎有点飘忽不定，在事业上也感到茫然无措。他在日记中写道："我觉得我缺乏一条能提起我兴趣的新路子，有了它才能照亮我生活中的一切。"

投身于工作也无济于事。有时他会服用劳拉西泮来对付眩晕，这是一种

很常见的抗焦虑药物。但他也在寻找其他疗法。针灸没有起作用，反而让他觉得自己是在与庸医或者医疗骗子打交道。他让自己专注于自己所关心的一切，关注恒今基金会、照看“米伦号”、经营他的婚姻和友谊，还利用闲暇时间去远足和健身。但这些努力都于事无补，他还是觉得自己的人生出现了一个空洞。

费伦告诉他：“并没有什么值得你沮丧抑郁的呀。”他觉得她说得对。最后，一位神经科医生给他开了一种叫左洛复的常用抗抑郁药，将他从深渊中拉了上来。当他发现自己并没有处于害怕失去一切的境地后，一切事情都迎刃而解了。

在布兰德持续同抑郁症做斗争时，同年，施瓦茨邀请他加入全球商业网络的一个团队，他发现了有关核谜题的第二块拼图。五角大楼给了该团队一份价值 1 万美元的合同，让团队出具一份报告，概述气候突变会造成何种影响。

这项任务来自五角大楼净评估办公室的安迪・马歇尔。已有越来越多的证据表明，地球气候的突变正相对频繁地发生，这些新的科学数据引起了马歇尔的注意。前一年，美国国家科学院发表了一份报告，其中推测，气候的快速变化可能会对人类社会和生态系统造成巨大的影响。

早在 1977 年，施瓦茨就意识到气候变化对人类社会的潜在影响，当时斯坦福研究所曾就这一主题率先发表过一份报告。他深入研究了气候方面的科学文献，很快得出结论：**气候变化可能是突然的，也可能是极端的。**

宾夕法尼亚州的地质学家理查德・阿利（Richard Alley）也参与了五角大楼的这一会议准备工作。1998 年，他曾在《自然》上与人合著了一篇关于气候突变的文章。布兰德也参与进来，并以此为借口，会见并采访了许多气候学家，其中包括斯坦福大学的著名生物学教授斯蒂芬·施耐德（Stephen Schneider），他有着坚定的环保主义者和"气候战士"之称。

该报告的草案于 2003 年 6 月拟好，由施瓦茨和道格·兰德尔（Doug Randall）共同撰写。兰德尔是一位与全球商业网络合作的情景规划独立顾问。最终的报告于 10 月完成。[4] 马歇尔批准了全球商业网络授权《财富》发表一篇文章，阐述了他们这次的成果。这份报告此后产生了更为巨大的影响。

2004 年 1 月，该报告以封面故事的形式，以"五角大楼的气候噩梦"为标题，描述了气候变化造成的影响，这种场景最早将在 2010 年便可切身感受到，并声称：

> 全球变暖造成的气候变化不是缓慢的、跨越数个世纪的，它可能会将气候推至一个引爆点。越来越多的证据表明，主导世界气候的海洋 - 大气系统可以在不到 10 年的时间内从一种状态突变至另一种状态。这好比慢慢倾斜的独木舟，到了某一个转折点就会突然倾覆。[5]

这份报告在国际上引起了巨大反响。在布什时代的鼎盛时期，所有人都惊讶地看到，五角大楼正挺身而出，将气候变化视为国家安全问题加以强调。对于布兰德和施瓦茨来说，这也让核能问题有了一个圆满的答案。布兰德乐观地相信，新一代的核能技术会降低灾难性堆芯熔毁事故的风险，避免类似于三里岛事故和切尔诺贝利事故的发生。

而最先公开发表看法的是施瓦茨。2003 年，他在《连线》杂志上发表的一篇文章中提出，在其他可持续能源技术发展成熟之前，核能的利用可作为一种“权宜之计”。[6]两年后，他与斯潘塞・赖斯（Spencer Reiss）合著了另一篇文章，对核能给予了更为强烈的支持，文章中宣称“现在就要用核能！”。[7]

2003年，两位变节的环保主义者，即迈克尔・谢伦伯格（Michael Shellenberger）和特德・诺德豪斯（Ted Nordhaus）创立了突破研究所，倡导运用技术解决环境问题，这背离了环保运动反对核能的立场。第二年，他们发表了一篇题为《环保主义是否已死？》（*Is Environmentalism Dead?*）的宣言，在美国环保运动中引发了一场关于核能的激烈辩论，这让谢伦伯格和诺德豪斯受到了一批主流环保主义者的攻击，其中为首的是塞拉俱乐部的主席卡尔・波普（Carl Pope）。

长期以来，美国环保运动的内部一直存在着相互对立的派系。早在19世纪，约翰・缪尔和吉福德・平肖（Gifford Pinchot）就对环境保护持有截然不同的观点。缪尔认为荒野应该被原封不动地保护起来，不受人类的侵扰。而美国林务局的创始人平肖则认为，环境应该在供人类开发利用的前提下得到妥善保护，因为人类是环境重要的组成部分，是不可分割的一部分。

20世纪60年代初，布兰德曾在俄勒冈州与印第安人有过接触，受此影响，他素来站在环保运动的“资源保护主义”一边，与缪尔所代表的“自然保护主义”大相径庭。如今，在以技术为核心，与企业站在同一阵线的全球商业网络下生活和工作，他也越发认同平肖的主张，即在开发利用自然环境的前提下，人类也有责任为了其利用价值而保护它。

柯克曾描述过他所谓的“保守的自然保护主义者”。他们更倾向于在政治上持保守的观点，或者说倾向于不关心政治，他们并非反资本主义者，并能坦然接受技术。他的这一世界观可以追溯到泰迪・罗斯福（Teddy Roosevelt）

的“明智利用”式的资源保护主义他也将布兰德及《全球概览》式的反主流文化环保主义置于美国环保主义中重焕了生机的实用主义的背景之下。因此，20世纪60年代末至70年代初，虽然布兰德在一场新环保运动的发起中起了重要作用，但是散伙后，他还是坚称，自己并没有放弃投身于环境管理与保护中并坚守责任。他辩解道，他的争论关注的是手段，而非目的。

剖析布兰德自2004年以来对主流环保运动的排斥，我们可以发现，在他的新世界观里，有一部分明显根植于他长期以来对左派政治的反感，这可追溯到20世纪50年代，他那以个人自由为核心的理想；另一部分则是他对新卢德主义环保主义者的排斥，后者提出了对技术可能带来的意外后果的担忧。对于那些过早警告新技术的阴暗面，最后却对所谓的“意外后果”顶礼膜拜的人士，布兰德一贯怀有敌意。这也成了他的处世哲学的一部分，他会避开贝特森的告诫，同时关注矛盾的两个方面。

2005年5月，布兰德发表了一篇题为《环保异端》(*Environmental Heresies*)的文章，借此加入了日益激烈的辩论。这篇文章是受贾森·庞廷(Jason Pontin)之邀而写的。庞廷是跑山健身的伙伴，在互联网泡沫时期编辑过《红鲱鱼》(*Red Herring*)，后来转至剑桥市，为麻省理工学院编辑《科技评论》(*Technology Review*)。

布兰德先是受考尔索普的影响，后来又受罗伯特·纽沃思(Robert Neuwirth)的著作《影子城市》(*Shadow Cities*)的影响，该书大体上对贫民区和棚户区给予了积极的解释。多年来布兰德一直在做着“绿色环保城市”(Green Cities)主题的演讲，他提出城市化对于环保主义者可能是一个良机。现在，他断言，在10年之内，转基因生物将得到环保运动的接纳。他将矛头对准了自己的前导师埃利希及其在《人口爆炸》一书中的论点——城市化正大幅减缓人口增长的趋势。最后，他又批评自己的朋友洛文斯，指责他劝服了环保人士相信绿色环保的电动汽车是可行的，却没有同样劝服环保人士相信用核能也是可行的。

仅仅几周的时间，布兰德的论点就吸引了全国的观众。《纽约时报》的环保记者费利西蒂·巴林杰（Felicity Barringer）用头版头条对此做了报道，标题为《老对头对新式反应堆的态度不再强硬》（*Old Foes Soften to New Reactors*）。[8] 报道中引用布兰德的话说道："倒不是说核能技术发生了什么新的、重大的、美好的变化，而是全球气候发生了新的、重大的、糟糕的变化。"报道的结尾援引了施瓦茨在《连线》杂志上发表的文章，并提出批评者们将之形容为"右倾的、切尼崇拜式的胡说八道"。

这场辩论让布兰德登上了巡回演讲的舞台，这比经营城市规划组织还赚钱。2006 年 5 月，他到核能研究所（Nuclear Energy Institute）为一群核能领域的重量级人物做了一次演讲。他说道，由于气候变化，此刻在座的大家都成了环保人士。"这些天，我的幻灯片都配上了音频，"他在给伊诺的信中写道，"我用原子弹爆炸的声音震撼了他们。他们真的跳了起来！然后我又展示了所有人都能看到的核电站的一座座冷却塔如何一步步变成核爆炸的蘑菇云。随后，我把同一张冷却塔照片变成了大树树干以上的美景，还有一只知更鸟在欢快地歌唱。工程师们就被打动了。"

20 世纪 70 年代，当布兰德还在为布朗效力时，参观航天飞机的大型机器给他造成的那种反胃感，确实已被他抛到了九霄云外。

出版《地球的法则》，与理查德·洛克菲勒成为密友

创办了医疗知识直达公司之后，费伦很快发现，对于一家初创公司的女

性首席执行官来说，要让人们回复她的电话很难。

有一段时间，她考虑换新的名字来解决这个问题。在缅因州度假时，布兰德好心地建议她给自己取名为“伊莱克特拉”，这是他们房东的名字。不过，在 44 岁时，她开始起用自己的中间名瑞安，这个名字在电话留言中不会提示出性别。在满是男性风险投资家的房间里演讲时，她也表现得严肃多了。[9]

她很快意识到与收购她公司的 WebMD 高管们共事让她很不舒服，于是她便离职了，开始为恒今基金会做事。在那里，她参与创立了所有物种项目，并最终成为该项目的行政主管。该项目是凯利的点子，旨在为地球上的所有现存物种编纂一个目录，并将之放入公共档案馆中供人们阅览。他们曾估计，这项事业可能要耗资 10 亿～ 30 亿美元。但到了 2002 年底，由于互联网泡沫破灭危机爆发后，基金会无法给项目提供足够的资金，该项目基本上就被搁置了。

两年后，费伦抓住了基因测序成本下降的良机，成立了 DNA 直达（DNA Direct）公司。它是最早的直接面向消费者提供基因检测服务的公司之一。在她时常出席的一个医学会议上，她在排队登记时遇见了理查德・洛克菲勒（Richard Rockefeller）。后来，布兰德夫妇与洛克菲勒夫妇成了密友。

《纽约时报》曾以“一个不以财富而闻名，而是以其努力帮助他人而闻名的洛克菲勒”为题为洛克菲勒发过讣告。[10] 从洛克菲勒身上，布兰德无比清晰地看到了一个负责任的领袖的品质。在他看来，这无关社会阶层，只关乎一个负责任的人在这世上应该如何表现。

布兰德的财富哲学一直都很复杂。长期以来，他一直认为自己拥有上流社会的背景，在菲利普斯埃克塞特学院和斯坦福大学接受过教育，而且有一小笔家庭资金，必要时可以拿得出来。

与人合伙创办全球商业网络让他能够领上 20 年的高薪，也给他留下了一笔 40.1 万美元的相当可观的退休基金。但他创办的其他项目都是非营利性的，而且《全球概览》创收的财富都被用在了成立要点基金会上。

费伦也没有继承多少遗产。后来夫妇俩买下了“米伦号”，再加上 2005 年，又在索萨利托以北 16 千米的佩特卢马河之畔买下了一小座奶牛场用于周末度假，他们的钱几乎都花在了维护房子上。遇上费伦之后，布兰德就卖掉了自己在布雷顿角岛的房产。

解散派对的经历让布兰德确信，金钱并不能激发创造力。然而，他在 20 世纪 70 年代日渐增长的名气，以及他参与创办的商业网络，都让他越来越多地接触到巨额财富，给他打开了一扇通往权力和特权的窗户，使他迈入一个曲高和寡的世界。不管是搭乘卡尔斯顿的专机飞往阿斯彭参加恒今基金会的董事研讨会，还是在夏威夷与贝佐斯共度良宵，都是那样令人陶醉。这证明了他那日益显著的精英主义观点，但与此同时，**他一如既往地相信，伴随着特权而来的，是对社会的责任感。**

他看到，他认识的一些“富于创新精神且投身于商界”的人士，“在还很年轻的时候就迅速地发迹了”。突然间，他们的金钱成了生活中的一个大问题，这破坏了他们的婚姻，或者又缔造了新的婚姻，扭曲了他们的价值观和性格，也让他们大大地分了心。他认为，那些人只能相互之间寻求帮助，别无他法。

此外，当其他人看到世界上存在着极度的贫困时，布兰德却异常乐观。

他认为富裕本身并不是一件坏事。他总结道，改变人生的财富有多种层次。如果财富用到正确的地方，并造福世界，富人对社会的贡献会大得多。

这几年来，布兰德一直在构思写一本新书。在 2003 年拜访了简·雅各布斯之后，他一度考虑写一本《曾祖辈》(*Great Grand*)，阐述长辈的价值与责任。后来，经过重新构思，他决定把关注点放在富人身上，而不是老年人身上。

“书名就叫《如何发家致富》(*How to Be Rich Well*)。”布兰德在一封致布罗克曼的电子邮件中写道。“我想多了解一点。”布罗克曼回复道。

一周后，具有自由意志主义倾向的专栏作家约翰·蒂尔尼（John Tierney）为布罗克曼撰写①了一篇溢美的传略，刊登在了《纽约时报》上。

“斯图尔特·布兰德已成为环保主义的异端分子，虽然那场运动是在他的助力之下发起的。但是，他也不打算一直孤军奋战下去，”蒂尔尼写道，“他预计其他环保主义者很快也会像他一样热衷于核能。他们将不再担忧人口的增长，开始欣赏不断扩张的超大城市；他们将不再担忧‘弗兰肯斯坦食品’，而是接纳基因工程。”[11]

尽管蒂尔尼已经简洁地概述了一个再清楚不过的写书方向，但布兰德的目光仍放在了如何发家致富和如何负起社会责任上。第二天，一份布罗克曼四处传阅的两页纸的关于《如何发家致富》的提议，作者正是布兰德。

“如今，世界上有数十亿人正努力摆脱贫困。他们努力的方向是什么呢？”布兰德写道，“他们看向富人寻求答案。富人是一笔伟大的公共财产，他们是努力的目标，是人们的榜样。他们自己也是创造者，因为他们事业有

① 此处疑为原文有误。根据上下文，这篇传略应该是为布兰德写的。——译者注

成，因为他们谙熟如何发家致富。”布兰德的这份提议所描述的书，将从生活方式和道德方面为富人提出建议。他相信，只要他不公开富人的真实姓名，他们就会敞开心扉，谈论自己的生活和财富。“我知道，富人会跟我对话的，因为我曾尝试过，”他写道，“事实证明，他们信任我。同时，对于向别人传授发家致富的经验，以及向别人学习发家致富的经验，他们都非常感兴趣。”

他打算从他熟悉的老富豪家族开始：“理查德·洛克菲勒和他的姐姐佩姬、威廉·伦道夫·赫斯特三世（William Randolph Hearst III）、胡安·恩里克斯（Juan Enriquez）、雅各布·萨弗拉（Jacob Safra）、理查德·蒂埃罗（Richard Thierot）、尼恩·麦克沃伊（Nion McEvoy）、尼古拉斯·尼葛洛庞帝，也许还有德文郡公爵夫人（Duchess of Devonshire）……”他还在这份名单中加上了他的新富豪朋友：“理查德·布兰森爵士（Sir Richard Branson）、杰夫和麦肯齐·贝佐斯（Mackenzie Bezos）、皮埃尔和帕姆·奥米戴尔（Pam Omidyar）、米切尔·卡普尔、内森·梅尔沃德、苏茜·汤姆金斯·比尔（Susie Tomkins Buell）、加勒特·格吕纳（Garrett Gruener）、谢尔盖·布林（Sergey Brin）、拉里·佩奇、约翰·杜尔、史蒂夫·乔布斯。”

为了佐证自己的提议，他提出，早在1982年他就认为，世界的前进方向是由富人来引领的，如果富人引领不利，世界将一事无成。为了响应这一观点，他曾围绕“创造性慈善”的主题举办了数场研讨会，力图协助一群被称为“甜甜圈”的不如意的财产继承人，用他们的财富做一些有用的事情。

的确，在美国有很多人崇拜富人，但是布兰德的提议却没能辨别出索尔斯坦·维布伦（Thorstein Veblen）所说的“炫耀性消费”。例如，“应付奢侈品是一个巨大而棘手的问题，需要几章的篇幅，涉及从多套房产的负担到要命的直升机”。尤其是崇敬布兰德的那一代人，大都不像他那样有机会接触得到巨富，也不像他那样崇拜巨富。所以，假如布兰德这本书出版了，很可能会有损他的声誉。

幸运的是，这项提议产生了巨大的反响。众多出版商纷纷回信，表示有兴趣买下布兰德写的书，只不过不是这一本。

布兰德只用了一周的时间就整理出一份新的写书提议，布罗克曼也只用了差不多的时间，就把提议卖给了企鹅出版集团，它也是《全球结语》的出版商。这次拍卖的预付款高达 47.5 万美元。

这将是他最好写的书。自 2007 年的春天开始，他便全身心地投入亲技术的环保主义愿景之中，即致力于通过利用科技而非拒绝科技来对抗人类对地球造成的有害影响。他将自己的论点聚焦于 4 个主题，旨在重新定义绿色环保：大规模的城市化、全球化、生物技术，以及碳减排能源。绿色环保基础源于他的一个信念：人们对自然资源的保护和可再生资源将会严重不足。

起初，他给新书取名为《着眼全球思考，立足全球行动》(*Think Globally, Act Globally*)。但经过商讨，最后敲定的书名是《地球的法则》。布罗克曼为新书想了一个副标题《生态实用主义宣言》(*An Ecopragmatist Manifesto*)。后来布兰德对这个副标题感到后悔。他希望人们把他的新书看成新闻报道，而不是辩论文章。

2009 年 7 月，距离《地球的法则》出版还有几个月，布兰德在一群来自美国国务院的听众面前概述他的新书，他称这本新书是《全球概览》的补充。他虽然没有一身反主流文化偶像的装扮，但也没有穿着东海岸的西装。

他穿着一件深棕色的衬衫，系着一条鲜艳的青绿色领带。开始的时候，他先是背诵了自己年少时承诺过的《户外生活》杂志提出的环保誓言，以此确立自己作为环保主义者的态度。

“我仍然相信这一誓言。”他告诉听众。

然后，出于国务院听众的缘故，他补充道：“西方的崛起已经结束。”他解释说，在发展中国家里快速崛起的城市才代表了世界的未来，并对环境产生了积极的影响。随着农村人口的外流，大自然可能会重新夺回人口减少的土地。此外，人们迁入城市后，生育率会降低，从而减缓人口爆炸。

随后，布兰德将话题转向了气候。他断言道：“在这个问题上，我的环保主义同行是非理性的、反科学的，也是非常有害的。”他还抨击了绿色和平组织（Greenpeace）和地球之友组织（Friends of the Earth），因为它们反对在非洲推广转基因食品。他总结道：**“既然吾辈皆神，那就必须好好做神。”**

地球日过去将近40年后，布兰德以全新的面貌站在人们面前。布罗克曼曾给《地球的法则》贴上了“宣言”的标签，而现在，也许带着几分不情愿，布兰德再次成了活动家。

在20世纪60年代，他和克西一样蔑视反战运动。后来，他又对新左派产生了反感。他在60年代为环保行动主义付出的努力、他提议拍摄的纪录片《救生筏地球》（*Life-Raft Earth*），以及组织联合国人类环境会议斯德哥尔摩生命论坛的经历，都让他相信行动主义并不会产生什么效果。然而现在，他打算改变那些曾被他谴责为保守的浪漫主义者的环保主义者，不仅要让他们拥有科学的世界观，还要有工程学鉴赏力。他的新口头禅是**“我们所**

说的大自然和人类是息息相关的"。从某种意义上说，这一世界观最初是在他访问俄勒冈州的印第安人保留地时偶然发现的，现在他又回归了这一世界观。但这之间经历的转折，是他在制作节目《美国需要印第安人！》的那些日子所不曾预料到的。这也将使布兰德与曾经的密友产生分歧。

告别自由意志主义，与艾默里·洛文斯的友谊画上句号

2009 年 10 月，《地球的法则》出版后，有的人认为它是振奋人心的战斗口号，有的人则认为它是背叛。因为他赞成利用大规模的城市群、转基因食品、核能和地球工程来防止全球变暖。这相当于下了战书，让很多绿色环保人士感受到了背叛。

在写作该书的时候，一想到在与过去背道而驰，他就特别享受。但在某种意义上，他又觉得这本书重申了 40 年前编撰《全球概览》的初衷。1968 年秋天，他在《全球概览》的开头说道："既然吾辈皆神，那就不妨好好做神。"在《地球的法则》开篇，他有了新的题词："既然吾辈皆神，那就必须好好做神。"这一变化强调了他的一个看法：气候变化会威胁到人类的生存。

然而，《地球的法则》也标志着布兰德与自己年轻时信奉的自由意志主义和自己动手的哲学彻底决裂。1995 年，两位英国学者在对他们所谓的"互联网新自由主义"（dotcom neoliberalism，嬉皮士自由意志主义和保守主义经济学的混合）进行批判时，将他人生早期的观点称为"加州意识形态"（California ideology）。

社会学家托马斯·斯特里特（Thomas Streeter）和传播学理论家弗雷

德·特纳（Fred Turner）进一步证明了布兰德早年的观点。他们都从《全球概览》到20世纪80年代中期开始出现的自由意志主义网络文化[12]中梳理出一条思想观念上的线索。然而，这些评论家似乎都没有意识到，远在数字文化出现之前，布兰德曾在萨克拉门托为布朗当了一年顾问，彼时他对好政府价值的看法，后来发生了很大程度的变化。布兰德认为，休伊·约翰逊在20世纪80年代初担任加州自然资源部长时"极度高效"，证明了"在州一级采取明智、综合的政策，可带来多么巨大的长效益处"。斯特里特和特纳还忽略了一点，布兰德认为自己在WELL的基础上创建一种切实可行的、非营利性的数字文化的努力几乎是失败的。他们也没有区分开布兰德原先的技术乌托邦主义和与以硅谷为中心的数字自由意志主义，同期冒出来的还有一群在斯坦福大学接受过教育的土耳其年轻人，他们在互联网泡沫时代有着"PayPal黑帮"的绰号。后来，还是乔纳森·塔普林在其2017年出版的著作中将这两者进行了区分，那本书名叫《冲击波》。

在《地球的法则》一书中，布兰德提出了一个完全不属于新自由主义的论点："气候挑战涉及的范围过于广泛，仅凭草根团体和企业是无法应对的，无论你是多么绿色环保。这需要政府颁布法令、制定规则并加以执行来应对。"[13]

布兰德对奥尔多·利奥波德（Aldo Leopold）的观点完全赞同。后者是一位作家、哲学家和生态学家，也常被视为野生动物管理科学之父。布兰德把利奥波德的《沙乡年鉴》（*Sand County Almanac*）视为"圣经"。这本文集列举了一种土地伦理，涉及的是人类对所居住土地的责任。布兰德认为自己不应当放弃这种义务。相反，他呼吁一场新的绿松石运动，这类运动结合了绿色环保行动主义和一种亲科技的态度。用他的话说，就是科技对于我们居住的蓝色星球是友好的。

在为即将到来的气候危机描述其紧迫性时，布兰德先是援引了好友詹姆斯·洛夫洛克的观点。正是这位打破传统的环境理论家第一个在《协同进化季刊》上提出了盖亚理论。布兰德早就知道洛夫洛克是一位温和的乐观主义者。洛夫洛克曾于 2007 年 10 月在英国皇家学会发表了一次演讲，布兰德读到那次演讲的讲稿时，深为触动。洛夫洛克认为，北极冰层的融化正在加速全球变暖，并补充说，地球大部分地区变得不适合居住的时间，将比当时的气候模型所预测的时间提前几十年。唯一的解决办法是进入战时紧急状态。全世界需为安置气候难民做好准备，并要考虑依靠地球工程方案来争取时间。

布兰德向洛夫洛克致电，希望了解更多细节。

“人们没有意识到，我们的时间所剩不多了。地球正在发生变化。”洛夫洛克解释道，全球变暖将使地球的平均温度上升 5 摄氏度。

“这样的一个世界还能养活多少人？”布兰德问。

“啊，我认为不到 10 亿人，”洛夫洛克答道，“气候会变得过热，连作物都无法生长。”对布兰德来说，这促使他对激进方案的呼吁，而那类激进方案倡导的行为远远超出了大部分环保运动愿意考虑的范围。

为了进一步佐证自己的观点，布兰德又援引了索尔·格里菲思（Saul Griffith）的观点。格里菲思是麻省理工学院培养出来的材料科学家，曾荣获麦克阿瑟天才奖，还巧妙地发明了一种基于系绳高空风筝的风力发电系统。2008 年，在一次 TED 大会的晚宴上，布兰德认识了格里菲思。后者向布兰德介绍了 Renewistan 的概念，即风能和太阳能等可再生能源要产生足够供应全球人口的电力所需的土地面积。

格里菲思告诉布兰德，简单的计算证明，这需要一个澳大利亚大小的陆地面积，以及一个需要我们全身心投入的极其昂贵的开发项目，并且牵涉全球每一个国家。这样的预估也只是比洛夫洛克的预估稍微乐观了一点而已。布兰德引用格里菲思的盟友、英国物理学家戴维·麦凯（David MacKay）的话说："我并不是要支持核能，我只是赞成计算的结果。"[14] 或许值得注意的是，一些批评布兰德和格里菲思的绿色环保人士对于格里菲思的计算也持有异议。[15] 与此同时，施瓦茨称，站在对立立场的洛文斯在一次辩论中说他俩已放弃了核能。

随着布兰德越发明显地拥护核能，他与洛文斯在这一问题上的分歧也越来越尖锐，使得他们冷面相向。布兰德试着解释道，在核能问题上他设法持一种相对开放的态度。洛文斯回应说："你越向我解释你的核观点，我就越觉得你被蒙骗了，这会让你的声誉面临空前严重的风险。"布兰德虽然参加过洛文斯的婚礼，也在《协同进化季刊》上给后者发表过几篇文章，但当时他曲解了这封信的内容，以为洛文斯是在拿他的声誉相威胁，于是决定和洛文斯绝交。

在研究中，布兰德对格威妮丝·克雷文斯（Gwyneth Cravens）的观点也有严重的依赖性。克雷文斯是一名小说家兼《纽约客》作家，曾是反核斗士，后来她改变了看法，并在2007年写了《改变世界的力量》（*Power to Change the World*）一书。布兰德曾致电克雷文斯，询问是什么让她改变了对核能的看法。"有两个方面，"她回答道，"基本负载和占用的空间。"[16] 她的部分论点与格里菲思一致，其余的论点则聚焦于风能和太阳能最具挑战性的方面，即它们不能持续地发电。

《地球的法则》出版当天，环保网站Grist发文章称，"斯图尔特·布兰德的核热忱不符合事实与逻辑"。这是洛文斯对书中聚焦于核能一章的初稿的猛烈抨击[17]。而这篇文章提炼自另一篇两万字的长论文——《关于核能的四个错误观点》(*Four Nuclear Myth*)，洛文斯很热心地附上了那篇论文的标题。

洛文斯在文章的开篇说道：“我和斯图尔特·布兰德是多年的朋友。”但他的文章一点儿也不友好。文章的结论是，虽然布兰德有着“环保偶像”的声誉，但其持有的观点会令气候恶化、增加安全风险。

布兰德感觉自己中了埋伏。他抱怨道，洛文斯都没有读完他的整本著作，只读了核能那一章的初稿，有人在没有事先告诉布兰德的情况下把初稿传给了洛文斯。人们普遍认为核电的成本极高，而布兰德将此归咎于洛文斯。他认为洛文斯完全没有抓住他的论点实质，那就是技术的创新潜力。他甚至提出，要实现洛文斯念念不忘的目标之一，即分布式发电，小型的微反应堆实际上可能是最有效的途径。布兰德认为，由于“对于核能持续不断的敌意”，洛文斯实际上助长了人们对煤炭和天然气日益深重的依赖。[18]一份曾经很热络的友谊到此画上了句号。

一些绿色环保斗士对布兰德的新书即便说不上赞同，但也表示尊重。首次地球日的组织者丹尼斯·海斯（Denis Hayes）提出，布兰德对下一代核电站的信心体现了其标志性的技术乐观主义：“如果我们认真地投入研发，第四代核反应堆也许会在 21 世纪 30 年代投入商业使用。而在那之前，如果我们未能建立起一种高度依赖于太阳能、成本可接受的储能和智能电网的经济模式，全球变暖会要了我们的命。”[19]

《地球的法则》的余波，人生当中最糟糕的一晚

《地球的法则》出版后，在全新的社交媒体界也引起了不小的轰动。布

兰德也从他的许多朋友和全球商业网络的同事那里听到了一致的热情赞誉。而对此书感到不悦的，也并不只有传统的环保主义者。电子前线基金会的联合创始人之一、自由意志主义者和坚定的隐私激进分子约翰·吉尔摩在一条消息中说道，他认为布兰德已经掉进了末日陷阱里，并指责布兰德放弃了自己的自由意志主义原则。他写道："它（全球变暖的威胁）在你身上激发了完全相同的反应——抛弃你的理智和原则……"

然而，在布兰德仍很重视的主流媒体界，关注却少得多，实际上人们对他的新书充耳不闻，他将此归咎于洛文斯的抨击。布兰德认为，由于洛文斯被人们视为绿色科学的代言人，他的批评导致了评论家们的抵制。就连他家乡的日报《旧金山纪事报》也没有对此书加以评论，他认为这是对他个人的侮辱。他常看的另一份日报《纽约时报》有 5 个月的书评版块没有提到《地球的法则》后来也只是在一篇文章中顺带提及一下，而那篇文章对一大堆副标题有着"宣言"字样的著作都持怀疑态度。布兰德也收到了多份提议，要他在广播和电视上与洛文斯辩论，但他生硬地拒绝了。他回答说，既然辩论双方的观点和立场都已摆上了台面，他书中的章节就已经是他的回应了。

媒体关注的欠缺导致了新书的滞销，这令他的出版商感到失望。但数月后该书在英国出版，引起了巨大的反响，与之前形成了鲜明的对比。英国的所有报纸都以严肃的态度评论了这本书。

不到一年，该书出版了平装本，并有了一个新的副标题"密集型城市、核能、转基因作物、荒地修复和地球工程缘何必要"（*Why Dense Cities, Nuclear Power, Transgenic Crops, Restored Wildlands, and Geoengineering Are Necessary*）。然而，之后不久，布兰德就在伦敦遇到了一个更具挑战性的难关。

英国电视四台制作了一部纪录片，叫作《绿色环保人士错在哪里》

（*Where the Greens Went Wrong*），其中主要以《地球的法则》的主题为依据。该电视台邀请布兰德前去伦敦，在这部纪录片原定播出的第二天参加一个座谈会。与此同时，《地球的法则》的意大利文译本也出版了，所以布兰德也受邀去意大利参加巡回售书活动，因为他在意大利的名气很大。按计划，他要先到意大利参加巡回售书，然后飞往英国参加电视台的辩论，最后再返回意大利。

这趟旅程从一开始就波折不断。费伦的姐姐凯瑟琳罹患癌症，命不久矣。在欧洲之旅的途中，得知姐姐旧病发作，奄奄一息，悲痛的费伦立即开始规划搭乘航班返回美国（凯瑟琳于一个月后病逝）。与此同时，布兰德的老友兼全球系列书刊编辑、环保主义人士彼得·沃肖尔也遭受着癌症的折磨，情况十分危急。“下周我就 72 岁了，”布兰德在给伊诺的信中写道，“这些天我感到我们这帮人已经半截入土了。”

这部纪录片在播出前，就已在环保主义者之间引起了轩然大波。因为人们清楚地认识到，它实际上是一部反对绿色环保运动的歪曲事实之作。10 月初的时候，布兰德收到的一封邮件让他捏了一把汗，发件人是塞拉俱乐部的前主席亚当·韦巴赫（Adam Werbach），后者认为布兰德是受骗了才接受采访的，而且正在尽己所能，不让自己出现在这部纪录片中。

“斯图尔特，我一直都非常尊敬您。即便我不赞同您的观点，但您诚恳的努力也鼓舞了我。对于那些为建设更美好的地球而奋斗的人，您总是努力地去帮助他们改进工作。”他写道，“但我很担心，这部纪录片会带来完全不同的后果。”

英国媒体大做文章：“在荧屏上还有什么能比一位嬉皮士忍辱含垢更有看头呢？也许只有把他们一系列的经历塞进一部纪录片中放上一个多小时，

以此控诉一个声称为时代精神发声的压力集团在思想上犯下的罪行。”一位评论家在《独立报》上如是说。[20]

更糟糕的是，到了意大利后，布兰德惊恐地发现，意大利的核电工业秘密地赞助了这本书的出版，因为有一名记者用布兰德不知道的证据与他进行了对质，而布兰德一直在竭力避免这类情况发生。早在 2008 年 2 月，美国最重要的亲核行业组织就曾找过布兰德，打算授予他年度奖，以表彰他“为技术发展、改善监管环境或推动核能的公众接受度做出了杰出的贡献”。布兰德礼貌地谢绝了，并解释说这样的奖项会损害他的独立性：“面对亲核能的观众，我谈绿色环保；面对倡导绿色环保的观众和大众，我谈核能以及其他事情。我的立场是拥护绿色环保，而不是亲核能。这就是我处事立竿见影的原因，真实的情况就是这样。你们明白，这样的奖项会对此造成怎样的混淆。”而在意大利，一切都已无力回天。

在伦敦举办的晚间辩论呈现出一边倒的状况，布兰德和马克·莱纳斯（Mark Lynas）度过了他们人生当中最糟糕的一晚。莱纳斯是英国记者、环保斗士、志趣相投的绿色环保评论家，也在那部纪录片中现身。布兰德的对头则是《卫报》的专栏作家乔治·蒙比奥特（George Monbiot），此人是一位好辩论的环保主义者，曾在牛津大学接受过教育。他认为布兰德在全球商业网络中担任的角色证明了布兰德是企业的托儿，总体来说是一个石油和化工公司小圈子的代言人。当晚，蒙比奥特对布兰德和莱纳斯声色俱厉，断言布兰德在书中的观点是错误的。辩论结束后，布兰德在一封简短的信件中回应道，全球商业网络是一家情景规划领域的咨询公司，而且让这些公司听听一位绿色环保运动的极端成员的意见是很值得的。蒙比奥特在他负责的《卫报》专栏里继续抨击布兰德，而布兰德选择视而不见。几年后，蒙比奥特改变了自己的立场，转而支持核能了。

辩论结束后的第二天，布兰德飞回意大利，完成巡回售书活动。在罗马，他独自在雨中漫步到了罗马斗兽场，惊叹那是何等残酷的地方。他向不同的听众做了一系列的演讲，最后驱车3小时来到了那不勒斯的一家书店，给14个人做了演讲。一位年轻女士恶狠狠地打断了他的话，露出脖子上的疤痕，坚称是核能造成的癌症夺走了她的甲状腺，其实是在暗指布兰德本人。"我对此表示同情，但她实在无理，"他在给伊诺的信中写道，"我们到底做了什么，让这么多人因为这么小的事情而惊恐不已？"

回到美国后，布兰德继续巡回宣传平装版的《地球的法则》。2005年，乔布斯在斯坦福大学的毕业典礼上发表了著名的演讲，鼓励即将毕业的学生要"求知若饥，虚心若愚"，并向新一代的大学生介绍了布兰德。因此，布兰德成为一位炙手可热的校园演说家。

3月，他前往俄勒冈州，在俄勒冈州立大学和里德学院发表了演讲。在里德学院，他还把已搬到波特兰市的儿子诺亚请来听他的演讲。至此他已经做了将近一年半的演讲。在科瓦利斯市发表演讲时，他再次提起了自己的绿色环保人士资格，以此作为开头，到最后得出结论：我们正把地球改造得更宜居，这个进程不能停下来，"因此我们唯一的选择就是好好地改造它"。

第二天晚上，他在里德学院对一群持有更深怀疑态度的学生发表了同样的演讲。其间出现了一小群彬彬有礼的反对者，但他们的热情被晚间的倾盆大雨给浇灭了。学生记者露西·贝尔伍德（Lucy Bellwood）在《里德校刊》（*Reed Magazine*）上报道了这次演讲，文章的标题叫《流氓环保主义者遭到反对》（*Rogue Environmentalist Draws Protest*），文中写道：

> 在回答听众提出的有关核辐射危险的问题时，布兰德大声说道："里德学院就有自己的核反应堆。那些人天天都离它近在咫尺。

但他们并没有什么异样（听众中的反应堆操作人员发出了欢呼声和喧嚷声）……到目前为止还没有。”尽管人群中爆发出了一阵笑声，但许多听众对于核能的优点显然仍持怀疑态度。[21]

造化弄人，他的演讲过去两天之后，就发生了由海啸引发的福岛第一核电站灾难性事故。贝尔伍德在其文章的结尾处提出：“假如布兰德在那次事故之后才发表同样的演讲，这场辩论很可能会激烈得多。”[22]

哪怕时间过去了 7 年，福岛核事故给布兰德留下的记忆依然是那么痛苦，以至于他回想起来的时候，会错误地以为他的演讲和那场事故发生在同一天。严峻的形势开始慢慢显现，随着核电站灾难事故的严重程度逐渐明朗，美国的记者们争先恐后地寻找专家评论。回到索萨利托的布兰德通常会回避那些如雪花般的电话和电子邮件，同时他也在持续关注着那场灾难性事故，并在网上与他的恒今基金会同事进行讨论。

亚历山大·罗斯提出，虽然当时海啸和溃坝造成了数千人死亡，但是并没有人死于核电站事故。布兰德一开始回避了所有媒体的采访请求，这是一个很好的做法。保罗·萨福认同地说：“斯图尔特在这个话题上保持沉默是非常明智的，在危机尚在蔓延的时候为核能辩护是最糟糕的时机。”

早些时候，布兰德幽默地拒绝了旧金山当地电台的一次采访，记者原本就快在截止日期错过那次采访了。他通过电子邮件回复说：“谢谢，无法接受采访。我正在皮肤科医生处治疗太阳辐射造成的伤害。”

然而，核事故两周后，他还是选择坐下来接受《外交政策》杂志（*Foreign Policy*）的采访，并坚定地为核能辩护。他重申了自己的看法，即在太阳能发电和风力发电没法运行的气象条件下，要应对基荷电力的挑战，核能仍然是关键。他还认为，太阳能电池板尚未表现出与硅芯片一样的摩尔定律式快速进步。事实证明，在采访之后的 10 年里，其成本下降了将近 90%。

当被问及福岛核电站事故时，布兰德认为媒体对于此次事故的反应比起三里岛核事故和切尔诺贝利核泄漏时更理性了。他乐观地表示，这次事故不会让美国完全放弃核能。他提出，目前美国有一半的核电来自回收的核弹头，这是与环境之间的一种双赢。“这挺酷的！”他兴奋地说道。

但是，随着全球的公众舆论在此次核事故发生后对核能的态度的急转直下，布兰德被日益边缘化了。自 2001 年开始，人们关于核能复兴的讨论日益甚嚣尘上。2008 年的经济衰退缓和了这一势头，但仍有预测称，全球核电发电量到 2035 年将翻一番。[23] 然而，福岛核事故发生后，亚洲和欧洲各国都退缩了。在美国，天然气以其低廉的成本斩断了任何针对核能的重大新投资。

布兰德依旧毫不动摇。他一遍又一遍地重申，气候形势并没有改变，这使得核能成为必选项。2011 年夏天，他同意与威诺纳·拉杜克（Winona LaDuke）辩论，后者是著名环保主义者，曾在 1996 年和 2000 年两度成为拉尔夫·纳德的绿党副总统候选人。这场辩论将于 7 月在伯克利的戴维·布劳尔中心举行，那里正是布兰德在《地球的法则》中所谴责的浪漫主义环保运动的主场。

《旧金山纪事报》的专栏作家乔恩·卡罗尔（Jon Carroll）在一封电子邮件中取笑他说：“啊，伙计，你这是决定要去辩论了吗？你作为印第安人的环保主义者和摄影师，在这次的戏里演纳粹。”

晚间辩论开始前，布兰德给拉杜克发了一份《美国需要印第安人！》的节目介绍，以及《地球的法则》一书中的几页内容，其中讲述了他于 20 世纪60年代在俄勒冈州印第安人保留地的经历。当晚，他穿着一件蓝色的工作衫，袖子卷到肘部，还戴着一条项链，上面挂着他当佩奥特修路人时用过的鹰骨哨。

这场由《地球岛杂志》(*Earth Island Journal*)编辑马克·赫兹加德(Mark Hertsgaard)主持的辩论差点没能举办起来，“一位有影响力但未透露姓名的环保界人士因为布兰德的亲核立场，反对为其提供辩论的平台”，这一威胁差点儿就破坏了这场辩论。但最后，事情还是取得了进展。[24]

布兰德显然是进了敌营。拉杜克和布兰德的辩论涉及了《地球的法则》中所探讨的一系列话题，从核能到转基因食品，再到地球工程。“布兰德仿佛生活在一个平行的地球上，那里没有企业控制的幽灵，也没有利润动机的困扰。在那里，新技术都是自发、纯粹、无意地出现。”《伯克利星球日报》(*Berkeley Daily Planet*)的记者加尔·史密斯(Gar Smith)写道[25]。

当被问及福岛核事故时，布兰德做了一个很牵强的类比。他先是回顾了欧洲暴发的大肠杆菌疫情，其间造成约20人死亡，数千人患病。然后他喊道:“你却没听到有人要求关闭有机农场！”

随后，在提问环节，当最后一位观众走到麦克风前时，只见布兰德身体前倾，双手放在膝盖上，愉快地微笑着。“你好，科约特！”

在半个多世纪前的旅游节上，彼德·科约特也是与布兰德一起狂欢的人之一。只见他站到麦克风前，质疑了布兰德那“吾辈皆神”的假说。

“我们不过是白痴的专家，”科约特提出，“我们高度发达，我们有伟大的技术，还有运用技术的聪明才智，完全不受智慧的束缚。我的问题是，你的观点中，让人感到不安和有点反社会的一点是，它缺乏质疑。”

科约特又接着说了三分多钟，他质疑了布兰德对技术的信心，谴责他支持了一种会贻害千年的技术。布兰德眯着眼，看着舞台的灯光，回之以苦笑。

他往后靠在座椅上，反驳道：“你不妨到达拉维去发表那番说辞吧，在孟买的贫民窟里有 100 万人正努力摆脱贫困。还记得‘自甘简朴’吗？那是《全球概览》所拥护的……你猜怎么着，那甚至都不是我们的标准。你和我如今的生活比那 10 年间要好，其他人也都想这么做。自甘简朴是一个好理念，但不为人们所接受。自甘简朴就是人们身陷泥淖的地方，也是人们想要摆脱的地方，我和他们站在同一个立场上。”他停了下来，朝观众扬起眉毛。晚间辩论到此结束。

结　语

既然吾辈皆神，那就必须好好做神

WHOLE
EARTH

它们的颜色甚是鲜艳。黑色的背景传递出了M. C. 埃舍尔（M. C. Escher）版画风格的静态运动感，而散布在油画布上的63种植物和动物，描绘出自18世纪西方殖民新大陆以来灭绝的物种。

这幅《消失》（*Gone*）由伊莎贝拉·柯克兰于2004年创作。她是布兰德的前雇员，也是布兰德在索萨利托的邻居。画中描绘了与实物一样大小的鸟类，如笑鸮、大喙雀和卡罗来纳鹦鹉等，以及昆虫和动物，如达尔文稻鼠。它们都在一片无法再现的小树丛中若隐若现，因为树丛里都是已灭绝的植物，比如夏威夷蕨类植物和美丽大百合等。

画中还隐藏着一只色彩斑斓的蝴蝶，叫作泽西斯蓝小灰蝶，几乎让人难以察觉。人们只在旧金山日落区的沙丘地带发现过这种蝴蝶，通常认为它灭绝于1943年之前的某个时间。它有着一个不光彩的殊荣，就是它是第一种因城市发展导致栖息地被破坏而消失的蝴蝶。

虽然人们对它的关注度以及对其复活提案的争论，还比不上猛犸象或候鸽，但泽西斯蓝小灰蝶很可能会成为第一个灭绝后被复活的物种。

复活泽西斯蓝小灰蝶的想法至少可追溯到2000年，但到了2021年，这一想法显然离梦想成真更近了。复活后的泽西斯蓝小灰蝶将成为法国哲学家布鲁诺·拉图尔（Bruno Latour）所描述的“盖亚2.0”理论[1]的有力标志。我们已步入人类纪，完全重塑了地球。我们面临的现实是，既然我们已经认识到人类活动对地球造成的影响，那就需要承担起相应的责任。这样的认识正是布兰德的贡献及其后续相关影响的核心本质。

布兰德和费伦赞助了一场在哈佛医学院举办的小型专题研讨会，会议由遗传学家乔治·丘奇（George Church）主持，主题为“复活候鸽”。此后，在2012年初，恒今基金会便启动了复活与恢复项目。观看了丘奇演示的新型基因编辑技术后，他俩确信，假如能复活候鸽，那么也就能复活其他物种。这为生物多样性的恢复提供了一个途径，也对遏制全球变暖至关重要。

复活猛犸象是有可能实现的，该项目的支持者声称，复活猛犸象将有助于让西伯利亚冻土地带免遭气候变化的影响。现在，通过修改生物体的基因组增强其复原力，拯救因全球变暖而濒临灭绝的物种也是有可能实现的。通过改变珊瑚的遗传结构，从而使其可抵御太阳的漂白效应，就是拯救该物种的一个例子。

这一项目将能够让《全球概览》开篇所设定的理想变得圆满：“既然吾辈皆神，那就不妨好好做神。”73岁时，布兰德开始兑现他当初的承诺，在生物学家、生态学家、城市规划师和政府官员之间组织了一场积极的对话，探讨借助现代生物技术，在旧金山金门国家休闲区的沙丘上再现已经灭绝的物种。

正如《地球的法则》的遭遇一样，布兰德很快就陷入了道德伦理的困境。后来改编成电影的《侏罗纪公园》早就让复活灭绝物种的概念深入人心，人们很快就围绕着复活候鸽和猛犸象可能带来的意外后果展开了类似于小说中的争论。另一个驳论来自布兰德早期的导师埃利希，他认为复活灭绝物种是对资源的浪费，这些资源本可以用来拯救濒危物种的。可布兰德和费伦也在致力于拯救濒危物种。埃利希后来拐弯抹角地承认，复活蝴蝶也许有一些教育上的价值。[2]

然而，复活泽西斯蓝小灰蝶的提议也许最能清楚地反映出布兰德的实用主义取向和乐观主义哲学。光从字面上，它就能让人想起“蝴蝶效应”，揭示出环境中最微小的变化也可能会引发巨大且不确定的后果。这个提议也让人想起布兰德的获取工具的途径哲学以及恩格尔巴特的增智哲学。

这一提议也划定了布兰德的技术乐观主义哲学的界限。蝴蝶效应是布拉德伯里于 1952 年创作的科幻短篇小说《雷之声》（*The Sound of Thunder*）的中心思想。在这部小说中，一名猎人乘坐时间旅行机器回到历史上射杀一只霸王龙，只因走路时不小心踩到了一只蝴蝶，后来他回到了一个与他离开时完全不同的、更丑恶的世界。

10 年后，一位气象学家运用计算机模型来模拟天气，他发现，对初始值做出微小改变会产生完全不同的结果。这让他突发奇想，一场龙卷风很可能起源于数周前一只遥远的蝴蝶扇动翅膀所掀起的气流，也许只是因为一只泽西斯蓝小灰蝶。

终其一生，布兰德的态度都要乐观得多，他相信，人类会因势利导地、系统地改善结果，不管是把地球改造得更宜居，还是遏制气候变化的影响。他相信，**人类既是工具的制造者，也是工具的使用者，**这正是他与老朋友科约特分庭抗礼时的核心思想。他认为，在复活和恢复灭绝物种的冒险运动中，我们可以善用技术，从而在积极的方向上取得显著的成效。

然而，1968年他在《全球概览》中说的“既然吾辈皆神，那就不妨好好做神”和40年后他在《地球的法则》中说的“既然吾辈皆神，那就必须好好做神”两者是有重要区别的。在《全球概览》的前言中，布兰德勉励的对象是个人，是他那一代的年轻人，他们中的很多人已开始通过返土归田运动改造社会；而在后者的情形中，“吾辈”指的是文明社会，是全体人类。

从某种程度上看，这一转变标志着布兰德的成长。他在30岁时的世界观与30年后他同希利斯一起成立了恒今基金会之后的世界观是不一样的。布兰德为这一项目注入了能够延续很多代人的图书馆理念，也是“为人类文明创造和维护一种星球文化”这一概念的核心。

这对于他当初的论断——让人们看到地球的全景照片将意义深远，也是一种补充。在一个日益被国家主义和政治身份认同这两股政治力量所定义的世界里，布兰德“让人们看到地球的全景照片将意义深远”的独特见解与之形成了鲜明的对比。第一次世界大战后成立的国际联盟，以及第二次世界大战后成立的联合国，都让这种全球取向有了具体的形式。在更近的2000年，国际互联网名称和编号分配公司（ICANN）面向全球开放董事会选举的做法，也是迈向全球民主的一个例子。虽然这只是件小事，但是很有意义。

曾一度流行于20世纪70年代的星球意识概念是布兰德的作品在60年代首次提出的。半个世纪后，这依然是布兰德的标志性贡献。

2018年12月的一天，布兰德在一处弯道地段停了下来，他要歇口气。此时他正身处得克萨斯州南部，行走在一条山径上。他停下休息的地方，距离这条陡峭山径的尽头已经不远了。在短短的400米开外，在这座1 829米高的山体一侧，有一面悬崖。

布兰德几乎没有表现出他这个年纪的人会有的体力不支。在智力和体力上都还很活跃的他，始终是一名公共知识分子，投身于自己的事业，有的事业他已经干了大半辈子。

停在山径上休息的布兰德，双手放在膝盖上，身子前倾着，3 小时的登山让他筋疲力尽。这次旅行的终点将是一条隧道的入口，看起来就像是过去某个采矿作业点的入口。然而，这个入口通向的是万年钟。万年钟被安置在一个 150 多米深的、从山体中挖凿出来的圆柱形空间里。这还得感谢贝佐斯的慷慨解囊，他是世界上最富有的人之一，也是恒今基金会最大的赞助人。

万年钟的第一个原型就快完工了。布兰德同希利斯一道，从一处凿在悬崖底部的粗糙入口进入安置万年钟的洞室。像所有游客一样，他要在一个暗下来的穴道里攀爬，穿过星际迷航式的气闸，才能到达万年钟的底部。万年钟悬挂在一个巨大的圆柱形空间里。在这个圆柱形空间的岩壁上，凿出了环形的石梯，往上通到一座高不到 300 米的半球形观察室，那儿距离山顶也不远了。沿着石梯往上走到一半是一处平台，参观万年钟的人可以在这里操作一个连接旋转大木臂的操作台来给万年钟上发条。尽管按照设计，万年钟的走时是不需要人为干预的，但要让时间在观察室里显示出来，就需要上发条。而这个上发条的操作正蕴含着希利斯和布兰德试图通过这座机器传达给我们的理念，即要负起长远的责任。

责任可以有很多种形式。例如，社会责任是一种道德理想，它要求个人的行为应当有益于整个社会。布兰德和希利斯则试图让社会责任掉转个头，鼓励社会自身反过去思考：它自己对于无数代的后人担负着什么样的义务。

布兰德曾说过，当他第一次知道希利斯万年钟的想法时，他考虑的只有长远，“我在想着，有哪些事情是值得去思考的”。

它始于这样的理念：图书馆是一种面向未来传递知识和智慧的工具。如今，布兰德传递出的信息不仅仅是对工具的盲目钟情。他在思想上的演变是，他不再忠于富勒的以工程为中心的取向，转而接受了贝特森对于矛盾意义的理解，以及对于明白整个系统重要性的理解。因此，布兰德的鉴赏力来自他与富勒、贝特森和恩格尔巴特的接触，也来自他与埃利希一起开展的研究、对相邻人口群体的边缘活力的了解、在军队中看到的官僚主义之丑恶，以及他参观了麻省理工学院 20 号楼后的领悟——建筑物不仅仅是定格在时间里的快照。

尽管他沉默寡言，但这是一种活动家的鉴赏力。

在 1970 年第一个地球日上，布兰德对帕森斯设计学院的一群学生说：“当我们认识到自己就像神一样的时候，我们就应该明白，我们必须承担起神的责任，而且我们也能够做得到。很多美好的事物其实都很简单。”[3]

致 谢

本书的创作得到了 3 个独立机构的慷慨相助，每一个机构都以不同的途径探究着技术对社会造成的影响。2017 年离开《纽约时报》后，我入职了计算机历史博物馆。当时该博物馆的馆长是约翰·霍拉（John Hollar），他大方地雇用了我，让我成为一名史学工作者。2017 年秋，我成为斯坦福大学行为科学高级研究中心的研究员，这让我有机会接触一群杰出的社会科学家、历史学家、哲学家和计算机科学家。主任玛格丽特·利瓦伊（Margaret Levi）和副主任萨莉·施罗德（Sally Schroeder）在斯坦福大学西部的山区运作着一个了不起的项目。这个小区既是学者们的隐居地，也日益成为一个论坛，探究着先进的技术如何与我们的经济、政治制度和文化交织在一起。从 2018 年秋季起，我在当时全新的斯坦福大学“以人为本”人工智能研究院担任研究员和驻校作家。联合主任李飞飞和约翰·埃切门迪（John Etchemendy）站在了一场日益壮大的运动的最前沿，更深入地思考着人工智能将带来的后果。

我是在凯文·凯利的提议下开始这一著书项目的。他既是布兰德的老朋友，也是一个典范——他的生活因遇见《全球概览》而走向了一个全新的方向。

布兰德已将他的论文、信件和日记都捐赠给了斯坦福大学图书馆特别藏馆。这 4 年间，我在图书馆的阅览室里度过了无数个小时。斯坦福大学的副校长兼斯坦福图书馆馆长迈克尔·凯勒（Michael Keller）在之前的一个项目中，给予了我访问机会和支持。我要特别感谢斯坦福大学图书馆管理员亨利·洛伍德（Henry Lowood）、蒂姆·诺瓦克（Tim Nowack）和彼得·尚（Peter Chan），他们在当前的项目中给予了我帮助。斯坦福大学硅谷档案馆的项目和史学家莱斯利·伯林（Leslie Berlin）在方法论上给予了我帮助，他也是我的参谋。马克·塞登（Mark Seiden）是一位细心的读者，他在语法、文体风格和事实等方面给我提供了建议。企鹅出版集团的编辑斯科特·莫耶（Scott Moyer）是一位耐心而周到的向导。在杰夫·桑德勒（Geoff Shandler）的帮助下，原本杂乱的手稿变得更简明易读了。

约瑟夫·蒙泽尔（Joseph Monzel）和葆拉·特齐安（Paula Terzian）在本次著书项目的各个阶段给予了我研究上的帮助。弗雷德·特纳和凯瑟琳·富尔顿此前均写过大量有关布兰德的文章，他们都友善地回答了我的问题，并向我提供了他们的研究材料。电影制片公司 Structure Films 的贾森·萨斯伯格（Jason Sussberg）和戴维·阿尔瓦拉多（David Alvarado）在筹拍一部关于布兰德的传记纪录片《吾辈皆神》（*We Are as Gods*），他们也向我分享了研究资料。

在研究和写作的过程中，我还得到了诸多朋友和同事的周到相助，包括亚当·费希尔（Adam Fisher）、琳妮·约翰逊（Lynnea Johnson）、约翰·凯利（John Kelley）、阿特·克莱纳、兰迪·科米萨（Randy Komisar）、格伦·克莱蒙（Glenn Kramon）、史蒂文·利维、史蒂夫·莫斯特（Steve Most）、迈克尔·施拉格（Michael Schrage）和格雷格·扎卡里（Gregg Zachary）等。

约翰·布罗克曼和卡廷卡·马特森自1989年以来一直是我的文稿代理人。在这次的著书工作中，他们承担了双倍的责任，因为他们也是故事的一部分。

一如既往，感谢莱斯利。

注 释

引 言 斯图尔特·布兰德，难以简单定义的多面人生

1. 斯图尔特·布兰德曾在各种出版物上描述自己在屋顶上的神秘经历。最完整的记述见于 Michael Katz 等人合编的 *Earth's Answer: Explorations of Planetary Culture at the Lindisfarne Conferences*. New York: Harper & Row, 1977, pp. 184–188。

第1章 以蜗牛般坚忍的意志，探索“无限人生可能”

1. Laura Ream. *History of a Trip to the Great Saginaw Valley, June, 1871; by invitation of the Fort Wayne, Muncie, and Cincinnati railroad, and with the cooperation of the Bee line, Fort Wayne, Jackson,*

and Saginaw, and Jackson, Lansing, and Saginaw railroad companies,. Indianapolis: R. J. Bright, 1871, pp. 57–59.

2.Robert M. Hendershot, "The Legacy of an Ojibwe 'Lumber Chief' : David Shoppenagon, " *Michigan Historical Review* 29, no.2 (Fall 2003), pp. 40–68.

3.Arthur W. Rosenau, *Lakeside: A History of Lakeside Association on Higgins Lake in Roscommon County, Michigan,* Roscommon, MI: Lakeside Association, 1979, p.38.

4. Edward Hoagland, *Heart's Desire: The Best of Edward Hoagland*, New York: Simon & Schuster, 1988, p.45.

5. Rosenau, Lakeside, 20.

6.W. Lloyd Warner, " A Sociologist Looks at an American Community", *Life*, September 12, 1949, pp.108–119.

第 2 章　成长中的编辑，在金色的海岸边

1.Ahmed M. Kabil, "The New Myth: Frederic Spiegelberg and the Rise of a Whole Earth, 1914–1968" , *Integral Review* 8, no.1 (July 2012), p.44.

2.Steven M. Gelber, "Sequoia Seminar: The Sources of Religious Sectarianism," *California History* 69, no.1 (April 1990), pp.36–51. (Published by University of California Press in association with the California Historical Society.)

3.Michel Oren, "'Getting Out of Your Mind to Use Your Head'" , *Art Journal* 69, no.4 (Winter 2010), p.85.

4. "Woman Found Suicide at the Y" , *San Francisco Examiner*, May 13, 1961, p.5.

第 3 章　搁浅的军旅生涯，"我不会为了吃苦而吃苦"

1.Jeffrey J. Kripal, *Esalen: America and the Religion of No Religion*, Chicago:

University of Chicago Press, 2007, p.85.

第 4 章　仿佛听到了使命的召唤，具有“成为大人物的潜力”

1.Sherry L. Smith, *Hippies, Indians and the Fight for Red Power*, New York: Oxford University Press, 2012, p.5.

2.Alfred Frankenstein, “A Landmark of a Flop”, *San Francisco Chronicle*, November 13, 1963, p.6.

3.Paula L. Wagoner, “The Search for an Honest Man: Iktomi Ȟicala as an Ethnohistorial and Humanistic Conundrum”, in *Transforming Ethnohistories: Narrative, Meaning, and Community*, ed. Sebastian Felix Braun (Norman: University of Oklahoma Press, 2013).

4.Calvin Fentress, “The Next to Last Book on Earth”, *Washington Post*, November 16, 1980.

5. 源自安塞尔・亚当斯于 1964 年 2 月 11 日写给布兰德的私人信件。

6. 林登・约翰逊于 1965 年 1 月 20 日发表的就职演说。

7.“Wyoming Indian Powwow Opens”, *Lawton Constitution*, July 28, 1964, p.10.

第 5 章　拥抱多媒体的人，“为什么我们还没有看到一张整个地球的照片？”

1.Sherry L. Smith, *Hippies, Indians, and the Fight for Red Power*, New York: Oxford University Press, 2012, p.5.

2.Smith, *Hippies, Indians, and the Fight*, p.5.

3.Alfred Frankenstein, “Surrealist Film Show on Indians”, *San Francisco Chronicle*, November 23, 1965, p.44.

4.Tom Wolfe, *The Electric Kool-Aid Acid Test*, New York: Farrar, Straus and Giroux, 1968, p.222.

5.Phil Lesh, *Searching for the Sound: My Life with the Grateful Dead*, New York and Boston: Little, Brown, 2005, p.67.

6.Donovan Bess, "Opening the Golden Gate," *Realist,* December 1966, p.8.

7.Bess, "Opening the Golden Gate" , p.8.

8.Laurel Graeber, "So Where Is the Lava Lamp Now?." *New York Times,* April 6, 1995, sec. C, 6.

9.Mike Fleiss, dir., *The Other One: The Long Strange Trip of Bob Weir* (Seoul: Next Entertainment, 2014). Distributed by Netflix, 2015.

10.Charles Perry, *The Haight-Ashbury: A History*, New York: Vintage Books, 1984, p.41.

11.Peter Richardson, *No Simple Highway: A Cultural History of the Grateful Dead*, New York: St. Martin's Press, 2015, p.60.

12.Andrew G. Kirk, *Counterculture Green: The Whole Earth Catalog and American Environmentalism,* Lawrence: University of Kansas Press, 2007, p.42.

13.Michael Malone, "Stewart Brand: From Hippie Prince to Software Savant," *San Jose Mercury News West Magazine,* September 16, 1984, p.16.

14.Yale Joel, "Psychedelic Art," *Life,* September 9, 1966, p.19.

15.Kate Daloz, We Are as Gods: *Back to the Land in the 1970s on the Quest for a New America*, New York: PublicAffairs Books, 2016, p.92.

16.James Hurd Nixon, "The Experimental College: A Bit of a Memoir," unpublished memoir, June 2017.

第 6 章 《全球概览》创始人，改变世界的方向盘

1.Ed McClanahan and Gurney Norman, "The Whole Earth Catalog," *Esquire,*

July 1970, pp.120–121.

2.Phil Garlington, "Hippies 'War' Declared", *Daily Gater,* February 10, 1967, p.1.

3.John Markoff, "It's Moore's Law, but Another Had the Idea First", *New York Times*, April 18, 2005.

4.Stewart Brand, "History", *The Last Whole Earth Catalog,* Menlo Park, CA: Portola Institute, distributed by Random House, 1971, p.439.

5.Brand, "History", p.439.

6.Brand, "History", p.439.

7.Jackson Lears, "Aquarius Rising", *New York Review of Books*, September 27, 2018, p.8.

8.*Whole Earth Catalog*, Fall 1970, p.1.

9.McClanahan and Norman, "The Whole Earth Catalog", p.95.

10.Edmund Ronald Leach, *A Runaway World?,* Oxford, UK: Oxford University Press, 1968, p.1.

11.John Markoff, *Machines of Loving Grace: The Quest for Common Ground Between Humans and Robots,* New York: Ecco Press, 2015, pp.107–108.

12.Thomas Rid, *Rise of the Machines: A Cybernetic History*, New York: W. W. Norton, 2016, p.171.

13.*Whole Earth Catalog* Supplement, January 1969, p.19.

14.Joe Kane, "This Year's Brand", *Esquire,* July 1983, p.69.

15.Tom Wolfe, *The Electric Kool-Aid Acid Test,* New York: Farrar, Straus and Giroux, 1968, p.2.

16.Steven Levy, *Insanely Great: The Life and Times of Macintosh, the Computer That Changed Everything*, New York: Viking, 1994, p.42.

17.Philip Morrison, *Scientific American* 220, no. 6 (1969): p.142.

18.Andrew Kirk, *Counterculture Green: The Whole Earth Catalog and American*

Environmentalism, Lawrence: University Press of Kansas, 2007, p.68.
19.Kirk, *Counterculture Green*, p.73.
20.McClanahan and Norman, "The Whole Earth Catalog" , p.95.
21.Alan Cline, "Whole Earth Man Shocks Probers" , *San Francisco Examiner,* May 2, 1970, p.3.
22.Cline, "Whole Earth Man" , p.3.
23.John Markoff, *What the Dormouse Said: How the Sixties Counterculture Shaped the Personal Computer Industry*, New York: Viking, 2005, p.282.
24.Thomas Albright and Charles Perry, "The Last Twelve Hours of the Whole Earth," *Rolling Stone*, July 8, 1971.

第 7 章 《协同进化季刊》，"生命一直在协同进化"

1.*Ross Gelbspan and David Gurin,* "Woodstockholm'72: The Subject Is Survival" , *Village Voice*, May 11, 1972, p.29.
2. 该词首次出现于 1968 年 10 月《科学》刊载的惠普 9100A 台式计算机广告上。惠普 9100A 虽然是可编程的，但只能做数字运算。在 1974 年出版的《控制论的两个前沿地带》中，布兰德使用该词描述艾伦·凯的 Dynabook，首次指代现代个人计算机。
3.*Stewart Brand,* "SPACEWAR: Fanatic Life and Symbolic Death Among the Computer Bums", *Rolling Stone*, December 7, 1972, p.33.
4.Paul Krassner, *Sex, Drugs & the Twinkie Murders*, Port Townsend, WA: Loompanics Unlimted, 2000, p.55.
5.Paul Krassner, "A Question of Lifestyle: Fond Memories of My Old Roommate Stewart Brand" , *Los Angeles Times Book Review,* p.15.
6.Krassner, "A Question of Lifestyle" , p.15.
7.Susan Elizabeth Lewak, "Sustainable Gardens of the Mind: Beat Ecopoetry

and Prose in Stewart Brand's Whole Earth Publications", PhD diss., University of California at Los Angeles, 2014, p.iii.

8.Quoted in Kevin Kelly, *Out of Control,* New York: Perseus Books, 1994, p.85.

9.Russell Schweickart, "No Frames, No Boundaries", in *Earth's Answer: Explorations of Planetary Culture at the Lindisfarne Conferences*, New York: Lindisfarne Books/Harper & Row, 1977, p.5.

10.Miriam Pawel, *The Browns of California: The Family Dynasty That Transformed a State and Shaped a Nation,* London: Bloomsbury Publishing, 2018, p.229.

11.Orville Schell, *Brown,* New York: Random House, 1978, p.140.

12.Bill Press, *From the Left: A Life in the Crossfire,* New York: St. Martin's Publishing Group, 2018, p.101nia.

13.*Stewart Brand,* "Local Dependency", *CoEvolution Quarterly, Winter 1975, 5.*

14.Thomas Albright, "Stewart Brand Really Knows How to Throw a Party", *San Francisco Examiner*, August 20, 1978, 15.

第 8 章　个人计算机先驱，第一个开放在线社区的建立

1.Art Kleiner, "A History of Magazines on a Timeline", *CoEvolution Quarterly,* Spring 1979, p.59.

2.Calvin Fentress, "The Next to Last Book on Earth", *Washington Post,* November 16, 1980.

3.Stewart McBride, "Stewart Brand and His Five Pounds of Ideas for the' 80s", *Christian Science Monitor,* January 15, 1981.

4.Sue M. Halpern, "Private Jets and Road Kills", *Nation,* December 27, 1980.

5. 出自凯瑟琳・富尔顿于 1994 年 9 月对作者的采访。

6.Stewart McBride, "Uncommon Courtesy: Stewart Brand Launches a School of 'Compassionate Skills'", *Christian Science Monitor,* August 19, 1982.

7.Stewart Brand, "Uncommon Courtesy: Triple Training", *CoEvolution Quarterly,* July 1983, p.38.

8.Stewart Brand, "Gossip", *CoEvolution Quarterly,* April 1984, p.134.

9.Stewart Brand, "SPACEWAR: Fanatic Life and Symbolic Death Among the Computer Bums", *Rolling Stone,* December 7, 1972, p.33.

10.Brand, "Gossip", Spring 1983, p.152.

11. Brand, "Gossip", Fall 1984, p.143.

12.Barbara Kelley, "Whole Earth Founder Strolls into 'Empowering Field of Mind Tools'", *Christian Science Monitor*, December 17, 1984.

13.Stewart Brand, "Why and How This Magazine Is Non-profit", *Whole Earth Software Review,* Spring 1984, p.125.

14.Stewart Brand, "A Book-in-Progress", *Whole Earth Software Review,* Spring 1984, p.1.

15.Michael Malone, "Stewart Brand: From Hippy Prince to Software Savant", *San Jose Mercury News,* September 16, 1984, p.6.

16.Stewart Brand, "Apocalypse Juggernaut, Hello", *Whole Earth Catalog,* January 1970, p.21.

17.William Gibson, *Neuromancer*, New York: Ace Books, 1984, p.52.

18.David Crook, "Spreading the Silicon Gospel", *Los Angeles Times,* February 28, 1984, p.32.

19.Crook, "Spreading the Silicon Gospel".

20.Katie Hafner, *The Well: A Story of Love, Death & Real Life in the Seminal Online Community,* New York: Carroll & Graf, 2001, p.9.

21.John Markoff, "Whole Earth State-of-the-Art Rapping", *New York Times,* August 15, 1989, A14.

22.Ken Kelley, "The Interview: Whole Earthling and Software Savant Stewart

Brand," *SF Focus,* February 1985, p.76.

23.Steven Levy, *Hackers: Heroes of the Computer Revolution*, (New York: Anchor Press/Doubleday, 1984), pp.27–32.

24.Fentress, "The Next to Last Book on Earth".

25.John Markoff, "Up to Date", *BYTE*, March 1985, p.355.

26.Steven Levy, "Hackers at 30: 'Hackers' and 'Information Wants to Be Free'", *WIREDBackChannel*.

27.Levy, "Hackers at 30".

28.Stewart Brand, *The Media Lab: Inventing the Future at MIT*, New York: Viking Penguin, 1987, p.190.

29.Lawrence Hunter, "Gadgets for Utopia," *New York Times*, September 27, 1987.

第 9 章　学习是终身的事业，“像神那样改变世界”

1. "Oil: The 30-Year Anniversary of the 1986 Collapse," *Oil & Gas 360,* January 29, 2016.

2.Peter Schwartz and Peter Leyden, "The Long Boom: A History of the Future, 1980—2020," *Wired*, July 1997.

3.Howard Rheingold, "An Exercise in Perspective," *Deeper News,* September 22, 1989.

4.Rheingold, "An Exercise in Perspective".

5.Stewart Brand with John Aiello, "The Rescue That Failed-isorganization, Empty Hydrants Killed Janet Ray," pt. 1 of series of 3, *San Francisco Chronicle*, April 16, 1990, p.32.

6.Stewart Brand, "Earthquake Lessons: The Crucial Difference of Volunteers," *Whole Earth Review,* Spring 1990.

7.Brand, "Earthquake Lessons".

8.Brian Eno, *A Year with Swollen Appendices*, Boston: Faber and Faber, 1996.

9.Rheingold, "An Exercise in Perspective".

10.Katie Hafner, *The Well: A Story of Love, Death & Real Life in the Seminal Online Community,* New York: Carroll & Graf, 2001, p.11.

11.John Seabrook, *Deeper: My Two-Year Odyssey in Cyberspace*, New York: Simon & Schuster, 1997, p.161.

12.John Markoff, "A Free and Simple Computer Link", *New York Times*, December 8, 1993, D1.

13. 简·雅各布斯于1994年8月25日致凯瑟琳·富尔顿的私人信件。

14.Londoner's Diary, "Jolly Rogers Sails into Architect Row", *Evening Standard*, September 9, 1996, p.8.

第10章　永远逆流而上，从追求技术进步到建立万年钟

1.Paulina Borsook, "The Accidental Billionaire", *Wired*, August 1994.

2. 杰夫·贝佐斯于1997年致股东们的信。

3.Stewart Brand, *Whole Earth Discipline: Why Dense Cities, Nuclear Power, Transgenic Crops, Restored Wildlands, and Geoengineering Are Necessary*, New York: Penguin Books, 2010, p.78.

4.Peter Schwartz and Doug Randall, "An Abrupt Climate Change Scenario and Its Implications for United States National Security", *Global Business Network*, October 2003.

5.David Stipp, "The Pentagon's Weather Nightmare," *Fortune*, January 12, 2004.

6.Peter Schwartz and Doug Randall, "How Hydrogen Can Save America", *Wired*, April 2003.

7.Peter Schwartz and Spencer Reiss, "Nuclear Now!" *Wired*, February 2005.

8.Felicity Barringer, "Old Foes Soften to New Reactors" , *New York Times,* May 15, 2005, A1.

9.Katherine Seligman, "The Social Entrepreneur" , *San Francisco Chronicle*, January 8, 2006.

10.Joseph Berger, "A Rockefeller Known Not for Wealth but for His Efforts to Help" , *New York Times,* June, 23, 2014, A22.

11.John Tierney, "An Early Environmentalist, Embracing New 'Heresies,' " *New York Times,* February, 27, 2007.

12.Thomas Streeter, " 'That Deep Romantic Chasm' : Libertarianism, Neoliberalism, and the Computer Culture," in *Communication, Citizenship, and Social Policy: Rethinking the Limits of the Welfare State*, eds. Andrew Calabrese and Jean-Claude Burgelman, Lanham, MD: Rowman & Littlefield, 1999, pp.49–64; and Fred Turner, *From Counterculture to Cyberculture: Stewart Brand, the Whole Earth Network, and the Rise of Digital Utopianism*, Chicago: University of Chicago Press, 2006.

13.Stewart Brand, *Whole Earth Discipline: An Ecopragmatist Manifesto*, New York: Viking Penguin, 2009, p.20.

14.Brand, *Whole Earth Discipline: Why Dense Cities*, p.307.

15.John A. Matthews, "The Myths of Renewistan," chapter 13 in *Global Green Shift*, New York: Anthem Press, 2017, p.145.

16.Brand, *Whole Earth Discipline*: *Why Dense Cities*, p.80.

17.Amory Lovins, "Stewart Brand's Nuclear Enthusiasm Falls Short on Facts and Logic" , *Grist*, October 14, 2009.

18.Brand, *Whole Earth Discipline: Why Dense Cities*, p.97.

19.Denis Hayes, "An Environmental Provocateur" . *Stanford Social Innovation Review*, Winter 2010, p.18.

20.Amol Rajan, “Last Night's TV: What the Green Movement Got Wrong”, *Independent*, November 5, 2010.

21.Lucy Bellwood, “Rogue Environmentalist Draws Protest,” *Reed Magazine*, March 17, 2011.

22.Bellwood, “Rogue Environmentalist Draws Protest”.

23.*Impacts of the Fukushima Daiichi Accident on Nuclear Development Policies,* Paris: OECD Publishing, 2017, p.3.

24.Gar Smith, “Where Is Nuclear Energy Going? A Debate”, *Berkeley Daily Planet*, July 27, 2011.

25.Smith, “Where Is Nuclear Energy Going?”.

结　语　既然吾辈皆神，那就必须好好做神

1.Tim M. Lenton and Bruno Latour, “Gaia 2.0,” *Science* 361, no. 6407, September 14, 2018, pp.1066–1068.

2.John Markoff, “The Dust on a Butterfly's Wings”, *Alta Journal*, Spring 2021, Issue 15, p.30.

3. “Talk of the Town”, *New Yorker*, May 2, 1970.

未来，属于终身学习者

我们正在亲历前所未有的变革——互联网改变了信息传递的方式，指数级技术快速发展并颠覆商业世界，人工智能正在侵占越来越多的人类领地。

面对这些变化，我们需要问自己：未来需要什么样的人才？

答案是，成为终身学习者。终身学习意味着永不停歇地追求全面的知识结构、强大的逻辑思考能力和敏锐的感知力。这是一种能够在不断变化中随时重建、更新认知体系的能力。阅读，无疑是帮助我们提高这种能力的最佳途径。

在充满不确定性的时代，答案并不总是简单地出现在书本之中。“读万卷书”不仅要亲自阅读、广泛阅读，也需要我们深入探索好书的内部世界，让知识不再局限于书本之中。

湛庐阅读 App：与最聪明的人共同进化

我们现在推出全新的湛庐阅读App，它将成为您在书本之外，践行终身学习的场所。

- 不用考虑“读什么”。这里汇集了湛庐所有纸质书、电子书、有声书和各种阅读服务。
- 可以学习“怎么读”。我们提供包括课程、精读班和讲书在内的全方位阅读解决方案。
- 谁来领读？您能最先了解到作者、译者、专家等大咖的前沿洞见，他们是高质量思想的源泉。
- 与谁共读？您将加入优秀的读者和终身学习者的行列，他们对阅读和学习具有持久的热情和源源不断的动力。

在湛庐阅读App首页，编辑为您精选了经典书目和优质音视频内容，每天早、中、晚更新，满足您不间断的阅读需求。

【特别专题】【主题书单】【人物特写】等原创专栏，提供专业、深度的解读和选书参考，回应社会议题，是您了解湛庐近千位重要作者思想的独家渠道。

在每本图书的详情页，您将通过深度导读栏目【专家视点】【深度访谈】和【书评】读懂、读透一本好书。

通过这个不设限的学习平台，您在任何时间、任何地点都能获得有价值的思想，并通过阅读实现终身学习。我们邀您共建一个与最聪明的人共同进化的社区，使其成为先进思想交汇的聚集地，这正是我们的使命和价值所在。

浙江省版权局图字：11-2024-218

图书在版编目（CIP）数据

谁是斯图尔特・布兰德 /（美）约翰・马尔科夫著；方兴东，孔祥雯译 . — 杭州 : 浙江科学技术出版社，2024. 8. — ISBN 978-7-5739-1316-6

Ⅰ. K837.126.16

中国国家版本馆 CIP 数据核字第 20245QT963 号

书　　名　谁是斯图尔特・布兰德
著　　者　［美］约翰・马尔科夫
译　　者　方兴东　孔祥雯

出版发行　浙江科学技术出版社
地址：杭州市环城北路 177 号　邮政编码：310006
办公室电话：0571－85176593
销售部电话：0571－85062597
E-mail:zkpress@zkpress.com
印　　刷　天津中印联印务有限公司

开　　本	710mm×965mm　1/16	印　　张	31
字　　数	442 千字	插　　页	10
版　　次	2024 年 8 月第 1 版	印　　次	2024 年 8 月第 1 次印刷
书　　号	ISBN 978-7-5739-1316-6	定　　价	149.90 元

责任编辑　余春亚　　责任美编　金　晖
责任校对　张　宁　　责任印务　吕　琰